高中物理教学中渗透数学思想方法的实践研究

徐卫兵 著

苏州大学出版社

图书在版编目(CIP)数据

高中物理教学中渗透数学思想方法的实践研究／徐卫兵著. —苏州：苏州大学出版社，2017.11
ISBN 978-7-5672-2271-7

Ⅰ.①高… Ⅱ.①徐… Ⅲ.①中学物理课-教学研究-高中 Ⅳ.①G633.72

中国版本图书馆 CIP 数据核字(2017)第 259082 号

高中物理教学中渗透数学思想方法的实践研究

徐卫兵 著

责任编辑 周建兰

苏州大学出版社出版发行

(地址:苏州市十梓街 1 号 邮编:215006)

虎彩印艺股份有限公司印装

(地址:东莞市虎门镇陈黄村工业区石鼓岗 邮编:523925)

开本 787×1092 1/16 印张 12.75 字数 294 千

2017 年 11 月第 1 版 2017 年 11 月第 1 次印刷

ISBN 978-7-5672-2271-7 定价:35.00 元

苏州大学版图书若有印装错误，本社负责调换

苏州大学出版社营销部 电话:0512-65225020

苏州大学出版社网址 http://www.sudapress.com

前言

Preface

在高中物理教学中，发现一些物理教师由于担心“把物理课上成了数学课”，对必要的数学推导和运算处理得过于草率，有时还存在数学语言不准确、数学运算步骤不规范等现象；一些学生在运用物理知识进行分析、解题时，不能正确运用数学思想方法. 这两大原因在很大程度上影响了众多学生学习物理的兴趣和物理学习成效. 基于此，我们有必要研究高中物理新课程中的数学思想方法.

人类知识本身是一个有机的整体，如果在狭隘的学科观念背景下，过分地局限于本学科知识的讲授，则会导致教学目标缺少系统化和结构化，这样不仅禁锢了教师的教学思想，也不利于学生形成完整的自然知识图景. 因此，我们应当重视不同学科的交叉应用，让它们互相碰撞，产生一些有价值的火花.

本书努力挖掘高中物理教材中的数学思想，阐述高中物理教学中渗透数学思想方法的意义；寻找这些数学思想的内涵、特征、种类以及与高中物理的相关性；总结数学思想的内容、数学方法的基本特征及基本功能；建构遵循具体化、个性化、特色化、可操作的高中物理教学中渗透数学思想方法的教与学策略；提出高中物理中数学思想方法的使用原则. 笔者希望借此促进高中物理中数学思想方法的教学，推动高中物理教学改革.

本课题被江苏省教育科学规划办评为江苏省重点资助课题，先后得到中国教育学会物理教学专业委员会副理事长陶洪教授、江苏省教学研究室叶兵教授、中国教育学会江苏省物理教学专业委员会副秘书长彭兆光教授、苏州大学桑芝芳教授的指导，课题成果荣获江苏省基础教育教学成果奖，在此向关心和支持本课题研究的专家、学者、教师表示衷心的感谢！此外，本书也参考和引用了其他老师的研究成果，笔者在此表示感谢！

由于本人水平有限，加上时间较紧，书中定有错漏及有待完善的地方，欢迎广大读者提出宝贵意见.

徐卫兵

2017 年 11 月 1 日

于西安交通大学苏州附属中学

目录

Contents

第1章 高中物理教学中数学思想方法渗透的价值

第2章 高中物理教学中数学思想方法的分类教学

第 1 章

高中物理教学中数学思想方法渗透的价值

数学是物理学的表述形式，是创立和发展物理学理论的主要工具，是解决物理问题的重要工具，数学对物理学有着深远的影响. 因此，在高中物理教学中渗透数学思想方法，培养学生应用数学知识解决物理问题的能力就显得非常重要，这对学生们的后续学习和今后从事科学研究，提高他们的创新能力有着非常重要的意义. 现依据数学与物理的现实联系以及素质教育的需要，从数学和物理的关系，从教师和学生的角度，谈谈在高中物理教学中渗透数学思想方法的价值.

1.1　问题的提出

在目前的高中物理教学中，发现有不少学生数学学得很好，却不能很好地运用所学的数学知识分析和解决物理问题. 针对这种情况，部分物理教师把原因片面归结于数学教学. 据调查，一些物理教师在教学过程中，由于担心“把物理课上成数学课”，对必要的数学推导和运算往往处理得过于草率，没有能引起学生的重视；在高中阶段遇到的各类习题中，有很多是数、理之间紧密联系的题目，教师若未能做到示范引领作用，学生在运用物理知识进行分析、解题时，则不能灵活运用所学到的数学思想方法. 正是由于存在以上两方面对数学、物理之间联系认识的不够，在很大程度上影响了众多学生学习物理的兴趣.

其实人类的知识本身就是一个有机的整体，在狭隘学科观念背景下，过分地局限于本学科知识的讲授，这样的教学目标缺少系统化和结构化，不仅禁锢教师教学思想的自由驰骋，也不能帮助学生形成有机的完整的人类知识图景，还会肢解完整的精神生产过程，导致智慧能力的片面畸形发展，培养不出视野开阔、才思敏捷的人才.

物理学是研究最普遍的运动形式和基本结构的科学，而数学则是研究现实空间形式和数量关系的科学，虽然它们研究的对象各不相同，但均有着共同的目的，即探索和研究自然界的有关规律，并在实践中加以运用，这就使两者之间产生了必然联系. 纵观物理学与数学的发展历程，它们是在相互影响、相互促进中发展起来的，如下图所示. 正如诺贝尔奖获得者杨振宁指出：“可以用两片生长在同一根管茎上的叶子，来形象化地说明数学与物理之间的关系.数学与物理紧密相连，它们的生命线交接在一起.”例如，1862—1864年，麦克斯韦建立了著名的麦克斯韦方程组，以非常简洁、优美的形式包含了库仑定律、欧姆定律、安培定律和法拉第电磁感应定律等，统一解释了各种宏观的电磁过程，并且从纯数学形式的方程组出发，提出并从理论上证明了光也是一种电磁波，预言了电磁波的存在，从而把电、磁、光统一了起来，实现了物理学史上一次大的飞跃.

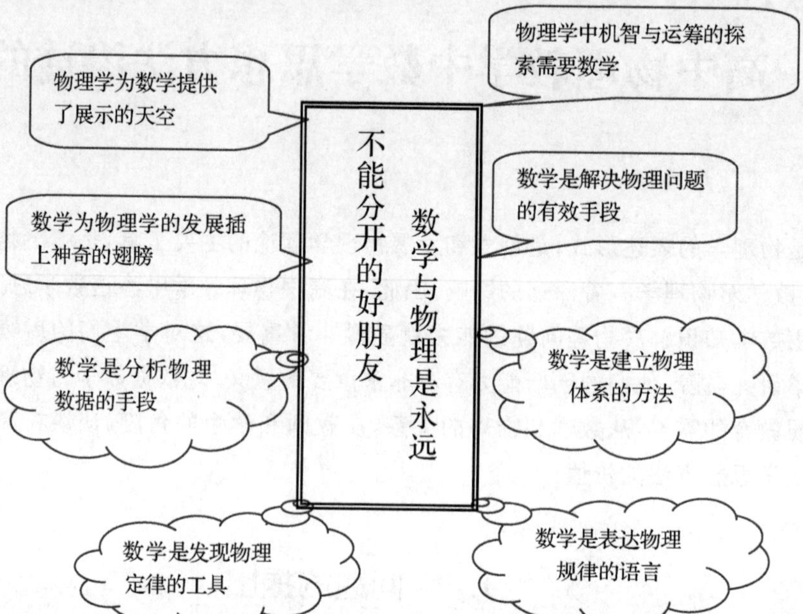

1.2 数学方法

一、科学方法的含义及常用的科学方法

科学方法是指在学习或研究自然科学问题过程中为发现问题、提出假设、搜集事实、做出解释论证等所遵循的途径和使用的手段，或者说是思维的方法与程序，是人们正确反映研究对象的客观规律的主观手段，是人们进行研究活动得以顺利完成的程序、方式和规则.概言之，科学方法是科学认识主体为了从实践上和理论上把握科学认识客体（即科学对象）而采用的一般思维手段和操作步骤之总和.物理学的发展和完善，不仅是知识和理论体系的完善，重要的是它创立了一套完善的科学方法，这些方法不仅被物理学所用，而且被其它学科所采用，不断推动着整个科学的发展.物理学中常用的科学方法有：观察法、实验法、理想化方法、归纳与演绎、分析与综合、数学方法.

二、数学方法

（一）数学方法的定义和层次

“数学是研究客体抽象化的量、结构及其变化规律的学科”.“它不直接反映物质世界的实际运动形式，但它反应自然界以及社会、思维运动一切形式中的量的侧面，因而就具有很大的普遍性”. 它是人们进行理论思维的有效手段，是研究物理学不可缺少的工具. “数学方法是指对研究对象所抽象出来的数学模型从量和结构方面进行分析的方法. 它主要是在客观现实和人类实践的基础上，利用数学所提供的概念、符号和规则，对与研究对象相对应的数学模型进行逻辑运算和推导，从量和结构方面，运用数学形式表示事物的特征和规律.”物理学是应用数学方法最充分、最成功的一门科学，尤其“理论物理学是当今运用数学水平最高的学科，天文学、化学、地理学中的数学方法，往往都是通过理论物理学向其移植的”，离开了数学方法就不会有真正意义上的物理学. 数学方法为物理学研究提供了简明、精确的科学通用语言的形式，从而大大简化、纯化和加速了人们的思维过程. 数学方法还为物理学提供了定量的计算方法，使物理学从定性分析的学科发展到定量分析的精密科学.

数学方法分为三个层次：一是最高层次，即指导人们认识事物一般规律和特性的世界观和在其指导下的方法论，也就是辩证唯物主义的认识论和方法论——唯物辩证法. 它是构成数学方法最高层面的方法论. 例如，数学中积分和微分就是对立统一的辩证思维，利用直线代替曲线等也体现了唯物辩证法. 二是中间层次，即用来定义物理概念和表达物理规律的数学思维和数学思想，它的基本程序是：对物理问题进行数学抽象，建立数学模型（建立物理问题的数学表达式），然后对数学表达式进行数学演算、求解，对得到的结果给出物理意义的解释. 具体方法如：利用数学方法定义物理概念的思想、函数的思想、方程的思想、矢量的思想、数形结合的思想、微积分的思想等. 三是技术层次，即利用数学解决具体物理问题的方法和技巧，它与解题紧密联系，既具体又便于操作，如算数、代数、几何、三角等. 本书研究的数学方法主要是中间层次.

（二）数学方法的特点

各种不同的科学方法都是人类认识世界和改造世界的方法，因此具有一般方法论的共性，但是不同的科学方法应该具有自身的特殊性，数学方法作为科学方法中的一个重要内容，具有科学方法的一般特征，但也有其自身的特殊性. 正是因为这些特点，在高中物理中进行数学方法的教学对学生能力的发展具有其它科学方法无法代替的功能. 认识数学方法的特点，有利于教师全面准确地理解它，改正错误的思想观念.

1. 普适性

数学是人类认识和表达自然界强有力的工具，毕达哥拉斯认为“万物皆数”，伽利略也说过，“大自然是用数学语言写成的”，数学方法有非常普遍的适用性，“宇宙之大，粒子之微，火箭之速，化工之巧，地球之变，生物之谜，日用之繁”，到处都离不开数学方法. 物理学更是离不开数学，没有数学将不会有真正意义的物理学.

2. **抽象性**

数学完全抛弃了事物本身质的属性，仅仅保留了量的特性，因此数学概念和理论本身就是抽象的，这就决定数学方法的抽象性. 更重要的是，数学是在抽象之上的再抽象，它利用已有概念引出新的概念，由数引出式、由数引出函数等. 从整个数学理论体系的建立到一个定理的证明都需要科学抽象. 数学方法是在物理抽象的基础上再抽象，物理学中常利用理想化的方法，对现实的物质世界进行抽象，把它们看成质点等，然后利用数学方法对质点运动从量的规律再次抽象，研究质点的位置、速度、加速度随时间变化的规律. 例如，利用公式 $v=v_0+at, s=v_0t+\frac{1}{2}at^2$ 可以很容易地描述一个质点在任意时刻 t 的速度和位移. 麦克斯韦方程组的微分形式 $\begin{cases}\nabla\cdot\boldsymbol{D}=\rho\\ \nabla\times\boldsymbol{E}=-\dfrac{\partial\boldsymbol{B}}{\partial t}\\ \nabla\cdot\boldsymbol{B}=0\\ \nabla\times\boldsymbol{H}=\boldsymbol{j}+\dfrac{\partial\boldsymbol{D}}{\partial t}\end{cases}$ 通过抽象的数学语言，给人们展现了电磁场的运动规律.

3. **精确性**

“数学之所以有很高的声誉……那就是数学给予精密自然科学以某种程度的可靠性，没有数学，这些科学是达不到这种可靠性的.”物理学正是凭借着数学方法的精确性，得到很多令人信服的规律、定律，并且做出了使人惊叹的预言，利用牛顿运动定律，通过数学方法精密的计算，成功发现了天王星、海王星就是其中著名的例证.

4. **逻辑性**

当人们对客观事物进行判断的时候，必须保持思维过程的前后一致性，决不能前后矛盾. 数学更是如此，它利用一些符号按照一定的逻辑法则进行推理，从已知的少数几个概念、公理、公式到建立起整个数学理论体系，逻辑思维在其中占据着非常重要的地位. 欧几里德的《几何原本》向人们展示了逻辑的强大作用. 物理学应用数学方法解决问题也表现出很强的逻辑性. 例如，牛顿建立整个力学体系和爱因斯坦建立相对论，都是依据数学方法和严密的逻辑推理，得到了无懈可击的理论体系，为后来者建立理论体系树立了光辉的典范.

5. **辩证性**

恩格斯曾经说过，“数学是辩证的辅助工具和表现形式”，“微积分本质上不外是辩证法在数学方面的运用”. 这些都充分说明了数学中充满了辩证法. 在物理学中很多地方运用数学的这种辩证思维来处理和解决问题. 例如，在研究变速运动时瞬时速度概念的提出：在时间 $t\to 0$ 时的平均速度，即 $v=\lim\limits_{\Delta t\to 0}\frac{\Delta s}{\Delta t}$. 又如，狄拉克把相对论引进量子力学，建立了相对论形式的薛定谔方程，也就是著名的狄拉克方程. 对方程进行分析，并运用数学方法的辩证特点预言了正电子的存在.

（三）数学方法在科学方法中的地位

数学方法由于其自身的特殊性，决定了它在科学方法中的特殊的地位. 数学方法是其它科学方法的载体和相互联系的桥梁. 例如，观察实验的结果必须用数学的方法来表达，理想化模型也可以化为数学表达式来表示等. 因此，通过数学方法教学，可以起到带动作用，让学生更好地理解其它科学方法，还可以培养学生其它能力，而这些能力往往没有可行的、具体的操作途径.

1.3　数学方法在物理学中的作用

马克思说过，“一种科学只有在成功地运用数学时，才算达到完善的地步”，物理学的整个发展历史完全证明了这一点，随着物理学越来越深入地反映自然规律，就需要最大限度地运用数学. 爱因斯坦也说过，“在物理学中，通向更深入的基本知识的道路是同最精密的数学方法联系着的”. 对物理规律认识的不断深入就需要越来越多的数学方法，数学方法对物理学的作用越来越突出. 数学方法对物理学的基本作用体现在以下两方面：一是用数学方法分析、概括和总结经验事实和经验材料，抽出经验规律，并从中建立起以实验现象的唯象和半唯象的模型理论或抽象出基本规律，其特点是从个别到一般，发现一般规律或建立科学理论体系；二是从基本定律或模型出发，通过数学演算、数学模拟或逻辑推理和证明的方法，解决各种具体问题，其特点是从一般到个别，应用理论解决实际问题.

一、数学方法为物理学研究提供精确的形式化语言和表述工具

数学是研究现实世界中数量关系和空间形式的科学，在数学中无论是对各种量与量的关系、量的变化、形的描述，还是对定理的逻辑推导和证明以及对概念和理论的表述，都用精确、简明的数学符号表示. 这种符号的表述使人们的思维更加方便、快捷、深刻，在物理学中问题的陈述、推理和定量计算，都运用简明的数学符号，这样大大简化和加速了思维进程. 如果仅仅依靠日常生活的语言，不仅很难表述清楚自然规律，也容易产生歧义. 从古希腊的亚里士多德到开普勒时代，人们很少借助数学方法，只依靠哲学的思辨进行物理研究，物理学进展一直缓慢. 伽利略把数学方法引入了物理学之后，数学方法成为物理学研究不可缺少的语言和表述工具，从此物理学取得了长足的发展，取得了卓越的成就. 如用数学中的导数来表示瞬时速度 $\boldsymbol{v}=\frac{\mathrm{d}\boldsymbol{s}}{\mathrm{d}t}$、加速度 $\boldsymbol{a}=\frac{\mathrm{d}\boldsymbol{v}}{\mathrm{d}t}$，用积分来表示变力做功 $W=\int_a^b \boldsymbol{F}\cdot\mathrm{d}\boldsymbol{s}$，既简明又严格. 另外，“形”在物理学中也有重要的作用，它直观形象，如用位移图像、速度图像来表示变速直线运动规律，使人一目了然.

二、数学方法为物理学研究提供定量分析和理论计算方法

现实世界是质与量的统一，任何物质都有质的规定性，也有量的规定性. 物理学是研究物质世界最基本的结构、最普遍的相互作用、最一般的运动规律的自然科学，这些都是物质世界量的方面，因此物理学的研究必须要对物质世界的对象进行定量分析和理论计算，才能精确地反映现实世界. 例如，利用一组偏微分方程(麦克斯韦方程)可以对电磁运动规律进行描述，利用度规和张量建立的方程(爱因斯坦引力场方程)可以对时空和物质的关系进行描述. 通过 $\rho=\frac{m}{V}$，可以对相同体积而不同质量的物质进行对比，以鉴别不同的物质. 也可以通过此公式，对一座不可测量的大山的质量进行估计. 人们正是通过数学提供的定量分析和理论计算的方法不断对物质世界进行深入的认识.

三、数学方法为物理学研究提供逻辑推理和科学抽象的工具

数学方法不仅为物理学提供定量分析和理论计算方法，也是逻辑推理和科学抽象的工具. 许多物理学的规律、公式，都是借助于数学方法通过逻辑推理而得出结论的. 例如，万有引力定律就是在向心力公式 $F=\frac{mv^2}{r}$、开普勒第三定律和圆周运动中线速度 v 和周期 T 的关系 $v=\frac{2\pi r}{T}$ 的基础上通过数学逻辑推理得到的. 科学抽象是指在思维中抛开客体的非本质方面，抽取其本质方面的过程，在物理学中大量的物理模型都是科学抽象的结果，如质点、刚体、点电荷、原子的行星模型，对这些物理模型精确的描述最终必须通过数学方法来表现.

四、提供准确的科学预言

物理学以数学为工具做出很多预言，这些预言往往被实验所验证，给人以巨大的震撼. 例如，海王星被称为“笔尖下的行星”，因为它是根据理论计算发现的. 18 世纪 20 年代，人们以行星摄动理论计算天王星的轨道时，发现其理论计算轨道和实际运行轨道有较大差异，于是人们猜测在天王星的轨道外可能有一颗未知的行星影响其轨道. 亚当斯和勒维耶经过大量的计算预测出未知行星的位置，柏林天文台在此基础上经过天文观测，在他们计算的位置准确找到了这颗行星. 爱因斯坦狭义相对论中用数学方法推出了质能方程 $E=mc^2$，预示了核反应能产生巨大的能量，这早已被实验所验证，并且这种能量已经被人类所利用，不断推动社会的发展.

五、创立科学理论体系

创立科学理论体系需要一定的科学语言和科学思维，如前面所述，数学方法是表达科学理论体系的一种重要科学语言，一个科学理论体系的建立是离不开数学语言的. 数学方法不仅仅起到语言的作用，尤其是数学方法中的公理化方法还是一种重要的演绎方法.

"公理化方法，就是尽可能少地从无定义概念(基本概念)出发去定义其他的一切概念，从一组不证自明的命题(基本公理或公设)出发，经过逻辑推理证明其它的一切命题，进而把一门学科的知识建构成为演绎系统的一种方法."欧几里得的《几何原本》就是公理化方法的一个楷模，他给出了23个定义、5个公设、5个公理，由此出发推导出了一个完整的几何理论体系，这种方法对后世的数学和物理的发展具有深刻的意义.牛顿在前人的基础上，利用公理化方法建立起了一个完整的力学体系：四个基本概念，即时间、空间、质点、力；四条基本定律，即三大牛顿运动定律和万有引力定律；基本方法，即数学方法、逻辑方法和实验方法.爱因斯坦相对论体系的建立，也是采用了公理化方法.

1.4　数学思想方法在中学物理教学中的作用

在中学开展科学方法教育具有重要的意义：比如培养学生的能力、提高学生的素质；通过了解知识是如何产生、形成和发展的，能够优化学生学习的过程；能够发展学生的创新思维和创新意识等.数学方法因为有自身的特点以及在科学方法中的独特地位，因而具有其他科学方法无法替代的作用.

一、在高中物理教学中渗透数学思想方法有利于贯彻物理课程理念

高中物理从课程、教材、考纲三个方面都对高中物理教学中渗透数学思想方法提出了明确的要求.

(一) 贯彻课程

《高中物理课程标准》的执行有助于学生体验科学探究过程，了解科学研究方法.提出学生要经历科学家的探究过程，认识科学探究的意义，尝试应用科学探究的方法研究物理问题，验证物理规律，通过物理概念和规律的学习过程，了解物理学的研究方法，认识物理实验、物理模型和数学工具在物理学发展过程中的作用.探究的操作活动包括观察、提问、实验、比较、推理、概括、表达、运用及其它活动.其中很重要的一点就是把观察所得的结果用精确的数学关系表达出来，运用数学语言来描述分析资料.高中物理课程渗透了很多数学思想方法，在教学中不断挖掘课程中的数学思想，让学生意识到自然科学乃至社会科学统一于数学的大思想，并培养学生科学的物理思维，具有很大的现实意义.

(二) 落实教材

各种版本的教材都体现了数学思想方法在物理中的作用，比如人教版教材的一个很重要的特点就是强调科学过程、方法、科学思维方式的重要性，运用数学方法处理数据能力及评价探究能力.例如，人教版旧版教材在讲解物体做匀变速直线运动的位移 s 等于物体在这段时间内的平均速度 $\bar{v}$ 和时间 t 的乘积时，仅一句话：由于匀变速直线运动的速度是均匀改变的，它在时间 t 内的平均速度 $\bar{v}$ 就等于时间 t 内的初速度 v_0 和末速度 v_t 的平

均值，即$\overline{v}=\dfrac{v_0+v_t}{2}$，代入$s=\overline{v}t$，利用$v_t=v_0+at$，就得出了$s=v_0t+\dfrac{1}{2}at^2$. 但这句话没有给出依据，学生无法接受. 新版教材中，从 v-t 图线下的面积入手，再从匀速运动的位移过渡到匀变速直线运动的位移，以“化整为零，以恒代变”和“积零为整，再取极限”的思想——“微元”思想，探究得到了位移公式，这在逻辑上是站得住脚的，实践表明学生是完全可以接受的. 这里渗透的“微元”思想不只是一种知识，更是一种方法、一种观念，对于科学思想方法的形成大有裨益. 教材中虽然未提“微元”思想，但很多概念的引入都渗透了“微元”思想. 例如，通过时间微元引入瞬时速度、匀变速直线运动的位移、向心加速度等概念，通过对长度的微元引入线速度的方向、曲率半径、重力做功、弹力做功等概念.

（三）实施考纲

《物理高考考纲》(又称《物理高考考试说明》)每年都会修订，但其中明确提出的一个能力是不变的，而且更具体，即考生应具备应用数学知识处理物理问题的能力：能够根据具体问题列出物理量之间的数学关系式，根据数学的特点、规律进行推导、求解和合理外推，并根据结果进行物理判断、物理解释或得出物理结论；能根据物理问题的实际情况和所给条件，恰当运用几何图形、函数图像等形式和方法进行分析、表达；能够从所给图像通过分析找出其所表达的物理内容，用于分析和解决物理问题. 这在各地每年的高考试题中都有体现，如 2014 年江苏省高考物理试卷第 5 题，一汽车从静止开始做匀加速直线运动，然后刹车做匀减速直线运动，直到停止. 如下图所示，速度 v 和位移 x 的关系图像中能描述该过程的是哪一项？本题涉及汽车匀加速和匀减速运动过程中的 v-x 图像判断，对学生的图像分析、理解能力有一定的要求. 再比如江苏省高考中多次出现的用“微元”思想解决的问题，很多学生都觉得很难，一是因为用这种思想方法解决物理问题的意识不强，二是对这种思想方法不理解. 可见要达到考纲中对数学思想方法的要求，不是一蹴而就的，教师需要在平时的教学过程中不断渗透.

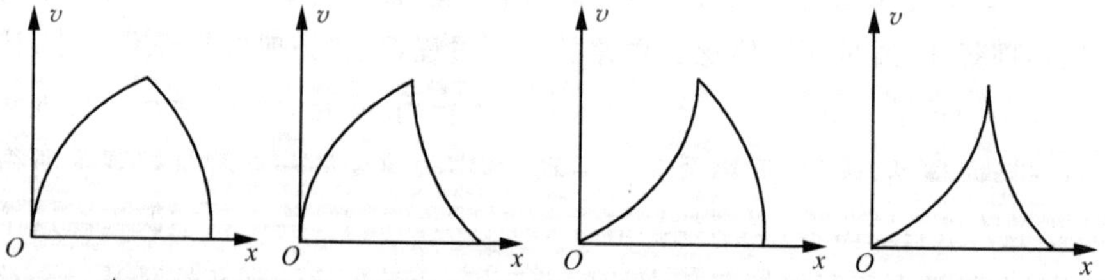

A　　B　　C　　D

二、在高中物理教学中渗透数学思想方法有利于提升学生的素质

爱因斯坦曾说过，“这个世界可以由音乐的音符组成，也可以由数学的符号组成”. 数学有如此威力，主要是其独特的思维和方法发挥作用. 数学思想方法，是铭记在人们头脑中起永恒作用的数学观点和文化、数学的精神和态度，它使人思维敏捷，表达清楚，工作有条理；使人善于处世和做事，实事求是，锲而不舍；使人得到文化方面的修养，能更好地理解、领略和创造现代社会的文明. 饶汉昌等数学家撰文指出：“数学思想、方法是素质教育的重要内容. ”在高中物理教学中渗透数学思想方法，不但具有即时价值，更具有延时价

值，让学生学会直观判断、归纳类比、逻辑分析、建立模型、运用数据进行推断等强有力的思考方式，帮助学生更好地了解物质世界，使学生具有科学的精神、理性的思维和创新的本领，让学生充满自信、坚忍并受益终身. 例如，在《闭合电路欧姆定律》的教学中，传统的教学模式都是通过能量守恒直接推出定律内容，但是如果我们在设计教学内容的时候能够和数学知识联系起来，让学生去探究其根源，相信学生更容易理解规律的内容及其本质. 可以设计电路进行实验，让学生测出几组数据，作 U-I 关系图，通过对图线进行分析，让学生得出作出的图线对应数学中的一次函数关系，从而得出图线的数学关系式，进一步讨论关系式中各物理量的含义，从而得出闭合电路欧姆定律. 这种将物理问题转化为数学问题、再还原为物理结论探究方式的有思想深度的教学，不但可以加深学生对知识的理解，而且学生在以后的学习和工作中，可能会忘记所学的具体的数学知识，但用数学思维思考问题的方法将永存. 通过一些数学思想方法的渗透，让学生具有“数学头脑”，让他们在观察和提出问题、解决问题的每一个过程中，都带有鲜明的“数学色彩”，培养及提升学生的素质.

三、在高中物理教学中渗透数学思想方法有利于培养学生运用数学方法研究物理问题的能力

数学和物理两门学科具有密切的联系，数学对于物理学科来说，不仅仅是一种数量分析和运算的工具，更主要的数学是物理概念的定义工具、物理定律以及原理的表达和推导的工具. 运用数学方法研究物理问题本身就是一个进行抽象思维的过程，因此，数学也是研究物理问题进行科学抽象和思维推理的工具.

1. 有利于学生掌握物理概念和理解物理规律

对物理概念和规律的表述有文字表述和数学表述等，数学表述又分为公式表述和图像表述等. 数学方法把一个物理问题化为数学问题进行研究，其表述往往比较简明、直观、概括、深刻. 例如，电流的定义，“单位时间内通过导体横截面积的电荷量”，用公式表述：$I=\frac{Q}{t}$. 牛顿第二定律文字表述：“物体的加速度跟作用力成正比，跟物体的质量成反比.”利用数学公式表述：$F=ma$. 物理概念和规律通过数学方法确切、简明的表述，可让学生增强对物理概念的掌握和对物理规律的理解，也便于记忆.

2. 培养学生运用数学方法表达物理过程、建立物理概念和规律的能力

概念和规律是物理的两条主线，物理概念是物理教学中一个重要的环节，物理概念是在实践过程中思维抽象的结果，是高度抽象和主观的成果，但是当它实际运用的时候，就具有了具体、客观的内容. 如何才能将抽象、主观的成果变成具体、客观的内容呢？这就需要在数学思想的指引下，利用数学方法作为工具. 因为数学是定义物理概念和表达物理规律的最简洁、最精确、最概括、最深刻的语言，许多物理概念和规律都要以数学形式（公式或图像）来表述，也只有利用数学表述，才便于进一步运用它来分析、推理、论证，才能广泛地定量地说明问题和解决问题，才便于我们继续深入地去研究这个规律表面下蕴含的更

多的物理意义.在错综复杂的物理问题中,正确运用数学思想方法可以让我们对物理规律的适用条件有更充分的认识.

因此,在研究物理现象的过程中必须引导学生把实验观测和数学推导这两种手段有机地结合起来,以观察、实验的感性材料为依据,运用数学方法(包括公式和图像)来对其进行计算、分析、概括、推理,得出经验规律,并进一步抽象为物理定律.中学物理中的许多定律,例如牛顿第二定律、电阻定律、欧姆定律、楞次定律、气体实验定律等都是从实验出发,经过科学抽象为物理定律,最后运用数学语言把它表示为物理公式的.

3. 有利于培养学生利用数学方法解决问题的意识

数学方法由于其普遍的适应性,不断向其它学科渗透,不仅渗透到自然学科,甚至社会学科也渗透了数学方法.例如,数学方法向经济学、语言学、考古学等的渗透,形成了一系列的交叉学科,对人们生活的方方面面都有影响.在高中物理教学中渗透数学思想方法教学,有利于加强学生对数学方法应用广泛性的认识,增加学生对数学方法的兴趣,增强利用数学方法解决现实问题的意识.

4. 有利于培养学生抽象思维的能力、严密逻辑推理的能力和辩证思考问题的能力

由于数学方法本身的抽象性、精确性、逻辑性和辩证性特点,学生在学习利用数学方法解决问题的同时,抽象思维的能力、严密逻辑推理的能力和辩证思考问题的能力也相应得到培养.

5. 提升学生利用多种方式表达自己观点的能力(口头、文字、数学)

整个物理学的认识的成果,包括通过观察和实验获得的物理事实、物理概念、规律和整个理论体系的确立,都需要用科学的语言来表达,科学理论的语言包括三个组成部分:基本的科学术语、基本的科学命题、逻辑演算数学演算.牛顿的《自然哲学的数学原理》就从力学的几个基本概念和基本定律出发,运用数学方法与逻辑推理,建立了整个力学理论体系.通过数学方法的学习,使学生学会利用不同的方式去表达自己的观点,为以后的生活做准备(生活中求职、面试、交流等都需要表达自己),为以后进行科学研究做准备.

6. 提高学生利用数学思想方法解决物理问题的能力

利用数学方法解决物理问题的能力应该包括三个方面,一是把物理问题通过数学方法转换为数学问题的能力;二是运用数学方法进行分析、推理、计算、概括的能力;三是利用数学方法进行物理估算的能力.在物理教学中通过有意识地进行数学方法的教学,可以提高学生利用数学方法解决物理问题的能力.例如,在力的合成与分解中,正交分解的方法是学生必须掌握的,通过语言叙述和受力分析,利用矢量运算的数学方法,把它转化为直角坐标上的代数运算.在讲解过程中渗透这种数学方法的思想,将有助于提高学生利用数学方法解决物理问题的能力.

7. 培养学生应用数学知识进行定量分析、判断、推理、论证的能力

抽象思维在物理学中很重要,在物理学中进行抽象思维的时候,数学是不可缺少的工具,人们利用它就能从已知的物理定律或理论出发,利用数学的逻辑推理方法推导出新的规律或建立新的理论.例如,牛顿在开普勒行星运动规律的基础上,利用数学方法导出了万有引力定律. 中学物理教学应该有计划地进行这方面的训练，培养学生推理、探索的能力和创新精神，从而提高他们的科学"预见"的能力. 例如，运用牛顿第二定律、运动学公式、功的公式推导动能定理，既可以使学生获得新知识，又可以帮助他们领会物理知识间的内在联系.

有些物理问题只能运用数学知识来解决，对学生的数学能力要求较高. 例如，蚂蚁离开蚁巢沿直线单向爬行，它的速度与到蚁巢中心的距离成反比. 当蚂蚁爬到距巢中心的距离 $l_1=1\text{m}$ 的 A 点处时，速度是 $v_1=2\text{cm/s}$，则蚂蚁从 A 点爬到距蚁巢中心距离为 $l_2=2\text{m}$ 的 B 点所需的时间为多少？蚂蚁做变速直线运动，且不是匀变速直线运动，求蚂蚁走完 A 点至 B 点这段路程所用的时间，没有现成的物理公式可以直接运用. 这时我们就要思考是否可以借助数学方法来解决问题，因为题中说蚂蚁的速度与到蚁巢中心的距离成反比，作$\frac{1}{v}$-l 图像，如右图所示，再来研究蚂蚁走完一小段路程 Δl 所用的时间 Δt. 设蚂蚁在某一小段路程 Δl 上的速度为 v（由于 Δl 很小，则 v 可近似看成常数，即在这一小段内蚂蚁的运动可近似看成匀速直线运动），则它走完这段路程 Δl 所用的时间 Δt 为 $\Delta t=\frac{\Delta l}{v}=\frac{1}{v}\cdot\Delta l$，图中阴影部分的面积即为对应的时间，$t=\frac{1}{2}\left(\frac{1}{v_1}+\frac{1}{v_2}\right)\cdot(l_2-l_1)$，因为$\frac{v_2}{v_1}=\frac{l_1}{l_2}$，且 $l_1=1\text{m}$，$l_2=2\text{m}$，$v_1=2\text{cm/s}$，故得 $v_2=1\text{cm/s}$，代入上式，得 $t=75\text{s}$.

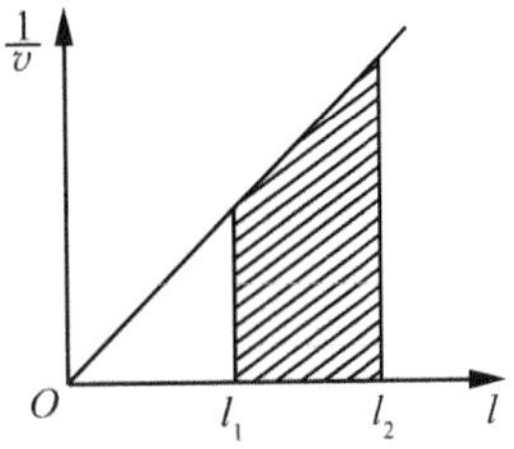

8. 有利于学生空间想象力的发展

空间想象力是用数学知识处理空间形式，探明其关系结构特征的一种想象能力，是一种对几何结构的表象操作能力. 时空概念在物理学中具有重要的意义，物理事件都是在一定的时空中发生的. 相对论研究的是四维的时空事件，更高深的理论物理可能需要更多维度的空间，因此需要学生具有很强的空间想象能力. 在运动学中，处理两物体相遇和追击问题时，就是利用数学方法把两物体相遇或追击上的相同空间位置表示出来，这有助于学生提高空间想象能力. 处理带电粒子在电磁场中的受力和运动问题时需要学生有一定的立体几何知识，通过这种实际的分析和应用，进一步提高学生的空间想象能力.

四、在高中物理教学中渗透数学思想方法有利于提高教师的教学水平

只有注意数学思想方法的渗透，才能把物理课讲活、讲懂、讲深. 所谓"讲活"，就是让学生看到活生生的数学在处理物理中的应用过程，而不是死的数学结论. 比如，小船渡河问题用数形结合思想进行讲解. 所谓"讲懂"，就是让学生真正理解有关数学内容在物理中的具体体现，而不是囫囵吞枣、死记硬背. 比如，匀变速直线运动中位移中点的速度和时间中点速度的比较，不要让学生记结论，学生只要学会了数学方法（如图像法）就会很快得出结论. 所谓"讲深"，则是指让学生不仅掌握具体的数学方法在物理中的应用，而且能领会其内在的思想. 比如，对"微元法"不断的渗透，学生就会领略"微元"思想；对"图像法" 的

不断渗透，学生就会领略“图像”思想. 总之，我们只有精心备课，有计划地将数学思想方法真正渗透于物理教学中，才能不断提高教学质量. 当然，这也对教师从专业素养、教育理论、能力水平诸方面都提出了更高的要求.

教育是慢的艺术，建构主义理论提出学生的认识必然有一个深化和发展的过程，就是说在物理教学中学生对一种数学思想方法的掌握不是一蹴而就的，而是一个不断渗透的过程. 希望教师们在教学中，有意识、有计划地将数学思想方法“化作春雨”滋润学生的物理心田.

第 2 章

高中物理教学中数学思想方法的分类教学

数学思想是指人们对数学理论和内容的本质的认识，数学方法是数学思想的具体化形式，实际上两者的本质是相同的，差别只是站在不同的角度看问题. 通常将之混称为“数学思想方法”. 常见的数学四大思想为：函数与方程思想、数形结合思想、转化与化归思想、分类讨论思想. 本书将详细阐述这四种数学思想方法在高中物理教学中的渗透教学.

2.1　函数与方程思想

一、函数的由来

“函数”一词最初是由德国数学家莱布尼茨于 17 世纪首先采用的，当时莱布尼茨用“函数”这一词来表示变量 x 的幂，即 x^2，x^3，…. 接下来莱布尼茨又将“函数”这一词用来表示曲线上的横坐标、纵坐标、切线的长度、垂线的长度等所有与曲线上的点有关的变量，“函数”一词逐渐盛行.

在中国，古人将“函”字与“含”字通用，都有着“包含”的意思，清代数学家、天文学家、翻译家和教育家，近代科学的先驱者李善兰给出的定义是：“凡式中含天，为天之函数.”古人还用“天、地、人、物”四个字来表示四个不同的未知数或变量. 显然，在李善兰的这个定义中的含义就是“凡是公式中含有变量 x，则该式子叫作 x 的函数.”这样，在中国“函数”是指公式里含有变量的意思.

瑞士数学家雅克・柏努意给出了和莱布尼茨相同的函数定义，1718 年，雅克・柏努意的弟弟约翰・柏努意给出了如下函数定义：由任一变数和常数的任意形式所构成的量叫作这一变数的函数，换句话说，由 x 和常量所构成的任一式子都可被称为关于 x 的函数.

1775 年，欧拉把函数定义为：“如果某些变量以某一种方式依赖于另一些变量，即当后面这些变量变化时，前面这些变量也随之变化，我们把前面的变量称为后面变量的函数.”由此可以看到，由莱布尼兹到欧拉所引入的函数概念，都还是和解析表达式、曲线表达式等概念纠缠在一起.

首届一指的法国数学家柯西引入了新的函数定义:“在某些变数间存在着一定的关系,当一经给定其中某一变数的值,其它变数的值也可随之而确定时,则将最初的变数称为‘自变数’,其它各变数称为‘函数’”. 在柯西的定义中,首先出现了“自变量”一词.

1834 年,俄国数学家罗巴契夫斯基进一步提出函数的定义:“x 的函数是这样的一个数,它对于每一个 x 都有确定的值,并且随着 x 一起变化. 函数值可以由解析式给出,也可以由一个条件给出,这个条件提供了一种寻求全部对应值的方法,函数的这种依赖关系可以存在,但仍然是未知的.”这个定义指出了对应关系,即条件的必要性,利用这个关系以求出每一个 x 的对应值.

1837 年德国数学家狄里克雷认为怎样去建立 x 与 y 之间的对应关系是无关紧要的,所以他的定义是:“如果对于 x 的每一个值,y 总有一个完全确定的值与之对应,则 y 是 x 的函数.”

德国数学家黎曼引入了函数的新定义:“对于 x 的每一个值,y 总有完全确定了的值与之对应,而不拘泥于建立 x 与 y 之间的对应方法如何,均将 y 称为 x 的函数.”

从上面函数概念的演变,我们可以知道,函数的定义必须抓住函数的本质属性,变量 y 称为 x 的函数,只需有一个法则存在,使得这个函数取值范围中的每一个值,有一个确定的 y 值和它对应就行了,不管这个法则是公式或图像或表格或其他形式.

由此,就有了我们课本上的函数的定义:一般地,在一个变化过程中,如果有两个变量 x 与 y,并且对于 x 的每一个确定的值,y 都有唯一确定的值与其对应,那么我们就说 x 是自变量,y 是 x 的函数.

二、函数与方程思想

函数思想,是指用函数的概念和性质来分析问题、转化问题和解决问题;方程思想,是从问题的数量关系入手,运用数学语言将问题中的条件转化为数学模型(方程、不等式或方程与不等式的混合组),然后通过解方程(组)或不等式(组)来使问题获解. 方程是从算术方法到代数方法中寻找解题关系的一种质的飞跃,有时还可以将函数与方程相互转化、接轨,以达到解决问题的目的.

函数描述了自然界中数量之间的关系,函数思想通过揭示问题的数学特征,建立函数关系模型,从而进行研究. 它体现了“联系各变化”的辩证唯物主义观点. 运用函数与方程思想解题时,往往需要将字母看作变量,将代数式看作函数,利用函数的性质进行分析,或者将一个等式看作某一个未知的方程,或者构造一个函数把表面上不是函数的问题划归为函数问题.

宇宙世界充斥着等式和不等式. 哪里有等式,哪里就有方程;哪里有公式,哪里就有方程. 求值问题可通过解方程来实现. 不等式问题也与方程密切相关. 而函数和多元方程没有什么本质的区别,如函数 $y=f(x)$,就可以看作是关于 x、y 的二元方程 $f(x)-y=0$. 可以说,函数的研究离不开方程,列方程、解方程和研究方程的特性,都是应用方程思想时需要重点考虑的.

一般地，函数思想是通过构造函数从而利用函数的性质解题的，经常利用的性质是：定义域、值域、单调性、奇偶性、周期性、最大值和最小值、图像变换等，要求我们熟练掌握的是一次函数、二次函数、幂函数、指数函数、对数函数、三角函数的性质. 在解题中，善于挖掘题目中的隐含条件，构造出函数解析式，妙用函数的性质，是应用函数思想的关键. 对所给的问题观察、分析、判断比较深入、充分、全面时，才能产生由此及彼的联系，构造出函数原型. 另外，方程问题、不等式问题和某些代数问题也可以转化为与其相关的函数问题，即用函数思想解答问题.

函数与方程思想在解题时主要表现在两方面：一是借助有关初等函数的性质，解决有关求值、解(证明)不等式、解方程等问题；二是在对问题的研究中，通过建立函数关系式或构造中间函数，把所研究的问题转化为讨论函数的有关性质，达到化难为易、化繁为简的目的.

三、函数与方程思想在物理中的应用

函数与方程思想在物理中的应用是指用函数的形式把物理量之间的数量关系表示出来，并运用函数方程的有关性质来解决物理问题的思想. 具体来说，就是用运动和变化的观点，分析和研究事物的依存关系，抽象其数学特征，加以研究并使问题获得解决的思想. 高中物理教材中到处都蕴含着函数与方程思想，比如说物理概念和规律的描述、定理和公式的推导，等等. 在具体的实际物理问题中，更离不开函数与方程思想，需要在建立物理模型后根据物理概念、规律和原理寻找已知量与未知量之间的关系，建立方程式、方程组或其他形式的函数表达式进行求解.

2.1.1　一次函数的应用

一般地，形如 $y=kx+b$(k，b 是常数，$k\neq0$)的函数叫作一次函数(linear function). 其中 x 是自变量，y 是因变量. 特别地，当 $b=0$ 时，$y=kx$(k 为常数，$k\neq0$)，y 叫作 x 的正比例函数(direct proportion function). 在中学物理中，线性函数 $y=kx+b$ 或 $y=kx$ 有极其广泛的应用. 例如，匀变速直线运动的速度与时间关系就是一次函数关系，即物理公式 $v_t=v_0+at$ 与数学一次函数 $y=kx+b$ 相对应.

一、一次函数的基本应用

例 1　一个弹簧不挂物体时长 12cm，挂上物体后弹簧伸长，伸长的长度与所挂物体的质量成正比. 如果挂上 3kg 物体后弹簧总长 13.5cm，求弹簧总长 y(cm)与所挂物体质量 x(kg)之间的函数关系式. 如果弹簧最大总长为 23cm，求自变量 x 的取值范围.

解析　此题由物理的定性问题转化为数学的定量问题，其核心是弹簧的总长是空载长度与负载后伸长的长度之和，而自变量的取值范围则可根据最大总长→最大伸长→最大质量的思路来处理.

由题意，设所求函数为 $y=kx+12$，代入数值，得

$$13.5=3k+12$$

解之，得 $k=0.5$.

故 y 与 x 的函数关系式为 $y=0.5x+12$. 由题意，得 $23=0.5x+12=22$，解之，得 $x=22$.

故自变量 x 的取值范围是 $0\leqslant x\leqslant 22$.

二、一次函数在实验中的应用

例 2 在测量电源的电动势和内阻的实验中，由于所用的电压表(视为理想电压表)的量程较小，某同学设计了如图 2-1-1-1 所示的实物电路.

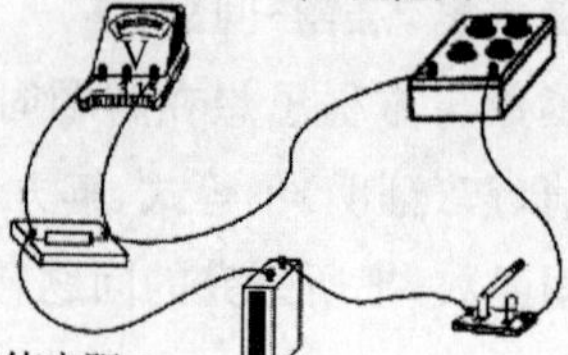

图 2-1-1-1

(1) 试验时，应先将电阻箱的电阻调到__________. (选填“最大值”“最小值”或“任意值”)

(2) 改变电阻箱阻值 R，分别测出阻值 $R_0=10\Omega$ 的定值电阻两端的电压 U，下列两组 R 的取值方案中，比较合理的方案是______. (选填“1”或“2”)

方案编号	电阻箱的阻值 R/Ω				
1	400.0	350.0	300.0	250.0	200.0
2	80.0	70.0	60.0	50.0	40.0

(3) 根据实验数据描点，绘出的 $\frac{1}{U}$-R 图像是一条直线. 若直线的斜率为 k，在 $\frac{1}{U}$ 坐标轴上的截距为 b，则该电源的电动势 $\mathscr{E}=$__________，内阻 $r=$__________(用 k、b 和 R 表示).

解析 这道题主要考查学生构建数学函数，然后分析得出物理结论的能力. 这与我们平时注重以传统理论和方法，分析实验过程与数据是不太一样的. 本题第(1)、第(2)小题的难度不大，而第(3)小题提出了一个平时实验中学生不大注意的函数关系：$\frac{1}{U}$-R. 对于第一次看到此题的同学，或许不能立刻从已学的实验探究过程得出：为什么 $\frac{1}{U}$-R 图像是一条直线？直线的斜率 k 和在 $\frac{1}{U}$ 坐标轴上的截距 b 代表了什么意思？如果不从基本物理量关系分析，则不能清楚地看出问题中所隐藏的物理量间的关系. 其实学生只要依据最基本的闭合电路欧姆定律，抓住 $\frac{1}{U}$ 为因变量，R 为自变量，以数学中寻找 y-x 一次函数的方法去整理已有公式，就可以很快地发现 $\frac{1}{U}$-R 图像的斜率 $k=\frac{1}{\mathscr{E}R_0}$，截距 $b=\frac{1}{\mathscr{E}}+\frac{r}{\mathscr{E}R_0}$. 本题难度并不大，但需要学生能从不熟悉的题目中运用数学的思想，结合物理方法去解决实际问题.

例 3 某实验小组通过研究发现，采用如图 2-1-1-2 所示的装置可以得到小车和小桶的质量. 操作步骤如下：

(1) 取一盒总质量 $m_0=0.2\text{kg}$ 的砝码，放置在小车上，不挂小桶，调节斜木板的倾角，

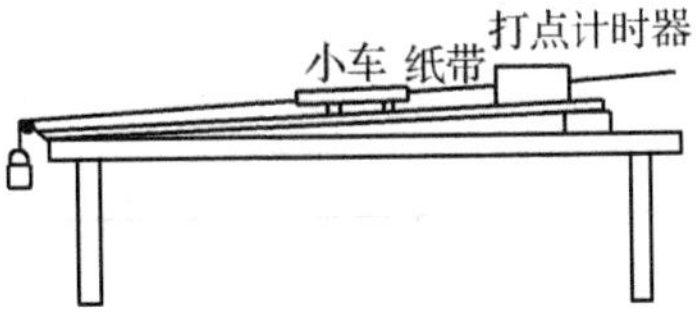

图 2-1-1-2

使小车能匀速滑下；

(2) 挂上小桶，使小车无初速地滑下，用打点计时器打出纸带，并根据纸带计算出小车的加速度；

(3) 从小车上取质量为 m_x 的砝码放到小桶中，重复步骤(2)，测出对应的加速度；

(4) 改变 m_x 的大小，重复步骤(3)，得到 m_x 及 a 的数据，作出 a-m_x 的图线；

(5) 若求得图线的斜率 $k=25\text{m}/(\text{kg}\cdot\text{s}^2)$，截距 $b=0.5\text{m/s}^2$，取重力加速度 $g=10\text{m/s}^2$，则可知小桶的质量 $m_1=$________kg，小车质量 $m_2=$________kg.

步骤(1)中调节木板倾角使小车能匀速滑下的目的是________________.

判定小车做匀速运动的依据是____________________.

解析　高考中或各地的模拟考试中均会出现这种类型的题目.

这道题目所呈现的装置，一般出现在探究加速度与力和物体质量关系的实验中，也有出现在验证机械能守恒实验中. 在学生的思维记忆中一般形成的是 a 与 $\frac{1}{m}$ 的线性关系，初看第(4)小题，不经过认真分析，会认为题目出错了，或认为图像为双曲线的一支. 但通过第(5)小题已经明确了 a-m_x 图像应该就是一次函数的直线. 这样学生的思维就产生了新旧问题的碰撞. 对于能力强的学生，他们就会依据题目中提供的实验过程，运用牛顿第二定律的动力学分析方法，分析题目中变量 m_x 对加速度 a 的影响，从而准确得出装置的加速度 a 与调整的 m_x 的砝码质量间存在的关系.

分析：将桶、小车与砝码作为整体，根据牛顿第二定律，有

$$(m_{\text{桶}}+m_x)g=(m_{\text{桶}}+M_{\text{车}}+m_0)a$$

故

$$a=\frac{g}{m_{\text{桶}}+M_{\text{车}}+m_0}m_x+\frac{m_{\text{桶}}g}{m_{\text{桶}}+M_{\text{车}}+m_0}$$

通过简单的分析，运用数学方法就能很快地得出 a-m_x 的函数关系为简单的一次函数，也就能很快地看出其斜率 $k=\frac{g}{m_{\text{桶}}+M_{\text{车}}+m_0}$，而截距 $b=\frac{m_{\text{桶}}g}{m_{\text{桶}}+M_{\text{车}}+m_0}$，然后运用第(5)小题所给数据代入，解方程组就能轻易地得出小桶与车的质量. 由此可见，平时的课堂实验还只是实验研究的一种初步的形式，实际上一种实验装置通过不同的实验设计和不同的探究思路，就可以寻找到一种新的实验目标. 该实验为学生今后的实验探究提供了一种新思维、新方法，让学生通过解题得到自我创新能力的提升！

通过以上实验例题的分析，我们不难发现其实这些题目虽然都运用了一次函数的函数特性去解决物理问题，但是问题的突破其实还要求学生从最基本的物理关系入手，善于摆脱传统的思维模式，从基本关系式中剥离出相关物理量的函数关系，从而最终在函数的特性基础上，实现对问题的解决与突破. 同时也给一线物理老师提供了一种高中物理实验教学的新思路，那就是利用已有的实验装置，通过物理方法的改进与创新，让学生能举一反三，利用构建物理量间的数学函数关系，去寻找隐藏在已知实验背后的未知的内容，为学生今后做更高层次的实验培养改变与创新的能力！

三、一次函数的平均值的应用

利用线性函数,不但能正确地表达诸如由时间决定的变力、弹簧类物体的弹力、线性变化的感应电动势、静止液体内部的压强、共轴转动物体的各点的线速度等一般的物理规律,更重要的是,还可以利用线性函数在定义区间 $x_1 \sim x_2$(或 $t_1 \sim t_2$)内的平均值 $\overline{y}=\frac{y_1+y_2}{2}$,来分析和解决许多比较复杂乃至极其困难的物理问题,从而删繁就简、化难为易.

1. 线性变力做功

这里的线性变力,是指方向沿同一直线而大小随位移均匀变化的力,亦即大小与位移成正比而方向相反的变力,其表达式为 $F=-kx+b$ 或 $F=-kx$. 反映在数学中,这种变力是位移的一次函数.对变力做功的问题,初学者往往感到困惑不解或十分棘手,但是从另一个角度着眼,若利用这种函数在 $0\sim x$ 位移内的平均值即 $F=\frac{F_0+F_x}{2}$ 作为恒力来替代线性变力,可使线性变力做功的问题得以简化.

例 4 如图 2-1-1-3 所示,把质量为 m、底面积为 S 的木块放入密度为 ρ 的水内的 O 点,即木块下底面在水下 h_0 深度处时,木板由于恰好受力平衡而静止.现用力向下按木板使其竖直向下移动 $x_{\max}$ 至 O' 点,然后释放.求木块由 O' 点返回到 O 点时的瞬时速度.

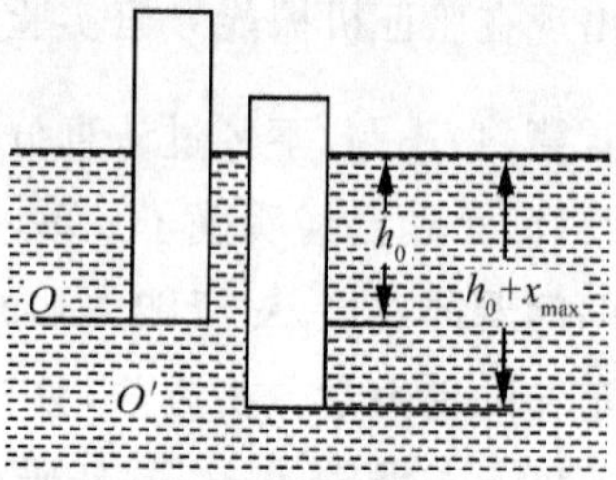

图 2-1-1-3

解析 选竖直向下为 x 轴的正方向,以 O 点为坐标原点.考虑到浮力遵守阿基米德定律,可得 $F_{浮}=\rho gSh$,其中 h 为木块没入水中的深度,从而可得木块所受的合力为

$$F=mg-\rho gS(h_0+x) \tag{1}$$

其中 x 为木块在任意位置偏离 O 点的位移.依题意,当木块在 O 点时,

$$F_0=mg-\rho gSh_0=0 \tag{2}$$

再把式(2)代入式(1),得 $F=-\rho gSx$. 由此可见,木块在此线性变力作用下做简谐运动.不难求出合力 F 在 $[0,x_{\max}]$ 区间上的平均值为

$$\overline{F}=-\frac{\rho gSx_{\max}}{2} \tag{3}$$

设由 O' 点返回到 O 点时的瞬时速度为 v,根据动能定理,可得

$$\overline{F}(-x_{\max})=\frac{mv^2}{2} \tag{4}$$

最后,由式(3)、式(4)即可求出 $v=\sqrt{\frac{\rho gS}{m}}x_{\max}$.

当线性变力 $F=kx$ 与另一恒力(如此例之重力)共同作用于一个物体时,其合力也是线性的,从而形成 $F=kx+b$ 形式的线性变力,其平均值的表达式与前者有所不同.并且这一点对于以时间为自变量的一次函数也是如此.

例5　如图2-1-1-4所示，一轻质弹簧竖直站立且下端固定在水平支持面上，恰好在弹簧的正上方高度为h的A点，有一质量为m的物体由静止自由下落．当物体落至弹簧上端的O点时，弹簧开始被压缩，而当它到达B点时，物体的速度为零．

(1) 物体位移多大时达到最大速度？最大速度为多少？

(2) 求弹簧的最大压缩量．

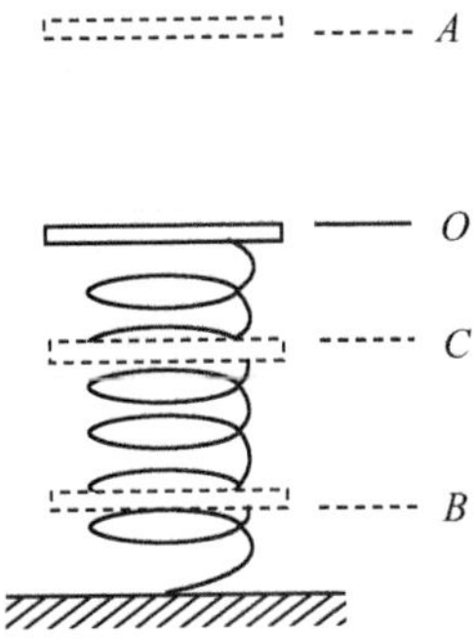

图2-1-1-4

解析　首先，分析可知物体在竖直向下的重力、竖直向上的弹力等共同作用下，做先加速、后减速、最后静止的变加速运动．

选竖直向下为x轴正方向，以O点为坐标原点．由牛顿第二定律，可得$mg-kx=ma$，其中$F=-kx$为弹簧的弹力．

然后，设物体自A点下落至C点时加速度为零，此时物体达到最大速度v_m，又设$OC=x_1$，即$mg-kx_1=0$．于是可得

$$x_1=\frac{mg}{k} \tag{1}$$

显然，重力、弹力的合力在位移x_1内的平均值为

$$\overline{F}=mg-\frac{kx_1}{2} \tag{2}$$

由动能定理，得

$$mgh+\overline{F}x_1=\frac{mv_{max}{}^2}{2} \tag{3}$$

由式(1)～式(3)，即可解得最大速度

$$v_{max}=\sqrt{2g(h+x_1)-\frac{kx_1{}^2}{m}}$$

最后，依题意知物体自A点下落到B点时速度为零，再设弹簧的最大压缩量即$OB=x_2$，由动能定理，有

$$mgh+\left(mgx_2-\frac{kx_2{}^2}{2}\right)=0$$

显然，上式是关于x_2的一元二次方程．从而又可解得$x_2=\dfrac{mg\pm\sqrt{m^2g^2+2kmgh}}{k}$．

由于$m^2g^2+2kmgh>m^2g^2$，因而当根式前为"－"号时，$x_2<0$，舍去负解．从而可得到

$$x_2=\frac{mg+\sqrt{m^2g^2+2kmgh}}{k}$$

显然，$x_2>\dfrac{2mg}{k}$．我们再与$x_1=\dfrac{mg}{k}$比较，可知$x_2>2x_1$．

亦即线段$BC>OC$，点C不是线段OB的中点，若h比较大，则BC段比OC段要大得多．

2. 线性变力的冲量

这里所指的线性变力是另一种方向沿同一直线而大小随时间均匀变化的力，其表达式为$F=kt+b$或$F=kt$．反映于数学式中，这种线性变力是时间的一次函数．类似地，若

能利用线性变力在时间 $0\sim t$ 内的平均值，即 $F=\frac{F_0+F_t}{2}$ 作为恒力替代线性变力，则可使求变力的冲量问题得以简化.

例 6 洒水车在洒水过程中，由于水流速度、喷水口面积等在比较长的时间内可以认为保持不变，即单位时间内流出的水的质量相等. 因而，洒水车的质量是时间的一次函数，可以写作 $m=m_0-kt$. 其中 m_0 为初始质量，k 为质量对时间的变化率，t 为洒水的时间. 现设洒水车的初速度为 v_0，初始质量为 m_0，经过 t 的时间，车速增加为 v_t. 设它的牵引力 F 恒定不变，与路面的动摩擦因数为 μ. 试求洒水车在时间 t 内损失的动量.

解析 洒水车在水平方向的牵引力和滑动摩擦力的作用下做加速度逐渐增大的加速运动. 显然，由于所受合力不为零，动量守恒定律不适用. 可以先用合力的平均值求出合力的冲量，再利用动量定理即可求出动量的损失. 依题意，可知其合力为

$$F_{合}=F-\mu mg=F-\mu(m_0-kt)g$$

在时间 t 内合力的平均值为

$$\overline{F}=F-\mu m_0 g+\frac{\mu gkt}{2} \tag{1}$$

设洒水过程中损失的动量为 Δp，由动量定理，得

$$\overline{F}t=(mv_t+\Delta p)-m_0 v_0 \tag{2}$$

由式(1)、式(2)，可以解得

$$\Delta p=Ft-\mu m_0 gt+\frac{\mu gkt^2}{2}+m_0 v_0-(m_0-kt)v_t$$

先用线性变力——合力对时间的平均值，求出合力的冲量，进而再利用动量定理去求动量的变化. 在全过程的动量变化之中，不但有末、初动量之差，同时必须包括流出的水带走的动量，即题目所求的损失的动量.

3. 切割长度线性变化下的感应电动势

电磁感应现象中有一类随位移或时间均匀变化的感应电动势问题，即感应电动势 E 是位移 s 或时间 t 的一次函数，也可以利用求其平均值的方法去分析和解决.

例 7 如图 2-1-1-5 所示，两条平行的虚线 M、N 之间存在着垂直纸面向内、磁感应强度为 $\boldsymbol{B}$ 的匀强磁场. 在磁场的左侧另有一个位于纸面内的等腰梯形线框 $ABCD$，已知 AB 边的长度为 d，底角为 α，且总电阻为 R. 现使线框自左向右以速度 $\boldsymbol{v}$ 匀速进入磁场，自 AB 边进入直到 CD 边与磁场左边界 M 重合为止，所用的时间为 t，求在此过程中通过线框某一横截面的电荷量.

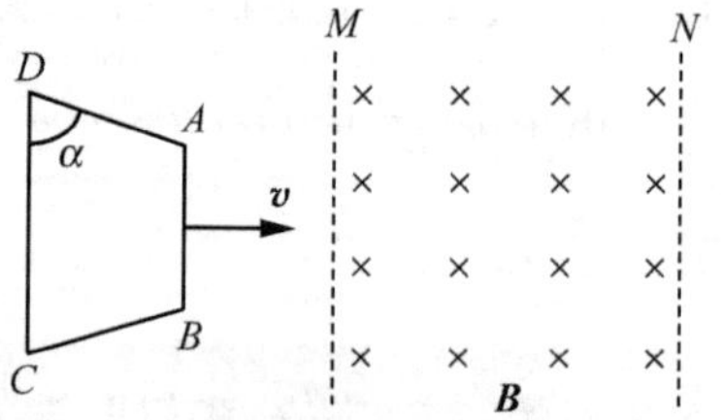

图 2-1-1-5

解析 梯形线框切割部分的有效长度为

$$L=d+2vt\cot\alpha$$

由电磁感应规律得线框中的感应电动势为

$$E=Bv(d+2vt\cot\alpha)$$

显见，它是时间的一次函数. 该电动势在时间 $0\sim t$ 内的平均值$\overline{E}=Bvd+Bv^2t\cot\alpha$.

最后由欧姆定律求出通过线框某一横截面的电荷量为

$$q=\frac{E}{R}t=\frac{Bvdt+Bv^2t^2\cot\alpha}{R}$$

解决此题的关键在于，先求出线框匀速进入磁场时切割磁感线的有效长度 L，再由感应电动势的瞬时表达式求出其在时间 $0\sim t$ 内的平均值，然后作为恒定的感应电动势，再应用欧姆定律等解决.

综上所述，巧妙地利用一次函数的平均值，可以解决中学物理中一大类物理问题. 它不仅可以大幅度提高中学生分析问题和解决问题的能力、利用数学知识解决物理问题的能力，而且对于培养学生的求异思维、创新思维能力，进而大面积提高中学物理的教学质量都有十分重要的意义.

2.1.2　二次函数在中学物理中的应用

杨振宁先生在《美与物理学》的演讲中，对于数学和物理的关系，说了如下的话："我曾经把二者的关系表示为两片在茎处重叠的叶片. 重叠的地方同时是二者之根，二者之源. 譬如微分方程、偏微分方程、希尔伯特空间、黎曼几何和纤维丛等，今天都是二者共用的基本观念. 这是惊人的事实，因为首先达到这些观念的物理学家与数学家曾遵循完全不同的路径、完全不同的传统，为什么会殊途同归呢？大家今天没有很好的答案，恐怕永远不会有，因为答案必须牵扯到宇宙观、知识论等难题."

对于二次函数 $y=ax^2+bx+c$，若 $a>0$ 时，当 $x=-\frac{b}{2a}$时 y 有最小值，$y_{\min}=\frac{4ac-b^2}{4a}$；若 $a<0$ 时，当 $x=-\frac{b}{2a}$时 y 有最大值，$y_{\max}=\frac{4ac-b^2}{4a}$.

在物理公式中有很多公式可以和二次函数相对应，如匀变速直线运动的位移与时间关系就是二次函数关系，即物理公式与数学二次函数相对应，利用二次函数的性质可以解决对应的物理问题.

例1　如图 2-1-2-1 所示，光滑轨道竖直放置，半圆部分半径为 R，在水平轨道上停着一个质量 $M=0.99\text{kg}$ 的木块. 一颗质量$m=0.01\text{kg}$的子弹以 $v=400\text{m/s}$ 的水平速度射入木块中，然后一起运动到轨道最高点水平抛出，求圆半径 R 为多大时平抛的水平位移最大？最大值为多少？

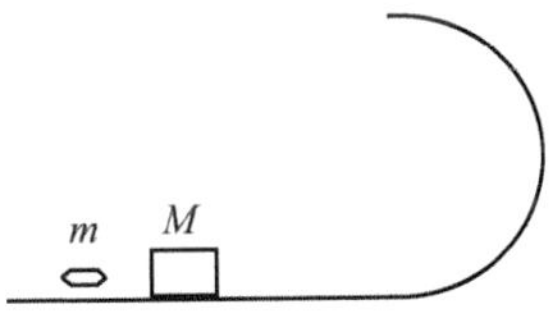

图 2-1-2-1

解析　子弹和木块碰撞过程中动量守恒，设共同速度为 v_1，则

$$mv=(M+m)v_1$$

解得 $v_1=\frac{m}{M+m}v=4\text{m/s}$.

设在轨道最高点平抛时速度为 v_2，轨道光滑，根据机械能守恒定律，有

$$\frac{1}{2}(M+m)v_1{}^2=2(M+m)gR+\frac{1}{2}(M+m)v_2{}^2$$

解得

$$v_2=\sqrt{v_1{}^2-4Rg}$$

所以平抛的水平位移 $s=v_2t=v_2\sqrt{\frac{4R}{g}}=\sqrt{(16-40R)\frac{4R}{10}}=4\sqrt{-R^2+\frac{2}{5}R}$.

根号下的部分是关于 R 的二次函数，二次项系数 $a=-1<0$，所以水平位移 s 有最大值，当 $R=-0.2\text{m}$ 时，二次函数有最大值，此时水平位移也有最大值，即

$$s_{\max}=4\sqrt{-(0.2)^2+0.4\times0.2}\text{m}=0.8\text{m}$$

例 2 把电荷量 $+Q$ 分配给相距为 r 的两金属球上，问如何分配才能使它们之间的相互作用力最大？

解析 设一金属球分得的电荷量为 q，则另一金属球分得的电荷量为 $(Q-q)$，由库仑定律可得它们之间的相互作用力为

$$F=\frac{kq(Q-q)}{r^2}=\frac{k}{r^2}(-q^2+qQ)$$

因为 $a=-1<0$，所以 F 有最大值，此时 $q=\frac{Q}{2}$，即当两球所分得的电荷量相等时，它们间的相互作用力最大.

例 3 如图 2-1-2-2 所示，电源电动势 $\mathscr{E}=24\text{V}$，内电阻 $r=1\Omega$，$R_1=4\Omega$，$R_2=6\Omega$，$R_0=10\Omega$ 为滑动变阻器，求当滑动变阻器触头 C 在什么位置时，电源输出的电流强度最小，并计算这个最小值.

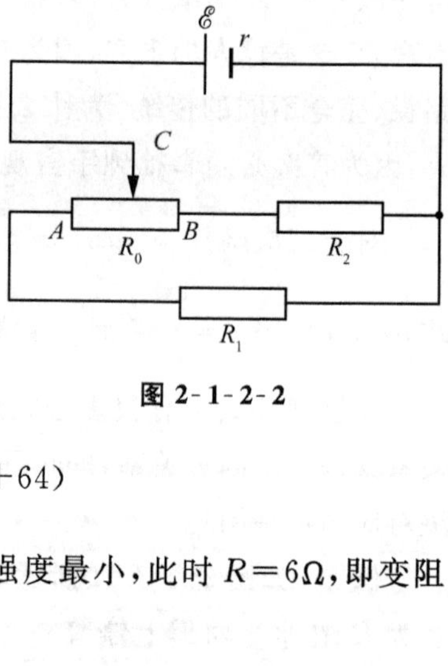

图 2-1-2-2

解析 设滑动触头滑到使 AC 段电阻为 R 时，外路总电阻为 $R_总$，电源输出的电流为 I，这时有

$$R_总=\frac{(R_{AC}+R_1)(R_{BC}+R_2)}{R_{AC}+R_1+R_{BC}+R_2}$$

$$=\frac{(R+4)(10-R+6)}{10+4+6}=\frac{1}{20}(-R^2+12R+64)$$

由于 $I=\frac{\mathscr{E}}{R_总+r}$，所以当 $R_总$ 最大时，电源输出的电流强度最小，此时 $R=6\Omega$，即变阻器触头 C 对应的位置. 电流的最小值为

$$I_{\min}=\frac{\mathscr{E}}{R_总+r}=\frac{24}{\frac{1}{20}(-6^2+12\times6+64)+1}\text{A}=4\text{A}$$

2.1.3 三角函数的应用

数学作为工具学科，其思想、方法和知识始终渗透贯穿于整个物理学习和研究的过程中，为物理概念、定律的表述提供简洁、精确的数学语言，为学生进行抽象思维和逻辑推理提供有效方法，为物理学的数量分析和计算提供有力工具.

高考物理试题的解答离不开数学知识和方法的应用，借助物理知识考查数学能力是高考命题的永恒主题. 可以说任何物理试题的求解过程实质上是一个将物理问题转化为数学问题求解再还原为物理结论的过程. 本节谈谈三角函数在物理中的应用教学.

一、三角函数的基本应用

在进行力的分解时，我们经常用到三角函数的运算，虽然三角函数在初中已经学过，但教师在教学过程中发现还是有相当一部分学生经常犯错误，有一部分学生一直到高三都未搞清楚这部分知识，甚至有些学生连基本的定义式都搞不清.

例 1　如图 2-1-3-1 所示，质量为 m 的小球静止于斜面与竖直挡板之间，斜面倾角为 θ，求小球对挡板和对斜面的压力.

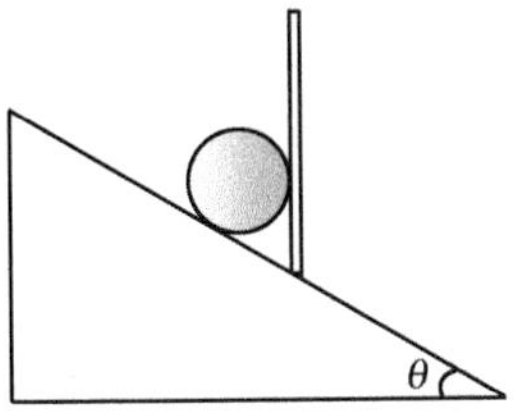

图 2-1-3-1

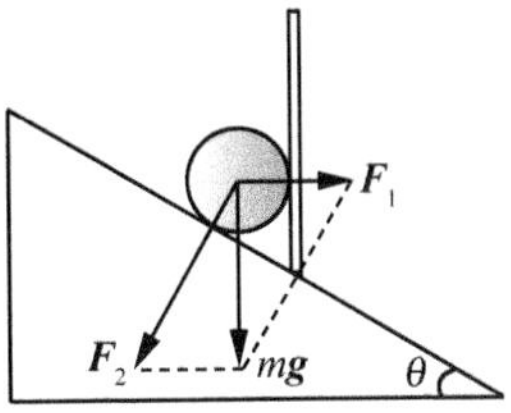

图 2-1-3-2

解析　小球受到的重力产生的效果是压紧挡板和使球压紧斜面，对重力进行分解，如图 2-1-3-2 所示. 则

$$F_1=mg\tan\theta,\ F_2=\frac{mg}{\cos\theta}$$

例 2　如图 2-1-3-3 所示，质量为 m 的小球静止于斜面与挡板之间，斜面倾角为 θ，挡板与斜面垂直，求小球对挡板和对斜面的压力.

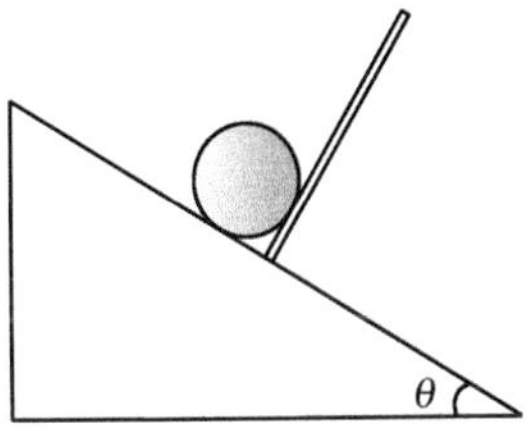

图 2-1-3-3

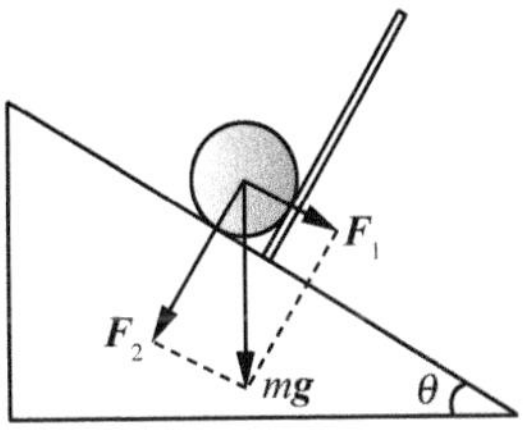

图 2-1-3-4

解析　小球受到的重力产生的效果是压紧挡板和使球压紧斜面，对重力进行分解，如图 2-1-3-4 所示. 则

$$F_1=mg\sin\theta,\ F_2=mg\cos\theta$$

二、用三角函数求物理极值

因正弦函数和余弦函数都有最大值（为 1），如果我们整理出来的物理量的表达式为正弦函数或余弦函数，我们可直接求其极值；若物理量的表达式不是正弦（或余弦）函数的基本形式，那么我们可以通过三角函数公式整理出正弦（或余弦）函数的基本形式，然后再确定极值. 现将两种三角函数求极值的常用模型归纳如下：

1. 利用二倍角公式求物理极值

正弦函数二倍角公式为 $\sin 2\theta = 2\sin\theta\cos\theta$.

如果所求物理量的表达式可以化成 $y = A\sin\theta\cos\theta$，则根据二倍角公式，有 $y = \frac{A}{2}\cdot\sin 2\theta$，当 $\theta = 45°$ 时，y 有最大值 $y_{\max} = \frac{A}{2}$.

例 3 一间新房即将建成时要封顶，考虑到下雨时落至房顶的雨滴能尽快地流离房顶，要设计好房顶的坡度. 设雨滴沿房顶下淌时做无初速度无摩擦的运动，那么下图所示四种情况中符合要求的一项是（　　）.

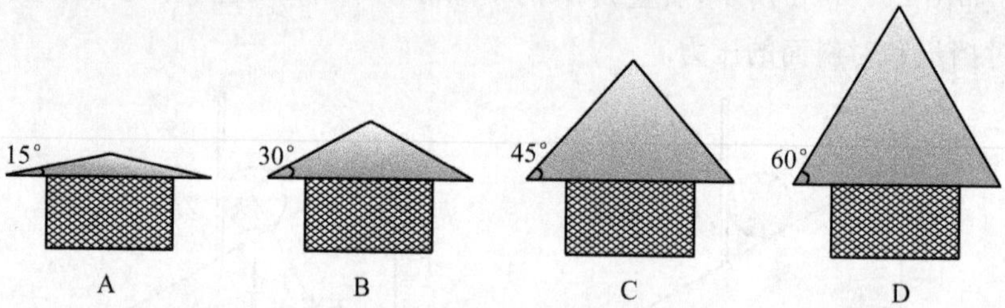

解析 雨滴沿房顶做初速度为零的匀加速直线运动，设房顶底边长为 L，斜面长为 s，倾角为 θ，根据运动学公式 $s = \frac{1}{2}at^2$，有 $\frac{L}{2\cos\theta} = \frac{1}{2}gt^2\cdot\sin\theta$，解得 $t = \sqrt{\frac{L}{g\sin\theta\cdot\cos\theta}} = \sqrt{\frac{2L}{g\sin 2\theta}}$，当 $\theta = 45°$ 时，t 有最小值，C 选项正确.

例 4 如图 2-1-3-5 所示，一辆 $\frac{1}{4}$ 圆弧形的小车停在水平地面上. 一个质量为 m 的滑块从静止开始由顶端无摩擦地滑下，这一过程中小车始终保持静止状态，则小车运动到什么位置时，地面对小车的静摩擦力最大？最大值是多少？

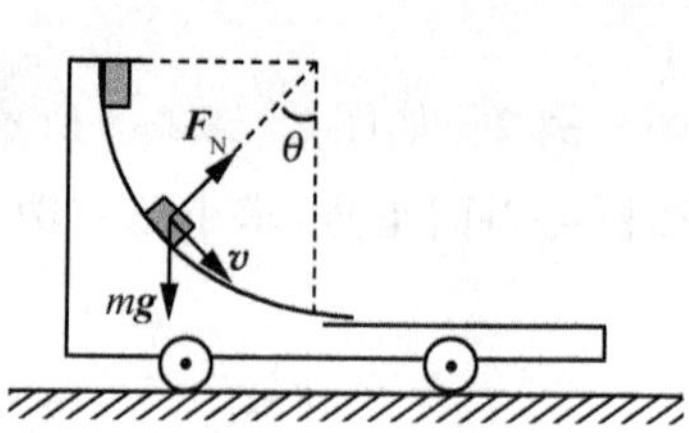

图 2-1-3-5

解析 设圆弧半径为 R，滑块运动到图示位置时，静摩擦力最大，且此时滑块速度为 v，根据机械能守恒定律和牛顿第二定律，应有

$$mgR\cdot\cos\theta = \frac{1}{2}mv^2 \tag{1}$$

$$F_N - mg\cos\theta = m\frac{v^2}{R} \tag{2}$$

由式(1)和式(2)两式联立可得滑块对小车的压力为

$$F_N = 3mg\cos\theta$$

而压力的水平分量为

$$F_{Nx} = F_N\cdot\sin\theta = 3mg\cos\theta\cdot\sin\theta = \frac{3}{2}mg\sin 2\theta$$

设地面对小车的静摩擦力为 F_f，根据平衡条件，其大小为

$$F_f=F_{Nx}=\frac{3}{2}mg\sin 2\theta$$

从 F_f 的表达式可以看出，当 $\theta=45°$时，$\sin 2\theta=1$ 有最大值，则此时静摩擦力的最大值为

$$f_{max}=\frac{3}{2}mg$$

2. 利用和差角公式求物理极值

三角函数中的和差角公式为

$$\sin(\alpha\pm\beta)=\sin\alpha\cos\beta\pm\cos\alpha\sin\beta$$

$$\cos(\alpha\pm\beta)=\cos\alpha\cos\beta\mp\sin\alpha\sin\beta$$

在力学部分求极值或讨论物理量的变化规律时，经常用到这两个公式，如果所求物理量的表达式为 $y=a\sin\theta+b\cos\theta$，我们可以通过和差角公式转化为

$$y=\sqrt{a^2+b^2}\left(\frac{a}{\sqrt{a^2+b^2}}\sin\theta+\frac{b}{\sqrt{a^2+b^2}}\cos\theta\right)$$

令

$$\frac{a}{\sqrt{a^2+b^2}}=\cos\varphi,\ \frac{b}{\sqrt{a^2+b^2}}=\sin\varphi$$

则

$$y=\sqrt{a^2+b^2}\sin(\theta+\varphi)$$

当 $\theta+\varphi=90°$时，y 有最大值：

$$y_{max}=\sqrt{a^2+b^2}$$

例 5　重为 G 的木块与水平面间的动摩擦因数为 μ，一人欲用最小的作用力 $\boldsymbol{F}$ 使木块沿地面做匀速运动，则此最小作用力的大小和方向如何？

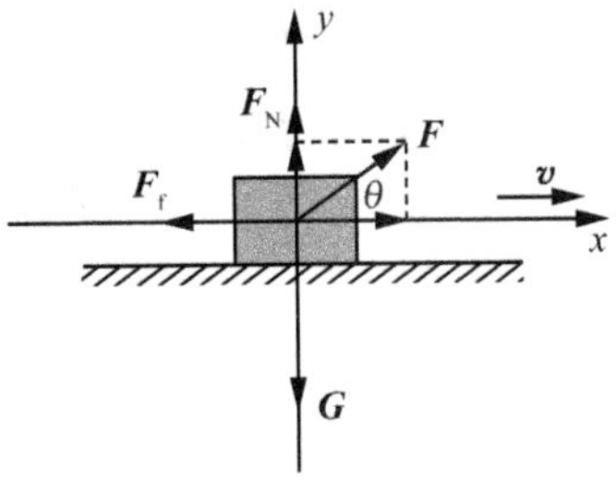

图 2-1-3-6

解析　木块受四个力的作用，即重力 $\boldsymbol{G}$、地面的支持力 $\boldsymbol{F}_N$、摩擦力 $\boldsymbol{F}_f$和施加的外力 $\boldsymbol{F}$，受力分析如图 2-1-3-6 所示. 设力 $\boldsymbol{F}$ 与 x 轴的夹角为 θ，由于物体在水平面上做匀速直线运动，处于平衡状态，所以在 x 轴和 y 轴方向上分别列平衡方程：

$$F\cos\theta=F_f \tag{1}$$

$$F\sin\theta+F_N=G \tag{2}$$

且有

$$F_f=\mu F_N \tag{3}$$

联立式(1)、式(2)、式(3)，有

$$F=\frac{\mu G}{\cos\theta+\mu\sin\theta}$$

利用和差角公式变形为

$$F=\frac{\mu G}{\sqrt{1+\mu^2}\sin(\theta+\varphi)}\ \left(其中\ \tan\varphi=\frac{1}{\mu}\right)$$

当 $\sin(\theta+\varphi)=1$ 时，F 具有极小值 $F_{min}=\frac{\mu G}{\sqrt{1+\mu^2}}$，$F$ 与 x 轴正方向间的夹角 $\theta=\arctan^{-1}\frac{1}{\mu}$.

若将上式变形为

$$F=\frac{\mu G}{\sqrt{1+\mu^2}\cos(\theta-\varphi)}\ (\text{其中}\ \tan\varphi=\mu)$$

当 $\cos(\theta-\varphi)=1$ 时，F 具有极小值 $F_{\min}=\frac{\mu G}{\sqrt{1+\mu^2}}$，$\boldsymbol{F}$ 与 x 轴正方向间的夹角 $\theta=\arctan^{-1}\mu$.

由以上分析可知，两种变形得到的结果一样.

例 6 用跨过定滑轮的绳子牵引物块，使其从图 2-1-3-7所示位置($\theta=45°$)起沿水平面向左做匀速运动. 若物块与地面间的动摩擦因数 $\mu<1$，绳子与滑轮质量不计. 试分析物体运动过程中绳子拉力的变化情况.

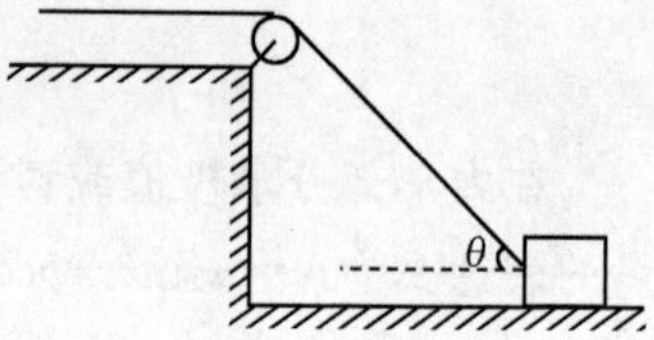

图 2-1-3-7

解析 本题为讨论物理量的变化规律的问题，设绳子拉力为 F，对物体进行受力分析、列平衡方程、求解 F 同上一例题.

$$F=\frac{\mu G}{\cos\theta+\mu\sin\theta}$$

利用和差角公式变形为

$$F=\frac{\mu G}{\sqrt{1+\mu^2}\sin(\theta+\varphi)}\ (\text{其中}\ \tan\varphi=\frac{1}{\mu})$$

因为 $\mu<1$，$\tan\varphi>1$ 所以 $45°\leqslant\varphi\leqslant 90°$，因 $45°\leqslant\theta\leqslant 90°$，则 $90°<\theta+\varphi\leqslant 180°$，$\sin(\theta+\varphi)$ 随 θ 的增大而减小，F 增大.

若变形为 $F=\frac{\mu G}{\sqrt{1+\mu^2}\cos(\theta-\varphi)}$ (其中 $\tan\varphi=\mu$)，则 $\varphi<45°$，据前面所述，$\theta-\varphi$ 在第一象限，随 θ 增大，$\cos(\theta-\varphi)$ 减小，F 增大.

由以上分析可知，两种变形得到的结果一样.

2.1.4 不等式的应用

基本不等式 $a+b\geqslant 2\sqrt{ab}$，当且仅当 $a=b$ 且 $a>0,b>0$ 时，$a+b=2\sqrt{ab}$.

若 $f(x)=[a+g(x)][b-g(x)]$，可由 $a+g(x)=b-g(x)$ 求出 x 的极值点 x_0，当 $x=x_0$ 时，$f(x)$ 取最大值.

若 $f(x)=\frac{a}{g(x)}+bg(x)$，可由 $\frac{a}{g(x)}=bg(x)$ 求出 x 的极值点 x_0，当 $x=x_0$ 时，$f(x)$ 取最小值.

例 1 如图 2-1-4-1 所示，一范围足够大、宽度 $d=10\text{cm}$ 的有界匀强电场，场强 $E=9\times10^3\text{N/C}$，一群相同的二价正离子以不同的速度从电场左边界 A 处垂直进入电场，从另一侧飞离电场. 已知电子电荷量 $e=1.6\times10^{-19}\text{C}$，不计离子间的相互作用和离子自身的重力，试求离子飞离电场的最小动能.

解析　设正离子的初速度为 v_0，则正离子在电场中做类平抛运动，加速度 $a=\frac{eE}{m}$，由水平方向的运动得运动时间 $t=\frac{d}{v_0}$.

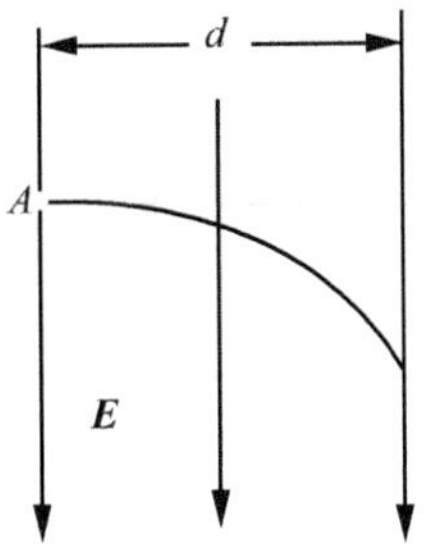

图 2-1-4-1

正离子飞离电场时沿电场方向的速度为

$$v_y=at=\frac{eE}{m}\times\frac{d}{v_0}$$

动能 $E_k=\frac{1}{2}mv^2=\frac{1}{2}m({v_0}^2+{v_y}^2)=\frac{1}{2}m\left({v_0}^2+\frac{E^2e^2d^2}{m^2{v_0}^2}\right)$，由基本不等式，得

$$E_k=\frac{1}{2}m\left({v_0}^2+\frac{E^2e^2d^2}{m^2{v_0}^2}\right)=\frac{1}{2}m{v_0}^2+\frac{E^2e^2d^2}{2m{v_0}^2}\geqslant Eed$$

代入数据，得正离子的最小动能为 $E_{min}=Eed=1.44\times10^{-16}$ J.

例 2　如图 2-1-4-2 所示，竖直平面内有一$\frac{1}{4}$光滑圆弧，它的下端与竖直线垂直，上端离地高 H，一小球从其上端自由滚下，使它在地面上射程有极大值，则圆弧半径应为多大？

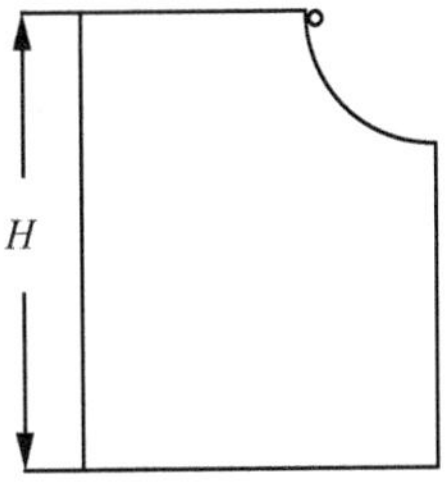

图 2-1-4-2

解析　设半径为 R 时小球的射程最大，抛出时的速度为 v，根据机械能守恒定律，有

$$mgR=\frac{1}{2}mv^2$$

解得 $v=\sqrt{2gR}$.

平抛时间 $t=\sqrt{\frac{2(H-R)}{g}}$，水平射程 $s=vt=\sqrt{4R(H-R)}$.

由基本不等式，得

$s=\sqrt{4R(H-R)}\leqslant R+(H-R)=H$，当 $R=H-R$，即 $R=\frac{1}{2}H$ 时，水平射程有最大值，$s_{max}=H$.

例 3　如图 2-1-4-3 所示，长为 l 的轻质绳，一端系一质量为 m 的小球，把球拉到水平位置后放手，问：绳与竖直方向的夹角为多大时小球具有最大的竖直分速度？最大值为多少？

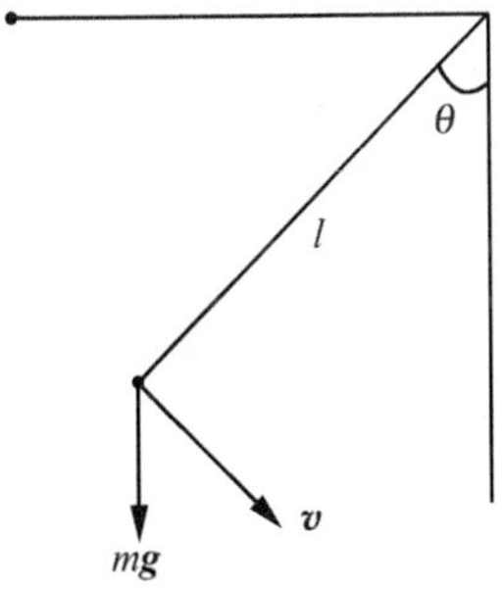

图 2-1-4-3

解析　设绳与竖直方向成 θ 角时，小球具有最大的竖直分速度 $v_{竖直}$，设此时的合速度为 v，根据机械能守恒定律，有

$$mgl\cos\theta=\frac{1}{2}mv^2$$

解得 $v=\sqrt{2gl\cos\theta}$.

竖直分速度 $v_{竖直}=v\sin\theta=\sqrt{2gl\cos\theta\sin^2\theta}$

设
$$y=\cos\theta\sin^2\theta$$

则
$$y^2=\cos^2\theta\sin^4\theta=\frac{1}{2}\times 2\cos^2\theta\sin^2\theta\sin^2\theta$$

由基本不等式 $\sqrt[3]{abc}\leqslant\frac{a+b+c}{3}$知，

$$\sqrt[3]{2\cos^2\theta\sin^2\theta\sin^2\theta}\leqslant\frac{2}{3}$$

所以 $2\cos^2\theta\sin^2\theta\sin^2\theta\leqslant\frac{8}{27}$，$y^2=\cos^2\theta\sin^2\theta\sin^2\theta\leqslant\frac{4}{27}$，$y=\cos\theta\sin^2\theta\leqslant\frac{2\sqrt{3}}{9}$. 当 $2\cos^2\theta=\sin^2\theta=\sin^2\theta$ 时，即 $\tan\theta=\sqrt{2}$时，y 取最小值$\frac{2\sqrt{3}}{9}$，此时竖直分速度也有最小值，$v_{竖直\min}=\sqrt{2gl\frac{2\sqrt{3}}{9}}=\frac{2}{3}\sqrt{\sqrt{3}gl}$.

2.1.5　数学归纳法的应用

数学归纳法(Mathematical Induction, MI)是一种数学证明方法，通常被用于证明某个给定命题在整个(或者局部)自然数范围内成立. 在数论中，数学归纳法是以一种不同的方式来证明任意一个给定的情形都是正确的(第一个，第二个，第三个，一直下去概不例外)的数学定理. 虽然数学归纳法名字中有“归纳”，但是数学归纳法并非不严谨的归纳推理法，它属于完全严谨的演绎推理法. 事实上，所有数学证明都是演绎法.

最简单和常见的数学归纳法是证明当 n 等于任意一个自然数时某命题成立. 证明分下面两步：

证明当 $n=1$ 时命题成立.

假设 $n=m$ 时命题成立，那么可以推导出在 $n=m+1$ 时命题也成立(m 代表任意自然数).

这种方法的原理在于：首先证明在某个起点值时命题成立，然后证明从一个值到下一个值的过程有效. 当这两点都已经证明，那么任意值都可以通过反复使用这个方法推导出来.

在物理问题中常出现多过程问题，这类问题很多情况下可以用数学归纳法来解决. 例如，一个关于自然数 n 的命题，由 $n=1$ 命题成立，可推知 $n=2$ 命题成立，继而又可推出 $n=3$ 命题成立……这样就形成了一个无穷的递推，从而对于 $n\geqslant 1$ 的自然数命题都成立. 下面略举几例说明这一方法的应用.

例 1　雨滴在穿过云层的过程中，不断与漂浮在云层中的小水珠相遇并结合为一体，其质量逐渐增大. 现将上述过程简化为沿竖直方向的一系列碰撞. 已知雨滴的初始质量为 m_0，初速度为 v_0，下降距离 l 后与静止的小水珠碰撞且合并，质量变为 m_1. 此后每经过同样的距离 l 后，雨滴均与静止的小水珠碰撞且合并，质量依次为 $m_2, m_3, \cdots, m_n$(设各质量为已知量). 不计空气阻力. 若考虑重力的影响，求：

(1)第 1 次碰撞前后雨滴的速度 v_1 和 v_1'；

(2) 求第 n 次碰撞后雨滴的动能$\frac{1}{2}m_n v_n'^2$.

解析　(1) 若考虑重力的影响，雨滴下降过程中做加速度为 g 的匀加速运动，碰撞瞬间动量守恒.

第 1 次碰撞前

$$v_1{}^2=v_0{}^2+2gl,\ v_1=\sqrt{v_0{}^2+2gl}$$

第 1 次碰撞后

$$m_0v_1=m_1v_1',\ v_1'=\frac{m_0}{m_1}v_1=\frac{m_0}{m_1}\sqrt{v_0{}^2+2gl} \tag{1}$$

(2) 第 2 次碰撞 $v_2{}^2=v_1'^2+2gl$.

利用式(1)，化简得

$$v_2{}^2=\left(\frac{m_0}{m_1}\right)^2v_0{}^2+\left(\frac{m_0{}^2+m_1{}^2}{m_1{}^2}\right)2gl \tag{2}$$

第 2 次碰撞后，利用式(2)，得

$$v_2'^2=\left(\frac{m_1}{m_2}\right)^2v_2{}^2=\left(\frac{m_0}{m_2}\right)^2v_0{}^2+\left(\frac{m_0{}^2+m_1{}^2}{m_2{}^2}\right)2gl$$

同理，第 3 次碰撞后

$$v_3'^2=\left(\frac{m_0}{m_3}\right)^2v_0{}^2+\left(\frac{m_0{}^2+m_1{}^2+m_2{}^2}{m_3{}^2}\right)2gl$$

第 n 次碰撞后

$$v_n'^2=\left(\frac{m_0}{m_n}\right)^2v_0{}^2+\left(\frac{\sum\limits_{i=0}^{n-1}m_i{}^2}{m_n{}^2}\right)2gl$$

故第 n 次碰撞后雨滴的动能为

$$\frac{1}{2}m_nv_n'^2=\frac{1}{2m_n}\left(m_0{}^2v_0{}^2+2gl\sum_{i=0}^{n-1}m_i{}^2\right)$$

例 2　如图 2-1-5-1 所示，一质量为 m、由绝缘材料制成的球与质量为 $M=19m$ 的金属球并排悬挂. 现将绝缘球拉至与竖直方向成 $\theta=60°$的位置自由释放，下摆后在最低点与金属球发生弹性碰撞. 在平衡位置附近存在垂直于纸面的磁场. 已知由于磁场的阻尼作用，金属球将于再次碰撞前停在最低点处. 问：经过几次碰撞后绝缘球偏离竖直方向的最大角度将小于 45°?

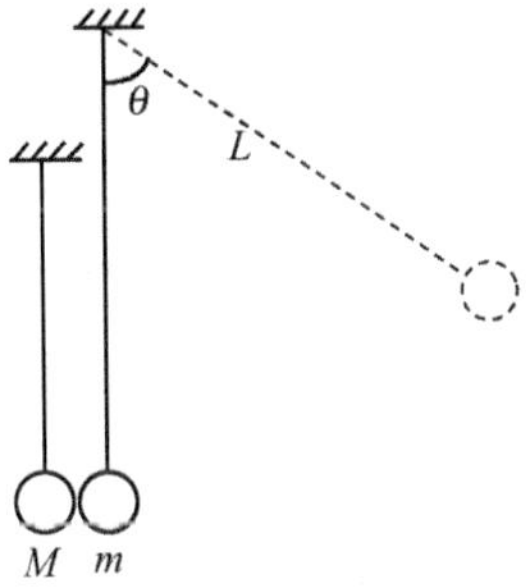

图 2-1-5-1

解析　由题意知每次碰撞都发生在最低点，且为弹性正碰. 设绝缘小球 m 的摆线长度为 L，向左为速度的正方向，第一次碰撞前后绝缘小球的速度分别 v_0、v_1，金属球的速度为 V_1.

由动量守恒，得

$$mv_0=MV_1-mv_1$$

由机械能守恒，得

$$\frac{1}{2}mv_0{}^2=\frac{1}{2}MV_1{}^2+\frac{1}{2}mv_1{}^2$$

由题意知 $M=19m$，解得

$$v_1=\frac{9}{10}v_0,\ V_1=\frac{1}{10}v_0$$

第二次碰撞前后，由动量守恒，得

$$mv_1=MV_2-mv_2$$

由机械能守恒，得

$$\frac{1}{2}mv_1{}^2=\frac{1}{2}MV_2{}^2+\frac{1}{2}mv_2{}^2$$

联立上式，解得

$$v_2=\left(\frac{9}{10}\right)^2v_0,\ V_2=\left(\frac{1}{10}\right)^2v_0$$

同理可得第三次碰撞前后，有

$$mv_2=MV_3-mv_3$$

$$\frac{1}{2}mv_2{}^2=\frac{1}{2}MV_3{}^2+\frac{1}{2}mv_3{}^2$$

解得

$$v_3=\left(\frac{9}{10}\right)^3v_0,\ V_3=\left(\frac{1}{10}\right)^3v_0$$

由此可知，第 n 次碰撞后，绝缘小球的速度为 $v_n=\left(\frac{9}{10}\right)^nv_0$，金属球的速度 $V_n=\left(\frac{1}{10}\right)^nv_0$.

设第一次碰撞前绝缘球的动能为 $E_{k0}=\frac{1}{2}mv_0{}^2=mgL(1-\cos\theta)$，其中 $\theta=60°$.

第 n 次碰撞后绝缘小球的动能

$$E_{kn}=\frac{1}{2}mv_n{}^2=\frac{1}{2}m\left(\frac{9}{10}\right)^{2n}v_0{}^2=0.81^nE_0=mgL\ (1-\cos\theta')$$

其中 $\theta'=45°$，则 $\frac{E_{kn}}{E_{k0}}=0.586$，得 $0.81^n=0.586$，因为 $0.81^3=0.531$，$0.81^2=0.656$，所以 $2<n<3$，则经过 3 次碰撞后绝缘球偏离竖直方向的夹角小于 45°.

例 3 (1) 如图 2-1-5-2 所示，ABC 为一固定在竖直平面内的光滑轨道，BC 段水平，AB 段与 BC 段平滑连接. 质量为 m_1 的小球从高位 h 处由静止开始沿轨道下滑，与静止在轨道 BC 段上质量为 m_2 的小球发生碰撞，碰撞后两球的运动方向处于同一水平线上，且在碰撞过程中无机械能损失. 求碰撞后小球 m_2 的速度大小 v_2.

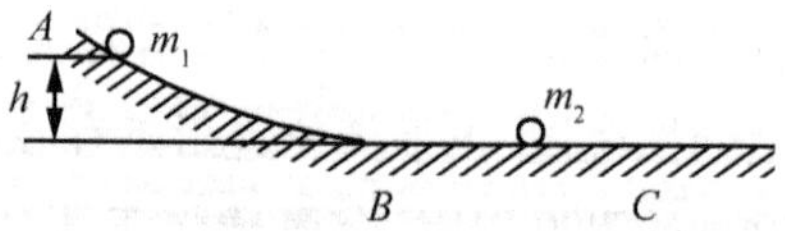

图 2-1-5-2

(2) 碰撞过程中的能量传递规律在物理学中有着广泛的应用. 为了探究这一规律，我们采用多球依次碰撞、碰撞前后速度在同一直线上且无机械能损失的简化力学模型. 如图 2-1-5-3 所示，在固定光滑水平轨道上，质量分别为 $m_1,m_2,m_3,\cdots,m_{n-1},m_n,\cdots$ 的若干个球沿直线静止相隔一定间距排列，给第 1 个球初始动能 E_{k1}，从而引起各球的依次碰撞. 定义其中第 n 个球经过依次碰撞后获得的动能 E_k 与 E_{k1} 之比为第 1 个球对第 n 个球的动能传递系数 k_{1n}.

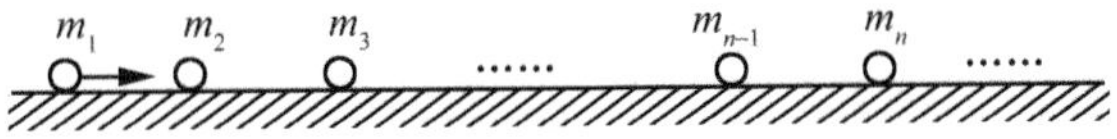

图 2-1-5-3

(a) 求 k_{1n}；

(b) 若 $m_1=4m_0$，$m_3=m_0$，m_0 为确定的已知量. 问：m_2 为何值时，k_{13} 值最大？

解析　设 m_1 碰撞前的速度为 v_0，根据机械能守恒定律，有

$$m_1gh=\frac{1}{2}m_1{v_0}^2 \tag{1}$$

设碰撞后 m_1 与 m_2 的速度分别为 v_1 和 v_2，根据动量守恒定律，有

$$m_1v_0=m_1v_1+m_2v_2 \tag{2}$$

由于碰撞过程中无机械能损失，故

$$\frac{1}{2}m_1{v_0}^2=\frac{1}{2}m_1{v_1}^2+\frac{1}{2}m_2{v_2}^2 \tag{3}$$

联立式(2)、式(3)，解得

$$v_2=\frac{2m_1v_0}{m_1+m_2} \tag{4}$$

将式(1)代入式(4)，得

$$v_2=\frac{2m_1\sqrt{2gh}}{m_1+m_2}$$

(a) 由上问中式(4)，考虑到 $E_{k1}=\frac{1}{2}m_1{v_0}^2$ 和 $E_{k2}=\frac{1}{2}m_2{v_2}^2$，根据动能传递系数的定义，对于 1、2 两球，有

$$k_{12}=\frac{E_{k2}}{E_{k1}}=\frac{4m_1m_2}{(m_1+m_2)^2} \tag{5}$$

同理可得，球 m_2 和球 m_3 碰撞后，动能传递系数 k_{13} 应为

$$k_{13}=\frac{E_{k3}}{E_{k1}}=\frac{E_{k2}}{E_{k1}}\cdot\frac{E_{k3}}{E_{k2}}=\frac{4m_1m_2}{(m_1+m_2)^2}\cdot\frac{4m_2m_3}{(m_2+m_3)^2} \tag{6}$$

依次类推，动能传递系数 k_{1n} 应为

$$k_{1n}=\frac{E_{kn}}{E_{k1}}=\frac{E_{k2}}{E_{k1}}\cdot\frac{E_{k3}}{E_{k2}}\cdots\frac{E_{kn}}{E_{k(n-1)}}=\frac{4m_1m_2}{(m_1+m_2)^2}\cdot\frac{4m_2m_3}{(m_2+m_3)^2}\cdot\cdots\cdot\frac{4m_{n-1}m_n}{(m_{n-1}+m_n)^2}$$

解得

$$k_{1n}=\frac{4^{n-1}m_1{m_2}^2{m_3}^2\cdots{m_{n-1}}^2m_n}{(m_1+m_2)^2(m_2+m_3)^2\cdots(m_{n-1}+m_n)^2}$$

(b) 将 $m_1=4m_0$，$m_3=m_0$ 代入式(6)，可得

$$k_{13}=64{m_0}^2\left[\frac{m_2}{(4m_0+m_2)(m_2+m_0)}\right]^2$$

为使 k_{13} 最大，只需使 $\frac{m_2}{(4m_0+m_2)(m_2+m_0)}=\frac{1}{m_2+\frac{4{m_0}^2}{m_2}+5m_0}$ 最大，当 $\sqrt{m_2}=\frac{2m_0}{\sqrt{m_2}}$，

即当 $m_2=2m_0$ 时，k_{13} 最大.

2.1.6 数列的应用

数学中数列的知识在物理中应用比较多，特别是在动量和能量的问题中经常要用到. 数列有等差数列和等比数列之分，在高中物理牵扯到的这类问题中，常涉及等差数列、等比数列. 我们先将这两种数列的基本公式总结如下：

1. 等差数列

(1) 通项公式：$a_n=a_1+(n-1)d$，其中，a_1 为首项，n 为项数，d 为公差.

(2) 求和公式：$S_n=\dfrac{n(a_1+a_n)}{2}$，其中，$a_1$ 为首项，n 为项数，a_n 为尾项.

2. 等比数列

(1) 通项公式：$a_n=a_1q^{n-1}$，其中，a_1 为首项，n 为项数，q 为公比.

(2) 求和公式：$S_n=\dfrac{a_1(1-q^n)}{1-q}(q\neq1)$，其中，$a_1$ 为首项，n 为项数，q 为公比.

一、等差数列公式的应用

例 1 如图 2-1-6-1 所示，一张致密 CD 光盘音轨区域的内半径 $R_1=2.2\text{cm}$，外半径 $R_2=5.6\text{cm}$，径向音轨密度 $N=650$ 条/毫米. 在 CD 唱机内，光盘每转一圈，激光头沿径向向外移动一条音轨. 已知每条音轨宽均匀，激光束相对于光盘以恒定的线速度 $v=1.3\text{m/s}$ 运动. 将一张光盘全部播放一遍所用时间是多少？

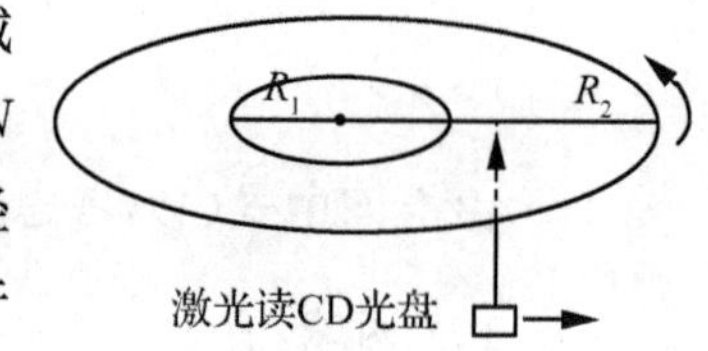

图 2-1-6-1

解析 激光束在半径为 r_1 处时，光盘转一圈所用的时间为 $t_1=\dfrac{2\pi r_1}{v}$；激光束在半径为 r_2 处时，光盘转一圈所用的时间为 $t_2=\dfrac{2\pi r_2}{v}$；激光束在半径为 r_3 处时，光盘转一圈所用的时间为 $t_3=\dfrac{2\pi r_3}{v}$……激光束在半径为 r_n 处时，光盘转一圈所用的时间为 $t_n=\dfrac{2\pi r_n}{v}$. 其中：$r_2=r_1+\Delta r$，$r_3=r_2+\Delta r=r_1+2\Delta r$，…，$r_n=r_1+(n-1)\Delta r$，$\Delta r=\dfrac{1}{650}\text{mm}$，为一定值. 故而数列 $\{r_1, r_2, r_3, \cdots, r_n\}$ 构成一等差数列，所以数列 $\{t_1, t_2, t_3, \cdots, t_n\}$ 也构成一等差数列. 根据等差数列求和公式：$S_n=\dfrac{n(a_1+a_n)}{2}$，有 $t=\dfrac{n(t_1+t_n)}{2}$，其中：$t_1=\dfrac{2\pi R_1}{v}$，$t_n=\dfrac{2\pi R_2}{v}$，$n=N(R_2-R_1)$.

$$t=\frac{N(R_2-R_1)\left(\dfrac{2\pi R_1}{v}+\dfrac{2\pi R_2}{v}\right)}{2}=\frac{6500\times(5.6-2.2)\times\dfrac{2\pi\times10^{-2}}{1.3}(2.2+5.6)}{2}\text{s}=4163.6\text{s}$$

所以，将一张光盘全部播放一遍所用时间是 4163.6s.

例 2　如图 2-1-6-2 所示，一块足够长的木板，放在光滑水平面上，在木板上自左向右放有序号为 1,2,3,…,n 的木块，所有木块质量均为 m，木块与木板间的动摩擦因数都相同. 开始时，木板静止不动，第 1,2,3,…,n 号木块的初速度分别是 v_0，$2v_0$，$3v_0$，…，nv_0，方向向右，木板质量与所有木块的总质量相等. 最终所有木块与木板以共同速度匀速运动. 设木块之间均无相互碰撞. 试通过分析与计算说明第 k 号($k<n$)木块的最小速度.

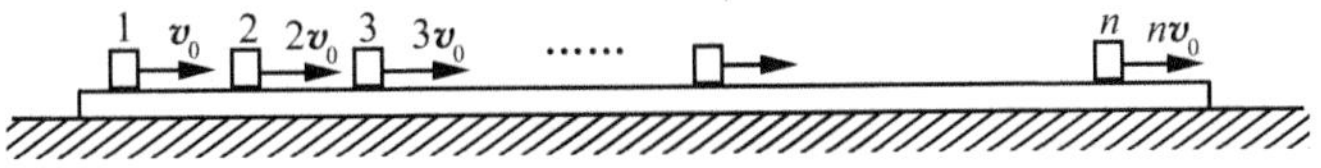

图 2-1-6-2

解析　分析各木块及木板的受力情况可知，在整个系统未达到相同速度之前，木板做加速运动，第 1,2,3,…,$n-1$ 号木块先做匀减速运动，与木板达到相同速度后，便随木板一起做加速运动. 而第 n 号木块先做匀减速运动，与木块达到共同速度后，整个系统就以相同速度做匀速直线运动. 因此，第 k 号木块与木板具有相同速度时就是它的最小速度，设为 v_k. 此时，第 k 号前的木块，由于所受摩擦力及质量均与第 k 号木块相同，由牛顿第二定律知，它们的加速度也相同. 又由运动学知识可得，在开始运动后到第 k 号木块的速度为 v_k 时，前 k 个木块和木板的速度相同且为 v_k，而第 $k+1$，$k+2$，…，n 号木块的速度分别为 v_k+v_0，v_k+2v_0，v_k+3v_0，…，$v_k+(n-k)v_0$.

从开始运动到第 k 号木块与木板具有相同速度的过程中，整个系统受到的合外力为零，选取木板与前 k 个木块作为一个整体，和剩余的木块相互作用，组成系统，由系统动量守恒，得

$$mv_0+m2v_0+m3v_0+\cdots+mnv_0=(nm+km)v_k+m(v_k+v_0)+m(v_k+2v_0)+\cdots+m[v_k+(n-k)v_0]$$

等式左边$=mv_0(1+2+3+\cdots+n)$

等式右边$=(n+k)mv_k+(n-k)mv_k+mv_0(1+2+3+\cdots+n-k)$

$$(n-k+1+n-k+2+\cdots+n)v_0=2nv_k$$

其中数列$\{n-k+1,n-k+2,\cdots,n\}$是首项为 $n-k+1$，尾项为 n，公差为 1 的等差数列，项数为 k 项，则由等差数列求和公式，得

$$\frac{k(n-k+1+n)}{2}v_0=2nv_k$$

故 $v_k=\dfrac{k(2n+1-k)}{4n}v_0$. 即第 k 号木块的最小速度为$\dfrac{k(2n+1-k)}{4n}v_0$.

二、等比数列公式的应用

例 3　如图 2-1-6-3 所示，一质量 $m=1\text{kg}$ 的平板车左端放有质量 $M=2\text{kg}$ 的小滑块，滑块与平板车之间的动摩擦因数 $\mu=0.2$，开始时平板车与滑块共同以 $v_0=2\text{m/s}$ 的速度在光滑水平面上向右运动，并与竖直墙壁发生碰撞. 设碰撞时间极短

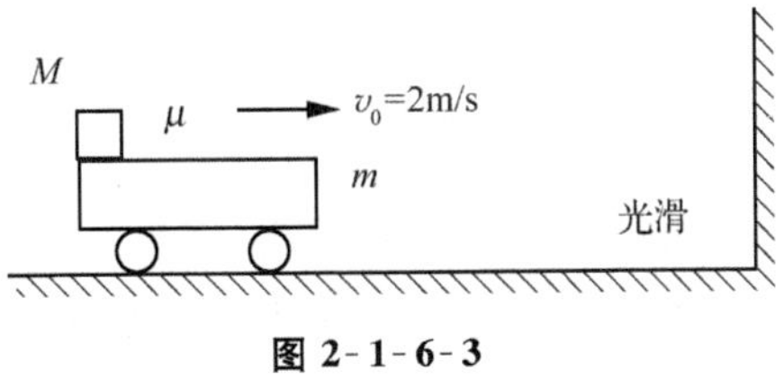

图 2-1-6-3

且碰撞后平板车速度大小保持不变，但方向与原来相反. 平板车足够长，以至滑块不会滑到平板车右端. 求平板车与墙壁第一次碰撞之后所通过的总路程(取 $g=10\text{m/s}^2$).

解析 平板车与墙壁第一次碰撞后，平板车以速度 $v_1=v_0=2\text{m/s}$ 向左运动，对地向左最大位移为 $s_1=\frac{{v_1}^2}{2a}$.

根据牛顿第二定律，有 $a=\frac{\mu Mg}{m}$，故

$$s_1=\frac{{v_1}^2}{2\frac{\mu Mg}{m}}$$

同时小滑块和平板车相互作用，设能达到的共同速度为 v，则动量守恒. 即

$$Mv_0-mv_0=(M+m)v_2$$

得 $v_2=\frac{(M-m)v_0}{M+m}$，方向向右.

平板车与墙壁第二次碰撞后，小车以 $v_2=\frac{(M-m)v_0}{M+m}$ 的速度向左运动，对地向左最大位移为 $s_2=\frac{{v_2}^2}{2\frac{\mu Mg}{m}}$，同时小滑块和平板车相互作用，设能达到的共同速度为 v'，则动量守恒. 即

$$Mv_2-mv_2=(M+m)v_3$$

得 $v_3=\frac{(M-m)v_2}{M+m}$，因此

$$v_3=\left(\frac{M-m}{M+m}\right)^2 v_0$$

依次类推，平板车第 n 次与墙壁碰撞后，以 $v_n=\left(\frac{M-m}{M+m}\right)^{n-1} v_0$ 向左运动，对地向左最大位移为 $s_n=\frac{{v_n}^2}{2\frac{\mu Mg}{m}}$.

数列 $\{v_1,v_2,v_3,\cdots,v_n\}$ 构成等比数列，所以数列 $\{s_1,s_2,s_3,\cdots,s_n\}$ 也构成等比数列，且公比为 $q=\left(\frac{M-m}{M+m}\right)^2=\frac{1}{9}$，首项 $s_1=\frac{{v_1}^2}{2\frac{\mu Mg}{m}}$，即 $s_1=\frac{1}{2}\text{m}$. 通过的总路程为

$$s_{总}=2\,\frac{s_1(1-q^n)}{1-q}$$

当 $n\to\infty$ 时，$s_{总}=\frac{9}{8}\text{m}$.

所以，平板车与墙壁第一次碰撞之后所通过的总路程为 $\frac{9}{8}\text{m}$.

由上述例题可以看出，用数列解决物理问题的一般方法是，首先根据物理规律找出所要求物理量的前几个过程或初始部分与已知量的关系，继而递推出要求的物理量的一般

表达式，然后利用数列的通项公式或求和公式求出通项或和，有数值的代入数值即可.

2.1.7　递推法的应用

递推法是一种研究问题的基本方法，它是从认识个别的、特殊的事物推出一般原理和普遍事物. 数学递推法对人的思辨性思维要求较高，要根据已有的前提条件，进行归纳和逻辑推导，进而得到最终的结论. 凡涉及递推法求解的物理问题都具有过程多、重复性强的特点，但每一个重复过程均不是原来的完全重复，而是一种变化了的重复，随着物理过程的重复，某些物理量逐步发生着前后有联系的变化. 在高中物理的许多问题中，数学递推法都有着极为重要的作用.

递推法是解决物体与物体发生多次作用后的情况，即当问题中涉及相互联系的物体较多并且有规律时，应根据题目特点应用数学思想将所研究的问题归类，然后求出通式. 具体方法是：先分析某一次作用的情况，得出结论，再逐个分析多个相近的物理过程，得出结论，根据多次作用的重复性和它们的共同点，最后利用递推思想找出任意情况下的通式，归纳出各个物理量间的关系，把结论推广. 用递推法解题的关键是导出联系相邻两次作用的递推关系式.

一、研究过程有重复规律时可使用递推法

例 1　一台质谱仪的工作原理如图 2-1-7-1 所示，电荷量均为 $+q$、质量不同的离子飘入电压为 U_0 的加速电场，其初速度几乎为零. 这些离子经加速后通过狭缝 O 沿与磁场垂直的方向进入磁感应强度为 $\boldsymbol{B}$ 的匀强磁场，最后打在底片上. 已知 $MN=L$，且 $OM=L$. 某次测量发现 MN 中左侧 $\frac{2}{3}$ 区域 MQ 损坏，检测不到离子，但右侧 $\frac{1}{3}$ 区域 QN 仍能正常检测到离子. 在适当调节加速电压后，原本打在 MQ 的离子即可打在 QN 检测到.

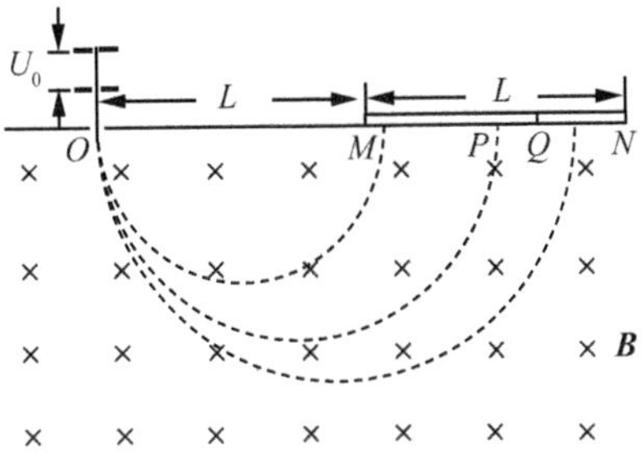

图 2-1-7-1

(1) 求原本打在 MN 中点 P 的离子质量 m；

(2) 为使原本打在 P 的离子能打在 QN 区域，求加速电压 U 的调节范围；

(3) 为了在 QN 区域将原本打在 MQ 区域的所有离子检测完整，求需要调节 U 的最少次数(取 $\lg 2=0.301$，$\lg 3=0.477$，$\lg 5=0.699$).

解析　(1) 离子在电场中加速，有

$$qU_0=\frac{1}{2}mv^2 \tag{1}$$

离子在磁场中做匀速圆周运动，有

$$qvB=m\frac{v^2}{r} \tag{2}$$

由式(1)、式(2)两式，可得

$$r=\frac{1}{B}\sqrt{\frac{2mU_0}{q}}$$

代入 $r_0=\frac{3}{4}L$，解得 $m=\frac{9qB^2L^2}{32U_0}$.

(2) 由(1)知，$U=\frac{16U_0r^2}{9L^2}$，离子打在 Q 点，$r=\frac{5}{6}L$，$U=\frac{100U_0}{81}$.

离子打在 N 点，$r=L$，$U=\frac{16U_0}{9}$，则电压的范围为 $\frac{100U_0}{81}\leqslant U\leqslant\frac{16U_0}{9}$.

(3) 要能在 QN 检测出所有 MQ 间的离子，则要调大电压，使离子做匀速圆周运动的半径增大，打在采集器上的落点向右移. 但要注意打在最右边的离子不能超出 N 点，否则就检测不到. 我们可以把 MQ 区域分割成很多小区域(图 2-1-7-2)，把打在一个个小区域的离子往右侧调，使它刚好可以打到 QN 区域.

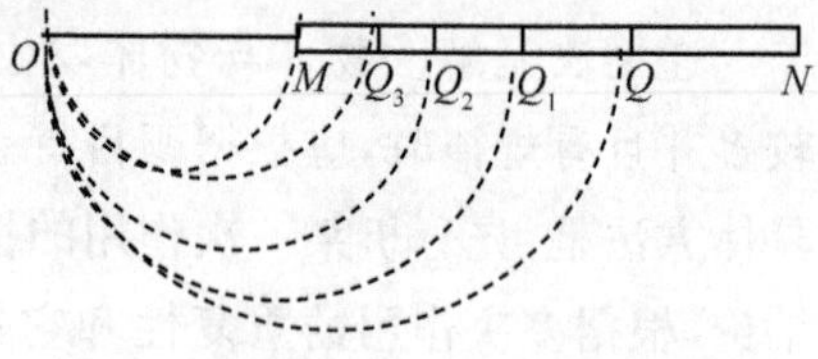

图 2-1-7-2

第 1 次调节到某个电压，刚好可以使原本打在 Q 点的离子打到 N 点，而原本打在 Q_1 的离子刚好可以打到 Q 点；第 2 次调节到某个电压，使原本打在 Q_1 的离子能打到 N 点，而原本打在 Q_2 的离子刚好可以打到 Q 点；第 3 次调节到某个电压，使原本打在 Q_2 的离子能打到 N 点，而原本打在 Q_3 的离子刚好可以打到 Q 点，以此类推，就可以归纳出题目的规律和特点. 具体解答如下：

由(1)可知，$r\propto\sqrt{U}$，第 1 次调节电压到 U_1，使原本打在区域 Q_1Q 的离子恰好能打到 QN.

原本打在 Q 点$\left(半径\ r=\frac{5L}{6}\right)$的离子打在 N 点，满足 $\frac{L}{\frac{5}{6}L}=\frac{\sqrt{U_1}}{\sqrt{U_0}}$.

原本打在半径 Q_1 点(半径 r_1)的离子打在 Q 点，满足 $\frac{\frac{5}{6}L}{r_1}=\frac{\sqrt{U_1}}{\sqrt{U_0}}$.

两式相比，可得 Q_1 处离子运动的半径为 $r_1=\left(\frac{5}{6}\right)^2L$.

第 2 次调节电压到 U_2，使原本打在区域 Q_2Q_1 的离子恰好能打到 QN.

原本打在 Q_1 点$\left(半径\ r_1=\left(\frac{5}{6}\right)^2L\right)$的离子打在 N 点，满足 $\frac{L}{\left(\frac{5}{6}\right)^2L}=\frac{\sqrt{U_2}}{\sqrt{U_0}}$.

原本打在 Q_2 点(半径 r_2)的离子打在 Q 点，满足 $\frac{\frac{5}{6}L}{r_2}=\frac{\sqrt{U_2}}{\sqrt{U_0}}$.

两式相比,可得 Q_2 点处离子运动的半径为 $r_2=\left(\frac{5}{6}\right)^3 L$.

同理可得,第 n 次调节电压 U_n,可将打在 Q_n 点(半径为 r_n)的离子打在 Q 点,$r_n=\left(\frac{5}{6}\right)^{n+1} L$.

检测完整,由 $r_n\leqslant\frac{1}{2}L$ 解得 $n\geqslant\frac{\lg 2}{\lg\left(\frac{6}{5}\right)}-1\approx 2.8$. 故调节 U 的最少次数为 3 次.

此题最大的规律就是我们对问题的分析和研究过程具有规律性的重复,我们只需分析最初几次规律,就可以通过递推归纳出问题要满足的条件,从而解决问题. 因此,像这种对于研究过程具有规律性重复的问题我们通常可以使用递推法解题.

例 2　小球从高 $h_0=180\text{m}$ 处自由下落,着地后跳起又下落,每与地面相碰一次,速度减小$\frac{1}{n}$($n=2$),求小球从下落到停止经过的总时间以及通过的总路程(g 取 10m/s^2).

解析　小球从 h_0 高处落地时,速率 $v_0=\sqrt{2gh_0}=60\text{m/s}$.

小球第一次跳起时和又落地时的速率 $v_1=\frac{v_0}{n}$,小球第二次跳起时和又落地时的速率 $v_2=\frac{v_0}{n^2}$,小球第 m 次跳起时和又落地时的速率 $v_m=\frac{v_0}{n^m}$. 小球每次跳起的高度依次为 $h_1=\frac{v_1^{\ 2}}{2g}=\frac{h_0}{n^2}$,$h_2=\frac{v_2^{\ 2}}{2g}=\frac{h_0}{n^4}$,…,则小球通过的总路程为

$$\sum s=h_0+2h_1+2h_2+\cdots+2h_m+\cdots=h_0+\frac{2h_0}{n^2}\left(1+\frac{1}{n^2}+\frac{1}{n^4}+\cdots+\frac{1}{n^{2m-2}}\right)+\cdots$$

$$=h_0+\frac{2h_0}{n^2-1}=\frac{5}{3}h_0=300\text{m}$$

小球经过的总时间为

$$\sum t=t_0+t_1+t_2+\cdots+t_m+\cdots=\frac{v_0}{g}+\frac{2v_1}{g}+\cdots+\frac{2v_m}{g}+\cdots$$

$$=\frac{v_0}{g}\left[1+2\cdot\frac{1}{n}+\cdots+2\cdot\left(\frac{1}{n}\right)^m+\cdots\right]=\frac{3v_0}{g}=18\text{s}$$

例 3　有许多质量为 m 的木块相互靠着沿一直线排列于光滑的水平面上. 每相邻的两个木块均用长为 L 的柔绳连接着. 现用大小为 F 的恒力沿排列方向拉第一个木块,以后各木块依次被牵引而运动. 求第 n 个木块被牵动时的速度.

解析　每一个木块被拉动起来后,就和前面的木块成为一体,共同做匀加速运动一段距离 L 后把绳拉紧,再牵动下一个木块. 在绳子绷紧时,有部分机械能转化为内能. 因此,如果列出 $(n-1)FL=\frac{1}{2}nmv_n^{\ 2}$ 这样的关系式是错误的.

设第 $(n-1)$ 个木块刚被拉动时的速度为 v_{n-1},它即将拉动下一个木块时速度增至 v_{n-1}',第 n 个木块刚被拉动时速度为 v_n. 对第 $(n-1)$ 个木块开始运动到它把下一段绳子即将拉紧这一过程,由动能定理,有

$$FL=\frac{1}{2}(n-1)mv_{n-1}'^2-\frac{1}{2}(n-1)mv_{n-1}^2 \qquad (1)$$

对绳子把第 n 个木块拉动这一短暂过程，由动量守恒定律，有

$$(n-1)mv_{n-1}'=nmv_n$$

得

$$v_{n-1}'=\frac{n}{n-1}v_n \qquad (2)$$

把式(2)代入式(1)，得

$$FL=\frac{1}{2}(n-1)m\left(\frac{n}{n-1}v_n\right)^2-\frac{1}{2}(n-1)mv_{n-1}^2$$

整理后得

$$(n-1)\frac{2FL}{m}=n^2v_n^2-(n-1)^2v_{n-1}^2 \qquad (3)$$

式(3)就是反映相邻两木块被拉动时速度关系的递推式，由式(3)可知

当 $n=2$ 时，有 $\frac{2FL}{m}=2^2v_2^2-v_1^2$；当 $n=3$ 时，有 $2\cdot\frac{2FL}{m}=3^2v_3^2-2^2v_2^2$；当 $n=4$ 时，有 $3\cdot\frac{2FL}{m}=4^2v_4^2-3^2v_3^2$；….

将以上 $(n-1)$ 个等式相加，得

$$(1+2+3+\cdots+n-1)\frac{2FL}{m}=n^2v_n^2-v_1^2$$

所以有 $\frac{n(n-1)}{2}\cdot\frac{2FL}{m}=n^2v_n^2-v_1^2$，在本题中 $v_1=0$，所以 $v_n=\sqrt{\frac{FL(n-1)}{nm}}$.

二、运动过程有周期性变化时可使用递推法

例 4 某装置用磁场控制带电粒子的运动，其工作原理如图 2-1-7-3 所示，装置的长为 L，上下两个相同的矩形区域内存在匀强磁场，磁感应强度大小均为 B、方向与纸面垂直且相反，两磁场的间距为 d. 装置右端有一收集板，M、N、P 为板上的三点，M 位于轴线 OO' 上，N、P 分别位于下磁场的上、下边界上. 在纸面内，质量为 m、电荷量为 $-q$ 的粒子以某一速度从装置左端的中点射入，方向与轴线成 30°角，经过上方的磁场区域一次，恰好到达 P 点. 改变粒子入射速度的大小，可以控制粒子到达收集板上的位置. 不计粒子的重力.

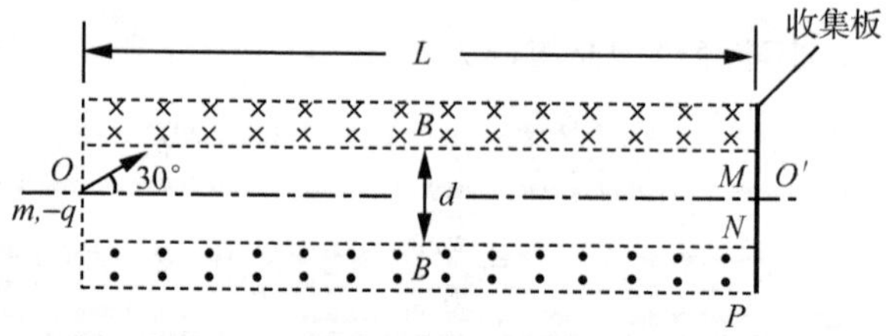

图 2-1-7-3

(1) 求磁场区域的宽度 h；

(2) 欲使粒子到达收集板的位置从 P 点移到 N 点，求粒子入射速度的最小变化量 Δv；

(3) 欲使粒子到达 M 点，求粒子入射速度大小的可能值.

解析　(1)设粒子在磁场中的轨道半径为 r,根据题意,可得 $L=3r\sin30°+3d\cos30°$ 且 $h=r(1-\cos30°)$,解得 $h=\left(\frac{2}{3}L-\sqrt{3}d\right)\left(1-\frac{\sqrt{3}}{2}\right)$.

(2) 设改变入射速度后粒子在磁场中的轨道半径为 r',则

$$m\frac{v^2}{r}=qvB,\ m\frac{v'^2}{r'}=qv'B$$

由题意得 $3r\sin30°=4r'\sin30°$. 解得 $\Delta v=v-v'=\frac{qB}{m}\left(\frac{1}{6}L-\frac{\sqrt{3}}{4}d\right)$.

(3) 如图 2-1-7-4 所示,粒子要能上移到 M 点,则入射速度要变小,在区域内至少两次通过上下磁场(若小于两次,则半径太大,粒子要从磁场的上边界飞出,脱离区域运动),作出运动轨迹图像. 可以看出,如果粒子要能到达 M 点,可能是通过两次磁场后刚好到达 M 点;若速度减小,也可能三次通过磁场后恰好到达 M 点. 以此类推,如果速度更小,还可能四次通过磁场后到达 M 点、五次通过磁场后到达 M 点,粒子在区域中的运动具有周期性变化的规律. 具体解法如下:

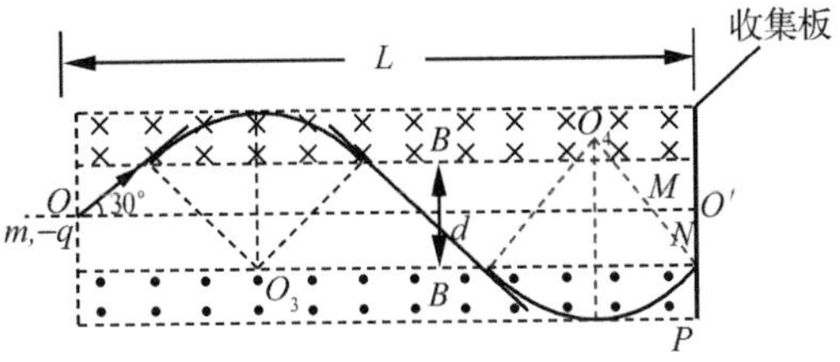

图 2-1-7-4

第 1 种可能是两次通过磁场后到达 M 点:$L=4d\cos30°+4r_1\sin30°$.

第 2 种可能是三次通过磁场后到达 M 点:$L=6d\cos30°+6r_2\sin30°$.

第 3 种可能是四次通过磁场后到达 M 点:$L=8d\cos30°+8r_3\sin30°$.

同理,可推出第 n 种可能的规律:$L=(2n+2)d\cos30°+(2n+2)r_n\sin30°$.

解出粒子在磁场中做圆周运动的半径满足的条件:$r_n=\frac{L}{n+1}-\sqrt{3}d$.

由 $m\frac{v_n{}^2}{r_n}=qv_nB$,可得 $v_n=\frac{qB}{m}\left(\frac{L}{n+1}-\sqrt{3}d\right)$ $\left(1\leqslant n<\frac{\sqrt{3}L}{3d}-1,n\text{ 取整数}\right)$.

此题最大的特点就是粒子在区域中运动具有完美的周期性,我们只要抓住区域长度,分析最初几次能到达 M 点满足的关系式,就可以递推出所有可能到达 M 点要满足的条件,从而解决问题. 因此,对物体运动过程具有周期性变化特征的问题,也常常从递推法入手找规律.

例 5　如图 2-1-7-5 所示,质量为 m 的长方形箱子放在光滑的水平地面上. 箱内有一质量也为 m 的小滑块,滑块与箱底间无摩擦. 开始时箱子静止不动,滑块以恒定的速度 $\boldsymbol{v}_0$ 从箱子的 A 壁处向 B 壁处运动,后与 B 壁碰撞. 假设滑块与箱壁每碰撞一次,两者相对速度的大小变为该次碰撞前相对速度的 e 倍,$e=\sqrt[4]{\frac{1}{2}}$.

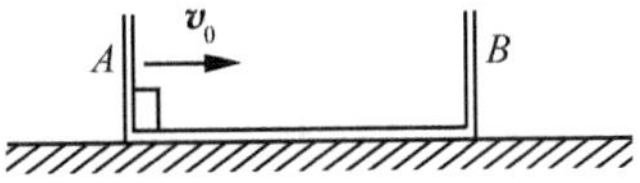

图 2-1-7-5

(1) 要使滑块与箱子这一系统消耗的总动能不超过其初始动能的 40%,滑块与箱壁最多可碰撞几次?

(2) 从滑块开始运动到刚完成上述次数的碰撞期间,箱子的平均速度是多少?

解析 由于滑块与箱子在水平方向上不受外力,故碰撞时系统水平方向上动量守恒.根据题目给出的每次碰撞前后相对速度之比,可求出每一次碰撞过程中动能的损耗.滑块开始运动到完成题目要求的碰撞期间箱子的平均速度,应等于这期间运动的总位移与总时间的比值.

(1) 滑块与箱壁碰撞,碰后滑块对地速度为 v,箱子对地速度为 u.由于题中每次碰撞的 e 是一样的,故有

$$e=\frac{u_1-v_1}{v_0-u_0}=\frac{u_2-v_2}{v_1-u_1}=\cdots=\frac{u_n-v_n}{v_{n-1}-u_{n-1}}$$

或

$$-e=\frac{v_1-u_1}{v_0-0}=\frac{v_2-u_2}{v_1-u_1}=\cdots=\frac{v_n-u_n}{v_{n-1}-u_{n-1}}$$

$$(-e)^n=\frac{v_1-u_1}{v_0}\times\frac{v_2-u_2}{v_1-u_1}\times\cdots\times\frac{v_n-u_n}{v_{n-1}-u_{n-1}}$$

即碰撞 n 次后,有

$$v_n-u_n=(-e)^n v_0 \tag{1}$$

碰撞第 n 次的动量守恒式是

$$mv_n+mu_n=mv_0 \tag{2}$$

联立式(1)、式(2),得

$$v_n=\frac{1}{2}[1+(-e)^n]v_0,\ u_n=\frac{1}{2}[1-(-e)^n]v_0$$

第 n 次碰撞后,系统损失的动能为

$$\Delta E_{kn}=E_k-E_{kn}=\frac{1}{2}mv_0{}^2-\frac{1}{2}m(v_n{}^2+u_n{}^2)=\frac{1}{2}mv_0{}^2-\frac{1}{4}mv_0{}^2(1+e^{2n})$$

$$=\frac{1-e^{2n}}{2}\times\frac{1}{2}mv_0{}^2=\frac{1-e^{2n}}{2}E_k$$

下面分别讨论:

当 $n=1$ 时,$\frac{\Delta E_{k1}}{E_k}=\frac{1-e^2}{2}=\frac{1-\sqrt{\frac{1}{2}}}{2}=0.146$.

$n=2$ 时,$\frac{\Delta E_{k2}}{E_k}=\frac{1-e^4}{2}=\frac{1-\frac{1}{2}}{2}=0.25$.

$n=3$ 时,$\frac{\Delta E_{k3}}{E_k}=\frac{1-e^6}{2}=\frac{1-\frac{1}{2}\sqrt{\frac{1}{2}}}{2}=0.323$.

$n=4$ 时,$\frac{\Delta E_{k4}}{E_k}=\frac{1-e^8}{2}=\frac{1-\frac{1}{4}}{2}=0.375$.

$n=5$ 时，$\frac{\Delta E_{k5}}{E_k}=\frac{1-e^{10}}{2}=\frac{1-\frac{1}{4}\sqrt{\frac{1}{2}}}{2}=0.412$.

因为要求的动能损失不超过 40%，故 $n=4$.

(2) 设 A、B 两侧壁的距离为 L，则滑块从开始运动到与箱壁发生第一次碰撞的时间 $t_0=\frac{L}{v_0}$. 在下一次发生碰撞的时间 $t_1=\frac{L}{|u_1-v_1|}=\frac{L}{ev_0}$，共碰撞四次，另两次碰撞的时间分别为 $t_2=\frac{L}{e^2v_0}$，$t_3=\frac{L}{e^3v_0}$，所以总时间 $t=t_0+t_1+t_2+t_3=\frac{L}{e^3v_0}(1+e+e^2+e^3)$.

在这段时间中，箱子运动的距离为

$$
\begin{aligned}
s &=0+u_1t_1+u_2t_2+u_3t_3\\
&=\frac{1}{2}(1+e)v_0\times\frac{L}{ev_0}+\frac{1}{2}(1-e^2)v_0\times\frac{L}{e^2v_0}+\frac{1}{2}(1+e^3)v_0\times\frac{L}{e^3v_0}\\
&=\frac{L}{2e}+\frac{L}{2}+\frac{L}{2e^2}-\frac{L}{2}+\frac{L}{2e^3}+\frac{L}{2}=\frac{L}{2e^3}(1+e+e^2+e^3)
\end{aligned}
$$

所以平均速度为

$$
\bar{v}=\frac{s}{t}=\frac{\frac{L}{2e^3}(1+e+e^2+e^3)}{\frac{L}{e^3v_0}(1+e+e^2+e^3)}=\frac{v_0}{2}
$$

三、运动过程复杂且具有周期性变化时可使用递推法

例 6　在科学研究中，可以通过施加适当的电场和磁场来实现对带电粒子运动的控制. 如图 2-1-7-6 所示的 xOy 平面处于匀强电场和匀强磁场中，电场强度 E 和磁感应强度 B 随时间 t 做周期性变化的图像如图 2-1-7-6 所示. x 轴正方向为 $\boldsymbol{E}$ 的正方向，垂直纸面向里为 $\boldsymbol{B}$ 的正方向，在坐标原点 O 有一粒子 P，其质量和电荷量分别为 m 和 $+q$. 不计重力，在 $t=\frac{\tau}{2}$ 时刻释放 P，它恰能沿一定轨道做往复运动.

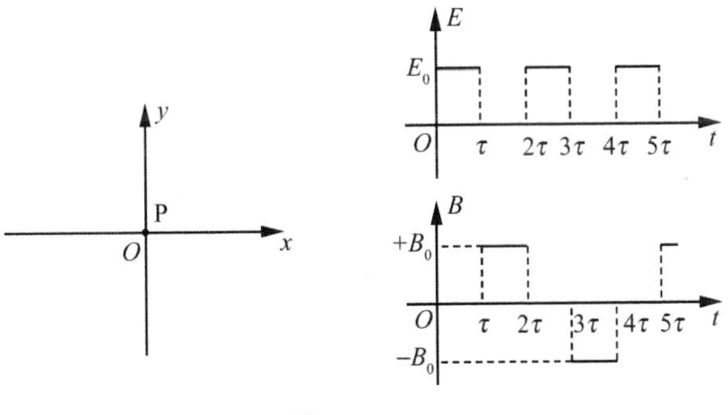

图 2-1-7-6

(1) 求 P 在磁场中运动时速度的大小 v_0；

(2) 求 B_0 应满足的关系；

(3) 在 $t_0\left(0<t_0<\frac{\tau}{2}\right)$时刻释放 P，求 P 速度为零时的坐标.

解析 (1) 粒子 P 在$\frac{\tau}{2}\sim\tau$做匀加速直线运动，$\tau\sim 2\tau$做匀速圆周运动，电场力 $F=qE_0$，加速度 $a=\frac{F}{m}$，速度 $v_0=at$，且 $t=\frac{\tau}{2}$，解得 $v_0=\frac{qE_0\tau}{2m}$.

(2) 只有当 $t=2\tau$ 时，P 在磁场中做圆周运动结束，开始沿 x 轴负方向运动，才能沿一定轨道做往复运动，如图 2-1-7-7 所示. 设 P 在磁场中做圆周运动的周期为 T. 则由递推法可知$\left(n-\frac{1}{2}\right)T=\tau(n=1,2,3,\cdots)$，由匀速圆周运动公式 $qvB_0=m\frac{v^2}{r}$，$T=\frac{2\pi r}{v}$，解得 $B_0=\frac{(2n-1)\pi m}{q\tau}(n=1,2,3,\cdots)$.

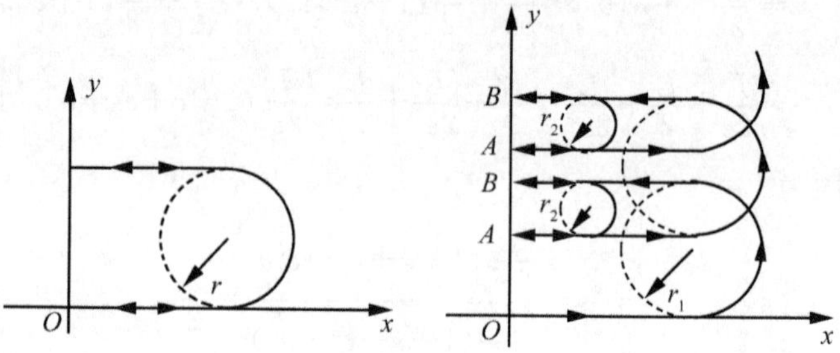

图 2-1-7-7

(3) 在 t_0时刻释放，P 在电场中加速时间为 $\tau-t_0$，在磁场中做匀速圆周运动，$v_1=\frac{qE_0(\tau-t_0)}{m}$，圆周运动的半径为 $r_1=\frac{mv_1}{qB_0}$，解得 $r_1=\frac{E_0(\tau-t_0)}{B_0}$，又经过$(\tau-t_0)$时间 P 减速为零后向右加速，时间为 t_0，P 再进入磁场的速度为 $v_2=\frac{qE_0t_0}{m}$，圆周运动半径 $r_2=\frac{mv_2}{qB_0}$，解得 $r_2=\frac{E_0t_0}{B_0}$.

此后 P 的运动情况与上述运动完全相同，做周期性重复运动. 由此可以递推出速度为零的时刻，横坐标 $x=0$，纵坐标有两种情况，递推出规律满足：

$$y=\begin{cases}2[kr_1-(k-1)r_2]\\2k(r_1-r_2)\end{cases}$$

代入 r_1、r_2，解得

$$y=\begin{cases}\dfrac{2E_0[k(\tau-2t_0)+t_0]}{B_0}\\\dfrac{2kE_0(\tau-2t_0)}{B_0}\end{cases}$$

其中 $k=1,2,3,\cdots$.

此题的特点就是粒子 P 运动过程比较复杂，且具有周期性，我们只需要分析出一个过程的运动情况，就可以递推出粒子做周期性运动的规律，从而寻找到解题的办法.

例 7 如图 2-1-7-8 所示，在 x 轴上方有垂直于 xOy 平面向里的匀强磁场，磁感应

强度为 B，在 x 轴下方有沿 y 轴负方向的匀强电场，场强为 E. 一质量为 m、电荷量为 $-q$ 的粒子从坐标原点 O 沿着 y 轴方向射出. 射出之后，第三次到达 x 轴时，它与 O 点的距离为 L. 求此粒子射出时的速度 v 和每次到达 x 轴时运动的总路程 s（重力不计）.

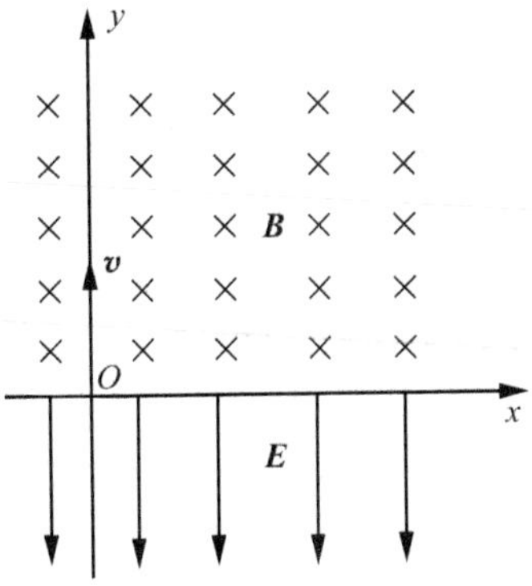

图 2-1-7-8

解析　粒子进入磁场后做匀速圆周运动，经半周后通过 x 轴进入电场后做匀减速直线运动，速度减为零后，又反向匀加速通过 x 轴进入磁场后又做匀速圆周运动，所以运动有周期性. 它第 3 次到达 x 轴时距 O 点的距离 L 等于圆半径的 4 倍（图 2-1-7-9）. 粒子在磁场中做匀速圆周运动的半径为

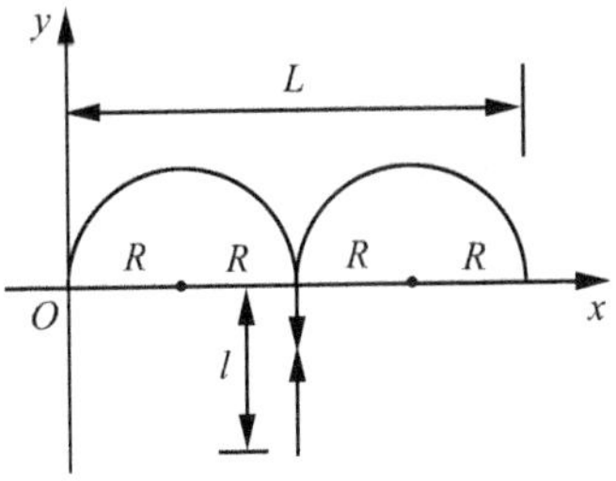

图 2-1-7-9

$$R=\frac{mv}{Bq}=\frac{L}{4}$$

所以粒子射出时的速度为

$$v=\frac{BqL}{4m}$$

粒子做圆周运动的半周长为

$$s_1=\frac{\pi L}{4}$$

粒子以速度 v 进入电场后做匀减速直线运动，能深入的最大距离为 y，因为

$$v^2=2ay=2\ \frac{Eq}{m}y$$

所以粒子在电场中进入一次通过的路程为

$$s_2=2y=\frac{B^2qL^2}{16mE}$$

粒子第 1 次到达 x 轴时通过的路程为

$$s_1=\pi\cdot R=\frac{\pi L}{4}$$

粒子第 2 次到达 x 轴时，已通过的路程为

$$s_2=s_1+s_2=\frac{\pi L}{4}+\frac{B^2qL^2}{16mE}$$

粒子第 3 次到达 x 轴时，已通过的路程为

$$s_3=s_1+s_2+s_1=\frac{\pi L}{2}+\frac{B^2qL^2}{16mE}$$

粒子第 4 次到达 x 轴时，已通过的路程为

$$s_4=2s_1+2s_2=\frac{\pi L}{2}+\frac{B^2qL^2}{8mE}$$

粒子第 $(2n-1)$ 次到达 x 轴时，已通过的路程为

$$s_{2n-1}=ns_1+(n-1)s_2=\frac{n\pi L}{4}+(n-1)\frac{B^2qL^2}{16mE}$$

粒子第 $2n$ 次到达 x 轴时,已通过的路程为

$$s_{2n}=n(s_1+s_2)=n\left(\frac{\pi L}{4}+\frac{B^2qL^2}{16mE}\right)$$

上面 n 都取正整数.

2.1.8 链式法则的应用

链式法则(英文 chain rule)是微积分中的求导法则,用以求一个复合函数的导数.所谓复合函数,是指以一个函数作为另一个函数的自变量.如设 $f(x)=3x$,$g(x)=x+3$,$g(f(x))$就是一个复合函数,并且 $g'(f(x))=3$.

表达式:
$$(f(g(x)))'=f'(g(x))g'(x)$$

其他形式:
$$\frac{dy}{dx}=\frac{dy}{dz}\cdot\frac{dz}{dx}$$

例如,求导 $y=\sin(x^2+1)$.

令
$$f(x)=\sin x,\ g(x)=x^2+1$$

则
$$(f(g(x)))'=f'(g(x))g'(x)=[\sin(x^2+1)]'\cdot 2x=2x\cos(x^2+1)$$

在实际应用中,可将

$$\frac{dy}{dx}=\frac{dy}{dz}\cdot\frac{dz}{dx}$$

看作是分数的约分过程,这种用法在求不定积分中较多.

这种方法在中学物理中也有应用,只是要求没有数学课程高.中学物理教师应了解上述法则.下面看看其在中学物理中的应用实例.

例 1 伽利略在研究自由落体运动的过程中,曾提出两种假设:①速度 v 与下落的高度 h 成正比;②速度 v 与下落的时间 t 成正比,分别对应于甲图和乙图,对于甲、乙两图,下列判断正确的是( ).

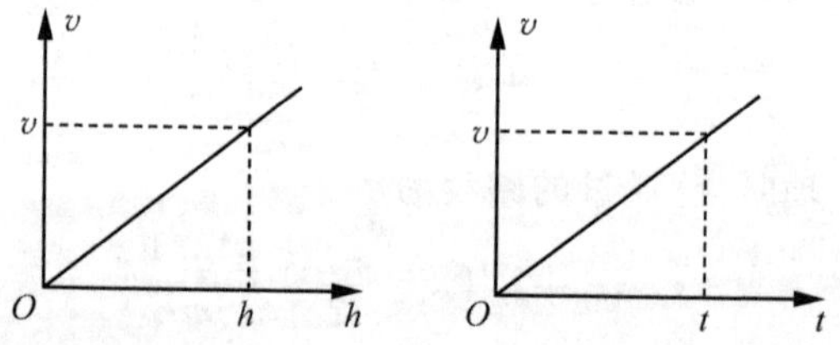

甲　　　　乙

A. 图甲中加速度不断增加　　B. 图乙中加速度不断增加

C. 图甲 $0\sim h$ 内运动的时间 $k=\frac{\Delta v}{\Delta h}$　　D. 图乙中 $0\sim t$ 内运动的位移 $k=\frac{\Delta v}{\Delta h}$

在该题中，乙图的物理意义大家都很熟悉，这里不再阐述. 甲图是不常见的，无论从斜率还是从面积都没有什么直接的意义，好像无从下手. 因为是正比函数，我们可以先写出函数方程，$k=\frac{\Delta v}{\Delta h}$，利用链式法则，有 $k=\frac{\Delta v}{\Delta t}\cdot\frac{\Delta t}{\Delta h}=\frac{a}{v}$，这样斜率的意义就明确了，因为斜率 k 为定值，很快就能判断加速度随着速度的增加而增加.

例 2　一小球从地面竖直上抛，后又落回地面，小球在运动过程中所受空气阻力与速度成正比，取竖直向上为正方向. 下列关于小球运动的速度 v、加速度 a、位移 x、机械能 E 随时间 t 变化的图像正确的是(　　).

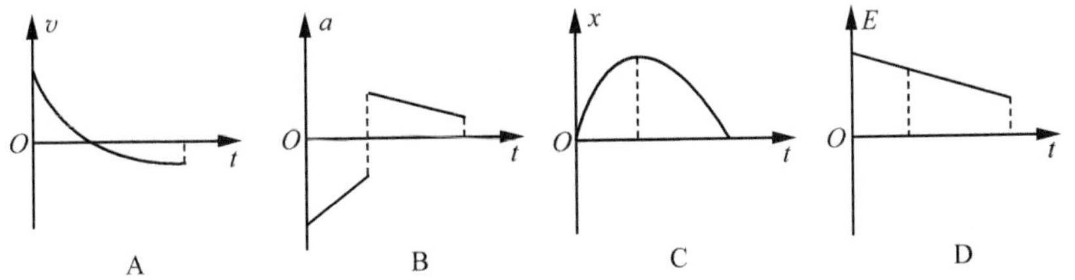

解析　小球在上升过程中，设小球的加速度为 a_1，由牛顿第二定律，得 $mg+F_f=ma_1$，又 $F_f=kv$，得 $a_1=g+\frac{kv}{m}$，v 减小，则 a_1 减小，v-t 图像的斜率逐渐减小. 小球在下落过程中，设小球的加速度为 a_2，由牛顿第二定律，得 $mg-F_f=ma_2$，又 $F_f=kv$，得 $a_2=g-\frac{kv}{m}$，v 增大，则 a_2 减小，v-t 图像的斜率逐渐减小. 可知，v-t 图像正确，a-t 图像错误，故选项 A 正确，选项 B 错误. 根据位移–时间图像的斜率等于速度，x-t 图像的斜率先减小后反向增大，且下落时间大于上升时间，故选项 C 正确. 根据功能关系，得 $-F_f\Delta x=\Delta E$，则得 $\frac{\Delta E}{\Delta x}=-F_f$，由 $\frac{\Delta E}{\Delta x}=\frac{\Delta E}{\Delta t}\cdot\frac{\Delta t}{\Delta x}=\frac{\Delta E}{\Delta t}\cdot\frac{1}{v}$，则得 $\frac{\Delta E}{\Delta t}=-F_f v=-kv^2$，$v$ 是变化的，则知 E-t 图像的斜率是变化的，图像应为曲线，故选项 D 错误.

2.1.9　通式法的应用

当一系列问题的性质相似或类同，而且它们之间无相互制约关系时，我们可以利用共同的已知量表示出不同的未知量，列出共同量与所求量的通用关系式，从而根据数理关系得到问题的答案，这种方法称为通式法. 通式法的优越性是简化解题过程，减少运算量，提高解题效率，有事半功倍的效果，更重要的是发现问题的本质，在教学中教师要做好示范作用。

例 1　有三个光滑斜轨道 1、2、3，它们的倾角依次是 60°、45°、30°，这些轨道交于 O 点. 现有位于同一竖直线上的 3 个小物体甲、乙、丙，分别沿这三个轨道从静止自由下滑，如图 2-1-9-1 所示，物体滑到 O 点的先后顺序是(　　).

A. 甲最先，乙稍后，丙最后

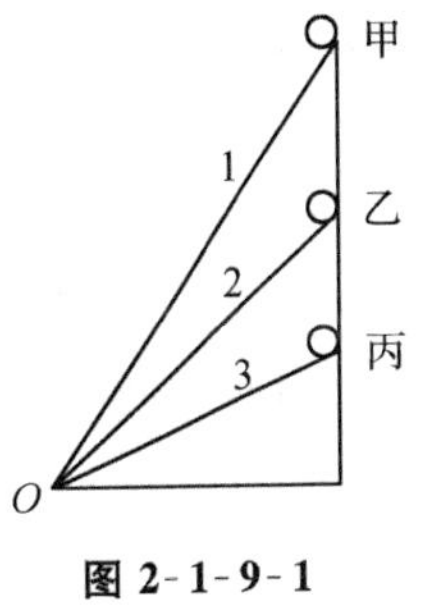

图 2-1-9-1

B. 乙最先，然后甲和丙同时到达

C. 甲、乙、丙同时到达

D. 乙最先，甲稍后，丙最后

解析 设三个斜面的底边长为 d，根据牛顿第二定律和运动学公式，对物体甲列式，有

$$x_1=\frac{1}{2}a_1t_1^{\ 2}$$

即 $\frac{d}{\cos60°}=\frac{1}{2}g\sin60°t_1^{\ 2}$，得 $t_1=\sqrt{\frac{2d}{g\sin60°\cos60°}}=2\sqrt{\frac{2\sqrt{3}d}{3g}}$.

对物体乙列式，有

$$x_2=\frac{1}{2}a_2t_2^{\ 2}$$

即 $\frac{d}{\cos45°}=\frac{1}{2}g\sin45°t_2^{\ 2}$，得 $t_2=\sqrt{\frac{2d}{g\sin45°\cos45°}}=2\sqrt{\frac{d}{g}}$.

对物体丙列式，有

$$x_3=\frac{1}{2}a_3t_3^{\ 2}$$

即 $\frac{d}{\cos30°}=\frac{1}{2}g\sin30°t_3^{\ 2}$，得 $t_3=\sqrt{\frac{2d}{g\sin30°\cos30°}}=2\sqrt{\frac{2\sqrt{3}d}{3g}}$.

比较得，$t_1=t_3>t_2$，所以选项 B 正确.

三个物体的运动无相互制约关系，且它们具有共性，即底边相同，运动性质相同，不同点只是斜面倾角不同，故可用通式法求解. 设斜面的底边长为 d，斜面倾角为 α，根据牛顿第二定律和运动学公式，有 $x=\frac{1}{2}at^2$，即 $\frac{d}{\cos\alpha}=\frac{1}{2}g\sin\alpha t^2$，得 $t=\sqrt{\frac{4d}{g\sin2\alpha}}$.
可见，当倾角为 60°和 30°时时间相等，倾角为 45°时时间最短，答案为 B.

由此可见，通式法解决这类问题有很大的优越性，而且还能发现问题的本质.

例 2 如图 2-1-9-2 所示，ad、bd、cd 是竖直面内三根固定的光滑杆，a、b、c、d 位于同一圆周上，a 点为圆周的最高点，d 点为圆周的最低点，每根杆上都套着一个小滑环（图中未画出），三个小滑环分别从 a、b、c 处释放（初速度为零），用 t_1、t_2、t_3 依次表示各小滑环到达 d 所用的时间，则（　　）.

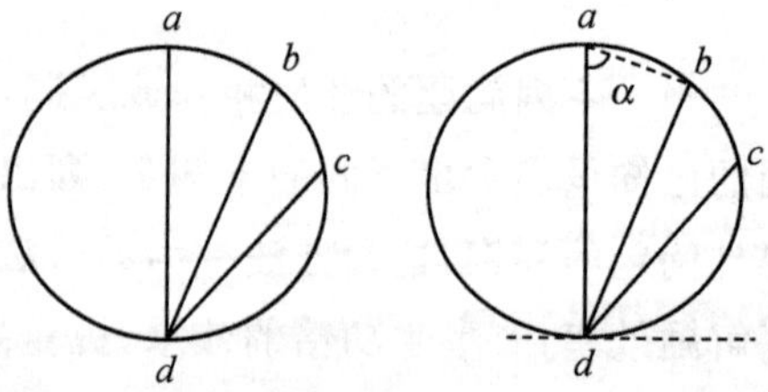

图 2-1-9-2

A. $t_1<t_2<t_3$　　B. $t_1>t_2>t_3$

C. $t_3>t_1>t_2$　　D. $t_1=t_2=t_3$

解析 连接 ab，则△abd 为直角三角形. 设圆的半径为 R，bd 杆倾角为 α，则∠$bad=\alpha$，如图 2-1-9-2 所示. 当小滑环沿斜面下滑时，根据牛顿第二定律和运动学公式，有 $x=$

$2R\sin\alpha=\frac{1}{2}at^2=\frac{1}{2}g\sin\alpha\cdot t^2$，得 $t=2\sqrt{\frac{R}{g}}$，可见各小滑环到达 d 点所用的时间是一个定值，与斜面倾角和长度无关. 答案为 D.

例 3　据报道，2009 年 4 月 29 日，美国亚利桑那州一天文观测机构发现，一颗与太阳系其它行星逆向运行的小行星，代号为 2009HC82，该小行星绕太阳一周的时间为 3.39 年，直径为 2～3 km，其轨道平面与地球轨道平面呈 155°的倾斜角. 假定该小行星与地球均以太阳为中心做匀速圆周运动，则小行星和地球绕太阳运动的速度大小的比值为（　　）.

A. $3.39^{-\frac{1}{3}}$　　B. $3.39^{-\frac{1}{2}}$　　C. $3.39^{-\frac{3}{2}}$　　D. $3.39^{-\frac{2}{3}}$

解析　根据 $G\frac{Mm}{r^2}=m\frac{v^2}{r}=mr\left(\frac{2\pi}{T}\right)^2$，得 $v=\sqrt{\frac{GM}{r}}$，$T=\sqrt{\frac{4\pi^2r^3}{GM}}$，消去 r，得 $v\propto T^{-\frac{1}{3}}$，所以，小行星和地球绕太阳运动的速度大小的比值为 $3.39^{-\frac{1}{3}}$，答案为 A.

例 4　2007 年 1 月 21 日，由 565 名中国科学院院士、中国工程院院士投票评选的 2006 年中国十大科技进展在京揭晓，北京正负电子对撞机重大改造工程获关键性突破. 其中，储存环是北京正负电子对撞机中非常关键的组成部分，如图 2-1-9-3 所示为储存环装置示意图. 现将质子（$_1^1H$）和 α 粒子（$_2^4He$）等带电粒子储存在储存环空腔中，储存环置于一个与圆环平面垂直的匀强磁场（偏转磁场）中，磁感应强度为 B. 如果质子和 α 粒子在空腔中做圆周运动的轨迹相同（如图中虚线所示），偏转磁场也相同，比较质子和 α 粒子在圆环状空腔中运动的动能 E_H 和 E_α 以及运动的周期 T_H 和 T_α 的大小，有（　　）.

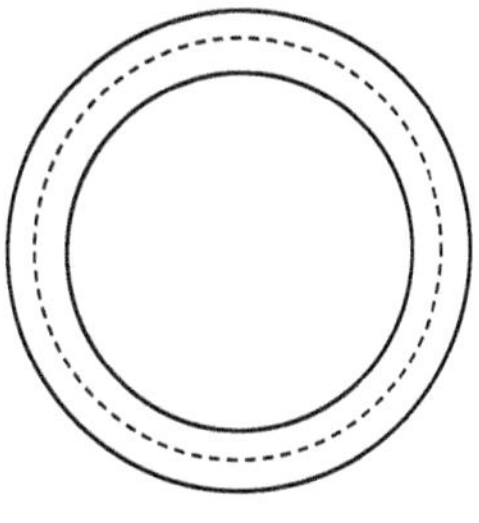

图 2-1-9-3

A. $E_H=E_\alpha$，$T_H\neq T_\alpha$　　B. $E_H=E_\alpha$，$T_H=T_\alpha$

C. $E_H\neq E_\alpha$，$T_H\neq T_\alpha$　　D. $E_H\neq E_\alpha$，$T_H=T_\alpha$

解析　质子和 α 粒子在磁场中运动时轨迹相同，说明其轨迹半径相同. 由 $qBv=m\frac{v^2}{r}$，得 $E_H=\frac{1}{2}mv^2=\frac{q^2B^2r^2}{2m}$，$E_H\propto\frac{q^2}{m}$，可得 $\frac{E_H}{E_\alpha}=1$；由 $T=\frac{2\pi m}{qB}$，得 $T\propto\frac{m}{q}$，$\frac{T_H}{T_\alpha}=\frac{1}{2}$，因此两粒子动能相同，周期不同. 答案为 A.

2.2　数形结合思想

2.2.1　数形结合思想

数学是研究客观世界的空间形式和数量关系的科学，数量是形的抽象概括，形是数据的直观表现，华罗庚教授曾指出："数缺形时少直觉，形少数时难入微，数形结合百般好，隔裂分家万事休."数形结合的思想就是充分运用数的严谨和形的直观，将抽象的数学语言与直观的图形语言结合起来，使抽象思维和形象思维结合，通过图形的描述、代数的论证来研究和解决数学问题的一种数学思想方法.

数形结合在解决中学数学问题中占有极其重要的地位，在历年的高考中也十分重视对数形结合思想的考查，考试中心对考试大纲的说明中强调：在高考中，充分利用选择题和填空题，为考查数形结合的思想提供了方便，能突出考查考生将复杂的数量关系转化为直观的几何图形来解决问题的意识，而在解答题中，考虑到推理论证的严密性，对数量关系问题的研究仍突出代数的方法，而不提倡使用几何的方法，解答题中对数形结合思想的考查以由“形”到“数”的转化为主.

以坐标轴为纽带使函数的解析与函数图像、方程与曲线建立了一一对应关系，从而对数量关系的研究可转化为对图形性质的研究，反之亦然. 既充分发挥了“形”的直观性，又注重了“数”的严谨性. 这种解决数学问题中“数”“形”相互转化、交互使用的技能，体现了“数”与“形”的两面性，反映了数学的本质.

数形结合主要体现在以下两个方面：

一是以形助数，即借助形的直观性来阐明数之间的联系，以形助数常用的有：借助数轴；借助函数图像；借助单位圆；借助数式的结构特征；借助解析几何方法.

二是以数助形，即借助数的精确性来阐明形的某些属性，以数助形常用的有：借助几何轨迹所遵循的数量关系；借助运算结果与几何定理的结合.

由“形”到“数”的转化往往比较明显，而由“数”到“形”的转化却需要转化的意识，因此，数形结合思想的使用往往偏重于由“数”到“形”的转化.

实现数形结合，常与以下内容有关：实数与数轴上的点的对应关系；函数与数轴上的点的对应关系；曲线与方程的对应；以几何元素和几何条件为背景建立起来的概念，如复数、三角函数等.

数形结合思想应用广泛，常见的如在解方程和解不等式问题中，在求函数的值域、最值问题中，在求复数和三角函数问题中，运用数形结合思想，不仅能直观地发现解题途径，而且能避免复杂的计算与推理，大大简化了解题过程，在解选择题、填空题中更显其优越性，要注意培养这种思想意识，要争取胸中有图，见数想图，以开拓自己的思维视野.

应用数形结合的思想意识，应注意以下“数”与“形”的转化：集合的运用及韦恩图；函数及其图像；数列通项及求和公式的函数特征及函数图像；方程（多指二元方程）的曲线.

数与形同样可以用来描述物理概念、物理规律以及概念和规律之间的联系和变化，两种形式之间可以相互补充、相互映射、相互转化. 例如，位移（直线运动最简单的概念之一）是从初位置向末位置做的有向线段（作出有向线段 $a \to b$、$a \to c$、$a \to d$，并标出 x_1、x_2、x_3 就可以直观地说明其大小和方向）. 在研究位移和时间、速度和时间的关系时，既可以用公式描述，也可以用图像表示. 再如，动能定理的推导过程，利用数形结合（作图、标点、标量）直观地反映状态和过程，以及状态量和过程量的关系. 应用数形结合的思想，能给抽象的数量关系以形象的几何直观，也能把物理中的几何图形问题化为数量关系. 数形结合的思想，往往能将复杂的问题简单化、抽象的问题具体化，找到清晰的解题思路和简捷明快的方法.

2.2.2 图形表征与物理学习的关系

一、图形表征与物理学科内容表达相一致

物理学是一门建立在观察和实验基础之上的定量的逻辑严密的理论科学，实验是了解物理现象、测量物理数据、获得感性知识的源泉，是建立、发展和检验物理理论的实践基础，是获得物理思维材料的有效途径．物理模型的提出、物理概念的形成、物理规律的建立以及物理学中许多重大的发现等，都可以通过建在观察、实验和推理基础上的图形表征的方式来表达．

物理学的研究对象大到宇宙天体，小到夸克微粒，均有大小、形状、结构等图形特征；物质世界的每一种运动、每一个过程和每一种现象都有与之对应的动态形象．在物理学家们眼中，纷繁复杂的物质世界被简化为一个个物理模型，被表征为一个个图形形象．从牛顿力学的质点，到电磁学中的场，再到量子力学中的几率波，乃至还处在发展争论中的微观粒子的一维弦振动理论，这些形象化又高度抽象的物理模型便是物理知识的最典型的图形表征．无论是理想气体、点电荷、保守力系统、卢瑟福原子结构这些实体物理模型，还是简谐运动、绝热过程、等容变化这些状态和过程模型，均在自然现象中找不到，然而又客观反映了自然现实，这些典型的图形表征形象从根本上把握了物质世界的本质特征．

物理概念是经由观察、实验和科学思维而产生的客观事物的物理共同属性和本质特征在人脑中的反映，是物理事物的抽象，从观察实验事实到形成物理概念的过程，是分析、综合、抽象和概括的过程，物理现象的描述、物理过程的分析离不开对物理知识的图形表征，如各种运动形式的轨迹描述、各种物理仪器的符号表示、各种实验装置的示意简图等．物理规律(包括物理定律、定理、原理、法则、公式等，反映了物理现象、物理过程在一定条件下必然发生、发展和变化的规律，揭示了在一定条件下某些物理量之间内在的、必然的联系，它可以用文字语言、数理语言和图形语言来表达．每一个物理公式都是一个函数关系，每一个函数关系都可以表示为一个函数图像，每一种图像形状则都反映着一个物理规律，这种数形结合的思想正是图形表征的具体体现．

不仅如此，物理学在发展过程中还创造了一系列的图形表征观念形象．时空有形，状态有形，场有形，维有形，坐标有形，矢量有形，标量有形，力、热、电、磁、光和原子等物理情境都有形象，可以说，物理学的每一个新理论的出现都伴随着一个新的图形表征的观念形象的诞生．

《普通高中物理课程标准》在内容标准的叙述中，有许多描述都设计到物理情境的图形表征．“通过对质点的认识，了解物理学研究中物理模型的特点，体会物理模型在探索自然规律中的作用”，“能用公式和图像描述匀变速直线运动，体会数学在研究物理问题中的重要性”，“用物质的微观模型和电荷守恒定律分析静电现象”，“通过实验，认识电场和磁场，会用电场线、电场强度描述电场，会用磁感线、磁感应强度描述磁场”，“观察常见电容

器的构造，了解电容器的电容”，“观察并尝试识别常见的电路元器件，初步了解它们在电路中的作用”，“知道交变电流，能用函数表达式和图像描述交变电流”，“通过观察和分析，理解简谐运动的特征，能用公式和图像描述简谐运动的特征”，“通过观察，认识波是振动传播的形式和能量传播的形式，能区别横波和纵波，能用图像描述横波，理解波速、波长和频率的关系”，“知道原子和原子核的结构”，“通过对氢原子光谱的分析，了解原子的能级结构”……

从上述分析可看出，图形表征与中学物理中的理想模型、理想实验、物理概念的几何表示、物理过程的示意图示以及物理规律的函数图像等在内容表达上是一致的.

二、图形表征与物理学科思维特点相匹配

思维品质是思维能力强弱的反映，是个体思维活动中智力特征的表现，是判断智力层次、确定智力水平的主要指标. 物理思维品质是人们在研究和解决物理问题以及学习物理知识的过程中逐步形成和发展的并在这一过程中表现出来的直接影响工作效率的个体智力特征.

物理思维的特征之一是精确性和近似性的统一. 物理学是一门定量的精密科学，它以基本概念为基石、以基本原理为核心、以基本方法为纽带，构成了物理学的学科结构.

物理概念是客观事物的物理共同属性和本质特征在人脑中的反映，是对物理事物的抽象，它产生于观察、实验和科学思维的基础之上，既具有严格的质的规定，又具有严密的量的要求. 物理规律反映了物理现象、物理过程在一定条件下必然发生、发展和变化的规律，揭示了在一定条件下某些物理量间内在的、必然的联系，用语言逻辑或数学逻辑将物理量之间的关系表达出来. 物理概念和规律的精确并非像数学一样严密. 物理学研究的是物质运动的最一般规律、物质的基本结构和相互作用，而物质的形态是多种多样的，物质的结构及相互作用规律是很复杂的，为了研究方便，我们常舍弃个别的非本质的因素，突出主要的本质的因素，将实际客体抽象为理想模型，将实际过程抽象为理想过程，这种对实际客体和过程的抽象就是一种近似.

图形表征同样具有精确性和近似性. 各种物理规律的函数图像精确、严密、完整地反映了物理量间的逻辑联系，各种理想模型、理想实验、物理概念的几何表示和物理过程的示意图形则是对实际客体和过程的一种简化，是一种近似处理. 示意图形和函数图像作为两种常见的物理情境的图形表征方式，在体现物理思维的准确性和近似性方面有着天然的优势.

物理思维的另一个主要的特征是形象性和抽象性的统一. 这种形象性和抽象性的统一，首先表现在物理思维的材料和结果上. 物理思维的过程是人脑对外部物理信息（物理现象、物理事实等）的加工过程，是一个从感性认识上升到理性认识的过程. 因此，物理思维的材料可以分为感性材料和理性材料两部分：感性材料主要是在观察、实验基础上对外部物理对象形成的表象，包括时空表象、图景表象、理想化表象、图形表象等；理性材料主要有物理概念、物理判断、物理推理、物理规律等. 前者具有形象性，后者具有抽象性. 因此，物理思维的材料和结果是形象性和抽象性的统一. 特别是一些抽象性很强的物理客体

和运动形式,如狭义相对论中的四维时空、广义相对论中的弯曲时空、量子力学中的实物粒子的波粒二象性等,要很好地理解这些抽象性很强的知识,必须充分发挥主体的想象力,想象出物理客体的形象化的模型和物理过程的动态图景,这一过程便是对抽象的物理知识进行形象的图形表征的过程.

物理思维的形象性和抽象性的统一还表现在物理思维的方法上.物理学中有许多思想方法,都是形象性和抽象性的统一.如"理想化的方法"是从多维的具体形象中,抽出最具有本质特征的主要形象,舍弃一些次要因素,建立起轮廓清晰、主题突出的新形象.又如"观察和实验"提供典型、直观的具体形象,经思维加工,转化为具有抽象特征的新形象,进而达到对物理现象本质的认识,这是一个抽象概括和形象转化相结合的过程."类比"是依据类象与本质的相似性,而将一个对象的有关知识经过分析、推理推移到另一个对象上去,它借助于已有的知识和形象,但又可以超出已有的知识和形象的框架,创造出新的概念、新的理论、新的形象等.所以,物理思维不仅具有抽象性,而且具有形象性,抽象思维是物理思维的核心,形象思维是物理思维的先导,具体的物理思维中往往同时存在着两种思维,抽象思维和形象思维相互作用、相互补充,推动着物理学的发展.

《普通高中物理课程标准》在实施建议中,强调要重视发展学生的科学思维能力,"科学的语言表达能力与科学的思维能力是密切相关的.物理图像是科学表达的一种'语言',编写教科书要重视包括图像在内的科学语言的运用以及教育功能的展现","教科书的呈现形式要生动活泼,文字要有较强的可读性和欣赏性.图片是呈现科学情景的重要形式,在选择图片时,应在内容、时代性上下功夫.版式要新颖,恰当处理版面和内容的关系,力求全书图文均衡、图文并茂、相得益彰"……综上可知,兼具形象思维和抽象思维特征的图形表征既与物理学科的特点相一致,也与物理思维的特点相匹配,可以说,图形表征是学习物理知识、解决物理问题的最有效途径.

三、图形表征与中学生物理学习的关系

虽然有研究表明,中学生的认知思维特点已由感性认识为主的形象思维阶段过渡到以理性认识为主的抽象思维阶段,但毋庸置疑,图形表征仍然是中学生解决物理问题的技能之一.作为尚处在知识积累阶段的高中学生,图形表征技能对物理学习成绩又有怎样的影响呢?为此,笔者对不同班级的高中学生做了问卷调查.

问卷共设置 10 个问题,问卷设置涉及与物理情境的图形表征能力相关的观察、想象、绘图和记忆等方面.调查对象为笔者任教的中学高二理科班、高三理科火箭班(本校重点班)和高三理科普通班共 471 名学生,问卷统计结果如下表所示.

问题情境	选项设置	高三理科火箭班/%	高三理科普通班/%	高二理科班/%
1.高中物理留给你印象最深的是(　　)	A.一个个物理公式	10.51	22.04	30.14
	B.一个个物理概念和规律	20.39	28.81	21.73
	C.一个个物理情境(模型)	69.10	49.15	48.13

续表

问题情境	选项设置	高三理科火箭班/%	高三理科普通班/%	高二理科班/%
2.你观察演示实验和做学生实验的情况是(　)	A.喜欢做实验,觉得实验好玩儿	28.99	32.21	22.54
	B.对照实验步骤,能基本完成实验	54.08	52.54	73.24
	C.能在脑海中想象实验的过程	16.93	15.25	4.22
3.你在阅读物理课本时(　)	A.只注意概念和公式,不看插图	15.91	11.84	12.60
	B.偶尔看一下插图,但主要注意公式的推导运算	34.26	58.23	64.99
	C.研究插图,无插图时能根据文字叙述想象和勾画物理情境	49.83	29.93	22.41
4.你上物理课的基本情况是(　)	A.只是听老师讲,不做笔记	30.43	30.50	40.25
	B.边听、边记录老师板书的内容	43.33	44.15	30.27
	C.边听、边想、边记,课后能回忆课堂讲的物理知识	26.24	25.35	29.48
5.解配有图形的物理问题时,你通常能够做到(　)	A.尽力回忆是否见过、做过	17.37	15.25	29.58
	B.根据图形判断属于哪个章节的物理问题,回忆这一章节的知识	16.39	18.64	21.12
	C.根据图像想象物理情境,寻找问题情境涉及的物理规律并解答	66.24	66.11	49.30
6.某物理试题因印刷原因漏印了题中的图形,你能够做到(　)	A.放着不做	5.79	11.86	23.94
	B.根据题意,直接计算	23.19	30.51	25.31
	C.绘出草图,分析计算	71.02	57.63	50.75
7.给你一幅物理插图,你能够做到(　)	A.不知图为何物	2.90	6.78	8.41
	B.看图知道图形涉及的知识范围	36.68	62.70	60.66
	C.看图知道图形涉及的物理情境	60.42	30.52	30.93
8.对于图解法或公式推导法可解的物理题,你喜欢(　)	A.图解法、公式法均可	27.14	18.64	28.17
	B.用公式推导法解答	33.63	46.26	47.89
	C.用图解法解答	39.23	35.10	23.94
9.解答与社会生活、前沿科学和实践技术有关的物理习题时,你能做到(　)	A.读完最后不知题意	23.19	16.95	32.39
	B.就题论题,直接计算	37.68	47.46	47.89
	C.根据题意把实际问题转化为典型物理模型,分析计算	39.13	35.59	19.72
10.记忆物理知识时,你通常(　)	A.只记物理公式	4.40	12.06	25.37
	B.记忆物理概念和规律	52.17	45.70	40.82
	C.记忆物理情境,结合物理情境记忆概念和规律	43.43	42.24	33.81

从上述统计结果可看出,10个问题情境中,高三理科火箭班的学生在各个问题情境

中选择 C 项的比例均超过高三理科普通班的学生，更远远超过高二理科班学生. 分析比较每一个问题情境的 C 选项，易知 C 选项最能反映高中学生物理情境的图形表征能力的高低. 以第 1、第 3、第 6 和第 7 个问题情境为例，画出折线图如图 2-2-1-1 所示.

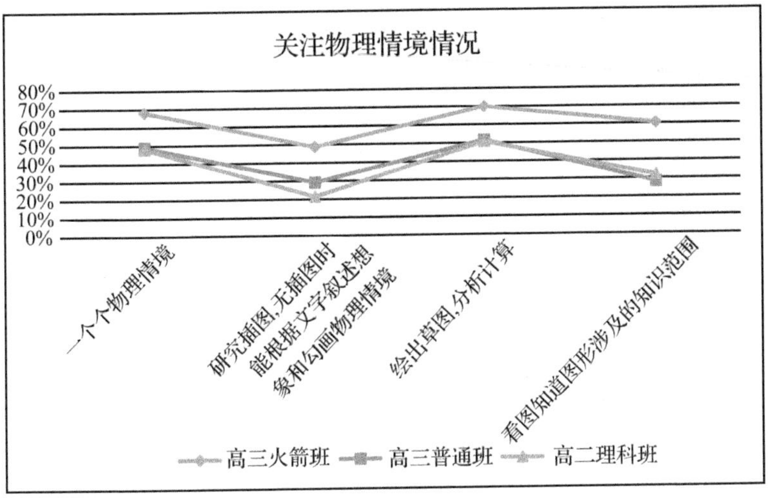

图 2-2-1-1

从折线图中可以看出，高二理科班和高三理科普通班学生在这四个问题情境中的折线图几乎无差异，却迥异于高三理科火箭班折线图. 高三理科火箭班学生在对物理情境的关注程度、阅读教材时对插图的关注程度、以文绘图的能力及读图能力等方面均优于高三理科普通班和高二理科班学生.

问题 6 反映高中生以文绘图的能力，问题 7 反映高中生读图的能力，另在第 2、第 5、第 9、第 10 个问题情境中，高三理科火箭班与普通班学生 C 选项的比例接近，却远远超过高二理科班学生，显现高三学生进入高考复习备考阶段，经过数个章节的复习，已在脑海中储备了足够的物理情境，在观察动手实验、解答物理问题、记忆物理知识方面已掌握了一定的方法，培养了一定的能力.

同时，在多个问题情境中，普通班学生选择 B 选项的比例大多超过火箭班学生. 仔细分析问题情境中的 B 选项，易知选择 B 选项的学生最欠缺的恰恰是物理情境的图形表征能力，这一现象给我们指明了提高物理课堂教学有效性的方向.

从上述分析可以得出以下结论：物理情境的图形表征能力越强的学生，物理成绩越优秀. 因此，高中物理教学中强化学生物理情境的图形表征能力是有效提高课堂教学质量、培养学生物理素养和取得优秀物理成绩的关键.

2.2.3　高中物理图形表征的分类及作用和局限

“画图”是解决物理问题的重要方法和手段，图形能简单、直观地呈现问题的条件和物理情境. 研究高中阶段物理图形表征的类型、作用以及局限性，对中学物理教学有重要的意义.

一、物理图形表征及分类

图形表征，一般指示意图，在《现代汉语词典》中，示意图是指“为了说明内容较复杂的事物的原理或具体轮廓而绘成的略图.”在物理学习中，示意图特指为形象地说明物理情景、过程、现象或实物所作的简图，其特点是采用一定程度的概括或抽象的手法，略去非本质，突出本质，与被表征对象具有一定程度的相似性.

（一）图形表征与图像表征的区别

物理图像，一般来说是指以数学中的函数图像为基础但被赋予物理意义的一种图像，就是把其中的自变量 x 视为直角坐标系上某一点的横坐标，把对应的函数值 y 视为此点的纵坐标，连接这些点所成的线即为这两个物理点的函数关系图像.

尽管图像表征与图形表征都是物理问题外部表征的主要形式，它们都是“图”的形式，是“非文字、符号”的表征形式，但两者在反映表征物理问题时有着极大的差异.

（1）图形表征与被表征对象具有一定程度的相似性，但图像与被表征对象相似性不大. 例如，速度-时间（v-t）图像是曲线，但物体运动的轨迹就不一定是曲线了.

（2）图像表征与图形表征相比，其抽象程度明显更高，图形表征是对具体情境的初步科学抽象，把感性具体抽象为思维具体；而物理图像是进一步抽象的结果，可以直接描述物理量的数学关系和变化过程.

（二）物理图形的分类

从图形的内容和反映的规律，可以把高中阶段的物理图形表征分为三类.

（1）概念规律图形. 这类图形是把物理概念、物理规律，以图形、图像的形式表达出来，利用图形中的几何、空间关系反映物理规律. 包括：①光路图；②矢量合成与分解图，包括力的图示、示意图，各种矢量的合成与分解图；③各种场线、等势面；④电磁场关系图等.

（2）时空关系图形. 是指根据物理情景，把物体在时间和空间上的变化关系以图形表示出来. 包括：运动轨迹图、过程图、追及问题关系图、液面变化示意图等.

（3）结构联系图形. 是指把物体或者抽象的物理符号的结构、联系方式以图形方式呈现出来. 包括：电路图、实验仪器的抽象图形、俯视图、侧视图等.

二、图形表征在解决物理问题时的作用

不同类型的图形在分析物理问题时有不同的作用，出现的思维顺序也是不同的.

（1）表征时空关系. 从读懂题目文字后，就需要运用大量时空关系图形帮助分析问题. 通过时空关系图，解题者可以使问题从模糊变为具体，可以极大地降低空间想象的难度. 时空关系图形表征更重要的作用是能清晰呈现出问题的临界条件、讨论范围、边界条件和各种可能性.

（2）表征物理结构和联系，物理知识之间的过渡、简化问题、提取信息往往需要运用这一方式. 例如，电磁感应问题，往往会通过画出等效电路图，将电磁感应问题转化为电路分析问题.

通过画出或重构出结构联系图,可以大大降低思维难度,解题者就能更容易明确各个物体和元件的空间或结构关系,更容易发现问题的物理本质,更容易运用物理规律解决问题.

(3) 表征物理概念和规律,揭示物理量间的关系. 这是物理问题解决中应用最多的图形表征,主要有三点作用:①能引领思维调用物理规律,画图,明确物理概念并分析物理问题. 例如,画出受力分析图时就引领思维明确各种力的三要素特征. ②为后续物理方法和规律的运用提供依据. 例如,要确定运动的不同阶段的运动规律,以及后续运用功能关系方程还是牛顿力学方程,都需要先借用受力分析图确定力的关系. ③是物理规律转化为数学表达式的依据,即根据图形得出数学表达式. 例如,许多学生不画受力分析图,凭经验,根据牛顿第二定律,直接写出方程,此时很容易忽略某个力.

三、图形表征在解决物理问题时的局限

当然,图形表征也有它自身的局限,还需要与其他表征方式相结合才能顺利地解决问题. 图形表征的最大局限是一般只用于定性分析,而非定量分析. 快速反映各个物体的结构、时空关系或物理规律,必然牺牲了"量"的准确性,作图时存在极大的随意性. 例如,画力的示意图,只能粗略地估计长短,大致反映力的大小;场线的疏密也是如此. 因此,运用图形表征往往只能得出定性结论.

若要进行定量分析,图形表征只能充当问题解决的中间过渡过程,图形表征建立后,还需要根据图中的信息,运用符号、公式等表征手段转为代数或解析几何形式表示,进一步做量化计算.

2.2.4　图形的建立与应用

教师在教学中根据教学需要和问题所描述的情景常画简略图形,可以协助学生理解物理概念和物理过程,进一步明确已知的物理量和要求解的问题,有利于找出求解的问题与已知量之间的关系,使解题思路更加清晰.

一、概念图

随着所学知识的增多,学生很容易记错、记混有关概念. 概念图是呈现概念或信息之间相互联系的一种简明便利的图示,是由节点和连线组成的一系列概念的结构化的表征,利用它可以使所学的内容化繁为简,重点突出,脉络分明,便于学生进行分析、比较、综合、概括,可以不断地把分散的概念系统化,不断地把新概念纳入旧概念的系统中,从而逐步在头脑中建立一个清晰的概念系统.

(一) 概念图在中学物理教学中的应用

1. 激发学生学习物理的兴趣

中学物理研究的是自然界最基本的规律,反映的是现实生活的内容,概念和理论来源于自然和社会实践. 概念是物理学科知识的基础,然而在多年的物理教学中我们发现,学

生往往忽视了对基本概念的掌握，特别是不能形成概念网络，更不能比较深刻地了解概念间的联系，这成为大部分学生学习物理时感到困难的主要原因.

可以利用 inspiration、mindmanager、personalbrain、brainstorm 等制作概念图的相关软件，在教师的指导下由学生自己总结概念结构，根据自己的理解制作物理知识系统的概念图. 由于这种设计符合学生自己的思维特征，因此学生们十分愿意接受.

2. 促使物理教师改变教学观念

传统的“以教师为中心、以课堂为中心、以教材为中心”的课堂教学模式中，教师是以“一书、一嘴、一支粉笔”进行教学的，教师是中心，学生是陪衬，学生必须围着教师转，整个课堂就是教师的“一言谈”. 教师可以利用概念图这种新型的教学手段改变传统的教学方法，提高课堂教学的效率. 物理课堂教学设计中运用概念图，能将原来显现在教师头脑中的教学内容、教学理论和教学经验以可视化的形式表现出来，相当于在虚拟的环境中完成了一次教学过程，教师能更有效地组织教学内容. 如果教师能把概念图用于教学设计，并在课堂中用作教学策略，同时要求学生在学习过程中自己去尝试建立概念图，学生就能成功地把握概念的意义，也能成功地对自己的学习进行控制.

3. 培养学生的物理思维，提高学习效率

概念图作为一种学习的方法，能促进学生的思维发展、合作学习和创造性学习，最终使学生学会学习.

概念图清晰地展现了物理概念间的关系，可以帮助学生理清新旧知识间的关系，促使他们整合新旧知识，建构物理知识网络，浓缩知识结构，从而使学生从整体上把握知识.

概念图能有效地改变学生的认知方式，促进学生的意义学习、合作学习和创造性学习. 学生通过共同合作制作概念图，或者教师和学生共同来完成概念图，有助于协作小组成员之间共同发展认知和解决问题. 师生通过概念图的制作、修改、反思和再设计的往复循环，可以不断完善概念图，学生学会反思自己的学习过程，从而学会自我导向学习，最终学会学习. 如在完成力与运动、磁场的单元教学之后，为了让学生能够清晰掌握相关的概念结构，可让学生回忆所学习的基本知识和它们之间的关系，建构概念图. 在以后的学习过程中，当他们有新的想法，可以再进行改进、完善. 这种方式可以促使学生积极动手和动脑思考，使他们能够从整体上掌握基本知识结构和各个知识间的关系，在头脑中形成清晰的概念网络.

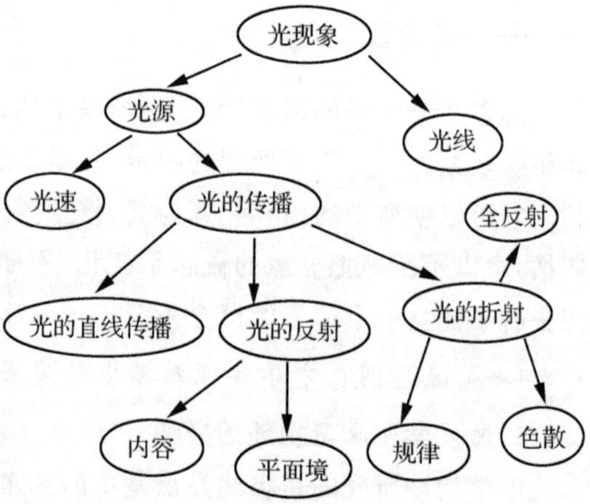

图 2-2-4-1

（二）概念图是评价物理学习的手段

概念图作为教学评价的工具，适用于物理课堂教学活动不同阶段的教学评价. 传统的物理学习评价方法常常只能考查学生离散的物理知识，而概念图却可以检测出学生的物理知识结构及对物理知识间相互关系的理解和产出新知的能力，可以有效地评价学生的创造性思维水平. 通过让学生养成画概念图的习惯，教师可及时了解学生学习的进展，诊断学生学习中遇到的问题，从而改进教学，它是形成性评价的好方式.

例如，几何光学中概念和规律之间的关系如图 2-2-4-1 所示.

二、思维导图

思维导图又叫心智导图，是表达发散性思维有效的图形思维工具，它既简单又极其有效，是一种革命性的思维工具. 思维导图运用图文并重的技巧，把各级主题的关系用相互隶属与相关的层级图表现出来，把主题关键词与图像、颜色等建立记忆链接. 思维导图充分运用左右脑的机能，利用记忆、阅读、思维的规律，协助人们在科学与艺术、逻辑与想象之间平衡发展，从而开启人类大脑的无限潜能. 思维导图因此具有人类思维的强大功能.

思维导图是一种将思维形象化的方法. 我们知道，放射性思考是人类大脑的自然思考方式，每一种进入大脑的资料，不论是感觉、记忆，还是想法——包括文字、数字、符码、香气、食物、线条、颜色、意象、节奏、音符等，都可以成为一个思考中心，并由此中心向外发散出成千上万的关节点，每一个关节点代表与中心主题的一个连接，而每一个连接又可以成为另一个中心主题，再向外发散出成千上万的关节点，呈现出放射性立体结构，而这些关节的连接可以视为一个人的记忆，也就是他的个人数据库.

思维导图又称脑图、心智地图、脑力激荡图、灵感触发图、概念地图、树状图、树枝图或思维地图，是一种图像式思维的工具以及一种利用图像式思考的辅助工具. 思维导图是使用一个中心关键词或想法引起形象化的构造和分类的想法；它是用一个中心关键词或想法以辐射线形连接所有的代表字词、想法、任务或其它关联项目的图解方式.

思维导图是有效的思维模式，应用于记忆、学习、思考等的思维导图，有利于人脑扩散思维的展开.

(一) 思维导图的优点

作为一种由全球知名教育学家托尼·巴赞发明的思维工具，思维导图融合了色彩和图像等多种元素，结合了全脑开发的新概念，让人们通过图画的方式，清晰地描绘出思维的线路和层次，包括左脑的逻辑、顺序、条例、文字、数字以及右脑的图像、想象、颜色、空间、整体等. 通过它，大脑的潜能得到了有力的开发，人类特别是处在成长期的孩子们的创造力、注意力、想象力和记忆力将得到全面的提高.

(二) 思维导图的作用

使用思维导图来记笔记，将获得以下收益：思绪可以任意驰骋，将联想扩展到极致，因此很难漏掉任何一个与关键点有关联的要素；可以随时展开想象的翅膀，一边思考一边"涂鸦"，其乐无穷；思维导图所采用的"关键词"方法，迫使人们思考事物的关键点.

由于采用了色彩及图形，充分调动了人们的大脑，因此，记忆力可以倍增. 其实，思维导图不仅能够用来做笔记，还能够用来进行各学科知识的总结和复习.

（三）思维导图在物理教学方面的应用

作为一种教学策略，思维导图能有效地改变学生的认知方式.本文从思维导图在物理教学中的必要性、有效应用、注意事项三个方面，阐述思维导图对物理的学习，它能帮助学生将零散的物理知识结构化、条理化和系统化，提高学生的学习热情与学习效果.

1. 在物理教学中运用思维导图的必要性

思维导图是世界记忆大师托尼·巴赞在1971年发明的，是一种综合运用文字、符号、图片、色彩的图形思维工具.图2-2-4-2就是以“弹力”为出发点的思维导图.在高中物理教学过程中，很多物理教师都会遇到这样的情况：精心设计教案，运用实验和多种多媒体手段调动学生积极参与，课堂气氛很好，学生有问必答.但学生在物理考试或实际应用物理知识解决问题时，却“一看似懂，一做就错”.课堂上有些学生学习很努力，上课用心听讲，笔记做得很完整，逐字逐句地记下老师讲的教学内容，但记得越多，越会把简单的问题复杂化.结果，把大部分的时间花在记笔记上，耽误并忘记了正在学习的东西.那些思维停滞、心不在焉的学生也记下一堆笔记，但过后完全不知其所以然.充其原因，很多学生只是机械地记下大量的事实与公式，在学习过程中只重视模仿性地做题，而对物理中的概念、规律缺乏深入的理解，没有将新知识中的关键概念与头脑中已有的其它概念联系起来，没有进行知识的建构，所记忆存储的概念是孤立的、分散的.怎样才能开展有效的教学，提高学生的学习能力呢？我们认为将思维导图运用到物理教学中是一个有效的而且是必要的方法.

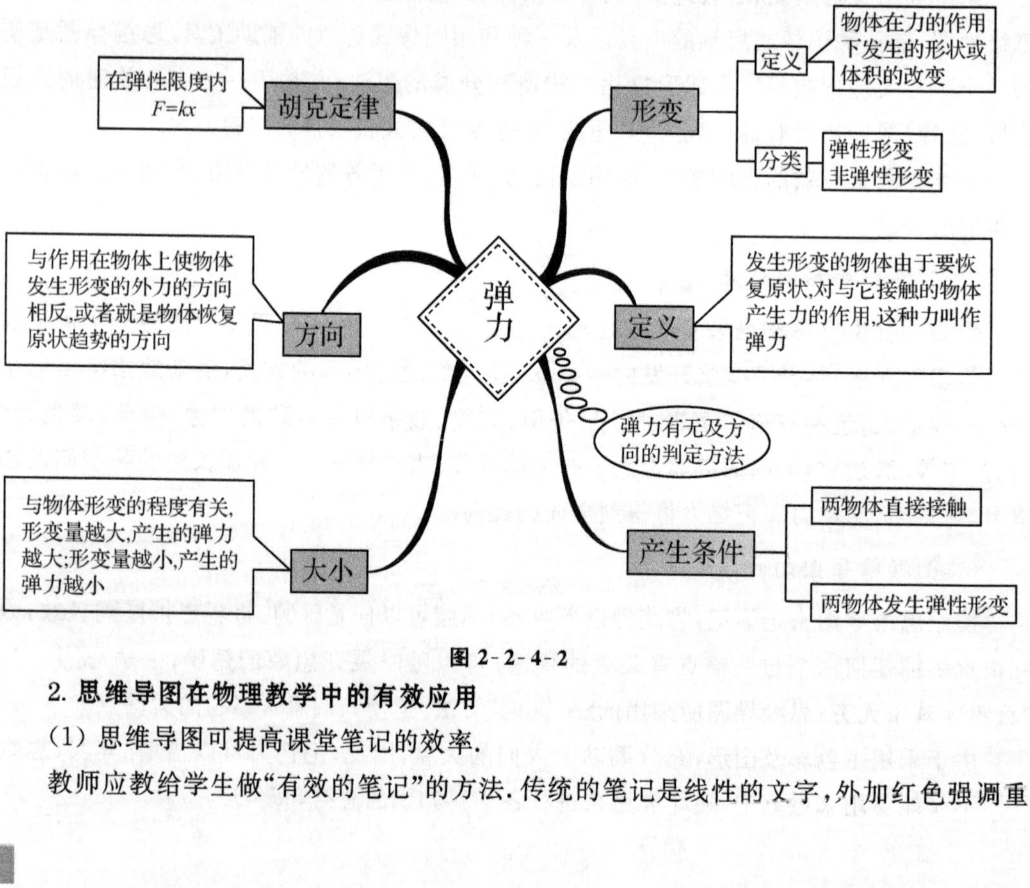

图2-2-4-2

2. 思维导图在物理教学中的有效应用

（1）思维导图可提高课堂笔记的效率.

教师应教给学生做“有效的笔记”的方法.传统的笔记是线性的文字，外加红色强调重点，学生无须多动脑筋，只需将黑板所书、教师所讲如实记录，以待日后回忆和重现. 其速度慢，且将关键信息与大量不相干的词语混杂在一起，难识别，难记忆，无法构建起知识之间的关系. 针对传统笔记的弊端，画思维导图是一种很好的笔记方法. 教师课前让学生准备一盒彩色笔和几张白纸，让学生尝试将课堂内容用不同颜色的笔进行记录. 一个概念、一段话可在理解后记一个或几个关键词或代码，或画一幅有趣小图，边听课边将相关概念和内容连线，就能画成一张初步的思维导图. 这一过程中，学生不必被动地去记下教师的每句话和阅读一串串长句子，而是积极地对关键字进行分析、加工和整理，使学习内容符合自己的认知规律，并和教师积极地对话，从而极大地提高了记忆能力和理解能力. 用思维导图做笔记有利于开发学生的空间智能，在创造性思维和逻辑思维提高的同时，增加了学习的有效性和趣味性. 例如，在"万有引力定律"教学中，教学内容涉及很多概念，如牛顿宇宙论、广义相对论、开普勒行星运动三大定律、万有引力定律等. 如按传统板书记笔记会占用很多时间，不利于学生将各种概念联系起来. 若在课堂上引导学生画出思维导图（图 2-2-4-3），学生不但容易理解各个概念间的内在联系，节省时间，教师也能腾出更多时间去引导学生更深入地理解和掌握知识，从而提高课堂教学的效率.

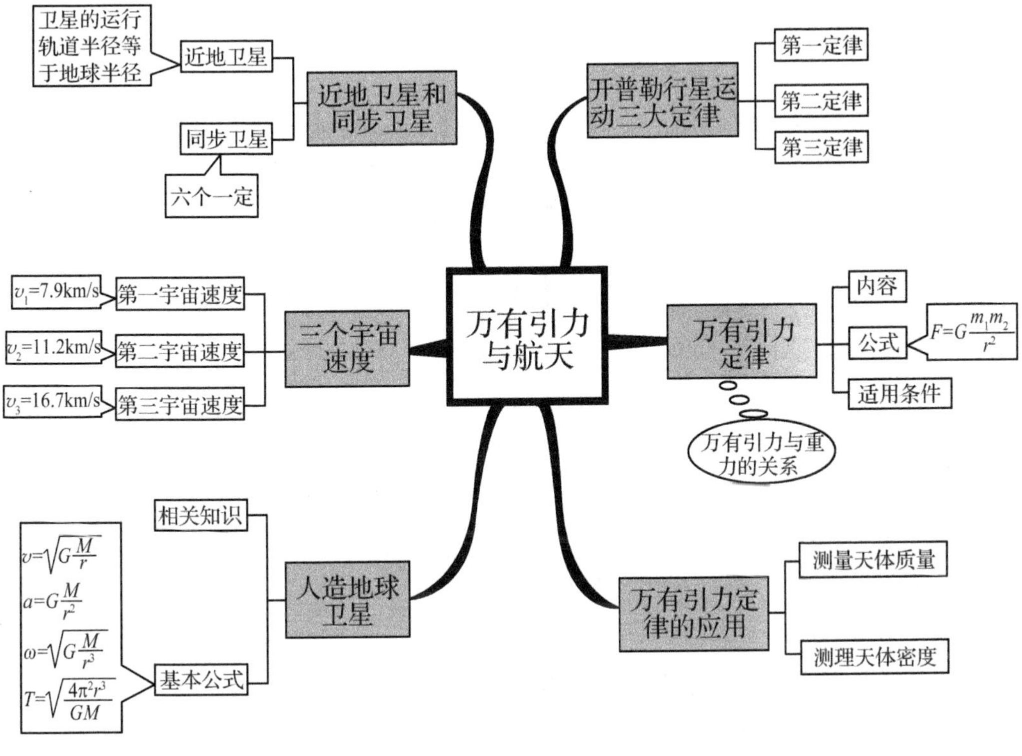

图 2-2-4-3

（2）思维导图可提高学生的复习效率.

物理学科的特点决定了其复习绝不能单靠死记硬背、机械记忆. 利用思维导图进行复习将大大提高复习效率. 因思维导图具有有类、有序的特点，能帮助学生迅速把握关键点、重难点，并在复习过程中对新发现的知识和一闪的灵感及时记录补充，让枯燥无味的复习变得富有生机，充满趣味性. 在物理复习课上，教师安排学生针对本章节所学的内容在白纸上用丰富的色彩符号、简单的语句画思维导图. 学生在绘制思维导图时遇到困难，就能知道自己在学习中还存在哪些不足，能看清哪些关键概念或概念之间的关系未掌握，从而检查自己的学习情况，查漏补缺. 学生在把自己的思维导图跟同学或老师的思维导图进行比较和讨论时，不清楚的问题就会变得明朗，并很快找到解决问题的办法. 此外，学生在画思维导图时，以各种各样的图形或色彩表达出来，还会自然地流露出对物理知识的情感. 因此，思维导图不仅能评价学生对知识掌握的程度，也能了解其内心的情感品质. 学生也可以把自己比较满意的思维导图贴在课桌上经常观看，达到及时复习和巩固的作用，在不知不觉中牢固掌握了基础知识，轻松地实现将书本由“厚”转“薄”. 图 2-2-4-4 为运动的描述思维导图.

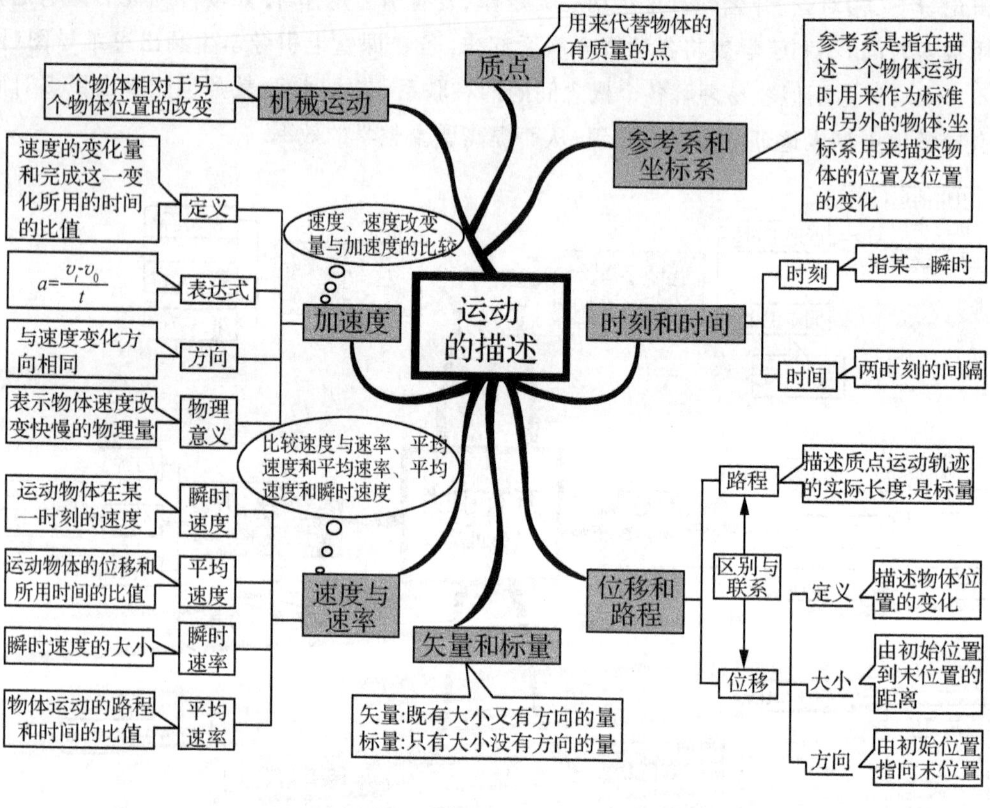

图 2-2-4-4

(3) 思维导图可提高探究式课堂教学的效果.

实验是物理教学中不可缺少的一个内容，在实验探究课堂上，学生以小组为单位进行讨论，设计实验方案，完成实验操作. 由于讨论过程中缺乏及时有效的记录和整理，讨论效果不好，且容易跑题. 要改变这种现象，就需要将学生的注意力全部集中到讨论的中心话题上来，把大家的意见和观点及时地记录下来，然后进行必要的整理. 思维导图在实验设计讨论过程中，能起到一个很好的作用. 在讨论过程中，学生把设计探究的问题作为思维导图的主题或次主题，列出各种实验方式和要点，并把它和最相关的次主题连接起来，得到一张思维导图的草稿.当小组讨论完成后,同学们通过所画的思维导图交流讨论结果,相互补充和完善.一个完善的实验设计方案就在思维导图的帮助下完成了,比书写一大串文字、条条框框的实验步骤显得更为有效.譬如,在探究"测量电阻的实验"时,指导学生设计思维导图式的实验方案(图 2-2-4-5),在实验过程中进行记录、对比和总结.

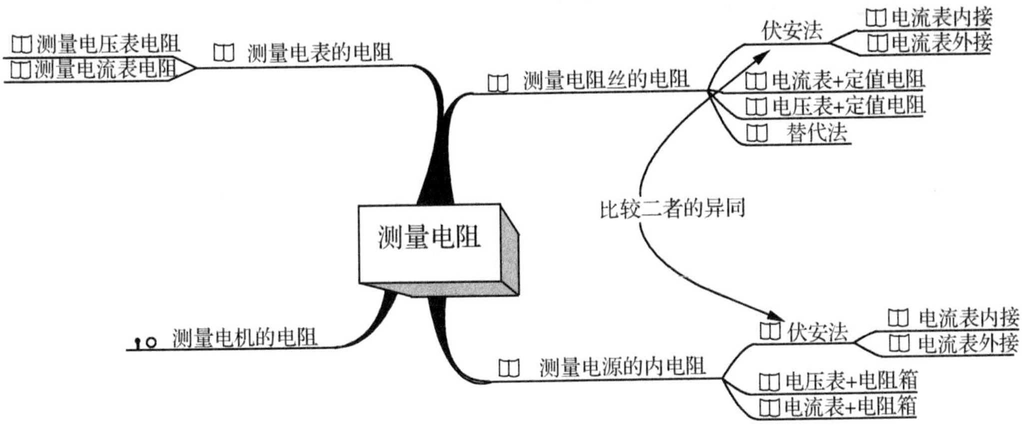

图 2-2-4-5

在上述讨论中学生充分利用自己所掌握的知识对"测量电阻"问题从各种情况进行了深入的总结性研究,并且在每个栏目的"记录"中都对该问题进行了详细的说明,还绘制了电路图.当小组讨论完成之后再通过校园网将讨论结果公布、交流.在该过程中教师也可以将自己的总结结果公布出来,相互补充,取得了较好的复习效果,真正体会到了"教学相长"的内涵,师生都受益匪浅.

(4) 合作构建思维导图可提高学习效率.

在信息科技与物理课堂教学整合实践中,教师指导学生用思维导图制作软件合作构建思维导图,将小组之间的信息经过联结和聚合,形成可共享的群体知识,最终以集体思维导图的形式反馈给个人,帮助学生学习,扩展学生解决问题的能力.让学生通过小组合作学习的经历,体验合作式学习的乐趣,培养与他人合作的意识,提高学习效率.显然,思维导图在物理教学中要体现学生独特的思维过程,充分展示学生的个性,在个性被尊重的环境下,学生的尊严和人格得到提升,他们会更努力地学习物理,表现也就更为出色.它对端正学生学习态度、培养健康的情感和正确的价值观具有重要意义.

(四) 思维导图在物理教学应用中应注意的问题

因不少教师和学生对思维导图的认识不够全面,在物理教学中应用思维导图经常会出现如下问题:① 教师采用思维导图时太随心所欲,不规范,学生不容易理解.针对这种情况,教师应在设计思维导图时做到字迹工整、图像美观、严谨规范.② 教师对思维导图的绘制要求过于标准化,太死板,搞"大一统",凡不符合自己标准的一律判错,时间长了,会扼杀学生的积极性、创新能力,难以发挥思维导图对学生思维习惯培养的积极作用.针对这种情况,教师要学会尊重学生的个性思维,对有创意的绘图进行表扬,鼓励他们用多种方式绘制"个性化"思维导图,既可以在电脑上借助各种软件绘制,也可以用纸、笔绘制.

三、维恩图

维恩图是另一种用于显示事物异同点的画图方法(图 2-2-4-6、图 2-2-4-7). 它由两个或两个以上互相之间有部分重合的圆组成. 每一个圆代表一个特定的概念和观点. 概念之间的共同特征(相似点)写在两个圆重叠的区域内,独有的特征(不同点)则写在相应的圆中重叠区域之外的部分.

例 1 如图 2-2-4-6 为多功能电表的异同点.

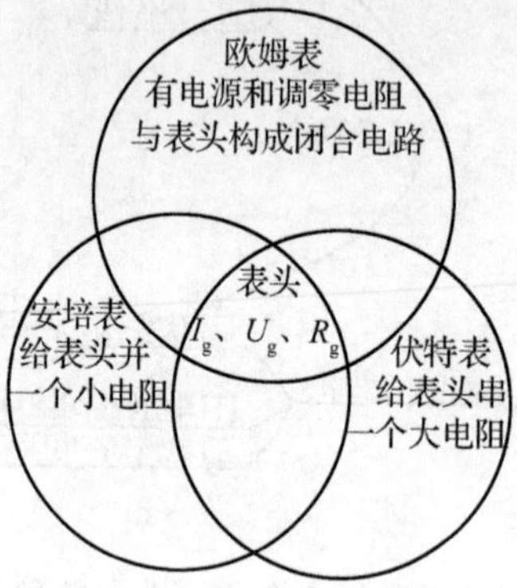

图 2-2-4-6

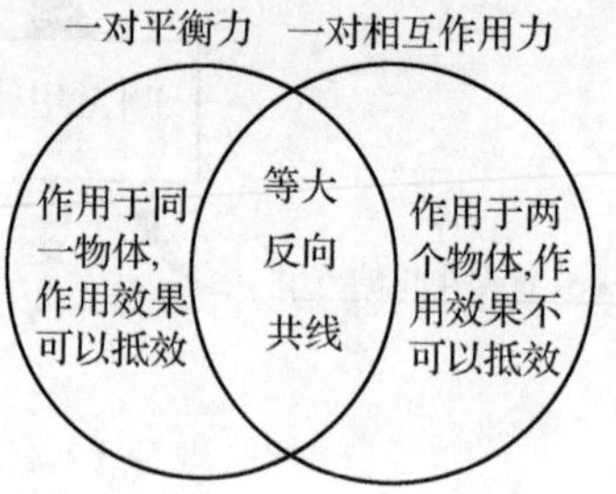

图 2-2-4-7

例 2 如图 2-2-4-7 所示为一对平衡力与一对相互作用力的维恩图.

学生学会了这种方法,对易混淆的概念就很容易区分开来. 例如,对晶体与非晶体等的性质也可用维恩图表示出来.

四、状态、过程图

它是将一个较为复杂抽象的过程或状态用比较简明的几个线条、简单的构图较为清晰地表示出来的一种方法,例如,电场线、磁感线、光线、受力图、运动过程简图等. 将图与物理过程结合进行分析,是物理问题顺利解决的有效途径.

例 3 下列实验中,如图 2-2-4-8 所示,深入地揭示了光的粒子性一面的为(　　).

A. 康普顿散射

B. 光电效应,康普顿散射和光电效应都深入揭示了光的粒子性

C. α 粒子散射,不是光子,揭示了原子的核式结构模型

D. 光的折射,揭示了氢原子能级的不连续

点评 题目将学生所学过的知识,通过图形展示出来以进行分析,突现了图形的重要性.

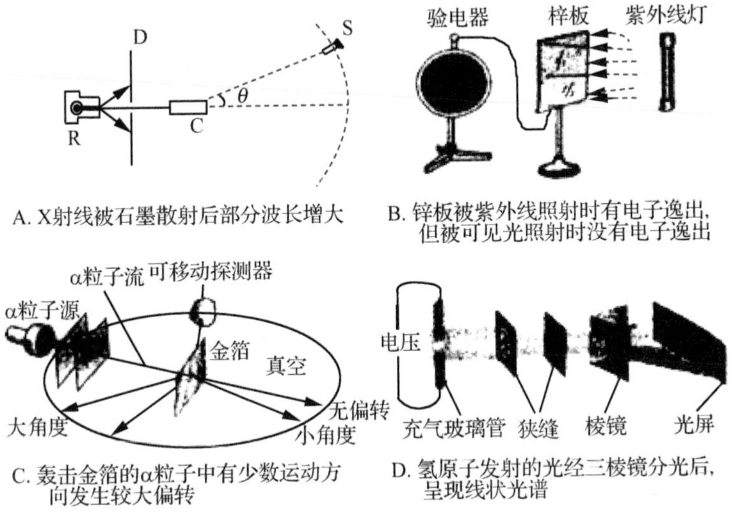

图 2-2-4-8

例 4　如图 2-2-4-9 所示，物体 m 放在粗糙的斜面上保持静止，现用水平力 $\boldsymbol{F}$ 推物体 m，在力 F 由零逐渐增加而物体 m 仍静止的过程中，物体 m 所受的(　　).

A. 静摩擦力逐渐减小到零　　　　B. 静摩擦力的方向可能改变

C. 合外力逐渐增大　　　　　　　D. 斜面支持力增大

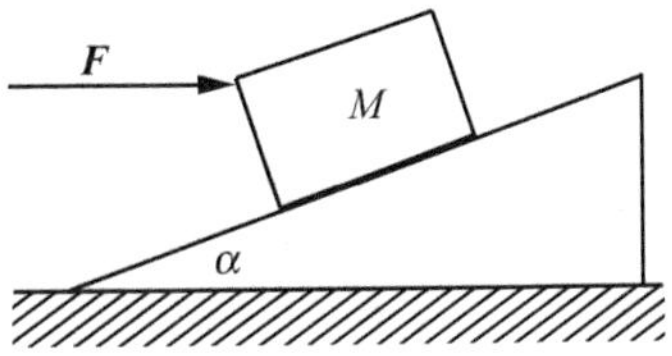

图 2-2-4-9

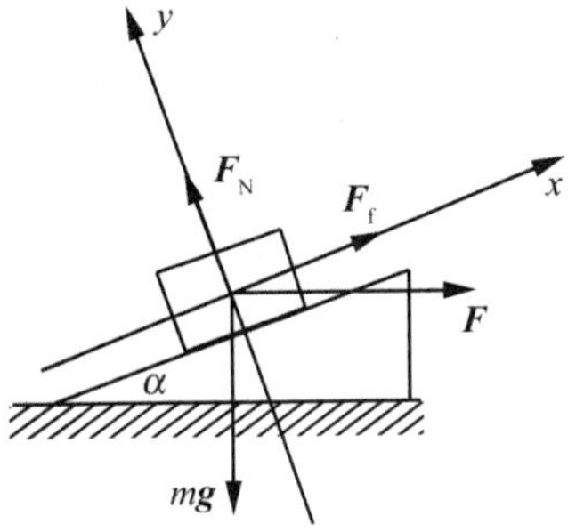

图 2-2-4-10

解析　可以用物体受力平衡时合力为零来进行分析，如图 2-2-4-10 所示.

$$F_{\mathrm{f}}=mg\sin\alpha-F\cos\alpha$$

$$F_{\mathrm{N}}=mg\cos\alpha+F\sin\alpha$$

由数学角度分析，比较严密，逻辑性强，但对初学矢量合成的学生来说，比较难以接受. 可以换一个角度，由矢量运算的多边形定则分析，学生接受起来会更容易些. 物体不受水平推力时，物体受三个力而平衡，三个力的图示顺次构成封闭的三角形. 当有水平推力但水平推力比较小时，画物体受力平衡的多边形，如图 2-2-4-11 所示；当水平推力适当时，画出的图使 $\boldsymbol{mg}$、$\boldsymbol{F}_{\mathrm{f}}$ 和 $\boldsymbol{F}_{\mathrm{N}}$ 构成一个封闭三角形时，摩擦力为零；当水平推力较大时，摩擦力的方向向下，并且随着 F 的增大而增大.

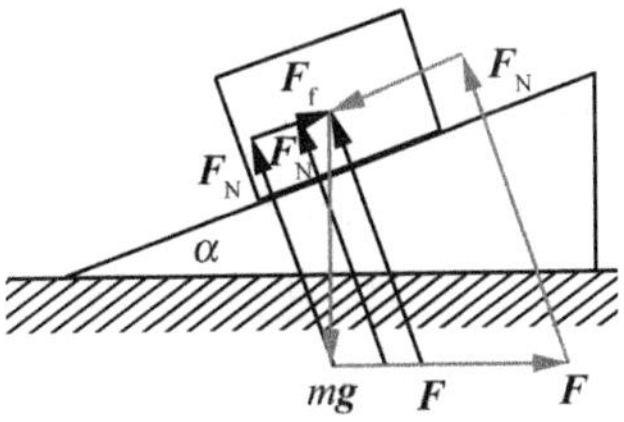

图 2-2-4-11

点评 用矢量图表示摩擦力的变化,形象直观.

五、几何图形

几何图形如三角形、圆等在物理中有着广泛的应用,后面几节内容将逐一介绍.

2.2.5 三角形知识的应用

三角形在物理中有着广泛的应用,如利用边角关系(如正弦定理、余弦定理等)、边边关系(如相似三角形等)可以帮助解决物理问题,本节谈谈三角形知识在中学物理中的应用.

一、三角形边角关系

在任意三角形中,大角对大边,小角对小边;在任一三角形中,任意两边之和大于第三边,任意两边之差小于第三边.

例 1 如图 2-2-5-1 所示,轻绳 AO、BO、CO 悬挂一重量为 G 的物体,轻绳 AO、BO 与天花板的夹角分别为 30°、60°,轻绳能够承受的最大拉力均为 T,当悬挂物的重量逐渐增加时,轻绳 AO、BO 哪一根先断?(轻绳 CO 的强度足够大)

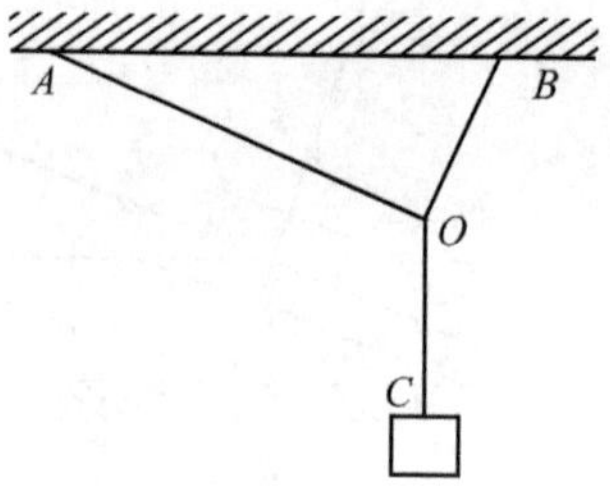

图 2-2-5-1

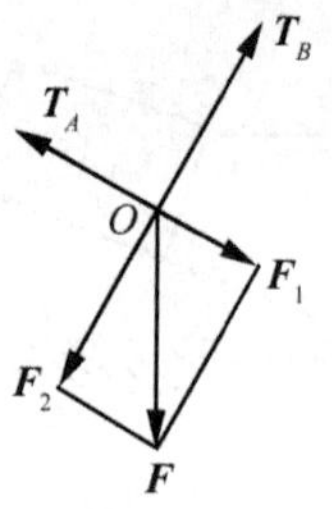

图 2-2-5-2

解析 以绳子节点 O 为研究对象,进行受理分析,受力情况如图 2-2-5-2 所示,节点 O 处受到三个力的作用:拉力 $\boldsymbol{F}$、拉力 $\boldsymbol{T}_A$ 和拉力 $\boldsymbol{T}_B$. 将拉力 $\boldsymbol{F}$ 分解为 $\boldsymbol{F}_1$ 和 $\boldsymbol{F}_2$, $F_1=T_A$, $F_2=T_B$. 由几何关系知:在三角形 OFF_1 中, $\angle F_1OF=60°$, $\angle OFF_1=30°$, 由三角形边角关系知,边长 FF_1 大于边长 OF_1,可见重物重量增加后,边 FF_1 对应的绳子 BO 受到的力先达到最大值,故轻绳 BO 先断.

例 2 一根轻绳跨过一定滑轮和动滑轮,绳子一端固定在天花板上,一端悬挂一质量为 m_2 的物体,动滑轮下悬挂一质量为 m_1 的物体,如图 2-2-5-3 所示,不计动滑轮重和各处的摩擦,则下列关于 m_1 和 m_2 大小关系的判定正确的是( ).

A. $\frac{1}{2}m_1>m_2$　　B. $\frac{1}{2}m_1=m_2$

C. $\frac{1}{2}m_1<m_2$　　D. 以上三种情况均有可能

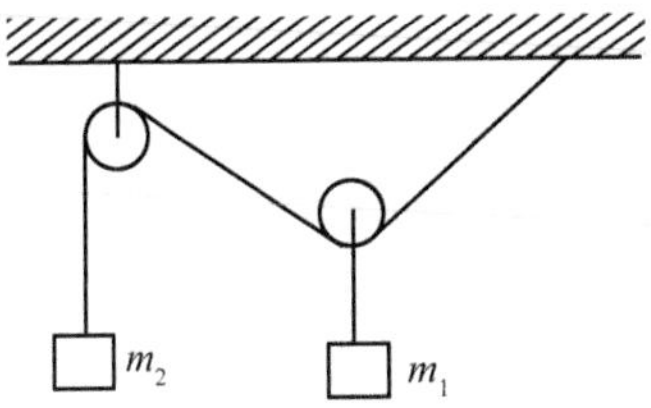

图 2-2-5-3

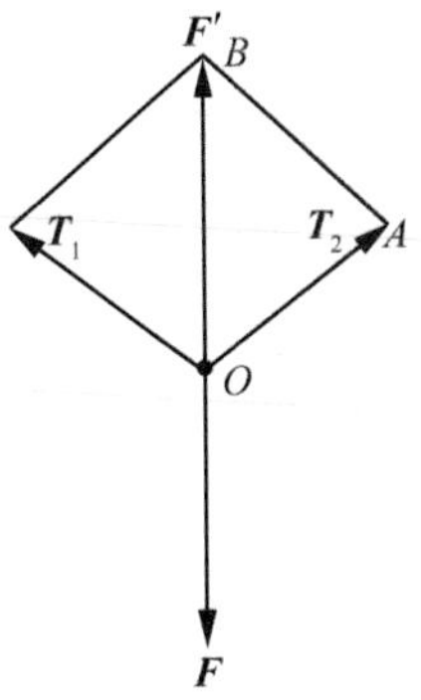

图 2-2-5-4

解析　以动滑轮为研究对象，进行受力分析. 可知动滑轮受三个力作用，如图 2-2-5-4所示. 设绳子张力为 T，则

$$T=T_1=T_2=m_2g \tag{1}$$

将动滑轮受到的绳子的拉力根据平行四边形定则合成，合力为 F，由物体的平衡条件，可知：

$$F'=F=m_1g \tag{2}$$

由受力示意图可见：在矢量三角形 ABO 中 $AO+AB>BO$. 即

$$T+T>F' \tag{3}$$

由式(1)、式(2)、式(3)，得$\frac{1}{2}m_1< m_2$. 选 C.

例 3　图 2-2-5-5 中 P、Q 两点有两个频率相同的声源，它们激起的声波波长为 2m，P、Q 到 O 点的距离分别为 1m 和 6m，那么在 x 轴上从 $+\infty$ 到 $-\infty$ 的位置上，会出现的声音减弱的区域有几个？

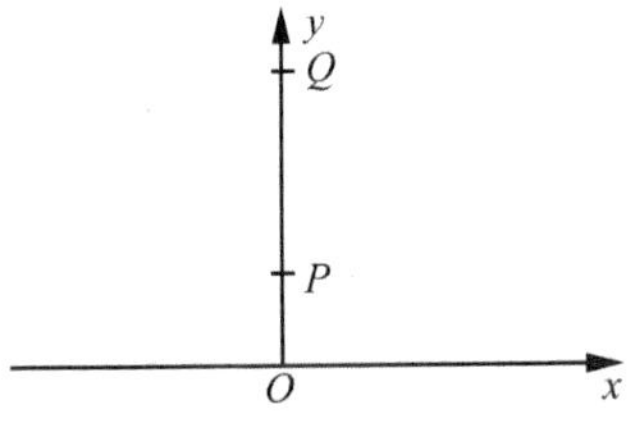

图 2-2-5-5

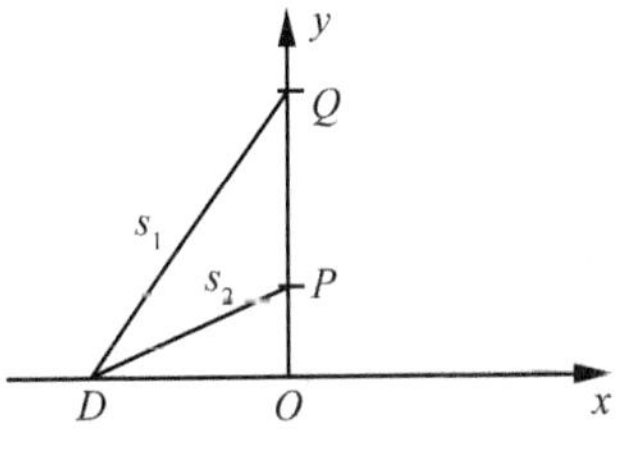

图 2-2-5-6

解析　解这道题主要根据波的干涉原理. 如图 2-2-5-6 所示，当两列相同的波在 D 点相遇时，若波程差等于半波长的奇数倍，振动即减弱. 利用对称性，先考虑 x 轴上 O 点左侧的情况. 设两列波传到 D 点的路程分别为 s_1、s_2，则波程差为 $\Delta s=s_1-s_2$. 若波程差满足振动减弱的条件，即

$$\Delta s=s_1-s_2=\frac{(2n+1)\lambda}{2}\ (n=0,1,2,3,\cdots)$$

则听不到声音.

因为在$\triangle PDQ$ 中，$s_1-s_2\leqslant PQ=5\text{m}$，也即$\frac{(2n+1)\lambda}{2}\leqslant 5\text{m}$.

当 $\lambda=2m$ 时，有 $2n+1\leqslant 5$，这里 n 只能取 0，1，2 三个值，其中 $n=2$ 时，对应 x 轴上的 O 点. 利用对称性可知，在 O 点的两侧各有两处是声音减弱的区域. 所以在 x 轴上从 $+\infty$ 到 $-\infty$ 的位置上，会出现声音减弱的区域有 5 个.

二、动态矢量三角形

这种方法常用来解决动态平衡问题. 所谓动态平衡问题，是指通过控制某些物理量，使物体的状态发生缓慢变化，而在这个过程中物体又始终处于一系列的平衡状态，利用动态矢量三角形法解决此类问题的基本方法是：对研究对象在状态变化过程中的若干状态进行受力分析，依据某一参量的变化，在同一图中做出物体在若干状态下的平衡力图（力的平行四边形简化为三角形），再由动态的矢量三角形各边长度变化及角度变化确定力的大小及方向的变化情况.

例 4 如图 2-2-5-7 所示，在固定的倾角为 α 的斜面上，有一块可以转动的夹板（β 不定），夹板和斜面夹着一个质量为 m 的光滑均质球体. 当 β 取何值时，夹板对球的弹力最小？

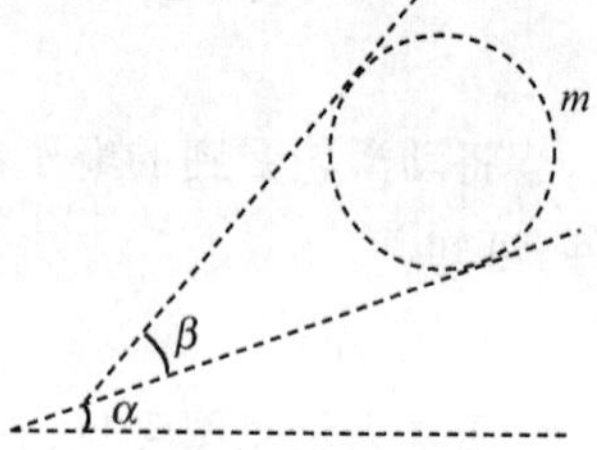

图 2-2-5-7

解析 对球体进行受力分析，然后对平行四边形中的矢量 $\boldsymbol{G}$ 和 $\boldsymbol{N}_1$ 进行平移，使它们构成一个三角形，如图 2-2-5-8 (a)和(b)所示.

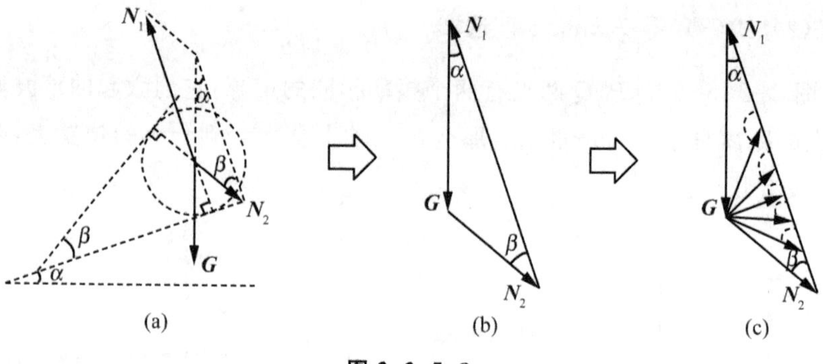

图 2-2-5-8

由于 $\boldsymbol{G}$ 的大小和方向均不变，而 $\boldsymbol{N}_1$ 的方向不变，当 β 增大，导致 $\boldsymbol{N}_2$ 的方向改变，$\boldsymbol{N}_1$ 的大小变化，如图 2-2-5-8(c)所示（形成一系列动态变化的三角形）.

显然，随着 β 增大，N_1 单调减小，而 N_2 先减小后增大，当 $\boldsymbol{N}_2$ 垂直于 $\boldsymbol{N}_1$ 时，$\boldsymbol{N}_2$ 取极小值，且 $N_{2\min}=G\sin\alpha$.

另：本题利用正弦定理来解也很简便.

对图 2-2-5-8(b)所示三角形用正弦定理，有 $\frac{N_2}{\sin\alpha}=\frac{G}{\sin\beta}$，即 $N_2=\frac{G\sin\alpha}{\sin\beta}$，$\beta$ 在 0～180° 之间取值，讨论 N_2 的极值是很容易的.

当 $\beta=90°$ 时，甲板对球的弹力最小.

例 5 重量为 G 的木块与水平地面间的动摩擦因数为 μ，一人欲用最小的作用力 F 使木块做匀速运动，则此最小作用力的大小和方向应如何？

解析一　木块在运动过程中受摩擦力作用，要减小摩擦力，应使作用力 $\boldsymbol{F}$ 斜向上，设当 $\boldsymbol{F}$ 斜向上与水平方向的夹角为 α 时，$\boldsymbol{F}$ 的值最小. 木块受力分析如图 2-2-5-9 所示，由平衡条件，知

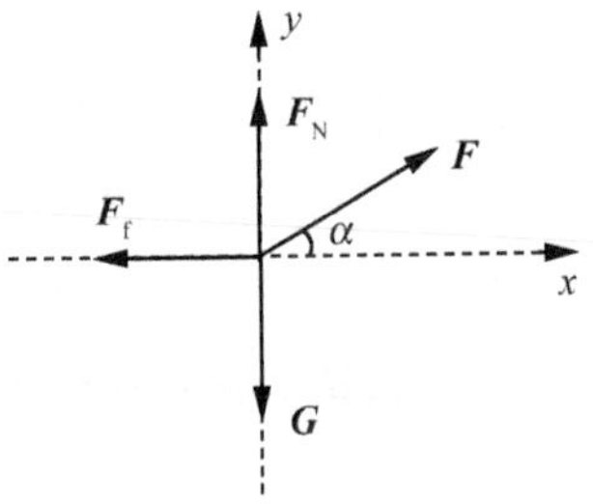

图 2-2-5-9

$$F\cos\alpha-\mu F_N=0,\ F\sin\alpha+F_N-G=0$$

解上述两式，得 $F=\dfrac{\mu G}{\cos\alpha+\mu\sin\alpha}$.

令 $\tan\varphi=\mu$，则 $\sin\varphi=\dfrac{\mu}{\sqrt{1+\mu^2}}$，$\cos\varphi=\dfrac{1}{\sqrt{1+\mu^2}}$，可得

$$F=\frac{\mu G}{\cos\alpha+\mu\sin\alpha}=\frac{\mu G}{\sqrt{1+\mu^2}\cos(\alpha-\varphi)}$$

可见当 $\alpha=\varphi=\arctan\mu$ 时，F 有最小值，即 $F=\dfrac{\mu G}{\sqrt{1+\mu^2}}$.

解析二　由于 $F_f=\mu F_N$，故不论 $\boldsymbol{F}_N$ 如何改变，$\boldsymbol{F}_f$ 与 $\boldsymbol{F}_N$ 的合力 $\boldsymbol{F}_1$ 的方向都不会发生改变，如图 2-2-5-10 所示. 合力 $\boldsymbol{F}_1$ 与竖直方向的夹角一定为 $\varphi=\arctan\mu$，可见 $\boldsymbol{F}_1$、$\boldsymbol{F}$ 和 $\boldsymbol{G}$ 三力平衡，应构成一个封闭三角形，当改变 $\boldsymbol{F}$ 与水平方向的夹角时，$\boldsymbol{F}$ 和 $\boldsymbol{F}_1$ 的大小都会发生改变（形成一系列动态矢量三角形），且 $\boldsymbol{F}$ 与 $\boldsymbol{F}_1$ 方向垂直时 $\boldsymbol{F}$ 的值最小. 由几何关系知：

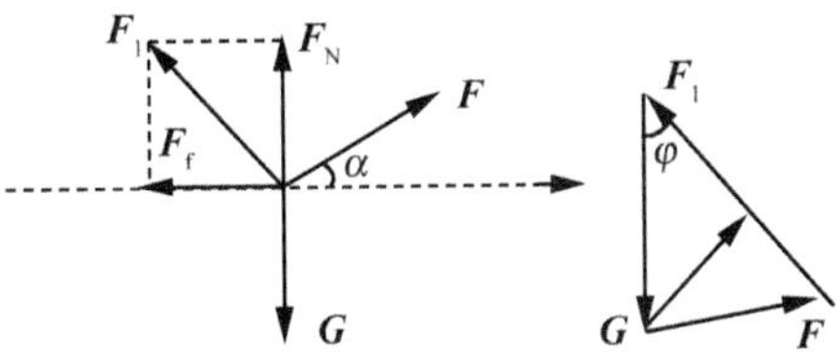

图 2-2-5-10

$$F_{min}=\frac{G}{\sin\varphi}=\frac{\mu G}{\sqrt{1+\mu^2}}.$$

此题用正交分解法和数学解析方法求解比较复杂. 但利用动态矢量三角形法求解就比较简便、形象.

三、正弦定理的应用

正弦定理：在一个三角形中，各边和它所对角的正弦的比相等. 即

$$\frac{a}{\sin A}=\frac{b}{\sin B}=\frac{c}{\sin C}$$

例 6　两个可视为质点的小球 a 和 b，用质量可忽略的刚性细杆相连，放置在一个光滑的半球面内，如图 2-2-5-11 所示. 已知小球 a 和 b 的质量之比为 $\sqrt{3}$，细杆长度是球面半径的 $\sqrt{2}$ 倍. 两球处于平衡状态时，细杆与水平面的夹角 θ 是（　　）.

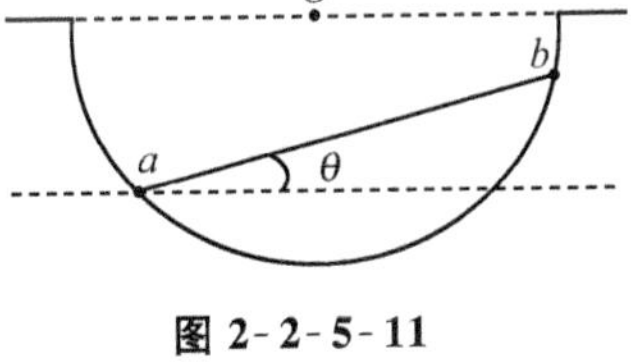

图 2-2-5-11

A. 45°　　　　B. 30°

C. 22.5°　　　　D. 15°

解析　由题目中的数据可以得出，abO 三点组成一个等腰直角三角形. 所以两底角都为 45°. 对两球进行受力分析，由于球面光滑，所以两球都只受到三个力作用，如图 2-2-5-12 所

示:重力、球面的支持力、刚性细杆的弹力. 由于是刚性细杆,所以刚性细杆对两球的弹力均沿着杆方向,且对两球的弹力大小相等. 两球处于平衡状态时,两球受到的合力都为零. 两球受到的三个力都组成一个封闭的力的矢量三角形. 再由正弦定理列出等式.

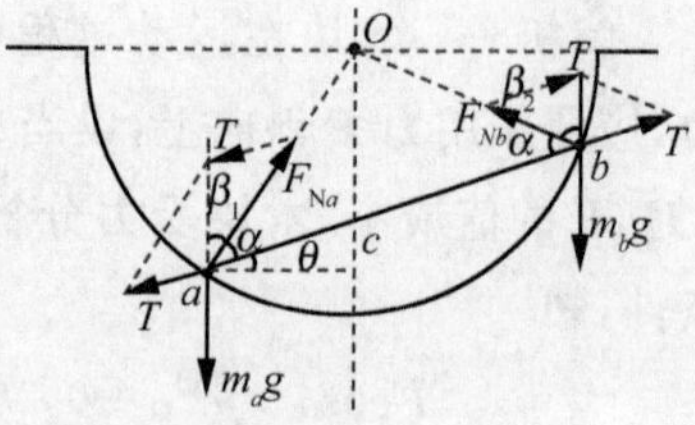

图 2-2-5-12

对球 a $\qquad a\ \dfrac{\sqrt{3}mg}{\sin 45^\circ}=\dfrac{F_N}{\sin(45^\circ-\theta)}$

对球 b $\qquad b\ \dfrac{mg}{\sin 45^\circ}=\dfrac{F_N}{\sin(45^\circ+\theta)}$

所以
$$\sqrt{3}\sin(45^\circ-\theta)=\sin(45^\circ+\theta)$$

即 $\tan(45^\circ+\theta)=\sqrt{3}$,所以 $\theta=15^\circ$.

四、余弦定理的应用

余弦定理:对于任意三角形,任何一边的平方等于其它两边平方的和减去这两边与它们夹角的余弦的积的两倍.

$$a^2=b^2+c^2-2bc\cos A$$
$$b^2=c^2+a^2-2ca\cos B$$
$$c^2=a^2+b^2-2ab\cos C$$

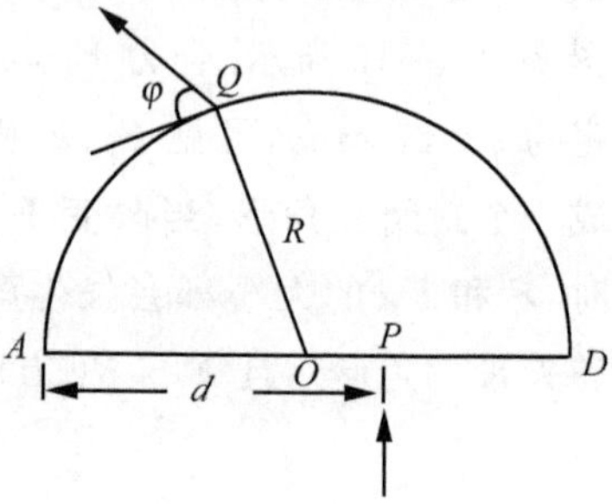

图 2-2-5-13

例 7 在半径为 R 的半圆形区域中有一匀强磁场,磁场的方向垂直于纸面,磁感应强度为 B. 一质量为 m、带有电荷量 q 的粒子以一定的速度沿垂直于半圆直径 AD 方向经 P 点($AP=d$)射入磁场(不计重力影响).

(1) 如果粒子恰好从 A 点射出磁场,求入射粒子的速度;

(2) 如果粒子经纸面内 Q 点从磁场中射出,出射方向与半圆在 Q 点切线方向的夹角为 φ(图 2-2-5-13). 求入射粒子的速度.

解析 (1) 由于粒子垂直 AP 入射,则 AP 是粒子圆轨迹的直径,有

$$r_1=\frac{d}{2}$$

设粒子速度为 v_1,根据牛顿第二定律,有

$$qv_1B=m\frac{{v_1}^2}{r_1}$$

解得 $v_1=\dfrac{qBd}{2m}$.

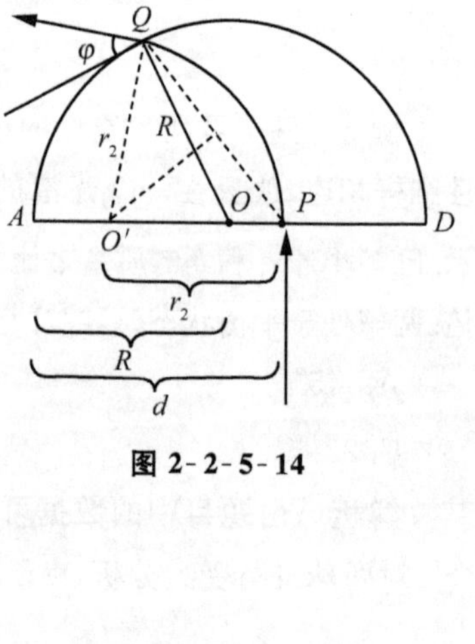

图 2-2-5-14

(2) 连接 PQ,并且作 PQ 的中垂线交 AP 于 O'点,则 O'为轨迹的圆心,如图 2-2-5-14 所示. 设粒子的入射速度为 v_2,轨道半径为 r_2. 在$\triangle OO'Q$ 中,有 $OO'=R+r_2-d$,$OQ=R$,$O'Q=r_2$,根据余弦定理,有

$$(R+r_2-d)^2=R^2+r_2{}^2-2Rr_2\cos\varphi$$

又 $qv_2B=m\dfrac{v_2{}^2}{r_2}$，联立以上两式，化简得

$$v_2=\frac{qBd(2R-d)}{2m[R(1+\cos\varphi)-d]}$$

五、相似三角形的应用

相似三角形法：通常寻找一个矢量三角形与一个几何三角形相似，由对应边成比例列出方程求解. 这一方法常用来解决三力平衡问题和几何光学问题.

（一）相似三角形在力学中的应用

正确作出力的三角形后，如能判定力的三角形与图形中已知长度的三角形（几何三角形）相似，则可用相似三角形对应边成比例求出三角形中力的比例关系，从而达到求未知量的目的.

这类问题中往往涉及三个力，其中一个力为恒力，另两个力的大小和方向均发生变化，则此时用相似三角形分析. 相似三角形法是解平衡问题时常遇到的一种方法，解题的关键是正确进行受力分析，寻找力三角形和结构三角形相似.

例 8　如图 2-2-5-15 所示，绳子 a 一端固定在杆上 C 点，另一端通过定滑轮用力拉住，一重物用绳 b 挂在杆 BC 上，杆可绕 B 点转动，杆、绳质量及摩擦不计，重物处于静止状态. 若将绳子 a 慢慢放下，则下列说法正确的是（　　）.

A. 绳 a 的拉力 F_a 减小，杆的压力 F 增大

B. 绳 a 的拉力 F_a 增大，杆的压力 F 增大

C. 绳 a 的拉力 F_a 不变，杆的压力 F 减小

D. 绳 a 的拉力 F_a 增大，杆的压力 F 不变

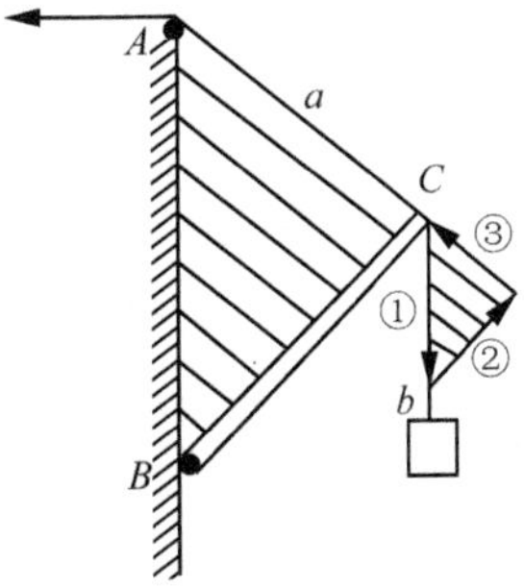

图 2-2-5-15

解析　如图 2-2-5-15 所示，自节点 C 先作表示确定力 F_b 的有向线段①，另两个变化的力 F' 和 F_a 的有向线段②、③分别平行于杆 BC 及绳 a，且与有向线段①依次首尾相接构成闭合三角形，与该力三角形相似的是几何三角形 ABC. C 的位置改变时，由于力三角形与几何三角形总相似，可由几何边长的变化判定对应力大小的变化：随着绳子慢慢放下，几何边 AC 变长、BC 边不变，则绳 a 的拉力 F_a 增大，杆 BC 对节点 C 的支持力 F' 不变，即杆所受压力 F 不变. 故选项 D 正确.

例 9　如图 2-2-5-16 所示，一个重为 G 的小球套在竖直放置的半径为 R 的光滑大圆环上，一个劲度系数为 k、自然长度为 $L(L<2R)$ 的轻质弹簧，其一端与小球相连，另一端固定在大环的最高点. 求小环处于静止状态时弹簧与竖直方向的夹角 θ.

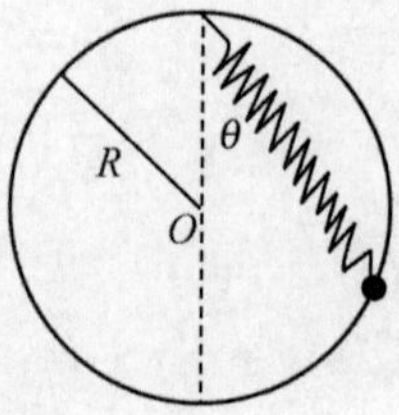

图 2-2-5-16

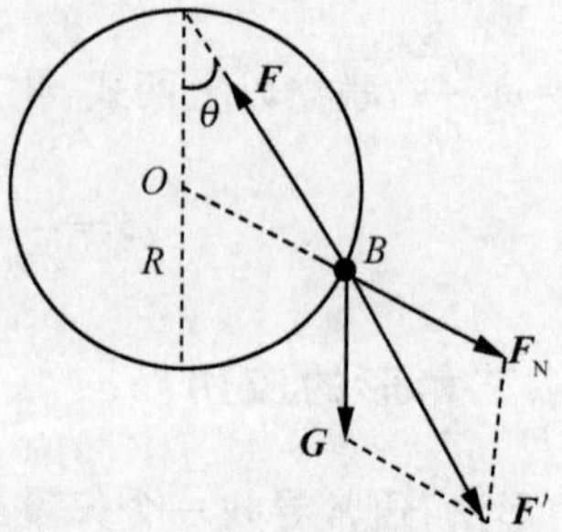

图 2-2-5-17

解析　如图 2-2-5-17 所示，小球受重力 $\boldsymbol{G}$、环的弹力 $\boldsymbol{F}_N$、弹簧的弹力 $\boldsymbol{F}$ 三个力的作用，且处于平衡状态. 作出 $\boldsymbol{G}$ 与 $\boldsymbol{F}_N$ 的合力 F'，则

$$F'=F \tag{1}$$

由矢量三角形 BF_NF' 与几何三角形 BOA 相似，可得 $F_N=G$. 故

$$F'=2G\cos\theta \tag{2}$$

根据胡克定律，有

$$F=kx=k(2R\cos\theta-L) \tag{3}$$

由式(1)、式(2)、式(3)，得 $\theta=\arccos\dfrac{kL}{2(kR-G)}$.

例 10　如图 2-2-5-18 所示，一光滑绝缘半球形的碗固定在水平地面上，可视为质点的带电小球 1、2 所带的电荷量分别为 Q_1、Q_2，其中小球 1 固定在碗底 A 点，小球 2 可以自由运动，平衡时小球 2 位于碗内的 B 位置处. 现在改变小球 2 的带电荷量，把它放置在图中 C 位置时也恰好能平衡，已知 AB 弦是 AC 弦的两倍，则(　　).

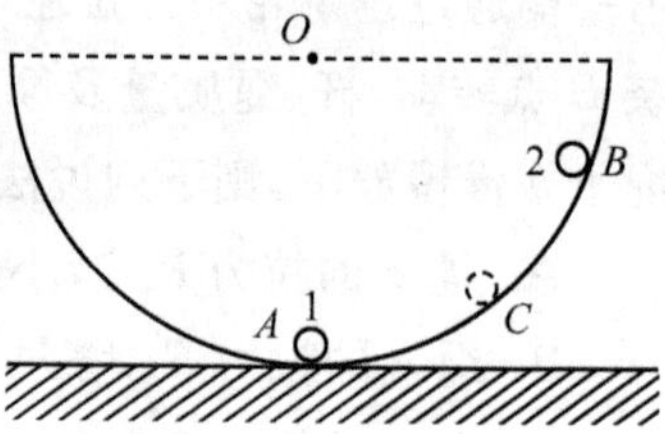

图 2-2-5-18

A. 小球在 C 位置时的电荷量是 B 位置时电荷量的一半

B. 小球在 C 位置时的电荷量是 B 位置时电荷量的四分之一

C. 小球 2 在 B 点对碗的压力大小等于小球 2 在 C 点时对碗的压力大小

D. 小球 2 在 B 点对碗的压力大小大于小球 2 在 C 点时对碗的压力大小

解析　设半球形的碗半径为 R，AB 距离为 L，小球 2 在 B 点处时，由三角形相似(图 2-2-5-19)，有

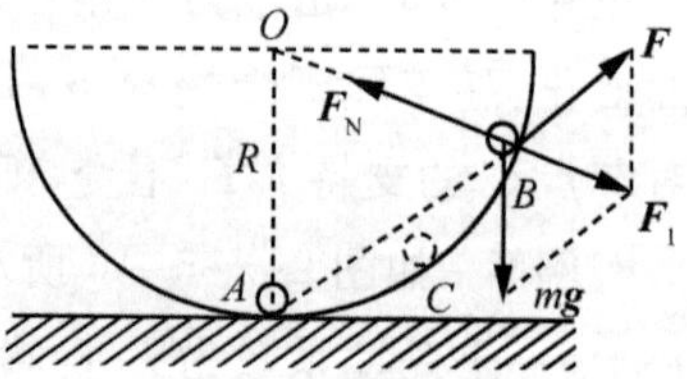

图 2-2-5-19

$$\frac{mg}{R}=\frac{F_1}{OB}=\frac{F}{AB}$$

即 $\dfrac{mg}{R}=\dfrac{F_1}{R}=\dfrac{F}{L}$. 故 $F_1=mg$，$F=\dfrac{L}{R}mg$.

小球 2 在 C 点处时，$AC=\dfrac{1}{2}L$，故

$$F'=\frac{L}{2R}mg=\frac{1}{2}F$$

由库仑定律，得

$$F=k\frac{Q_AQ_B}{L^2},\ F'=k\frac{Q_AQ_C}{\left(\frac{1}{2}L\right)^2}$$

故$\frac{Q_C}{Q_B}=\frac{1}{8}$，$F_N=F_N{}'$，选项 C 正确.

例 11　试推导物体做匀速圆周运动的向心加速度的表达式：$a=\frac{v^2}{R}$.

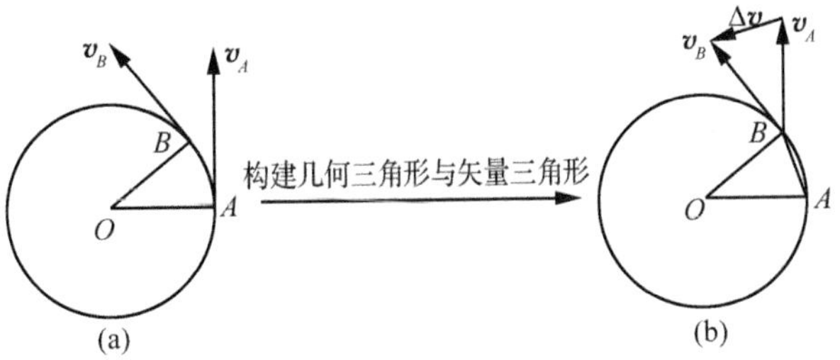

图 2-2-5-20

推导　推导向心加速度大小的关键是用线速度 v 和半径 R 等物理量表示 $a=\frac{\Delta v}{\Delta t}$中的 Δv. 如图 2-2-5-20 所示，$\boldsymbol{v}_A$、$\boldsymbol{v}_B$ 是时间间隔 Δt 前后的速度，为了求两速度之差 $\Delta\boldsymbol{v}=\boldsymbol{v}_A-\boldsymbol{v}_B$，移动 $\boldsymbol{v}_A$ 使它们的起点放在一起，这样就构建起一个矢量三角形，由图 2-2-5-20(b)可见，这个矢量三角形与几何三角形 AOB 相似，则对应边成比例，有

$$\frac{\Delta v}{AB}=\frac{v_A}{R}=\frac{v_B}{R}$$

由于物体做匀速圆周运动，$v_A=v_B=v$. 上式也可以写成：$\Delta v=\frac{v}{R}AB$. 两边同除以 Δt，得

$$\frac{\Delta v}{\Delta t}=\frac{v}{R}\cdot\frac{AB}{\Delta t}$$

当 $\Delta t\to 0$ 时，$\frac{\Delta v}{\Delta t}=a$，$\frac{AB}{\Delta t}=v$. 上式就可以写成 $a=\frac{v^2}{R}$.

（二）相似三角形在光学中的应用

例 12　某人手持边长为 6cm 的正方形平面镜测量身后一棵树的高度. 测量时保持镜面与地面垂直，镜子与眼睛的距离为 0.4m. 在某位置时，他在镜中恰好能够看到整棵树的像；然后他向前走了 6.0m，发现用这个镜子长度的 5/6 就能看到整棵树的像. 这棵树的高度约为(　　).

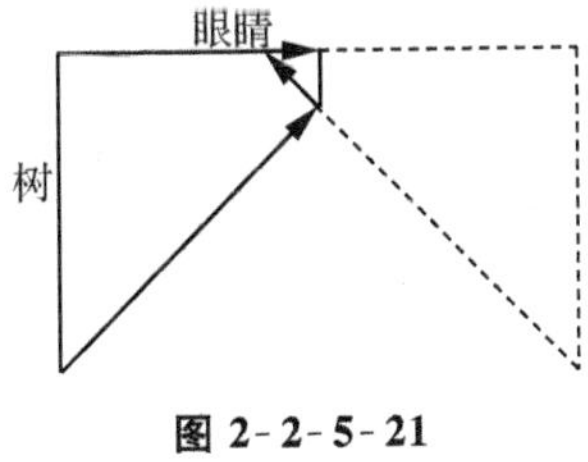

图 2-2-5-21

A. 4.0m　　B. 4.5m　　C. 5.0m　　D. 5.5m

解析　如图 2-2-5-21 所示是恰好看到树时的反射光路，由图中的三角形相似，可得

$$\frac{树高}{镜高}=\frac{树到镜的距离+眼睛距镜的距离}{眼睛距镜的距离}$$

即

$$\frac{H}{0.06\text{m}}=\frac{L+0.4\text{m}}{0.4\text{m}}$$

人离树越远，视野越大，看到树所需镜面越小. 同理，有

$$\frac{H}{0.05\text{m}}=\frac{L+0.4\text{m}+6\text{m}}{0.4\text{m}}$$

由以上两式，解得 $L=29.6\text{m}$，$H=4.5\text{m}$.

2.2.6 圆知识的应用

圆是平面几何中的重要图形，是完美的象征，在我们的周围圆随处可见. 在物理学中圆知识的应用非常广泛，它是描述物理过程、反映物理规律、研究物理问题的重要模型. 教师应有意识地指导学生学会利用“圆”处理物理问题，从而提高运用几何知识解决物理问题的能力.

一、作“力矢圆”速解力学问题

矢量是既有大小、又有方向的量，且运算时满足平行四边形法则. 在矢量的合成与分解中若能借助“矢量圆”就能有效地化繁为简，并能加深对矢量概念的理解.

（一）用圆的半径表示大小相等的矢量

例 1 如图 2-2-6-1 所示，已知力 $\boldsymbol{F}$ 的一个分力 $\boldsymbol{F}_1$ 跟 $\boldsymbol{F}$ 成 30°角，大小未知，另一个分力 $\boldsymbol{F}_2$ 的大小为$\frac{\sqrt{3}}{3}F$，方向未知，则 $\boldsymbol{F}_1$ 的大小可能是（　　）.

A. $\frac{\sqrt{3}}{3}F$　　　B. $\frac{\sqrt{3}}{2}F$　　　C. $\frac{2\sqrt{3}}{3}F$　　　D. $\frac{\sqrt{3}}{3}F$

解析 根据题意先作出 F_1 跟 F 成 30°角，再以 O 点为圆心、$\frac{\sqrt{3}F}{3}$为半径作圆，然后过 F 末端作 F_1 的平行线交圆于 C、D 两点，则 OC、OD 为 F_2 的两种可能方向，由平行四边形法则可知，F_1 的大小有两种可能值. 图 2-2-6-1 中 OB、OB' 为 F_1 的大小可能值.

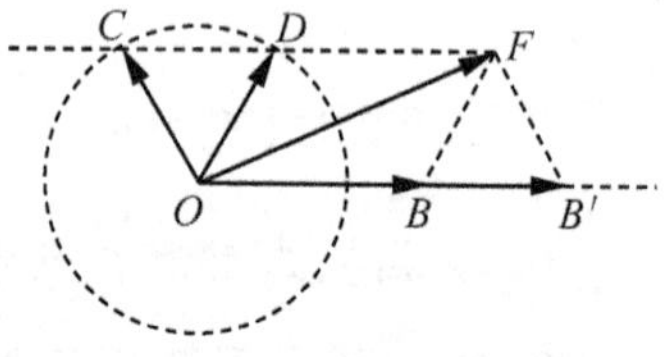

图 2-2-6-1

由三角形知识求出正确答案是选项 A、C.

（二）用切线求解最值问题

例 2 如图 2-2-6-2 所示，在匀强电场中，将一电荷量为 q、质量为 m 的小球由静止释放，带电小球的运动轨迹为一条直线，该直线与竖直方向的夹角为 θ. 下列对电场强度大小的说法正确的是（　　）.

A. 电场强度有唯一值$\frac{mg\tan\theta}{q}$　　　B. 电场强度有最大值$\frac{mg\tan\theta}{q}$

C. 电场强度有最小值$\frac{mg\sin\theta}{q}$　　D. 以上说法都不正确

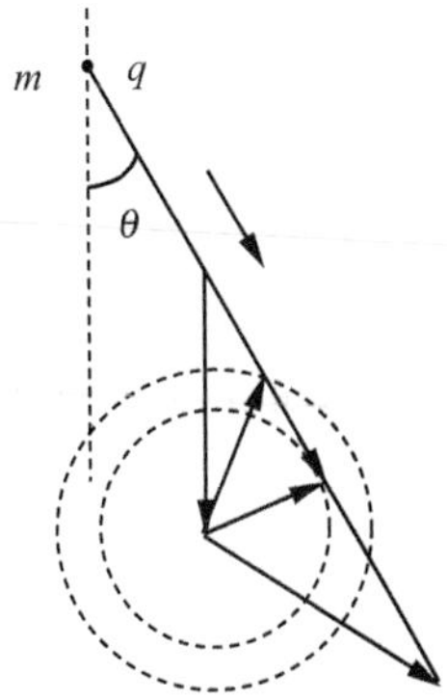

图 2-2-6-2

解析　由题设可知，带电小球受重力和电场力作用且合力方向与运动方向相同，即与竖直方向成 θ 角. 根据力的合成法则可知，电场方向不唯一并且没有最大值，故选项 A、B 错误；在图 2-2-6-2 中，以重力的末端为圆心画出与合力方向相交的所有圆中，合力方向与圆相切时对应的电场力最小，由三角形知识可知这一最小值为$\frac{mg\sin\theta}{q}$，故选项 C 正确.

例 3　一条宽为 L 的河流，水速为 $\boldsymbol{u}$，船在静水中划行的速度为 $\boldsymbol{v}$，且 $v<u$. 要使船到对岸的位移最短，船的航向如何？

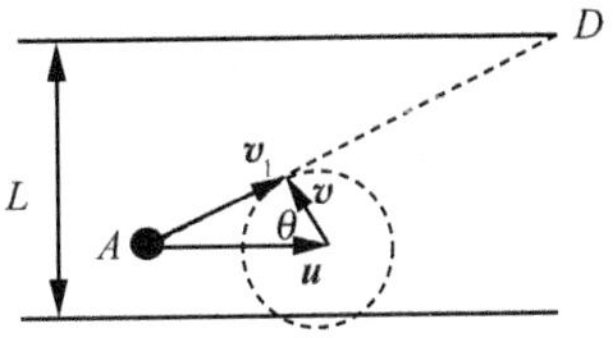

图 2-2-6-3

解析　水流速 $\boldsymbol{u}$、船在静水中的速度 $\boldsymbol{v}$ 与船的合速度 $\boldsymbol{v}_1$ 构成一矢量三角形，且船在静水中的速度 $\boldsymbol{v}$ 大小不变，方向不定，构建如图 2-2-6-3 所示的矢量圆. 显然，当 AD 与矢量圆相切时，船航行的位移最短. 由图可得船的航向与河岸的夹角 $\theta=\arccos\frac{v}{u}$.

（三）用弦求解动态平衡问题

例 4　如图 2-2-6-4 所示装置，用两根轻质细绳拉着一小球，保持两细绳间的夹角不变，若把整个装置顺时针缓慢转过 90°，则在转动过程中，CA 绳上的拉力 T_1 大小的变化情况是____________，CB 绳上的拉力 T_2 大小的变化情况是____________.

解析　对小球 C 进行受力分析，如图 2-2-6-5 所示.

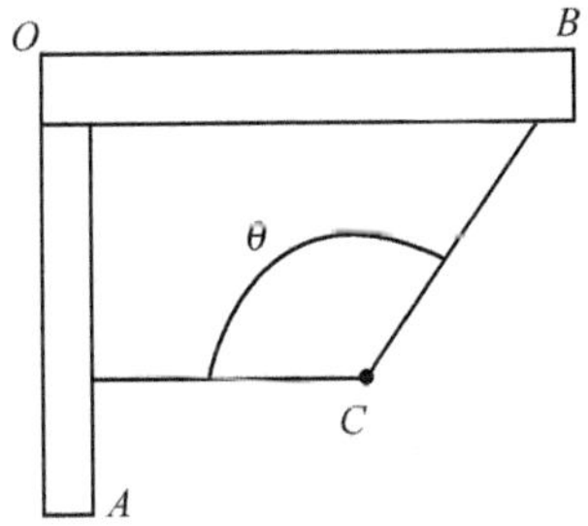

图 2-2-6-4

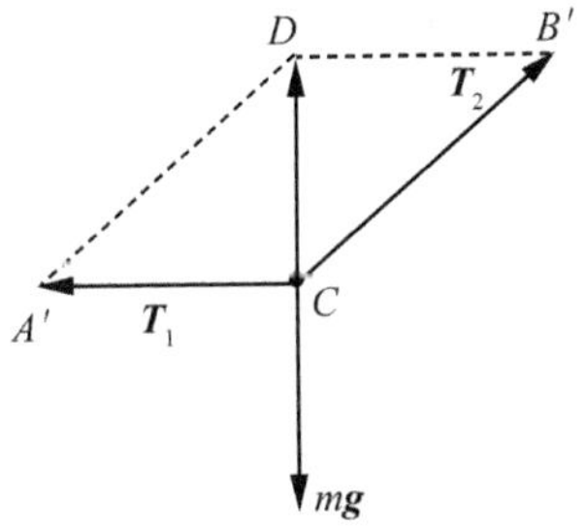

图 2-2-6-5

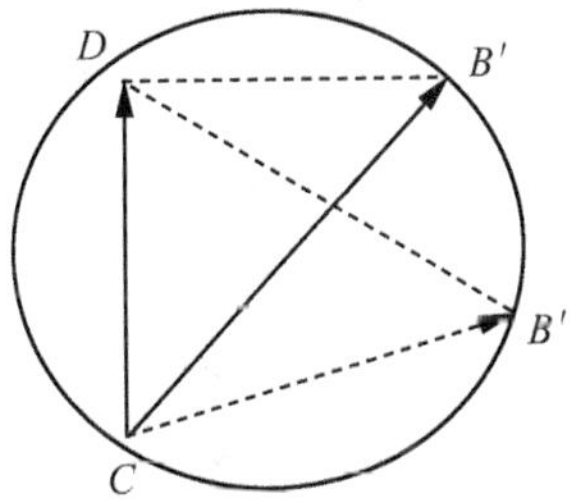

图 2-2-6-6

$\boldsymbol{T}_1$ 与 $\boldsymbol{T}_2$ 的合力与 $\boldsymbol{mg}$ 等大，如图 2-2-6-5 所示. 因为整个装置整体转动，所以三角形 $\triangle BCA$ 不变. 作$\triangle CB'D$ 的外接圆 P，$\angle DB'C$ 与$\angle B'CA'$互补，故把整个装置顺时针缓慢转动时，相当于 B'以 C 为圆心在圆 P 上沿圆顺时针转动，如图 2-2-6-6 所示，可以看出整个装置顺时针缓慢转动时，开始时$\triangle CDB'$是直角三角形，所以 T_2 正好是圆的直径，然后 B'沿圆顺时针转动直到C，重力不变——弦 CD 不变，弦 CB'变小——T_2 逐渐减小，故$\triangle CB'D$ 逐渐减小；而弦 DB'先变大后变小，故 T_1 先增大后减小.

讨论：这一道题目，刚开始时觉得无从下手，好像数量关系特别复杂，若采用辅助圆来处理，指出对应关系后问题就迎刃而解了.

（四）用弦求解动力学问题

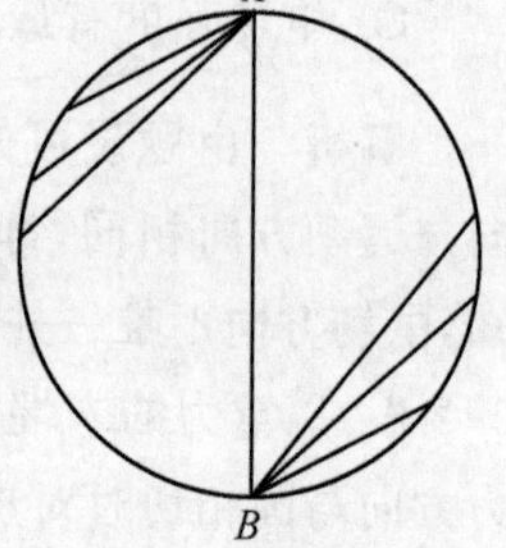

图 2-2-6-7

如图 2-2-6-7 所示，A 为竖直平面内一个圆的最高点，B 为最低点，圆的半径为 R，AB 为直径，从 A 点任意地作一根弦，可以证明一物体从 A 点静止起沿这样的任何光滑弦轨道滑下时，所需时间 t 相同，都为 $t=\sqrt{\frac{4R}{g}}$；同样地，任一物体在圆上任意一点从静止沿光滑弦轨道滑下到达最低点 B 的时间也都为 $t=\sqrt{\frac{4R}{g}}$，因此，这样的圆可称为“等时圆”.

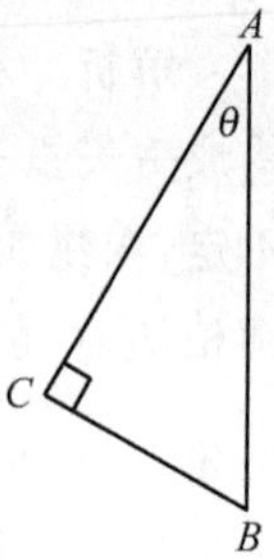

图 2-2-6-8

等时圆模型的共性是都有一个公共交点，且该公共点为圆的最高点或最低点，而另一端在圆上，故任意运动路径与直径刚好构成一个直角三角形，如图 2-2-6-8 所示，所有物体沿任一路径都是从静止开始做匀加速直线运动，于是得到：

路径 1：从 A 运动到 B，物体做自由落体运动，$L_{AB}=2R$，$L_{AB}=\frac{1}{2}gt_{AB}{}^{2}$，从而得到时间 $t_{AB}=\sqrt{\frac{2L_{AB}}{g}}=\sqrt{\frac{4R}{g}}=2\sqrt{\frac{R}{g}}$.

路径 2：从 A 运动到 C，物体做初速度为 0 的匀加速直线运动，$L_{AC}=2R\cos\theta$，加速度为 $a=g\cos\theta$，$L_{AB}=\frac{1}{2}at_{A}{}^{2}$，从而得到时间 $t_{AC}=\sqrt{\frac{2L_{AC}}{a}}=\sqrt{\frac{4R\cos\theta}{g\cos\theta}}=\sqrt{\frac{4R}{g}}=2\sqrt{\frac{R}{g}}$.

综上所述，物体沿 A 运动到 B，沿 A 运动到 C，沿 C 运动到 B 的时间相等，也就是说，等时圆模型的等时关系，从本质上来讲，其实是直角三角形关系，当然要注意，三角形的斜边必须沿重力方向，即竖直向下. 还要注意，等时运动的起点速度都为 0.

两个重要结论：

（1）物体从竖直圆环的顶点沿任何弦由静止开始无摩擦地下滑到圆周上，所用的时间都等于它沿圆的直径做自由落体的时间.

（2）物体从竖直圆环的圆周上沿任何弦由静止开始无摩擦地下滑到圆周的最低点，所用的时间都等于它沿圆的直径做自由落体的时间.

以上也可称为“等时圆原理”，等时圆的实质是直角三角形的关系，利用这一原理可以简化过程，快速解决有关问题. 在解决有关动力学问题时，恰当地构建等时圆不但能化解难点，而且能激发学生的解题思维.

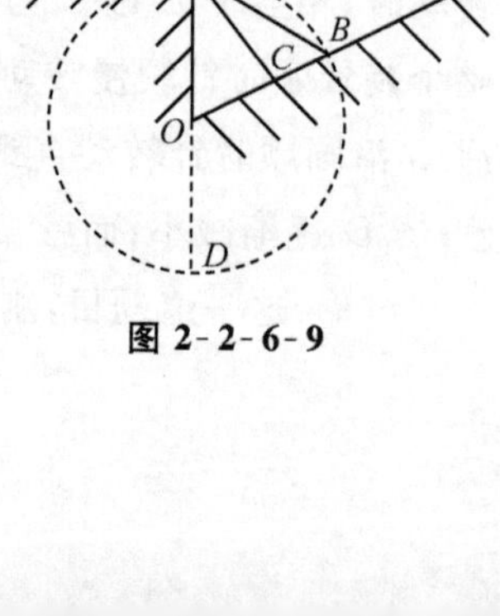

图 2-2-6-9

例 5 如图 2-2-6-9 所示，由竖直墙壁和斜坡构成一凹形槽，竖直墙壁和斜坡相交于 O，从墙最高处 A 到斜坡有两条光滑的轨道 AB、AC，已知 $OA=OB$，C 点在 B 点的下方. 两小孩同时从 A 处开始自由滑下，问两小孩谁最先滑到斜坡？

解析 该题似乎少了条件，给解题造成了很大障碍. 如果用上面结论(1)该题可即刻求解. 因 $OA=OB$,故可以 O 点为圆心、OA 为半径作圆,AB 为圆的一条弦,由结论(1)可知,沿 AB 滑下的小孩比沿 AC 滑下的小孩所用时间长,即沿 AC 滑下的小孩先达到斜坡.

例 6　如图 2-2-6-10 所示,在同一竖直线上有 A、B 两点,相距为 h, B 点离地高度为 H,现要在地面上找到一点 C,使得物体由静止沿从 A、B 两点分别向 C 点安放的光滑木板滑动时,满足运动时间相等. 求 O 到 C 的距离.

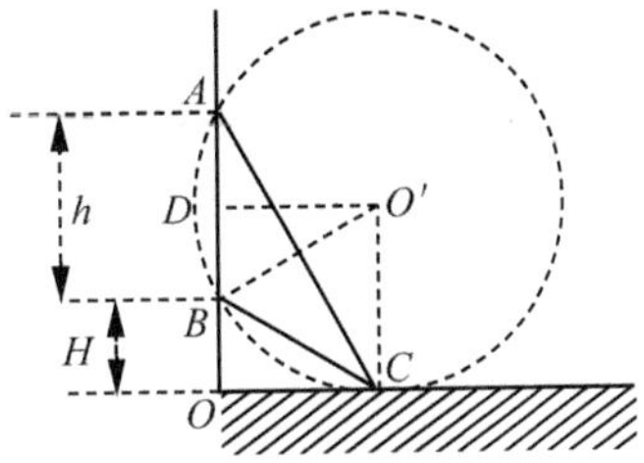

图 2-2-6-10

解析　由结论(2)可知,该题中涉及的 A、B、C 三点分别是竖直圆周上的三个不同位置,其中 C 点是最低点;AC 和 BC 分别是圆的两条弦. 画出过 A、B 两点并与地面相切的圆,切点即为满足题设条件的 C 点. 由几何关系,有 $R=H+h/2$. 由直角三角形知识,有

$$OC=\sqrt{R^2-(h/2)^2}=\sqrt{H(H+h)}$$

例 7　在离坡底 15m 的山坡上竖直地固定长 15m 的直杆 AO,A 端与坡底 B 间连有一钢绳,一穿于钢绳上的小球从 A 点由静止沿钢绳无摩擦地滑下,如图 2-2-6-11 所示. 求其在钢绳上滑行的时间 t.

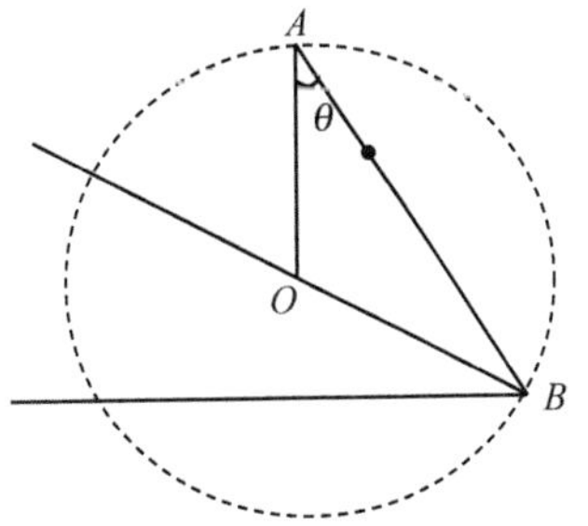

图 2-2-6-11

分析　因为 $AO=BO$,且 AO 竖直,所以以 O 点为圆心、以 OA 为半径作圆,则从 A 点沿杆滑行到圆上任意一点所用时间都相等. 所用时间为 t,令 $AO=R$.

$$t=\sqrt{\frac{2AB}{a}}=\sqrt{\frac{4R\cos\theta}{g\cos\theta}}=2\sqrt{\frac{R}{g}}$$

代入数据可得 $t=2.45\text{s}$.

讨论:这道题若不用辅助圆,则无从下手.

例 8　两支完全相同的光滑直角弯管 abc 和 $a'b'c'$,按图 2-2-6-12 位置放置. 现将两个质量相同的小球分别放入 a、a'端沿两管由静止滑下,设在直角转弯处均无能量损失,两球达到 c 和 c'处的时间分别为 t 和 t',则(　　).

A. $t>t'$　　B. $t=t'$

C. $t<t'$　　D. 条件不足,无法判断

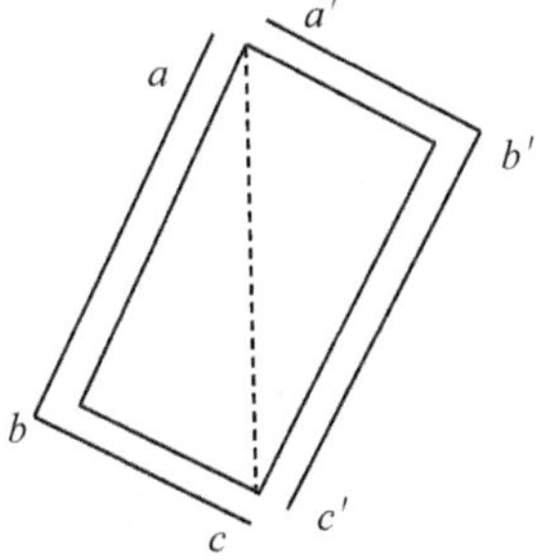

图 2-2-6-12

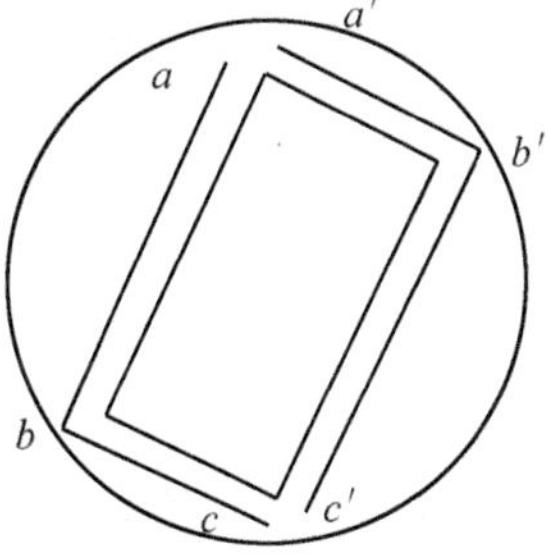

图 2-2-6-13

解析 $abcb'$正好构成一个矩形，作它的外接圆，如图 2-2-6-13 所示，小球从 a、a'点滑到 b、b'时间相等，再从 b、b'滑到 c、c'时，末速度相同，且 $v_b > v_{b'}$，则平均速度 $v_{bc} > v_{bc'}$ 所以 $t_{bc} < t_{bc'}$. 故选 C.

讨论：灵活选择作题方法非常关键，由上述方法可以知道使用辅助圆解决最方便，也最容易掌握.

例 9 如图 2-2-6-14 所示，Oa、Ob、Oc 是竖直平面内三根固定的光滑细杆，O、a、b、c、d 位于同一圆上，d 为圆周的最高点，c 为最低点，每根杆上都套着一个小滑环(图中未画出)，三个滑环都从 O 点无初速度地释放，用 t_1、t_2、t_3 依次表示滑环到达 a、b、c 所用的时间，则(　　).

A. $t_1 = t_2 = t_3$　　　　B. $t_1 > t_2 > t_3$

C. $t_1 < t_2 < t_3$　　　　D. $t_3 > t_1 > t_2$

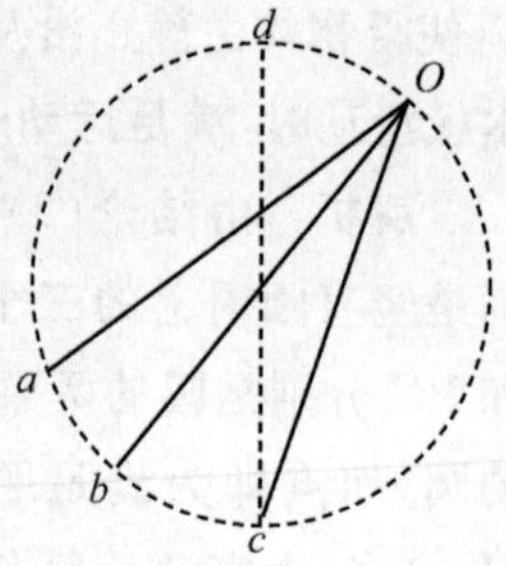

图 2-2-6-14

等时圆模型解法：由题可知，三个滑环都从 O 点无初速地下滑，但 O 不是最高点，也不是最低点，故题目中的圆显然不是等时圆，但跟等时圆相似，所以，必须构造新的等时圆，如图 2-2-6-15 所示，竖直线 Oe 为直径，Ob 为弦. 画真正的等时圆，等时圆交 Oa 于 a'，将 Oc 延长交等时圆于 c'，其中物体从 O 滑到 a'、b、c' 的时间相等，比较 a 和 a' 的关系及 c 和 c' 的关系，易得 $t_1 > t_2 > t_3$，显然这一问题的关键是正确作出等时圆，才能容易地比较出滑环沿三个斜面下滑的时间关系.

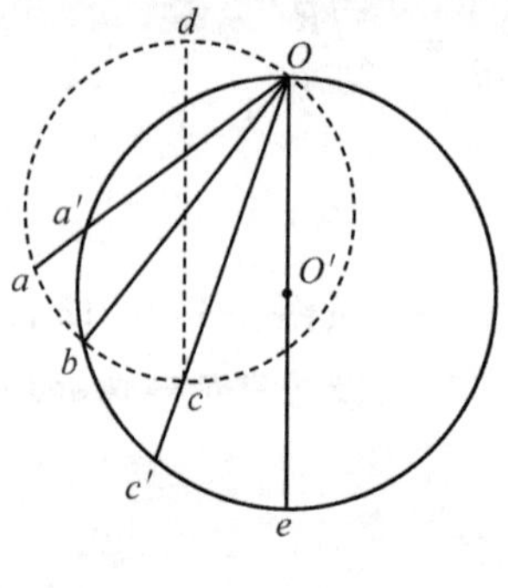

图 2-2-6-15

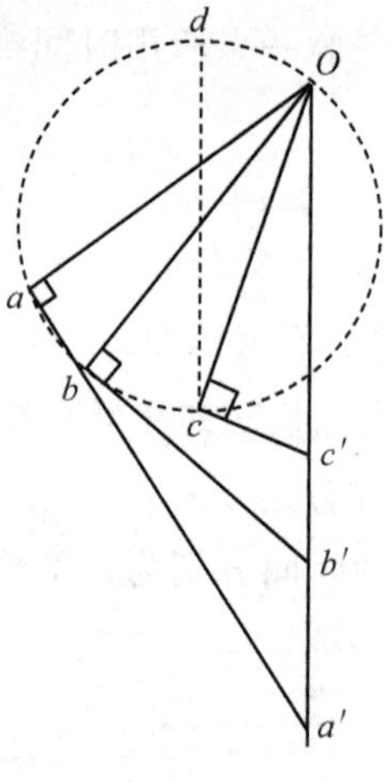

图 2-2-6-16

构建直角三角形法：由于三个滑环都是从 O 点无初速地下滑，故过 O 点竖直向下作斜边，分别作垂线 $Oc \perp cc'$，$Ob \perp bb'$，$Oa \perp aa'$，如图 2-2-6-16 所示，则由等时原理，并比较 a'、b'、c' 的关系，易得 $t_1 > t_2 > t_3$.

例 10 如图 2-2-6-17 所示，质量为 m 的物体放在水平地面上，物体与地面间的动摩擦因数为 $\mu = \frac{\sqrt{3}}{3}$. 想用大小不变的力 F 推动物体沿水平地面滑动，推力方向与水平面的夹角在什么范围内是可能的？

解析　物体沿水平地面滑动时共受四个力作用，我们可先将地面施予物体的支持力 F_N 与摩擦力 F_f 合成为地面约束力 $F_{地}$，由于 $F_f=\mu F_N$，可知力 $F_{地}$ 的方向是确定的：与支持力的方向成 $\varphi=\arctan\mu=30°$ 角，地面约束力 $F_{地}$ 与支持力 F_N 间的这个角，通常称"摩擦角"，如图 2-2-6-18 所示.

考虑临界情况，重力 mg、地面的约束力 $\boldsymbol{F}_{地}$ 及推力 $\boldsymbol{F}$ 将构成闭合三角形，这时根据正弦定理，有

$$\frac{mg}{\sin(60°-\theta_0)}=\frac{F}{\sin\varphi},\ \theta_0=60°-\arcsin\frac{mg}{2F}$$

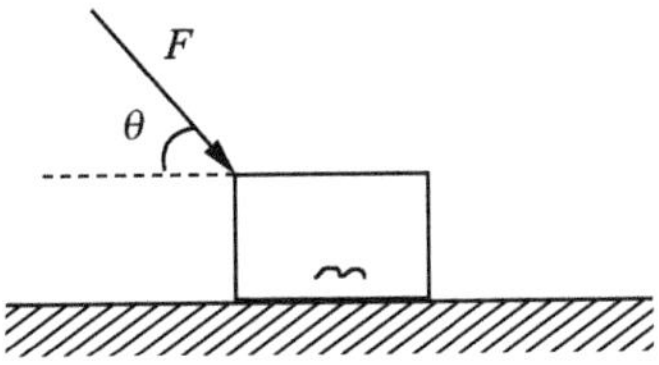

图 2-2-6-17

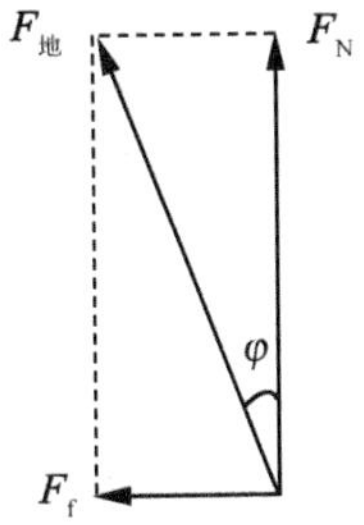

图 2-2-6-18

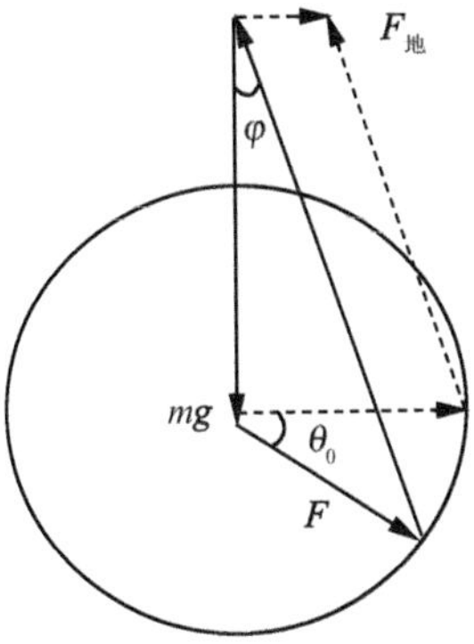

图 2-2-6-19

如图 2-2-6-19 所示，以重力矢端为圆心，表示大小不变力 F 的线段长为半径作一圆，该圆的每条矢径均为力 $\boldsymbol{F}$ 矢量. 从圆周上各点指向斜上方并与竖直方向成 φ 角的各有向线段便是地面约束力矢量. 显见，$\theta\leqslant\theta_0$ 时物体可在地面上滑动.

二、作"谐振圆"速解简谐运动问题

当一个质点在一平面上做匀速圆周运动时，它的投影点的运动是简谐运动，这个圆通常称为"谐振圆". 换个说法，匀速圆周运动可以分解为两个相互正交的简谐运动. 利用谐振圆，可以把振动这部分知识融为一体，而且它利用学生相对熟悉的圆周运动为起点，降低了学生的认知难度. 利用谐振圆，能使问题直观明了，在求解振动的时间问题时尤显优势.

例 11　如图 2-2-6-20 所示，小车质量 $M=4\text{kg}$，由静止开始沿倾角 $\alpha=30°$ 的斜面自 $h=5\text{m}$ 高处滑下，与一弹簧缓冲器相碰而自由振动，然后又冲上斜面. 若弹簧缓冲器的劲度系数 $k=100\text{N/m}$，求弹簧缓冲器的最大压缩量及小车被缓冲的时间（g 取 10m/s^2）.

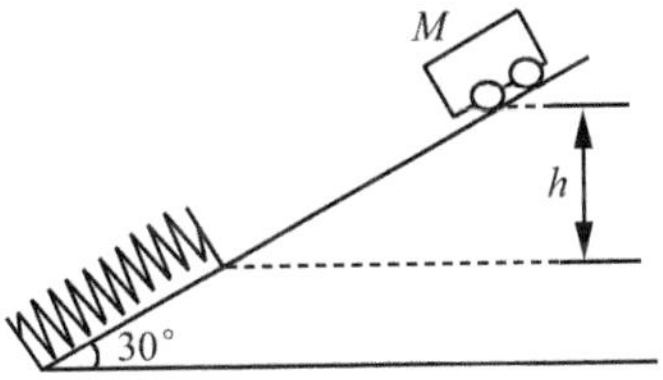

图 2-2-6-20

解析　小车从 5m 高处滑下，以 $v=\sqrt{2gh}=10\text{m/s}$ 的速度与弹簧缓冲器相碰，继而压缩弹簧到最低点，而后被弹簧重新推上斜面，将车与弹簧接触过程视作自由振动，这个振动的周期 $T=2\pi\sqrt{\dfrac{M}{k}}$. 若小车在平衡位置时弹簧压缩量为 x_0，则

$$x_0=\frac{Mg\sin\alpha}{k} \tag{1}$$

以平衡位置为零势能位置，能量关系满足

$$\frac{1}{2}Mv^2+\frac{1}{2}kx_0{}^2=\frac{1}{2}Mv_{\max}{}^2 \tag{2}$$

若设振幅为 A，则

$$v_{\max}=\omega A=\frac{2\pi}{T}A=\sqrt{\frac{k}{M}}A \tag{3}$$

联立以上三式并代入相关数据，可求得 $x_0=0.2\text{m}$，振幅 $A=2\text{m}$，弹簧的最大压缩量 $x_{\max}=x_0+A=2.2\text{m}$.

缓冲时间也就是小车简谐运动历时. 这里要注意，小车与弹簧从相碰到分离并不是一个整周期，我们利用参考圆来分析. 如图 2-2-6-21 所示，以沿斜面向上为 x 轴正方向，小车刚碰着弹簧开始振动的位置距坐标原点（平衡位置）为 x_0，相位为 φ_0，$\varphi_0=\arccos\frac{x_0}{A}=\arccos\frac{1}{10}$. 于是可求出缓冲过程总共历时

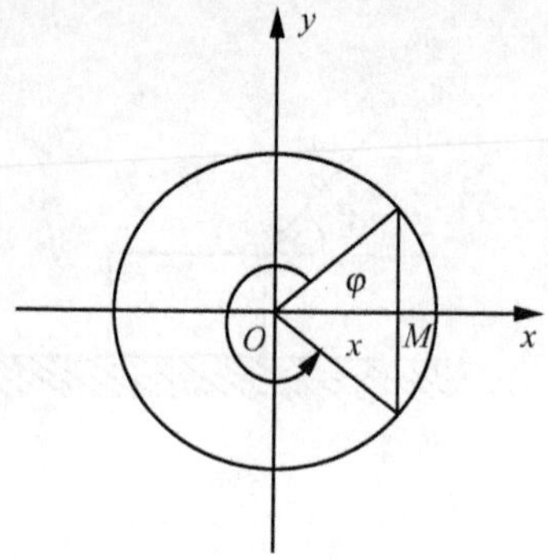

图 2-2-6-21

$$t=\frac{\pi-\varphi_0}{\pi}2\pi\sqrt{\frac{M}{k}}\approx 0.7\text{s}$$

三、作“等势圆”速解静电场问题

例 12 如图 2-2-6-22 所示，粗糙程度均匀的绝缘斜面下方 O 点处有一正点电荷，带负电的小物体以初速度 v_1 从 M 点沿斜面上滑，到达 N 点时速度为零，然后下滑回到 M 点，此时速度为 $v_2(v_2<v_1)$. 若小物体电荷量保持不变，$OM=ON$，则（　　）.

A. 小物体上升的最大高度为 $\frac{v_1{}^2+v_2{}^2}{4g}$

B. 从 N 到 M 的过程中，小物体的电势能逐渐减小

C. 从 M 到 N 的过程中，电场力对小物体先做负功后做正功

D. 从 N 到 M 的过程中，小物体受到的摩擦力和电场力均是先增大后减小

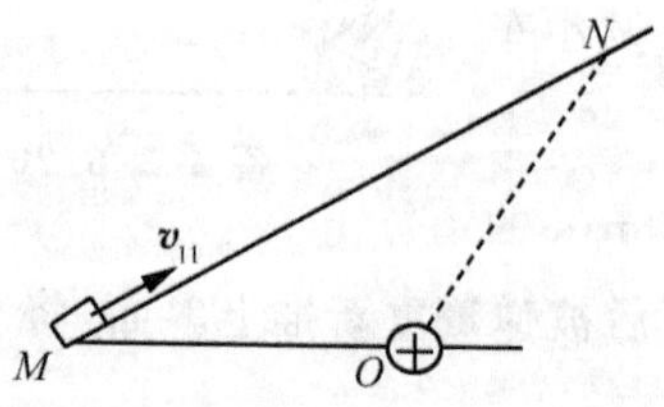

图 2-2-6-22

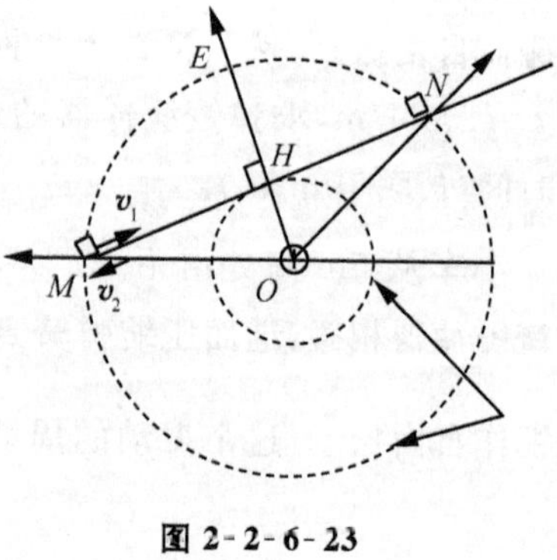

图 2-2-6-23

解析　作正点电荷的电场分布和等势圆，如图 2-2-6-23 所示，则 $U_{MN}=0$，由 $M\to N\to M$ 的过程，根据动能定理，有

$$W_f=\frac{1}{2}mv_1{}^2-\frac{1}{2}mv_2{}^2 \tag{1}$$

由 $M\to N$ 的过程，有

$$mgh+\frac{1}{2}W_f=\frac{1}{2}mv_1{}^2 \tag{2}$$

联立式(1)、式(2)，可解出 $h=\frac{v_1{}^2+v_2{}^2}{4g}$，选项 A 正确；从 $N\to M$ 的过程，$\varphi_N=\varphi_M<\varphi_H$，则 $-q\varphi_N=-q\varphi_M>-q\varphi_H$，即 $\varepsilon_{PN}=\varepsilon_{PM}>\varepsilon_{PH}$，即带负电的小物体的电势能先减小，后增大，选项 B 错误；从 $M\to N$ 的过程，电场力对小物体先做正功后做负功，选项 C 错误；从 $N\to M$ 的过程，H 点处电场力有最大值，则物体对绝缘斜面的压力也最大，所以滑动摩擦力也最大，选项 D 正确.

四、作"动态圆"速解磁偏转问题

磁场中动态圆问题是高中物理的难点，圆轨迹变化规律的确定是难中之难，本文就动态圆问题进行总结归类，确定入射点和速度大小，不确定速度方向；确定入射点和速度方向，不确定速度大小；确定入射速度，不确定入射点，对这三种模型进行归类总结，旨在为以后的解题提供帮助.

（一）确定入射点和速度大小，不确定速度方向——旋转

如图 2-2-6-24 所示，磁场中 P 点有带正电粒子，以相等速度 v 沿各个方向射入磁场中.

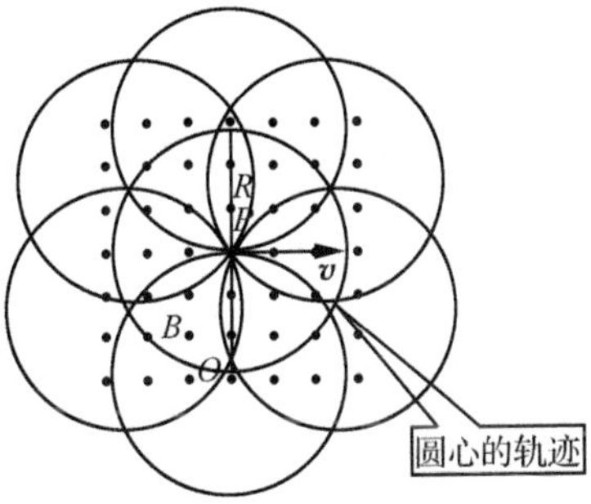

图 2-2-6-24

1. 找圆心方法

以 P 点为圆心，R 为半径画圆，圆周上各点即为所求圆心 O.

2. 模型特征

(1) 各动态圆圆心轨迹为圆.

(2) 各动态圆均相交于同一点 P.

(3) 在纸面内，各粒子所能打到的区域是以 $2R$ 为半径的圆(包络面).

(4) 各动态圆周期 T 相同.

3. 例题分析

例 13　如下图所示，在一水平放置的平板 MN 的上方有匀强磁场，磁感应强度的大小为 B，磁场方向垂直于纸面向里. 许多质量为 m、带电荷量为 $+q$ 的粒子以相同的速率 v 沿位于纸面内的各个方向，由小孔 O 射入磁场区域. 不计重力，不计粒子间的相互影响. 下列图中阴影部分表示带电粒子可能经过的区域，其中正确的是(　　).

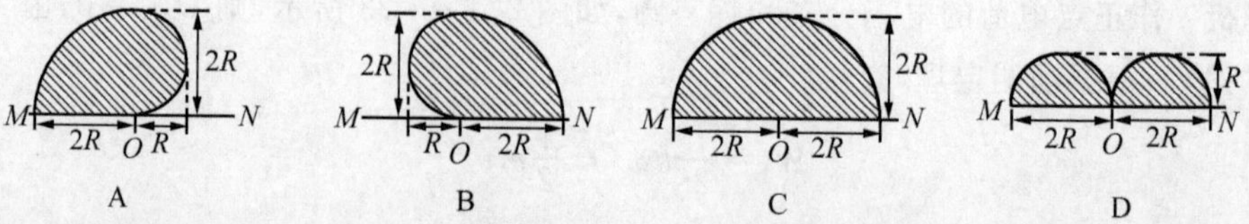

解析　如图 2-2-6-25 所示，圆心轨迹是以 O 为圆心、半径为 R 的一个圆弧，右边界是沿 ON 方向出射的粒子轨迹包围的部分，左边界是以 $2R$ 为半径的圆的包络线，所以正确答案是 A.

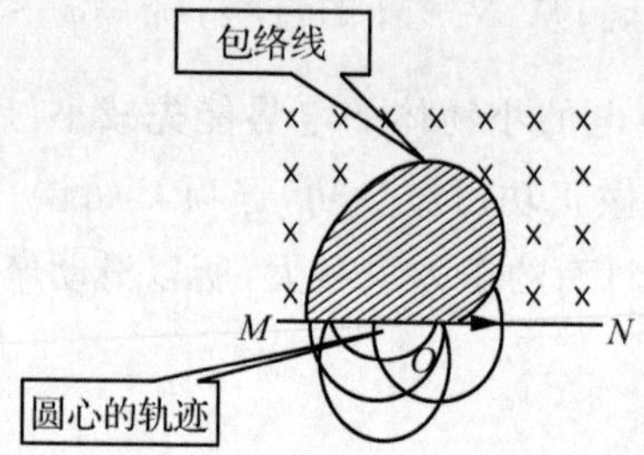

图 2-2-6-25

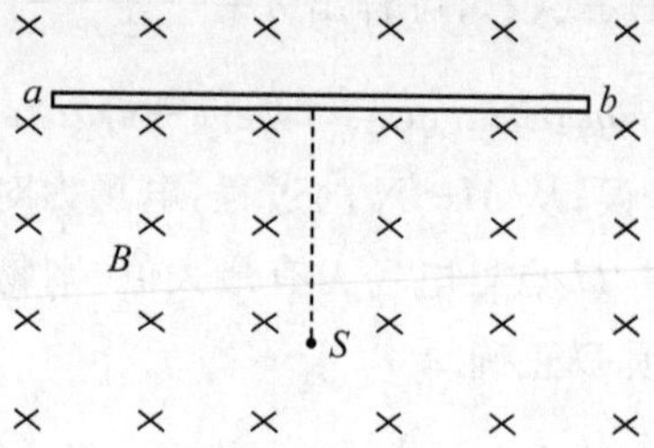

图 2-2-6-26

例 14　如图 2-2-6-26 所示，真空室内存在匀强磁场，磁场方向垂直于纸面向里，磁感应强度的大小为 $B=0.60\text{T}$. 磁场内有一块平面感光干板 ab，板面与磁场方向平行. 在距 ab 的距离 16 cm 处，有一个点状的 α 放射源 S，它向各个方向发射 α 粒子，α 粒子的速度都是 $v=3.0\times10^{6}\,\text{m/s}$. 已知 α 粒子的电荷与质量之比 $\dfrac{q}{m}=5.0\times10^{7}\,\text{C/kg}$. 现只考虑在图纸平面中运动的 α 粒子，求 ab 上被 α 粒子打中的区域的长度.

解析　α 粒子带正电，故在磁场中沿逆时针方向做匀速圆周运动，用 R 表示轨道半径，有 $qvB=m\dfrac{v^2}{R}$. 得 $R=\dfrac{v}{\left(\dfrac{q}{m}\right)B}$. 代入数据得 $R=10\text{cm}$. 可见，$2R>l>R$.

因朝不同方向发射的 α 粒子的所有轨迹圆都过 S，其圆心都在以 S 为圆心、半径为 R 的圆——“圆心圆”上，如图 2-2-6-27 所示. 若以 O_1 为圆心的轨迹圆为“起动圆”，使其绕过 S 且垂直于纸面的“轴”逆时针转动，不难发现，以 O_2 为圆心的“动态圆”相交 ab 于 N 右侧的 P_1 点，此交点即为 N 右侧能被 α 粒子打中的最远点；而以 O_3 为圆心的“动态圆”相切 ab 于 N 左侧的 P_2 点，此切点即为 N 左侧能被 α 粒子打中的最远点. 过 O_3 作平行于 ab 的直线 cd，交 SN 的连线于 N'. 则由图中几何关系，可得

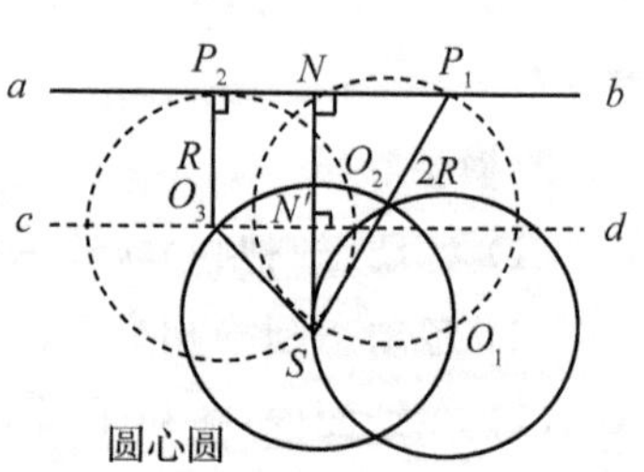

图 2-2-6-27

$$NP_1=\sqrt{(2R)^2-l^2},\ NP_2=\sqrt{R^2-(l-R)^2}$$

于是所求长度为

$$P_1P_2=NP_1+NP_2$$

代入数值，得 $P_1P_2=20\text{cm}$.

（二）确定入射点和速度方向，不确定速度大小——放缩法

如图 2-2-6-28 所示，不同速度的带正电的粒子从磁场中 P 点沿水平方向射出.

1. 找圆心方法

带电粒子射入磁场的方向不变，大小变化，则所有粒子运动轨迹的圆心都在垂直于初速度的直线上.

2. 模型特征

(1) 各动态圆的圆心轨迹为直线.

(2) 各动态圆的半径 R 不同.

(3) 各动态圆均相交于同一点 P.

(4) 各动态圆的周期 T 相同.

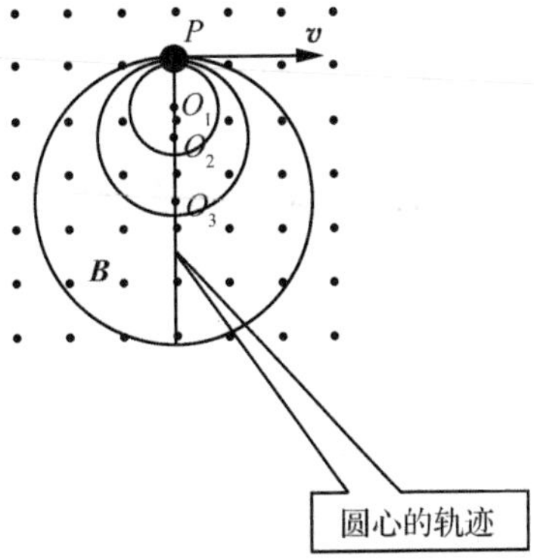

图 2-2-6-28

3. 例题分析

例 15　如图 2-2-6-29(a)所示，有一横截面为正方形的匀强磁场区域，正方形的边长为 L，磁场的磁感应强度为 B，一带电粒子从 ad 边的中点 O 与 ad 边成 $\theta=30^\circ$ 角且垂直于磁场方向射入. 若该带电粒子所带电荷量为 q，质量为 m（不计重力），则该带电粒子在磁场中飞行的最长时间是多少？若要使带电粒子飞行的时间最长，带电粒子的速度必须满足什么条件？

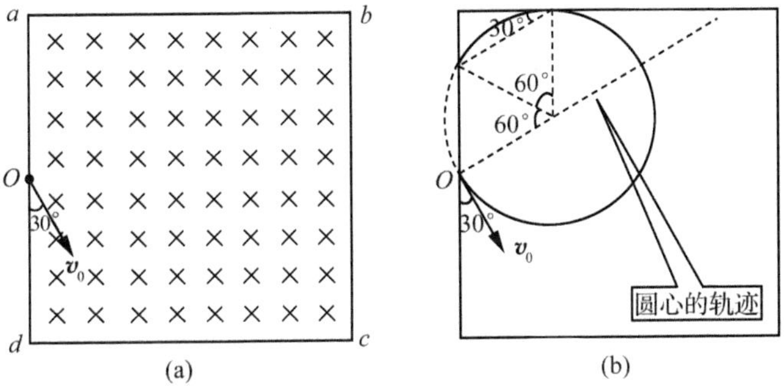

图 2-2-6-29

解析　如图 2-2-6-29(b)所示，垂直初速度方向的虚线为圆心轨迹，圆心角最大时飞行时间最长，根据分析可得，当圆轨迹与上边界相切时，圆心角最大为 300°，速度再小一些时将从 ad 边射出，此时的圆心角也是 300°.

由几何关系，可得 $R=\dfrac{L}{3}=\dfrac{mv}{qB}$. 当 $v=\dfrac{qBL}{3m}$时，

$$t_{\max}=\frac{5}{6}T=\frac{5\pi m}{3qB}$$

所以，要使带电粒子的飞行时间最长，带电粒子的速度必须满足 $v\leqslant\dfrac{qBL}{3m}$.

例 16　如图 2-2-6-30 所示，正方形匀强磁场区域边界长为 a，由光滑绝缘壁围成. 质量为 m、电荷量为 q 的带正电粒子垂直于磁场方向和边界从下边界正中央 A 孔射入磁场

中，粒子碰撞时无能量和电荷量损失，不计重力和碰撞时间，磁感应强度大小为 B，粒子在磁场中运动的半径小于 a. 欲使粒子仍能从 A 孔射出，粒子的入射速度应为多大？在磁场中运动时间为多长？

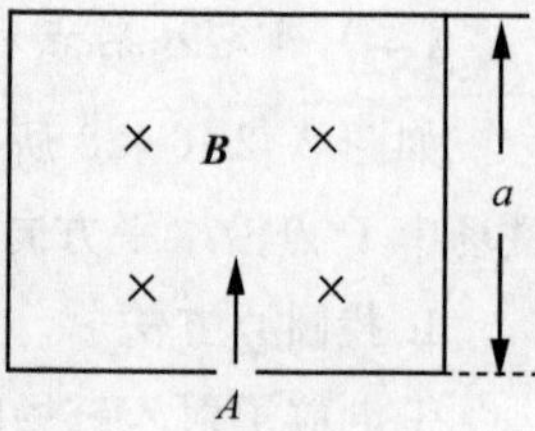

图 2-2-6-30

解析 当粒子垂直于磁场方向进入磁场且只受洛伦兹力作用时，粒子的运动轨迹是圆(或圆弧). 粒子从 A 孔射入又要回到 A 孔，经历了什么样的路径？这是本题的难点，同时也是题设中一个关键性的隐含条件. 要突破这一难点，必须联想到圆运动的对称性. 当粒子垂直于边界进入磁场时，必定经过一系列对称形式的运动才有可能回到出发点. 粒子的运动可能是图 2-2-6-31(a)、(b)两种形式(这种对称性构成一幅美丽的窗帘. 也只有圆才具有这种对称美).

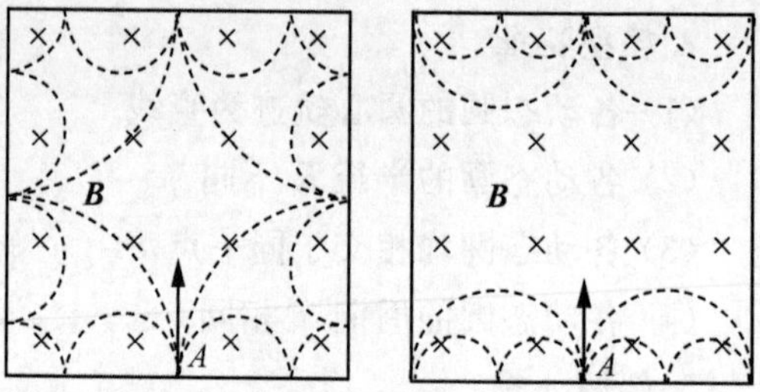

图 2-2-6-31

由于粒子的速度大小并未确定，实际上，图 2-2-6-31(a)的运动形式中粒子的碰撞次数是有多种可能的. 由几何关系可知，粒子做圆周运动的半径可能为

$$R=\frac{a}{2(2n+1)}$$

又

$$qvB=\frac{mv^2}{R},\ T=\frac{2\pi m}{qB}$$

所以

$$v=\frac{qBa}{2(2n+1)m}$$

$$t=(2n+1)T=\frac{2(2n+1)\pi m}{qB}\quad (n=0,1,2,\cdots)$$

同样，对于图 2-2-6-31(b)的运动形式，粒子的碰撞次数也是有多种可能的. 而且当粒子恰好运动到正方形的顶角并反弹后，由于粒子受到的洛伦兹力垂直于竖直边，粒子只可能沿着竖直边做匀速直线运动，由几何关系可知粒子做圆周运动的半径可能为

$$R'=\frac{a}{4k}$$

又

$$qv'B=\frac{mv'^2}{R'},\ T'=\frac{2\pi m}{qB}=T$$

所以

$$v'=\frac{qBa}{4km}$$

$$t'=2kT+\frac{2a}{v'}=\frac{4km(\pi+2)}{qB}\quad (k=1,2,\cdots)$$

例 17 两平面荧光屏互相垂直放置，在两屏内分别取垂直于两屏交线的直线为 x 轴和 y 轴，交点 O 为原点，如图 2-2-6-32 所示，在 $y>0$，$0<x<a$ 区域有垂直于纸面向里的匀强磁场，在 $y>0$，$x>a$ 区域有垂直于纸面向外的匀强磁场，两区域内的匀强磁场大小均

为 B. 在 O 点处有一小孔，一束质量为 m、带电荷量为 q ($q>0$) 的粒子沿 x 轴经小孔射入磁场，最后打在竖直和水平的屏上，使荧光屏发亮. 入射粒子的速度可取从零到某一最大值之间的各种数值. 已知速度最大的粒子在 $0<x<a$ 区域中运动的时间与在 $x>a$ 区域中运动的时间之比为 2∶5，在磁场中运动的总时间为 $\frac{7T}{12}$，其中 T 为该粒子在磁感应强度为 B 的匀强磁场中做圆周运动的周期. 试求两个荧光屏上亮线的范围(不计重力的影响).

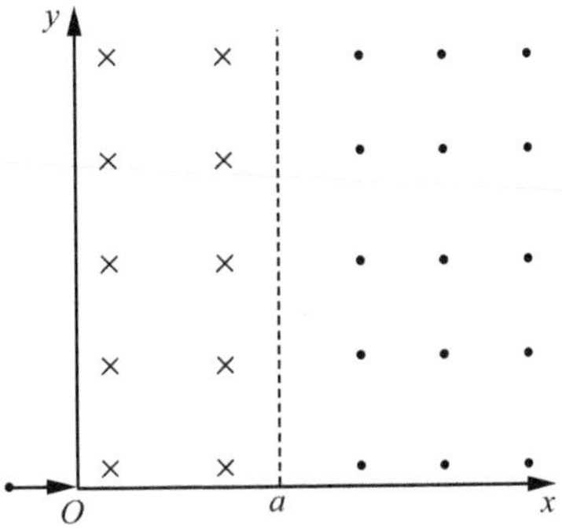

图 2-2-6-32

解析　该题的难点是如何确定速度最大的带电粒子做圆周运动时圆心的位置. 粒子在磁感应强度为 B 的匀强磁场中的运动半径为

$$r=\frac{mv}{qB} \tag{1}$$

速度小的粒子将在 $x<a$ 区域走完半周，射到竖直荧光屏上. 半圆的直径在 y 轴上，半径范围从 0 到 a，屏上发亮范围从 0 到 $2a$.

轨道半径大于 a 的粒子开始进入右侧磁场，考虑 $r=a$ 的极限情况，这种粒子在右侧的圆轨迹与 x 轴在 D 点相切(虚线圆)，$OD=2a$，这是水平屏上发亮范围的左边界.

速度最大的粒子的轨迹如图 2-2-6-33 中实线所示，如何确定这一临界状态的粒子打在屏上的位置? 找到它的轨迹圆心是关键. 它的轨迹由两段圆弧组成，即两圆相切于 M 点，根据相切圆的特点：两相切圆的圆心与切点必在同一直线上，由此可知，两段圆弧的圆心必在过 M 点的直线上，设圆心分别为 C 和 C'，又由于左边圆弧的圆心在 y 轴上，两圆弧半径相等，由对称性可知 C' 在 $x=2a$ 直线上.

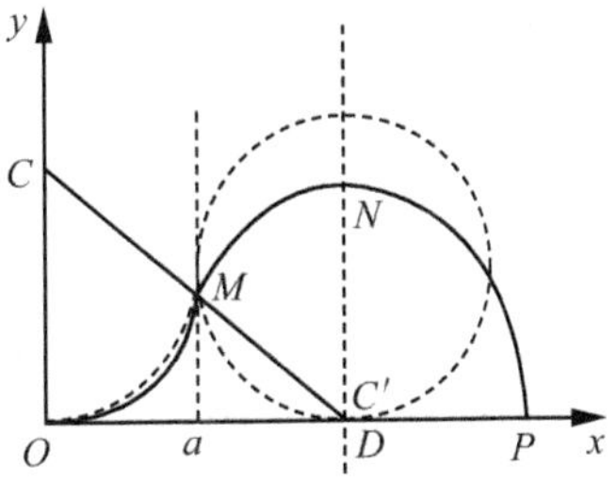

图 2-2-6-33

设 t_1 为粒子在 $0<x<a$ 区域中的运动时间，t_2 为粒子在 $x>a$ 区域中的运动时间，由题意可知

$$\frac{t_1}{t_2}=\frac{2}{5},\ t_1+t_2=\frac{7T}{12}$$

由此解得

$$t_1=\frac{T}{6} \tag{2}$$

$$t_2=\frac{5T}{12} \tag{3}$$

由式(2)、式(3)和对称性可得

$$\angle OCM=60^\circ,\ \angle MC'N=60^\circ,\ \angle MC'P=150^\circ$$

所以

$$\angle NC'P=150^\circ-60^\circ=90^\circ$$

即$\overset{\frown}{NP}$为四分之一圆周. 因此圆心C'在x轴上.

设速度最大的粒子的轨迹半径为R,由$\text{Rt}\triangle COC'$,可得

$$2R\sin 60^\circ=2a$$

得

$$R=\frac{2\sqrt{3}}{3}a$$

由图可知$OP=2a+R$,因此水平荧光屏发亮范围的右边界坐标为

$$x=2\left(1+\frac{\sqrt{3}}{3}\right)a$$

（三）确定入射速度,不确定入射点——平移法

带电粒子以相同大小的速度和方向射入有界磁场.

1. 找圆心方法

带电粒子射入磁场速度的方向和大小不变,半径R确定,则所有粒子运动轨迹的圆心都在垂直于初速度的方向上,离入射点距离为R.

2. 模型特征

(1) 各动态圆的半径R相同.

(2) 圆心在垂直初速度方向上且离入射点为R的位置.

(3) 若磁场边界为直线,则圆心轨迹也为直线.

(4) 若磁场边界为圆,则圆心轨迹也为圆.

3. 例题分析

例 18 如图 2-2-6-34 所示,长方形$abcd$长$ad=0.6\text{m}$,宽$ab=0.3\text{m}$,O、e分别是ad、bc的中点,以ad为直径的半圆内有垂直纸面向里的匀强磁场(边界上无磁场),磁感应强度$B=0.25\text{T}$. 一群不计重力,质量$m=3\times10^{-7}\text{kg}$、电荷量$q=+2\times10^{-3}\text{C}$的带电粒子以速度$v=5\times10^{2}\text{m/s}$沿垂直于$ad$方向且垂直于磁场射入磁场区域,则(　　).

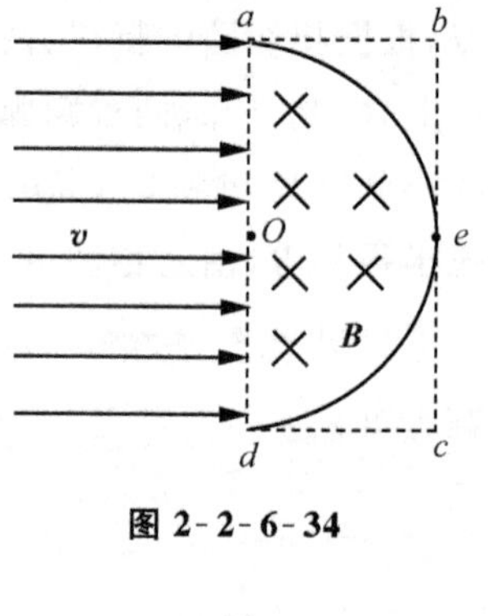

图 2-2-6-34

A. 从Od边射入的粒子,出射点全部分布在Oa边

B. 从aO边射入的粒子,出射点全部分布在ab边

C. 从Od边射入的粒子,出射点分布在Oa边和ab边

D. 从aO边射入的粒子,出射点分布在ab边和be边

解析 带电粒子射入磁场中的速度不变,半径相同,可得出圆心轨迹在直线ad上,且得到一组动态圆(图 2-2-6-35),粒子进入磁场后做匀速圆周运动,洛伦兹力提供向心力,先得到轨道半径,再找出圆心,确定半径并分析粒子可能的轨迹. 粒子进入磁场后做匀速圆周运动,得到$qvB=m\frac{v^2}{r}$,$r=\frac{mv}{qB}=\frac{3\times10^{-7}\times5\times10^{2}}{2\times10^{-3}\times0.25}\text{m}=0.3\text{m}$. 由于粒子的初

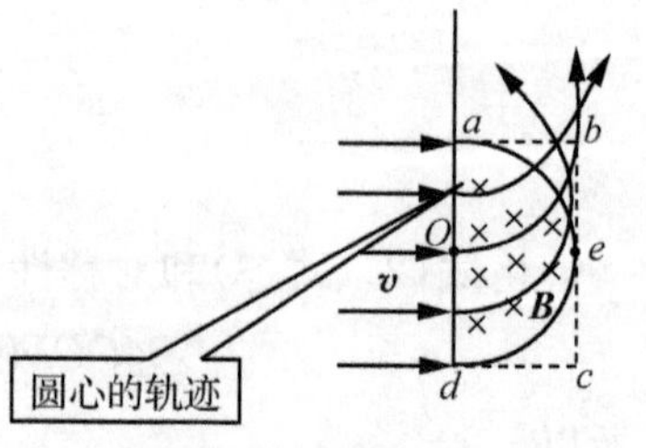

图 2-2-6-35

速度向右，故圆心在 aO 之间，但出射点全部不在 aO 边，故选项 A 错误；从 aO 边射入的粒子，出射点全部分布在 ab 和 be 两条边上，故选项 B 错误，选项 D 正确；从 Od 边射入的粒子，出射点分布在 ab 边和 be 边上，故选项 C 错误.

点评　本题的关键是计算出半径后找到圆心，分析粒子可能出现的各种轨迹，然后寻找出射点.

例 19　如图 2-2-6-36 所示，x 轴正方向水平向右，y 轴正方向竖直向上，在 xOy 平面内有与 y 轴平行的匀强电场，在半径为 R 的圆内还有与 xOy 平面垂直的匀强磁场，在圆的左边放置一带电微粒发射装置，它沿 x 轴正方向发射出一束具有相同质量 m、电荷量 $q(q>0)$ 和初速度 $\boldsymbol{v}$ 的带电微粒，发射时，这束带电微粒分布在 $0<y<2R$ 的区间内. 已知重力加速度大小为 g.

(1) 从 A 点射出的带电微粒平行于 x 轴进入有磁场区域，并从坐标原点 O 沿 y 轴负方向离开，求电场强度和磁感应强度的大小和方向.

(2) 请指出这束带电微粒与 x 轴相交的区域，并说明理由.

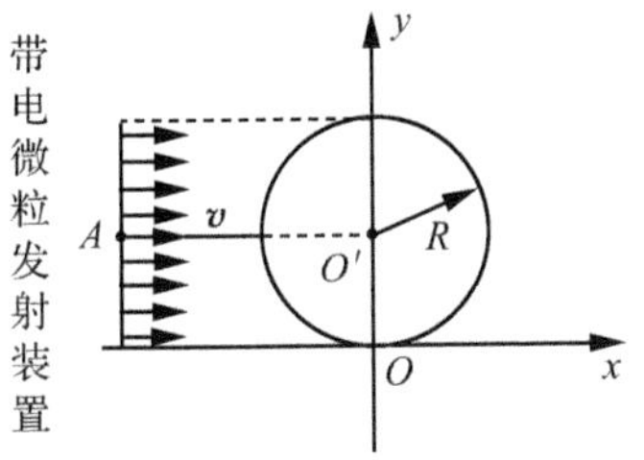

图 2-2-6-36

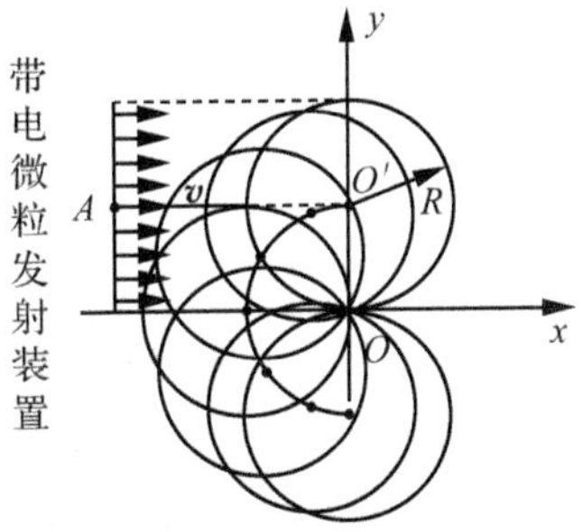

图 2-2-6-37

解析　(1) 从 A 点射出的带电微粒平行于 x 轴进入磁场，说明带电微粒所受重力和电场力的大小相等，方向相反. 设电场强度大小为 E，由 $mg=qE$ 可得电场强度大小为 $E=\frac{mg}{q}$，方向沿 y 轴正方向.

带电微粒进入磁场后受到重力、电场力和洛伦兹力的作用. 由于电场力和重力相互抵消，它将做匀速圆周运动. 由题意得，带电粒子在磁场中的半径为 R，由 $qvB=m\frac{v^2}{R}$，可得 $B=\frac{mv}{qR}$，磁场方向垂直于纸面向外.

(2) 方法一：这束带电微粒都通过坐标原点. 从任一点水平进入磁场的带电微粒在磁场中做半径为 R 的匀速圆周运动，其圆心位于入射点正下方的 O 点，如图 2-2-6-37 所示，这束带电微粒进入磁场后的圆心轨迹是如图所示半圆弧，此圆的圆心是坐标原点 O. 所以，这束带电微粒都是通过坐标原点后离开磁场的.

方法二：从任一点 P 水平进入磁场的带电微粒在磁场中做半径为 R 的匀速圆周运动. 如图 2-2-6-38 所示，设 P 点与 O' 点的连线与 y 轴的夹角为 θ，其做圆周运动的圆心 Q 的坐标为 $(-R\sin\theta, R\cos\theta)$，圆周运动的轨迹方程为

$$(x+R\sin\theta)^2+(y-R\cos\theta)^2=R^2$$

而磁场边界是圆心坐标为(0,R)的圆周,其方程为

$$x^2+(y-R)^2=R^2$$

解上述两式,可得带电微粒做圆周运动的轨迹与磁场边界的交点为$\begin{cases}x=0\\y=0\end{cases}$或$\begin{cases}x=-R\sin\theta\\y=R(1+\cos\theta)\end{cases}$

坐标为($-R\sin\theta$,$R(1+\cos\theta)$)的点就是 P 点,须舍去.由此可见,这束带电微粒都是通过坐标原点后离开磁场的.

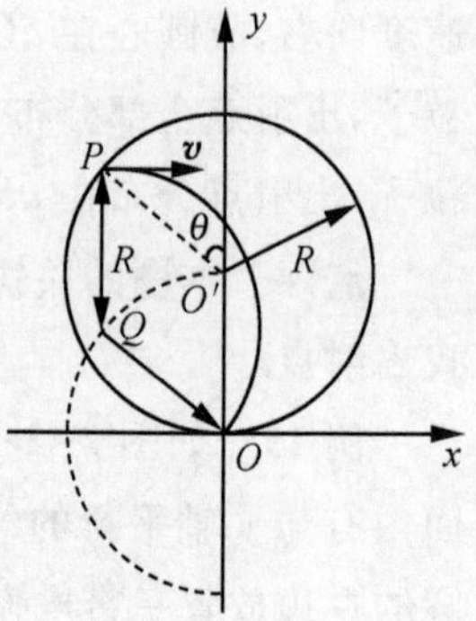

图 2-2-6-38

以上是带电粒子在磁场中运动的几种模型,如果能建立模型,掌握各种模型的特点和分析方法,动态圆问题就能轻松得解.

五、作"等时圆"速解光的折射问题

例 20 一束由红、蓝两单色光组成的光线从一平板玻璃砖的上表面以入射角 θ 射入,穿过玻璃砖后自下表面射出.已知该玻璃对红光的折射率为 1.5.设红光与蓝光穿过玻璃砖所用的时间分别为 t_1 和 t_2,则在 θ 从 0°逐渐增大至 90°的过程中(　　).

A. t_1 始终大于 t_2　　　B. t_1 始终小于 t_2

C. t_1 先大于后小于 t_2　　　D. t_1 先小于后大于 t_2

解析 如图 2-2-6-39 所示,两条平行光线由真空射入玻璃中发生折射现象,红光和蓝光的折射光线分别是 A_1B_{1H} 和 A_1B_{1L}.现作以 A_1B_2 为直径的半圆,分别交两条折射光线于 B_{1H}和 B_{1L},分别连接 B_{1H}和 B_2、B_{1L}和 B_2,由几何关系,易知$\angle A_1B_{1H}B_2=\angle A_1B_{1L}B_2=90°$.

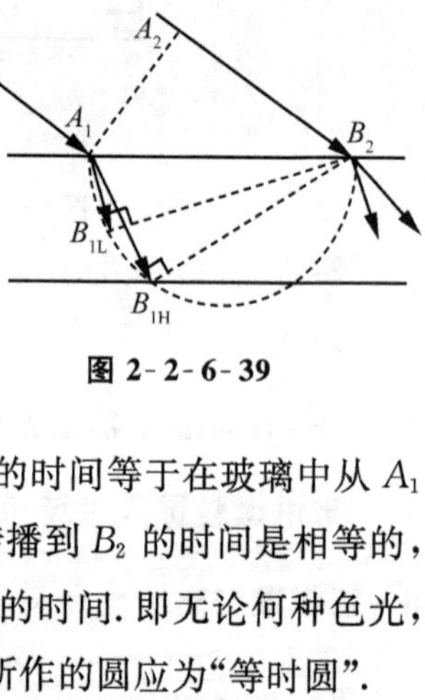

图 2-2-6-39

由惠更斯原理可知,对于红光,B_{1H}和 B_2 处在同一个波面上,即红光在真空中从 A_2 传播到 B_2 的时间等于在玻璃中从 A_1 传播到 B_{1H}的时间;同理,蓝光在真空中从 A_2 传播到 B_2的时间等于在玻璃中从 A_1 传播到 B_{1L}的时间.而两种光在真空中的波速是相同的,即从 A_2 传播到 B_2 的时间是相等的,所以可得红光从 A_1 传播到 B_{1H}的时间等于蓝光从 A_1 传播到 B_{1L}的时间.即无论何种色光,在均匀介质($n>1$)中,由 A_1 传播到该圆周上的时间均相等,上面所作的圆应为"等时圆".

根据题目中的已知条件,可得

$$\sin C_{红}=\frac{1}{n_{红}}=\frac{2}{3}\approx0.67<0.707\approx\frac{\sqrt{2}}{2}=\sin45°$$

即

$$C_{蓝}<C_{红}<45°$$

故只要折射角不超过 45°,对于平板玻璃砖来讲,一定有 $t_1<t_2$,选项 B 正确.

利用"圆"解高中物理问题时有其独特的魅力,不仅能使抽象的物理问题更形象、直观,求解过程简洁明了,而且具有创新意识,对提高学生的解题能力和发展求异思维无疑有很大的帮助.

2.2.7　柱体模型的应用

构建模型是科学研究的基本方法之一，模型在物理学中也得到了广泛的应用，物理模型是物理学理论体系的基石，整个的物理理论体系皆是在众多的物理模型的基础上建立起来的，全日制普通高中物理教学大纲中，明确指出要通过概念的形成、规律的得出、模型的建立、知识的运用等培养学生抽象和概括、分析和综合、推理和判断等思维能力以及科学的语言文字能力和口头交流能力. 把模型的建立，放在概念形成、规律得出、知识运用并重地位，足见对模型建立的重视. 本节着重探讨一下常见的柱体模型.

一、"体积柱体"模型——$\Delta V=S\Delta L$

人的心脏每跳一次约输送 $8\times10^{-5}\text{m}^3$ 的血液，正常人的血压（可看作心脏压送血液的压强）的平均值约为 $1.5\times10^4\text{Pa}$，心跳每分钟 70 次，据此可估测心脏工作的平均功率.

本题可以将心脏压送血液做功，简化为液体推动活塞做功模型. 进而类似于气缸中气体做等压膨胀推动活塞对外做功的过程，这样便可很快估测心脏的功率.

$$P=\frac{W}{t}=\frac{F\cdot\Delta L}{t}=\frac{pS\cdot\Delta L}{t}=\frac{p\cdot\Delta V}{t}=\frac{1.5\times10^4\times8\times10^{-5}}{60/70}\text{W}=1.4\text{W}$$

此题注重考查考生能否利用所学的物理知识和掌握的物理研究方法，将其转化成柱体模型，这是命题人的独具匠心，也是解答此题的关键. 将实际问题形象化、模型化，是学生学好物理的重要方法，也是高考考查的重点.

二、"质量柱体"模型——$\Delta m=\rho Sv\Delta t$

生活中经常会遇到气体、液体、固体的流动问题，如新能源中将风能转换为电能，用水柱冲击煤层、喷泉，太空粒子的流动，在解决具体问题时都涉及建立柱体模型的问题. 本文只列举一个方面的事例说明.

新疆达坂城风口的风速约为 $v=20\text{m/s}$，设该地空气的密度 $\rho=1.4\text{kg/m}^3$，若把通过横截面积 $S=20\text{m}^2$ 的风的动能的 50%转化为电能，利用上述已知量试推导计算电功率的公式，并求出发电机电功率的大小.

本题所求电功率的意义是指单位时间内风能转化成的电能. 由 $P=\frac{W}{t}=\frac{\Delta E}{t}\times50\%$ 可知，只要能求出单位时间内通过截面的空气的动能 ΔE，即可求出 P.

首先建立风的"柱体模型"，如图 2-2-7-1 所示. 设经过时间 t、通过截面 S 的空气的质量为 m，则有 $m=\rho V=\rho Sl=\rho Svt$.

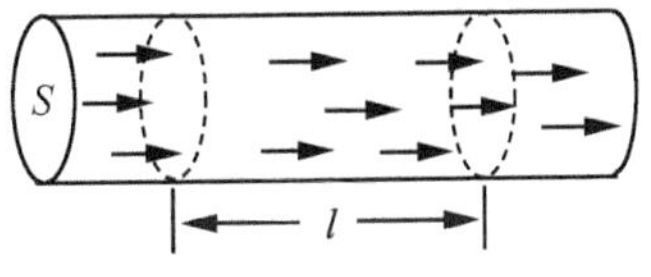

图 2-2-7-1

这部分空气的动能为

$$\Delta E=\frac{1}{2}mv^2=\frac{1}{2}\cdot\rho Svt\cdot v^2=\frac{1}{2}\rho Sv^3t$$

因为风的动能只有50%转化为电能，所以其电功率的表达式为

$$P=\frac{\Delta E}{t}\times 50\%=\frac{\frac{1}{2}\rho S v^3 t}{t}\times 50\%=\frac{1}{4}\rho S v^3$$

代入数据，得 $P=\frac{1}{4}\times 1.4\times 20\times 20^3\ \text{W}=5.6\times 10^4\ \text{W}$.

求解本题的关键是：在理解功和能的关系的基础上建立风能（流动空气的动能）转化为电能的关系，正确建立风的柱体模型.

三、"电荷柱体"模型——$Q=NqSvt$

（一）匀速运动

设导线横截面积为 S，单位体积内的自由电子数为 N. 在电压作用下，自由电子定向移动的速度为 v. 试求导线中的电流强度.

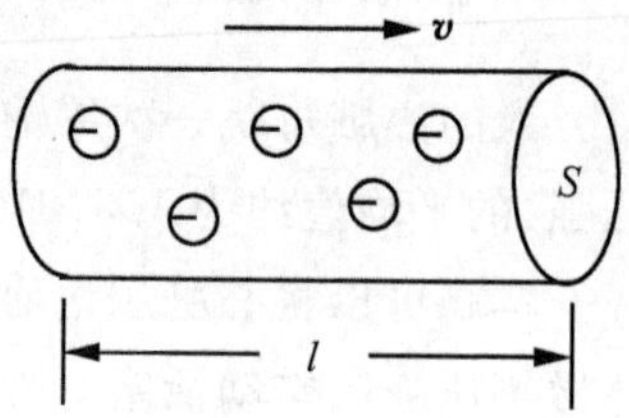

图 2-2-7-2

如图 2-2-7-2 所示，在 Δt 时间内取一段长 $v\Delta t$ 的柱体微元导线为研究对象，则在 Δt 时间内流过截面 S 的电荷量为

$$\Delta Q=NeSv\Delta t \tag{1}$$

由电流强度定义 $I=\frac{\Delta Q}{\Delta t}$ 及式(1)，得

$$I=NeSv \tag{2}$$

此式即为电流强度的微观表达式.

（二）匀变速运动

来自质子源的质子（初速为 0），经一加速电压为 800kV 的直线加速器加速，形成电流强度为 1mA 的细柱形质子流. 已知质子的电荷量 $e=1.6\times 10^{-19}$ C. 这束质子流每秒打到靶上的质子数为多少？假定分布在质子源到靶之间的加速电场是均匀的，在质子束中与质子源相距 L 和 $4L$ 的两处，各取一段极短的相等长度的质子流，其中的质子数分别为 n_1 和 n_2，则 $n_1:n_2$ 为多少？

每个质子带一个正的基本电荷，设每秒打到靶上的质子数为 n，则每秒到达靶上的电荷量为

$$q=ne \tag{1}$$

由电流强度的定义式，知

$$q=It \tag{2}$$

由式(1)、式(2)可得每秒打到靶上的质子数 $n=\frac{It}{e}=\frac{1\times 10^{-3}\times 1}{1.60\times 10^{-19}}=6.25\times 10^{15}$ 个. 因质子源和靶之间加速电场是均匀的，质子束中质子在恒定的电场力作用下做匀加速直线运动，越跑越快，从质子源先后射出的质子的距离越拉越大. 由匀加速运动的公式知，在与质子

源相距 L 和 $4L$ 的两处，质子的速度 v_1 和 v_2 为

$$v_1=\sqrt{2aL}$$

$$v_2=\sqrt{2a\cdot 4L}=2\sqrt{2aL}$$

则

$$v_2=2v_1 \tag{3}$$

建立如图 2-2-7-3 所示的"柱体微元"模型，设柱形质子流的横截面积为 S，在 L 和 $4L$ 处作两个长为 ΔL（极短）的柱体微元，因 ΔL 极短，故 L 和 $4L$ 处的两个柱体微元中的质子的速度可分别视为 v_1、v_2. 对于这两个柱体微元，设单位体积内的质子数为 n_1' 和 n_2'，则分别有

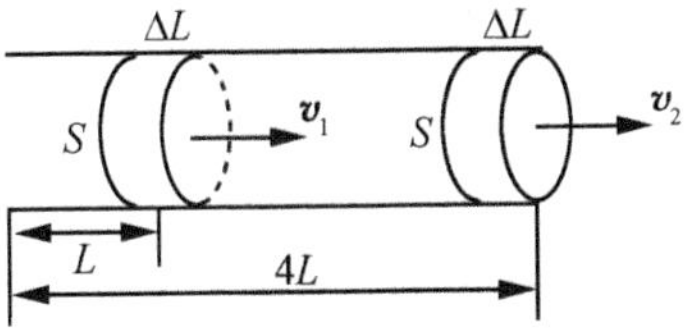

图 2-2-7-3

$$I=n_1'eSv_1 \tag{4}$$

$$I=n_2'eSv_2 \tag{5}$$

因两处的电流强度相等，故由式(4)、式(5)，可得

$$\frac{n_1'}{n_2'}=\frac{v_2}{v_1} \tag{6}$$

题中与质子源相距 L 和 $4L$ 两处，各取一段极短的相等长度的质子流，其中质子数 n_1 与 n_2 之比应等于 n_1' 与 n_2' 之比，再结合式(3)，可知

$$\frac{n_1}{n_2}=\frac{n_1'}{n_2'}=2$$

综上所述，对于以上的流体（气体、液体、固体）问题，必须认真分析物理情景，找准研究对象，明确运动状态，建立正确的物理模型——"柱体模型".

2.2.8　割补法

割补法是指对研究对象进行适当的分割、补充来处理问题的一种方法. 它是数理学习中的重要方法，在中学生不具备高等数学知识的背景下，割补法往往成为解决复杂问题的常用方法.

例 1　如图 2-2-8-1 所示，在一个半径为 R、质量为 M 的均匀球体中，紧贴球的边缘挖去一个半径为 $\frac{R}{2}$ 的球形空穴后，对位于球心和空穴中心连线上、与球心相距 d 的质点 m 的引力多大？

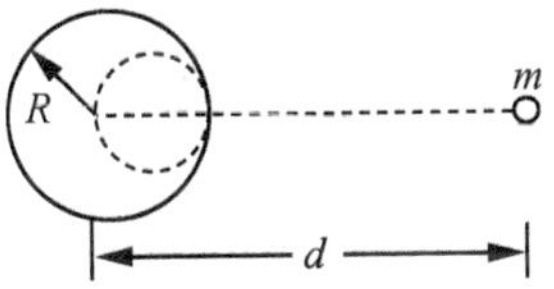

图 2-2-8-1

解析　把整个球体对质点的引力看成是挖去的小球体和剩余部分对质点的引力之和. 其中完整的均质球体对球外质点 m 的引力可以看成是穴后的剩余部分对质点的引力 F_1 与半径为 $\frac{R}{2}$ 的小球对质点的引力 F_2 之和，即 $F=F_1+F_2$. 半径为 $\frac{R}{2}$ 的小球质量 M' 为

$$M'=\frac{4}{3}\pi\left(\frac{R}{2}\right)^3\cdot\rho=\frac{4}{3}\pi\left(\frac{R}{2}\right)^3\cdot\frac{M}{R^3\ \frac{4\pi}{3}}=\frac{1}{8}M$$

则

$$F_2=G\frac{M'm}{\left(d-\frac{R}{2}\right)^2}=G\frac{Mm}{8\left(d-\frac{R}{2}\right)^2}$$

挖去球穴后的剩余部分对球外质点 m 的引力为

$$F_1=F-F_2=G\frac{Mm}{d^2}-G\frac{Mm}{8\left(d-\frac{R}{2}\right)^2}=GMm\frac{7d^2-8dR+2R^2}{8d^2\left(d-\frac{R}{2}\right)^2}$$

例 2 现有半球形导体材料，接成如图 2-2-8-2 所示的两种形式，则两种接法的电阻之比为多少？

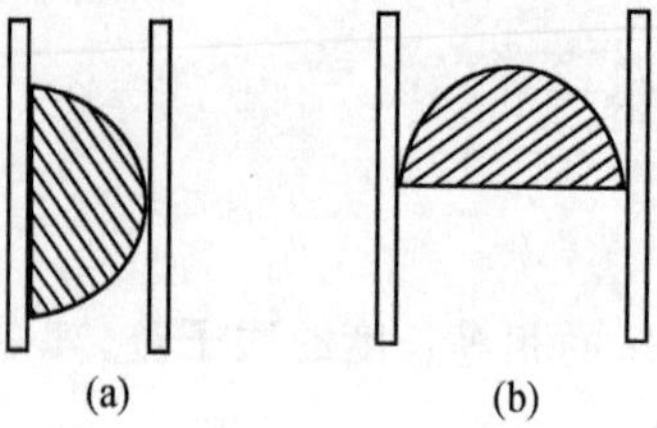

图 2-2-8-2

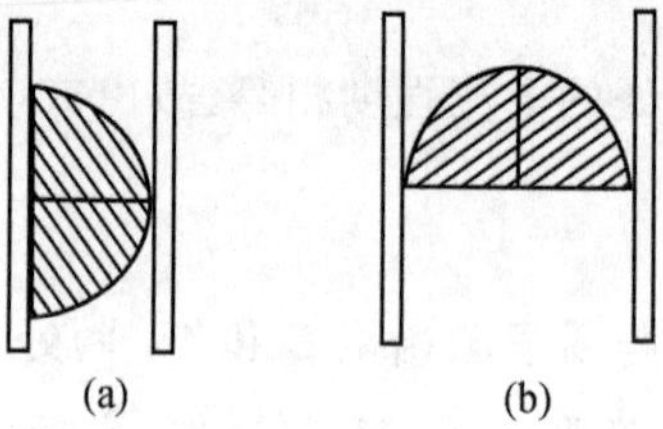

图 2-2-8-3

解析 如果将(a)、(b)图中的两半球平分，如图 2-2-8-3 所示，设$\frac{1}{4}$球形材料的电阻为 R，图(a)情况是两个$\frac{1}{4}$球形材料的并联，$R_a=\frac{R}{2}$，图(b)是两个$\frac{1}{4}$球形材料的串联，$R_b=2R$，$R_a:R_b=1:4$.

例 3 一带电粒子以速度 v 沿半径为 a 的圆形磁场的半径方向射入磁场，穿越磁场的时间为 t_1；该粒子又以相同的速度 v 从边长为 a 的正方形磁场一边的中点垂直于该边射入磁场，穿越磁场的时间为 t_2. 则 t_1、t_2 的大小关系为(　　).

A. $t_1=t_2$　　B. $t_1>t_2$　　C. $t_1<t_2$　　D. 都有可能

解析 如果将图 2-2-8-4(b)中正方形磁场挖去一个半径为 a 的圆形磁场，再将图 2-2-8-4(a)图中的半径为 a 的圆形磁场补上，如图 2-2-8-4(c)所示，假设电荷带负电，如果从切点射出，则穿越磁场的时间相同，$t_1=t_2$；如果不从切点射出，则穿越磁场的时间不同，$t_1<t_2$，正确的选项为 A、C.

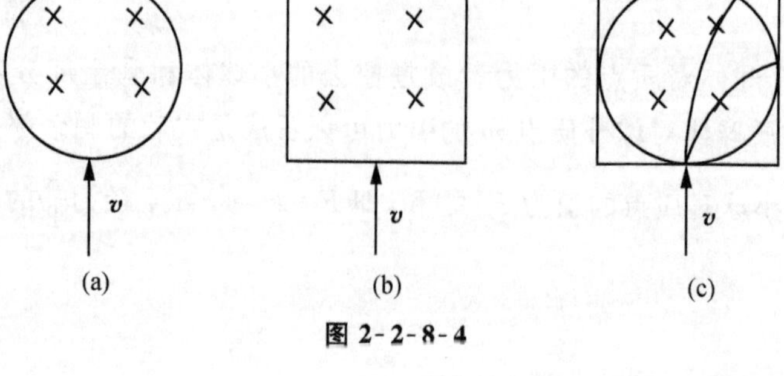

图 2-2-8-4

上面的例题只是平面中的，在立体中如何处理呢？这里谈谈用割补法求解均匀圆锥体的重心位置，着重呈现割补法在求解此类问题时的一般步骤，以及在求解此类问题时所常用的对称、类比的思想. 先看均匀等腰梯形薄板的重心位置，如图 2-2-8-5 所示，均匀等腰梯形薄板 $ABCD$ 的上底、下底和高分别为 a、b、H，根据对称性可知，它的重心位置在对称轴上，只要求出重心位置到底边的距离即可.

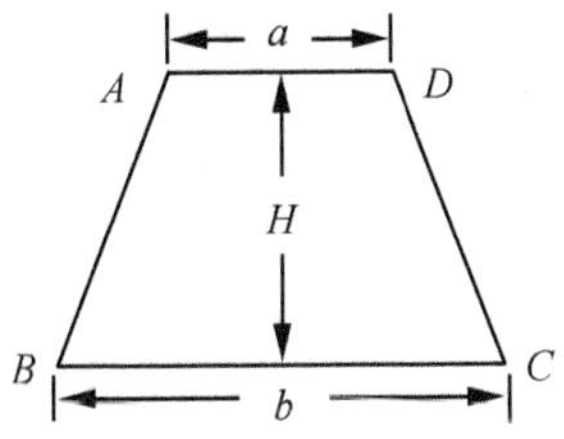

图 2-2-8-5

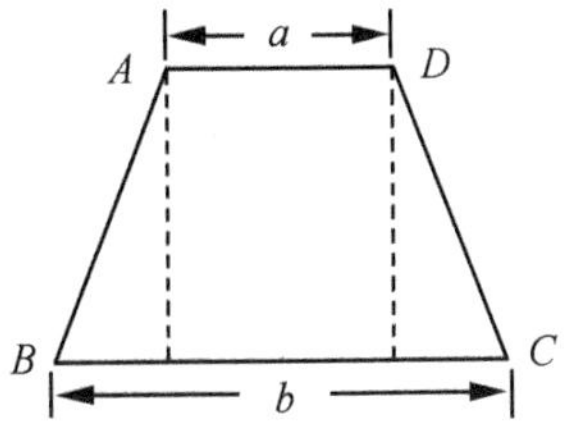

图 2-2-8-6

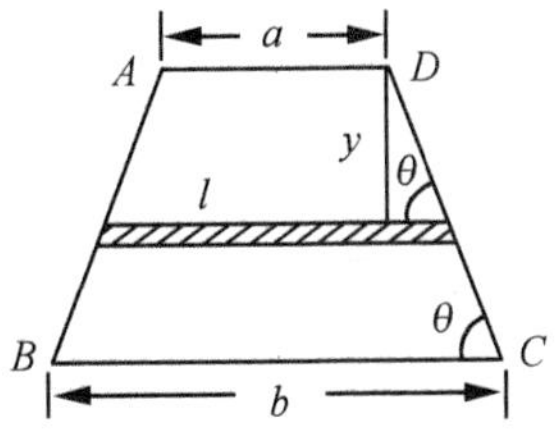

图 2-2-8-7

如图 2-2-8-6 所示，从梯形上底两端向下底作垂线，将梯形分为三个部分，中间矩形部分的重心位置在正中心，距底边的距离为$\frac{H}{2}$；左右两个直角三角形合并成一等腰三角形，它的重心位置在距底边$\frac{H}{3}$处. 设梯形重心位置距下底的距离为 d，薄板单位面积的质量为 σ，以梯形的下底 BC 为轴，因为各部分重力对 BC 轴的力矩之和等于整个板的重力对 BC 轴的力矩，所以有

$$\sigma aHg\cdot\frac{H}{2}+\sigma\frac{1}{2}(b-a)Hg\cdot\frac{H}{3}=\sigma\frac{1}{2}(a+b)Hg\cdot d \tag{1}$$

$$d=\frac{(2a+b)H}{3(a+b)} \tag{2}$$

下面再做讨论，如图 2-2-8-7 所示，取梯形中间某处平行于底边的一薄条，其长度 l 与梯形各参数有如下关系：

$$l=a+2y\cot\theta \tag{3}$$

y 为薄条到上底的距离，θ 为下底与腰间的夹角. 当 $y=0$ 时，$l=a$；当 $y=H$ 时，$l=b$. 从式(3)可知，薄条的长度(质量)与薄条到上底的距离呈线性关系.

其实，只要微元的质量到某个边的距离满足如式(3)的线性关系，其重心到底边的距离均可以用式(2)的形式表示，比如任意形状的梯形.

我们再来研究均匀圆锥体的重心位置.

(1) 对圆锥分割

如图 2-2-8-8 所示，均匀圆锥体底面半径为 R，高为 h，根据对称性，圆锥的重心位置在轴线上. 设其重心位置为 C，过 C 作平行于底面的平面将圆锥分为两部分，再在下半部圆台内取一个与大圆锥相似的小圆锥，小圆锥的顶点在 C 处，底面落在大圆锥的底面上，如图 2-2-8-9 所示. 圆台上部分的圆锥重心位置为 C_1，圆台内部圆锥重心位置为 C_2，为方便说明，以下用圆锥 C、圆锥 C_1、圆锥 C_2 分别指代整体的大圆锥和两个小圆锥. 现取过圆锥轴线的剖面进行分析，各部分符号如图 2-2-8-10 所示.

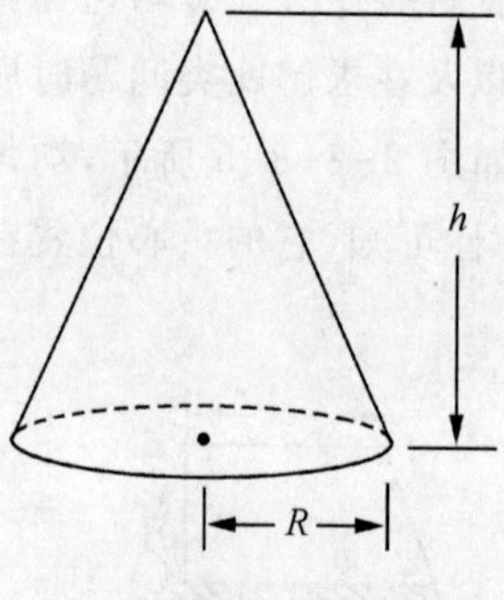

图 2-2-8-8

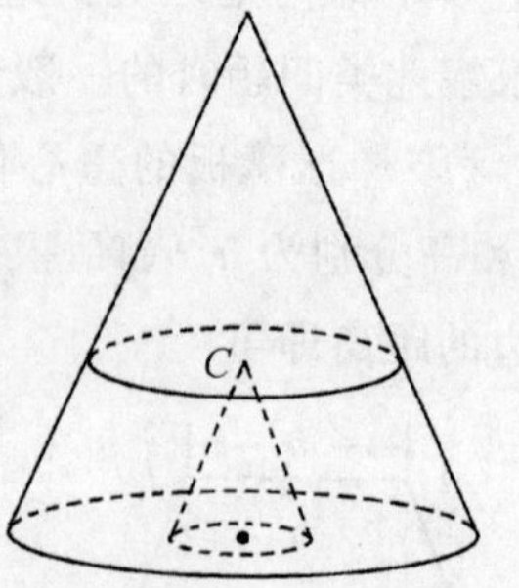

图 2-2-8-9

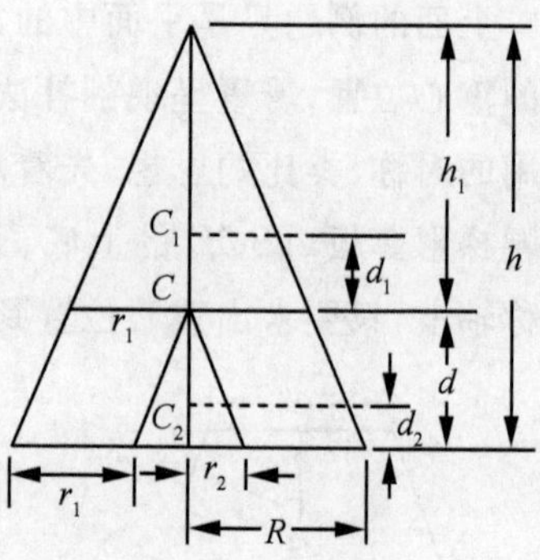

图 2-2-8-10

(2) 求各部分的质量

圆锥 C 的重心位置到底面的距离 d 与高度 h 的关系设为

$$d = xh \tag{4}$$

则根据相似性，有

$$r_2 = xR \tag{5}$$

$$r_1 = R - r_2 = (1-x)R \tag{6}$$

设圆锥体的密度为 ρ，则圆锥 C 的质量为

$$m = \rho\,\frac{1}{3}\pi R^2 h \tag{7}$$

圆锥 C_1 的质量为

$$m_1 = \rho\,\frac{1}{3}\pi {r_1}^2 h_1 = \rho\,\frac{1}{3}\pi(1-x)^2R^2 \cdot (1-x)h = \rho\,\frac{1}{3}\pi R^2(1-x)^3 h \tag{8}$$

圆锥 C_2 的质量为

$$m_2 = \rho\,\frac{1}{3}\pi {r_2}^2 d = \rho\,\frac{1}{3}\pi x^2 R^2 \cdot xh = \rho\,\frac{1}{3}\pi R^2 x^3 h \tag{9}$$

余下的空心圆台的质量为

$$m_3 = m - m_1 - m_2 = \rho\,\frac{1}{3}\pi R^2 \cdot 3x(1-x)h \tag{10}$$

(3) 各部分到转轴的距离

取大圆锥 C 的底面直径为转轴，由于圆锥 C_1、圆锥 C_2 与圆锥 C 相似，则有

$$d_1 = xh_1 = x(1-x)h \tag{11}$$

$$d_2 = xd = x^2 h \tag{12}$$

下面再来求空心圆台的重心 C_3 的位置.

如图 2-2-8-11 所示，取一平行于圆台底面的薄片，薄片距上表面的距离为 y，则薄片面积为

$$s = \pi(r_1 + y\cot\theta)^2 - \pi(y\cot\theta)^2 = \pi({r_1}^2 + 2r_1 y\cot\theta) \tag{13}$$

根据式(13)可知，空心圆台的质量分布与 y 呈线性关系，与式(3)相似，则空心圆台的重心 C_3 距底面

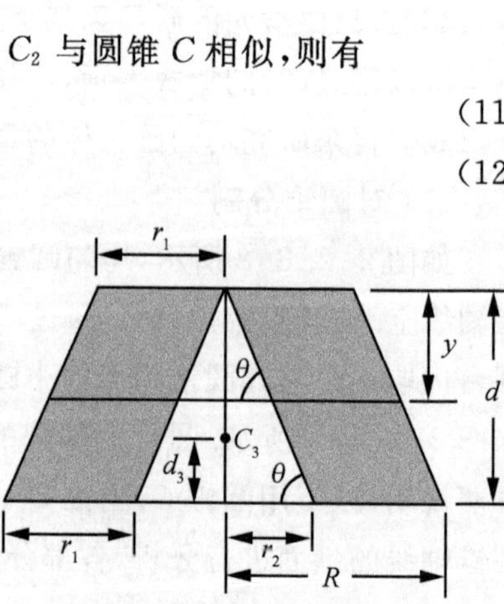

图 2-2-8-11

的距离 d_3 满足式(2)关系. 对比式(13)与式(3)及其边界条件，有

$$a=\pi r_1{}^2=\pi(1-x)^2R^2 \tag{14}$$

$$b=\pi(R^2-r_2{}^2)=\pi(1-x^2)R^2 \tag{15}$$

$$H=d \tag{16}$$

将式(14)、式(15)、式(16)代入式(2)并化简，得

$$d_3=\frac{3-x}{6}xh \tag{17}$$

(4) 求解圆锥重心位置

以大圆锥 C 的底面直径为转动轴，其分割的各部分重力对转动轴的力矩之和等于大圆锥 C 的重力对转动轴的力矩，则有

$$m_1g(d_1+d)+m_2gd_2+m_3gd_3=mgd \tag{18}$$

将各部分质量和各部分对转动轴距离代入上式并约去共同项，得

$$(1-x)^3(2-x)+x^4+\frac{x(1-x)(3-x)}{2}=1 \tag{19}$$

将等号右边的 1 移到左边并因式分解，得

$$(1-x)^3(2-x)+(x^2+1)(x+1)(x-1)+\frac{x(1-x)(3-x)}{2}=0 \tag{20}$$

因为 $1-x\neq 0$，则两边约去共同项，得

$$(1-x)^2(2-x)-(x^2+1)(x+1)+\frac{x(3-x)}{2}=0 \tag{21}$$

化简，得

$$4x^3-5x^2+9x-2=0 \tag{22}$$

变形，得

$$(4x^3-x^2)-(4x^2-x)+(8x-2)=0 \tag{23}$$

提取公因式，得

$$(4x-1)(x^2-x+2)=0 \tag{24}$$

因为有 $x^2-x+2>0$，则 $4x-1=0$，$x=\frac{1}{4}$.

结合式(4)，有 $d=\frac{1}{4}h$.

即均匀圆锥体的重心在圆锥轴线上，并距离圆锥底面的距离为圆锥高的 $\frac{1}{4}$，与圆锥底面半径无关.

与积分的方法比较，割补法在求解圆锥体重心位置的过程中显得比较复杂. 但作为重要的思想方法，割补法涉及的对称、类比等思想方法还是值得向学生推荐的，当学生将来学习了微积分，结合这些思想方法就可以去解决更为复杂的问题了.

2.2.9　中学物理中的“图像”思想

物理量之间关系的描述方式有文字法、公式法、图像法，它们可以从多个侧面观察、研

究同一物理现象或规律，同时又互相补充、互相完善.这三种方法各有优缺点，文字描述法便于理解，但不简洁；公式法较精练、严谨，但不形象、直观；图像法能形象、直观地描述物理量间的关系，反映物理规律，但难以掌握，因为中学物理图像是从实验中抽象出来的或是应用数学手段总结出来的.因此，在新课程物理课堂教学中如何突出图像作用，挖掘图像功能，大力培养学生思维能力是中学物理教师在新课程教学中研究的一个重要课题.本文拟从图像的意义、教材中的实例、教学的策略等方面进行探讨，促使教师注重图像教学，强化学生的能力培养.

一、提高认识　明确意义

物理中的图像就是运用数学图像来描述两个物理量之间的关系，直观形象地展示物理规律的一种思想方法.它是形象地描述物理状态、物理过程和物理规律的常用工具，是应用数学知识解决物理问题的一个重要方面，物理图像往往能把一个物理问题的多个相关因素同时展现出来，给我们分析问题提供直观、清晰的物理图景，既有利于我们对相关概念、规律的理解和记忆，也有助于我们正确地把握相关物理量间的定性、定量关系.由于图像直观、形象，因此解答一些物理问题往往特别简捷，可使解题过程更简化，思路更清晰，而且在有些情况下运用解析法无能为力，常能从图像上触发灵感，另辟蹊径，柳暗花明.利用图像分析实验具有简明、直观、便于比较和减小偶然误差的特点外，还可由图像求第三个相关物理量，运用图像求出的相关物理量也具有误差小的特点.

二、思想方法　教材渗透

《课程标准》与原来的《教学大纲》的重要区别，是《课程标准》与《基础教育课程改革纲要(试行)》的要求相一致，即明确提出了三维课程目标.图像是分析物理问题的重要数学方法，物理新课标教材尤其重视用“图像”思想介绍物理概念、规律，使抽象的概念、规律易于理解.本文仅以人教社《必修 1》第 1 章为例说明，第 1 节“探究小车速度随时间”实验，让学生自主经历了数据列表、建立坐标系、描点、拟合曲线、发现规律的过程；第 2 节在分析匀变速直线运动的 v-t 图像时，讨论曲线的倾斜程度跟加速度有什么关系，使学生认识图像斜率的物理意义；第 3 节推导位移与时间关系式时，先介绍质点做匀速直线运动的位移在 v-t 图像中是用一块面积来表示的，进而用一系列矩形面积表示匀变速直线运动质点在运动过程中所产生的位移.这渗透着这样一种认识，纵坐标(速度)对横坐标(时间)的积累(位移)是用图像中的一块面积来表示的.通过具体、实例的介绍，让学生了解如何用图像的斜率来量度两个物理量的比值，如何用图像中的一块面积来量度两个物理量的乘积，让学生掌握这些分析物理问题的基本方法，进而提高分析问题和解决问题的能力.

三、利用图像　探究实验

在中学物理实验中多次采用图像处理实验数据.比如，将物体的运动或工作状态用图像的方式记录下来，再根据图像的特点做合理的推演或运算，求出表征事物特性的物理量，如力学中测量单摆振动过程中的重力加速度，电学中测定电源的电动势和内阻等实验中的数据处理方法等.

四、借助图像　阐明规律

物理图像能形象地表达物理规律，直观地叙述物理过程，鲜明地表达物理量间的依赖关系. 直接表明其变化特点，并提供直观清晰的物理图景，在物理课堂教学和实验教学中常常借助物理图像的方法，帮助学生认识物理规律. 用坐标的横轴作为自变量，纵轴作为因变量，利用看似“复杂无序”的数据作出简洁的物理图像，则很容易找出物理规律，既直观又形象，增强知识的可接受性.

五、利用图像　解决难题

在许多情况下，求解某些物理习题要受到数学知识的限制，有时，由于学生对物理过程的抽象概括受到思维上的限制，难以把握物理问题的实质，而采用物理图像的方法，容易找到捷径，使物理问题易于理解.

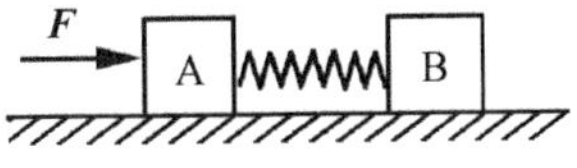

图 2-2-9-1

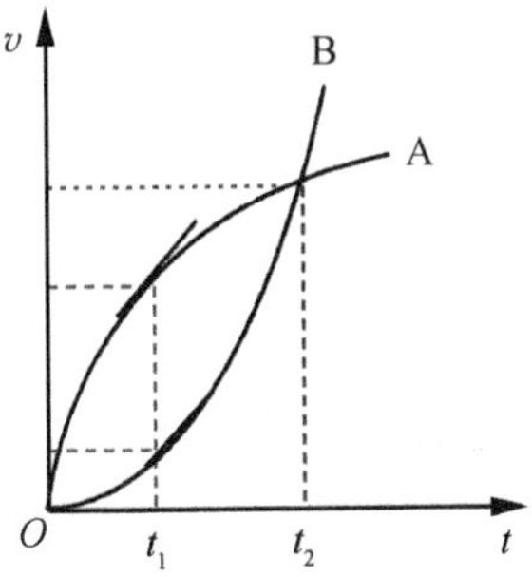

图 2-2-9-2

例 1　如图 2-2-9-1 所示，质量相同的木块 A、B 用轻质弹簧相连，置于光滑水平面上，开始时弹簧处于自然状态. 现用水平恒力 $\boldsymbol{F}$ 推木块 A，从开始到弹簧第一次被压缩至最短的过程中，当木块速度相同时，加速度 a_A ________ a_B；当木块加速度相同时，速度 v_A ________ v_B.（填“$<$”“$>$”“$=$”）

解析　A 所受的力是 $\boldsymbol{F}$ 减去弹簧的弹力，而 B 所受的合力只有弹力. 弹力是变力，随压缩量的增加而增大. 所以，刚开始 A 做加速度减小的加速运动，B 做加速度增加的加速运动. 用公式分析，发现这个题目很难解，而且很容易出错. 但我们若把 A、B 的运动情况用 v-t 图像(图 2-2-9-2)来表示，则答案就一目了然了. 在 t_2 时 A 和 B 速度相等，交点切线的斜率 B 大 A 小，所以 $a_A<a_B$；当 $t=t_1$ 时，两条曲线的斜率一样，$v_A>v_B$. 利用图像法解题具有思路简明清晰、方法灵活巧妙等优点，能有效地展现题目中的物理过程，提高分析思维的深度，教师在平时教学中要注重培养学生这方面的能力.

六、借助图像　启迪思维

物理图像教学非常重要，可以培养学生的思维能力，发展学生的思维品质，同时图像也是一个重要的科学研究方法.

例 2　蚂蚁离开巢沿直线爬行，它的爬行速度与到蚁巢中心的距离成反比，当蚂蚁爬到距蚁巢中心 $l_1=1\text{m}$ 的 A 点处时，速度 $v_1=2\text{cm/s}$. 试求蚂蚁继续由 A 点爬到距蚁巢中心 $l_2=2\text{m}$ 的 B 点处时所需的时间.

解析　蚂蚁爬行的速度随时间不呈线性变化，因此在每段路程内的平均速度不同，不

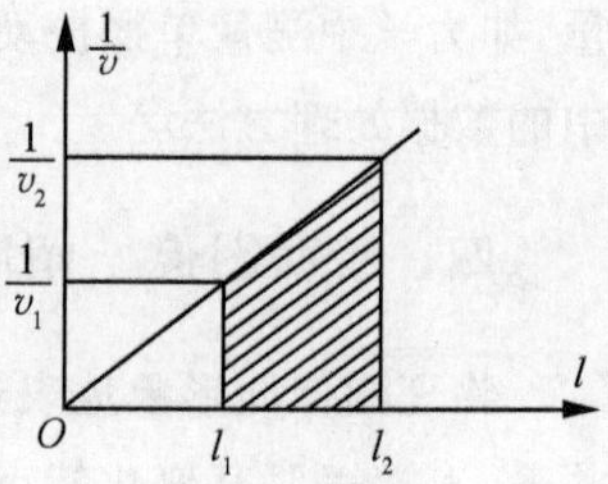

图 2-2-9-3

能用熟知的平均速度求解，用常规的解析法很难解决该问题. 但依题意，爬行速度 v 与到蚁巢中心的距离 l 成反比，即速度 $\frac{1}{v}$ 与到蚁巢中心的距离 l 成正比，作 $\frac{1}{v}$-l 的图像，如图 2-2-9-3 所示. 若将蚂蚁由 A 到 B 的全程分为很多小段，设任一小段为 Δl，对应的爬行速度为 v_i，则任一小段爬行时间 $\Delta t=\frac{1}{v_1}\cdot\Delta l$. 所以蚂蚁由 A 点爬到 B 点处时所需的时间可用图中的阴影“面积”表示，即 $t=\frac{1}{2}\left(\frac{1}{v_1}+\frac{1}{v_2}\right)(l_2-l_1)$. 其中 $l_1=1\text{m}$，$l_2=2\text{m}$，$v_1=2\text{cm/s}=0.02\text{m/s}$.

由爬行速度 v 与到蚁巢中心的距离 l 成反比，得 $l_1v_1=l_2v_2$. 解得 $v_2=1\text{cm/s}=0.01\text{m/s}$，代入上式，得

$$t=\frac{1}{2}\left(\frac{1}{0.01}+\frac{1}{0.02}\right)(2-1)\text{s}=75\text{s}$$

即蚂蚁由 A 点爬到 B 点处时所需的时间为 75s.

本题通过图线“面积”巧妙地计算出了时间. 学生通过对图像思想的理解，今后解题时可举一反三，融会贯通.

在教学过程中，教师应当对教学内容进行挖掘，寻找可以开展图像的教学内容和方法，并且在教学前有一个总体的构思和安排，把图像教学渗透到日常教学当中，使物理教学变得生动活泼，在教学过程中不但传授了知识，同时也提高了学生的素质. 实践证明，教师只要从高一抓起，经过高中三年的教学训练，最终定能达到提高学生科学素养及分析问题、解决问题能力的目的.

2.2.10　图像与物理概念、规律的教学

长期以来，我国中学物理教学一直强调概念规律及其应用，不太重视图像的教学，物理图像只用来呈现概念规律的直观表征. 在实际教学中，图像更多地被部分教师仅仅用作处理实验数据的工具，还有些教师则只关注如何利用图线更简单地解题. 学生对概念规律的理解总处于很不理想的状态，甚至相当多物理高分学生，也并非真正理解概念、规律，导致学生对物理课程的学习偏离了对物理科学的学习.

就物理学本身而言，图线与图像本身不仅是一种重要的物理语言，也是一种重要的研究方法，它与文字、公式、各类简图等物理语言相互转化，相互补充，有逻辑地把物理世界及物理量间的相应变化全面、生动地展现在我们面前. 相比之下，物理图像较文字、公式更具有直观、形象的特点，更能量化地反映出多个物理量的状态变化及其相关性的特征，它能直接反映观察的结果(定性或定量的)；物理图像所呈现出的对物理量变化过程的整体性描述，不仅系统而且全面. 特别地，与其他物理语言相比，物理图像在对变化过程所具有

的细节性描述以及有助于学生理解概念深层意义方面，独具特色.

一、图像有助于物理概念的形成

概念是关于事物本质属性及一般特征的抽象概括，它的形成需要大量相关感性材料的支撑.在需要时，个体将经验储备中相关现象的感官知觉材料，经由编码、组织、储存，从记忆中提取出来.而图像是对表象材料的排序、归类与整理后的整体图景反映，是对直接认知对象表象的条理化，是结合已有观念做出的对事物总体特征的描绘.两者都是为进一步抽象概括材料准备的认知内容.由于图像是对研究现象或过程的秩序整理，显示的是整体特征，于是从资料呈现的完整角度而言，物理图像对物理概念的形成指出了一个明确的方向.又由于图像直接表征的是物理量间的变化，借助数学知识，探究变化中隐含着的不变因素.在某种层次上说，不变是一种特征，表明一种本质——这就是概念所要表征与描述的内容，或者说就是需要引入或产生的那个概念.于是从这种意义上说，图像提供了概括抽象事物本质的一种思维活动方法.

例如，对加速度概念的学习，学生对生活中直线运动的物体运动速度在不断地变化，有零散但丰富的经验储备，对摩托车与小轿车的启动阶段的速度变化差异也有着真切的认知表象.因此给出两车启动开始一段时间内一系列时刻的速度值，让学生进行比较研究，这符合学生的认知.若将两车的速度变化利用给出的数据用速度-时间图像表示出来，让学生直观地看到每一辆车运动变化的特点，在变中寻找不变，学生可发现：速度与时间都在变化，但速度变化与所用时间的比值、单位时间内的速度变化、速度的变化率等都是不变的，即速度图线的斜率等都是不变的.进一步地引导学生由图像表现出的两车速度图线的斜率不同，实质就是两车运动本质的不同——速度的变化率不同，从而自然地引入新概念——加速度.

又如，电场强度概念的引入，利用检验电荷的相应测量数据，实验得出：放入电场中某点的检验电荷电荷量变化，其受到的电场力也随之变化.但检验电荷受到的电场力与检验电荷的电荷量图像是一条过原点的直线，由于直线的斜率不变，直接得出电场力与电荷量的比值不变，体现出电场在该点力的本质特征.而在电场中的不同点，力与电荷量的比值一般又不相同.可见，这一比值反映了电场力的本质特征，在不同点的不同——“场力”的强弱不同，电场强度不同.

二、图像提供直观的情境

(一) 借助图像的直观特点，深化理解相关物理概念间的相互关联

中学生还处于经验型抽象思维的阶段，对抽象内容的理解往往需要直观内容的支持，显然，相对概念来说，图像是直观的，因此，教学的关键就在于要引导学生将二者联系起来.例如，在各种复杂的直线运动中，可利用位移图像对各种速度概念(用文字与数学式描述的)加以认识上的深化.如图 2-2-10-1 所示，物体运动的 s-t 图像中的曲线 M，分析 t_1 至 t_2 这段时间内物体的运动，公式定义的平均速度在这里得到了直观的诠释：直线 AB 的

斜率. 若 t_2 逐渐向 t_1 靠近,对应直线 AB 斜率的变化昭示着所分析的时间段内相对应的平均速度不同,当 t_2 无限地趋向于 t_1 时,公式的物理意义是物体在 t_1 时刻的瞬时速度,就是图像在 A 点处的切线的斜率. 可见平均速度及其变化以及瞬时速度与平均速度的关系,在这里得到了逼真的动态直观性演示.

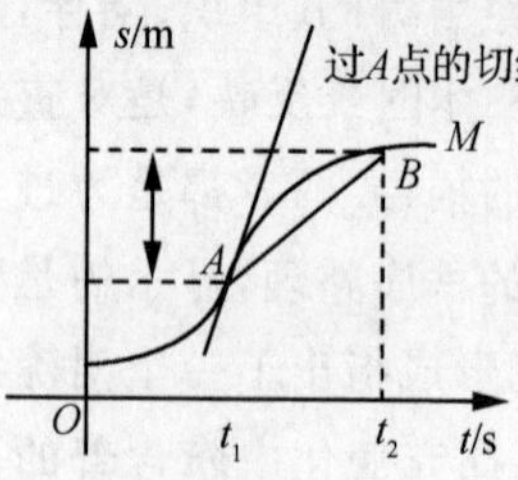

图 2-2-10-1

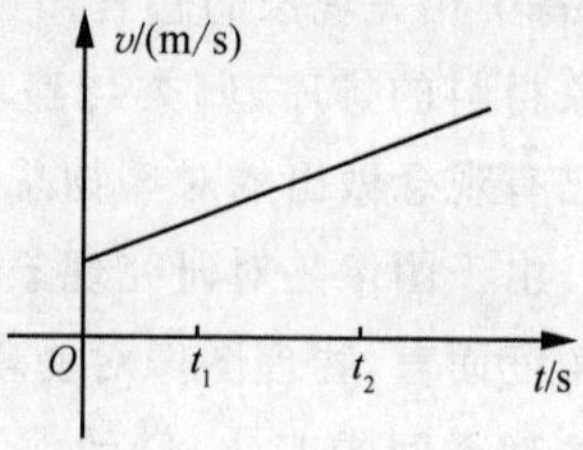

图 2-2-10-2

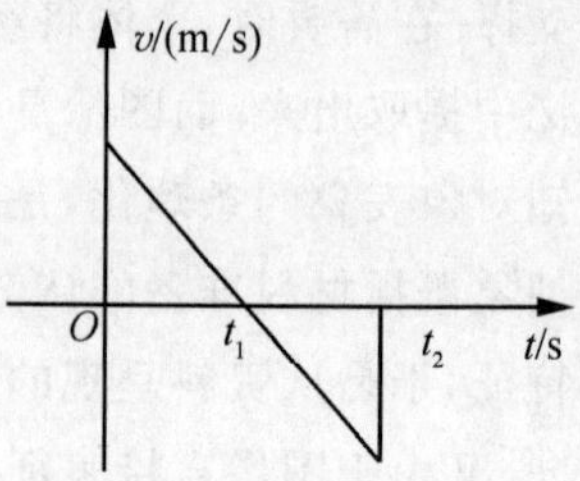

图 2-2-10-3

同样地,利用图 2-2-10-2 与图 2-2-10-3 所示的 v-t 图像可从以下四个方面深化理解加速度:只有速度图线是不与两轴平行的直线时,它表示的运动才是匀变速直线运动;图 2-2-10-2 中的速度图线是直线,直线的斜率为该段匀变速直线运动的加速度;由于斜率为正,加速度方向与运动方向相同,物体做匀加速直线运动;图 2-2-10-3 中速度图像直线的斜率为负,该段匀变速直线运动的加速度方向与物体的运动方向相反,物体做匀减速直线运动.

此外,当速度图线是曲线时,对该图线表述的运动只能计算平均加速度. 如图 2-2-10-4 所示,速度图线在某时刻切线的斜率表征该位置时刻的瞬时加速度,即 t_2 时刻的加速度即为曲线在该处的切线斜率,由于加速度为正,物体在 $t_1 \sim t_2$ 时间段做的是加速运动. 利用这些速度图像还可以方便地解决初学者由于运动认知材料积累不足带来的对相应运动产生的理解困难. 例如,图 2-2-10-3 中的 t_1 时刻物体的速度为零,但加速度不为零;图 2-2-10-4 是加速度逐渐减小的加速运动;图 2-2-10-5 表示物体做加速度逐渐增大的减速运动;等等.

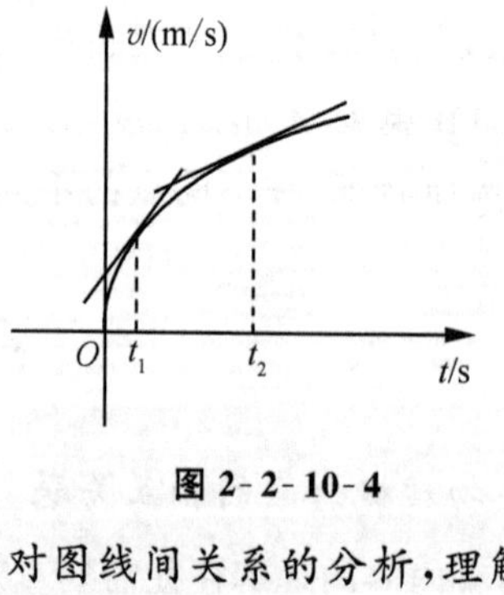

图 2-2-10-4

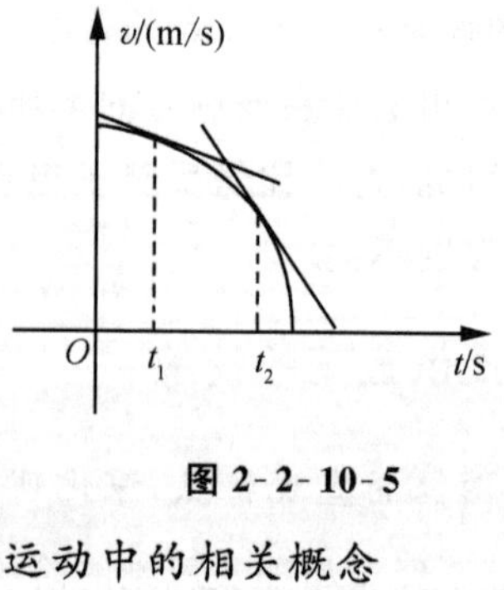

图 2-2-10-5

(二) 借助对图线间关系的分析,理解复杂运动中的相关概念

对多体复杂运动,教学中遇到的困难多是由于学生缺少对相关运动的认知经历,对运动发生的过程及其特点没有形成对应的想象储备. 例如,因波源与观察者相对运动而使观察者接收到的波频率发生改变的多普勒效应现象,对此现象理解的支持是,想象出波源与观察者之间有相对运动时,观察者接收到波的周期(频率)会发生何样的变化呢? 可用位

移图像给予直观支撑. 设波在介质中沿直线匀速传播的速度为 v_0，波的振动周期为 T，下面简单地分析波源静止、观察者相对波源运动的情况. 先对静止的观察者而言，若只关注波动的特殊状态(比如波峰)，将看到从波源位置处每隔时间 T 就有一个波峰状态以速度 v_0 匀速向外传播，若观察者再以速度 v 向波源方向匀速靠近，各对象的运动位移图像将如图 2-2-10-6 所示.

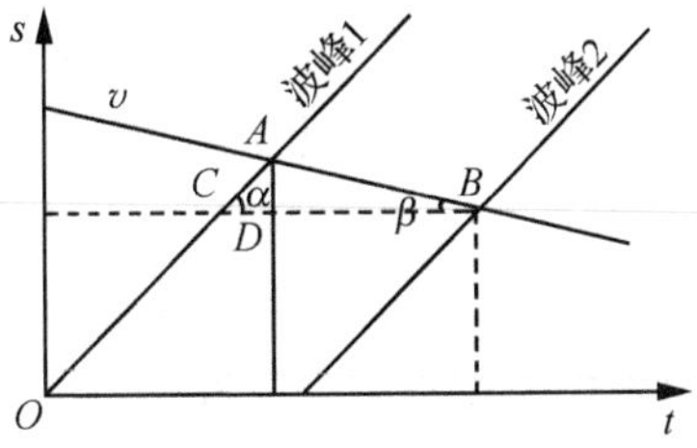

图 2-2-10-6

由图 2-2-10-6 可知，观察者接收到的波峰 1 与波峰 2 的时间间隔 DB 自然小于波源发出两峰的时间间隔 CB，即观察者在此运动状态下接收到波的周期小于波源振动周期. 直观可见多普勒效应是物体由于相对运动而出现的不同参考系中观察到的同一事件发生时间间隔不同的一种自然结果. 进一步地，还可利用图线形状呈现出的几何关系，计算出频率变化的数量关系.

观察者接收到两个波峰信号时间间隔 t 的值可由下式求出：

在$\triangle ACD$ 和$\triangle ABD$ 中，有

$$CD\times\tan\alpha=DB\times\tan\beta,\ (T-t)v_0=tv$$

得 $t=\dfrac{v_0}{v_0+v}T$.

频率为 $f_0=\dfrac{1}{T}$波动信号(以波源连续发出波的两个波峰为标志)，在波传播方向的直线上，以速度 v 向波源运动的观察者接收到波的频率 $f=\dfrac{1}{t}$将发生改变. 因 $t=\dfrac{v_0}{v_0+v}T$，故 $f=(1+\dfrac{v}{v_0})f_0$.

三、图像可发掘概念的深层次物理意义

(一) 从图像中物理量的变化读出概念的深层次物理意义

由于图像中呈现出的连续性曲线，是对过程中相应物理量的细节性描述，由此便可以引导学生理解概念的深层次意义. 例如，匀速运动的 v-t 图线，利用平面内坐标点可描述物体在某一个时刻的速度. 于是可帮助学生理解：速度乃是描述物体运动状态而非运动过程的物理量，速度随时间的推移就可描述一个运动的过程；进而，物理学中说的匀速运动则一定是个理想过程，因为在任一时刻速率都相等的运动在实际中并不存在. 又如，图 2-2-10-7 所示的小灯泡的 U-I 图线，所给出的关于小灯泡灯丝材料的电阻信息，不但比直接用文字语言表述或数据列表等方法描述灯丝电阻要简单得多，而且特别值得注意的是，该图线所揭示出的“灯丝电阻随温度呈现的动态变化”，若用语言与公式分析，几乎难以发现该规律.

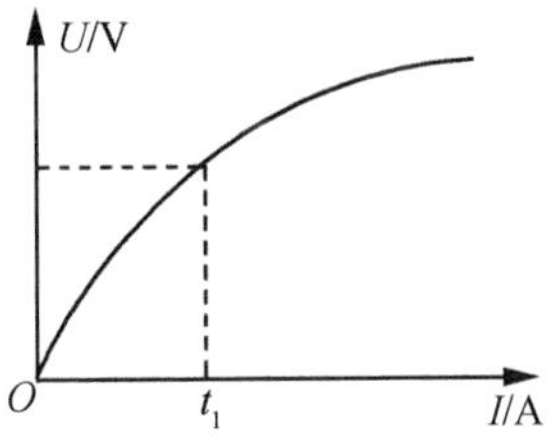

图 2-2-10-7

(二)图像为发现新概念提供了直观的依据

在光电效应现象的研究中,实验得出的光电子的最大初动能与入射光的频率关系图像,如图 2-2-10-8 所示,不仅使我们感受到了光电子的最大初动能与光的强度无关(光子个数),而是与光的频率线性相关的粒子性行为.由直线与横轴的交点位置,更使我们认识到极限频率概念的存在及其意义.

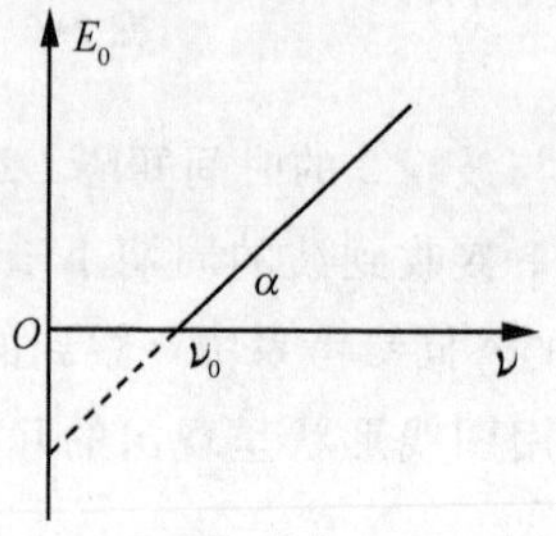

图 2-2-10-8

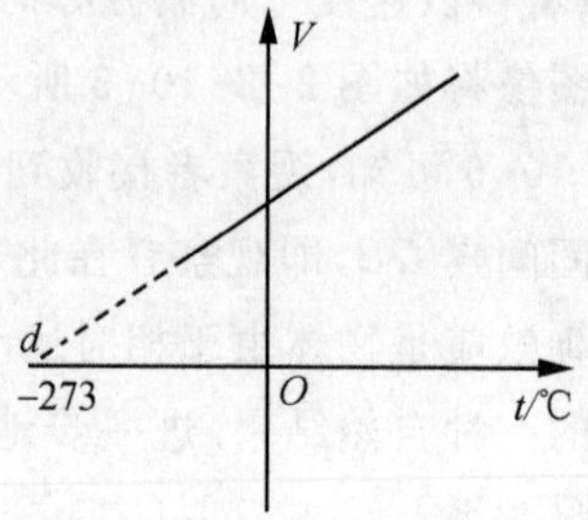

图 2-2-10-9

研究等压条件下,一定质量的理想气体的体积随温度变化的情形,利用描点法画出实验得到的等压线,如图 2-2-10-9 所示,图线并未通过原点表明 0℃时气体的体积并不等于零这一事实,直线反向延长交 t 轴于 d 点,得到 $t_1=-273$℃,从而外推到零体积,产生了理想气体温标,定义出了绝对零度这一"极限"概念,并明确了它的物理意义.

四、图像为概念间的联系积累材料,丰富了建立物理规律的途径

概念是规律的基础,规律反映了概念间的联系.学生对这一点的理解通常依靠反思发生错误的原因来实现.实际上,从实验物理走进理论物理,规律的建立方法已发生了根本的改变,在中学物理教学中,如果借助不同图线间的物理关系来建立规律,则可以在一定程度上对这一方法的变化提供隐喻性的支持.

例如,通过对合外力与时间的曲线及加速度与时间的曲线的综合分析来推导动量定理.设质量为 m 的物体做直线运动,其受到的变化的合力 F 随时间的变化如图 2-2-10-10 所示,该物体运动的加速度随时间的变化图像如图 2-2-10-11 所示,由牛顿第二定律可知,图 2-2-10-11 只是图 2-2-10-10 中每一相同时刻的对应点的纵坐标值与 m 之比所形成的图形;即图 2-2-10-11 中曲线与横轴所围面积的 m 倍应与图 2-2-10-10 中曲线与横轴所围面积相等,这一点可以通过方格法计算两个面积验证.由图像的物理意义可知,图 2-2-10-10 中曲线与横轴所围面积表示力在时间 t 内的冲量 I;图 2-2-10-11 中曲线与横轴所围成的面积表示时间 t 内物体速度的增量 Δv,若物体在时间 $t=0$ 时刻速度为 v_0,t 时刻速度为 v_t,则 $\Delta v=v_t-v_0$,比较两幅图形,有 $I=m\Delta v=mv_t-mv_0$.学生通过这种"直观证据",加深了对动量定理的理解.

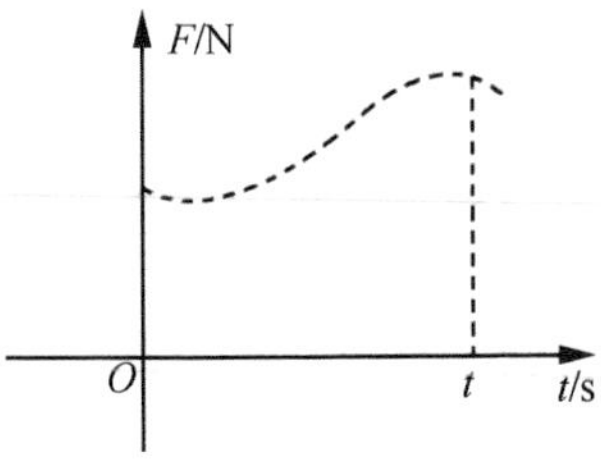

图 2-2-10-10

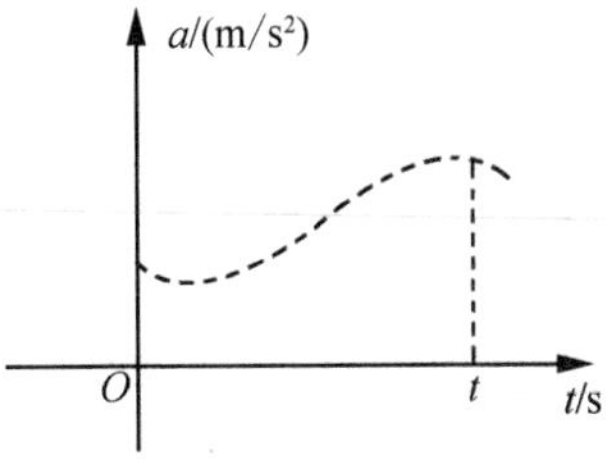

图 2-2-10-11

2.2.11　图像在物理实验中的教学

物理是一门实验科学,为此,高中物理教材中设置了一定数量的学生实验,按其内容可分为验证性、测量性、探索性及操作性实验四种类型.通过实验可加深学生对物理概念的理解,培养学生观察物理现象的能力,探索有关物理规律,了解有关仪器的原理、性能、用途和使用方法,提高学生的动手能力.这就要求在正确使用仪器的前提下对测量数据进行筛选处理,无论是哪一类型的实验都应立足于培养学生良好的实验素质.一般来说实验可分为三个阶段—实验前的准备;实验的操作、观察、记录;实验数据的分析和处理.对验证性和测量性的实验,就是通过分析和处理有关数据,来验证某些物理规律或测定某些物理量,因此实验数据的分析和处理尤为重要,如何处理和分析实验数据是实验教学中的一个重要环节.数据的处理是否准确可能会直接影响到实验者得出实验的结论.学会分析和处理实验数据是一项很重要的实验技能,掌握这项实验技能,不仅对学生学好物理是非常有益的,而且对学生的后续学习或今后离开学校参加工作独立处理问题也是受益终身的.而利用图像思想处理物理实验数据是最常用、最重要的思想方法之一.因为图像作为一种直观形象的数学工具,具有描述功能、探索功能、推理功能,它在处理物理实验数据中具有独特的作用.从笔者近三十年的教学经验来看,学生对这种思想方法的掌握和运用不是一蹴而就的,需要我们在高中物理教学中进行有计划的渗透才能实现.

如何处理和分析实验数据呢?关键是要引导学生灵活运用自己掌握的某些数学规律和结论去处理实验数据.一般来说,学生习惯于把测得的实验数据填入设计好的表格中,通过计算求得要测定的物理量或验证某物理规律,这种方法对某些实验会产生较大的误差,有时也很难发现物理规律.为此有关实验可采用图像法处理,因为图像的直观性强,可以把物理量之间的相互依赖关系和线性关系、周期性等清晰地呈现出来.图像的几何特征都有对应的物理意义,弄清这种对应关系可以简化研究过程.图像不仅可以用来表达物理规律,还可以用来测定某些物理量.具有同类数学表达式的物理规律,它们的图像必然相似,通过图像的比较必能较容易地发现物理规律,故在实验教学中要重视图像法的应用.

一、现状分析

高中物理教材中的学生实验对数据的处理大都可用图像法,但在实际教学中大部分高中教师认为这种方法在初中里已讲解过,而且认为在数学中关于图像问题研究得比较多，在物理课堂上无须再多讲解. 但数学对图像的要求与物理实验中的图像要求是不同的，数学对作图的要求很低. 这种随意的作图行为对利用图像处理物理实验数据会带来不良的影响. 学生虽然在数学中学习了图像，在初中物理中也学过用图像处理物理实验数据的方法，但不少学生还是对其意义不太明确，甚至对如何操作都不是很清楚，更不用说能灵活应用图像处理实验数据了.

二、利用图像处理物理实验数据的优越性

用图像法处理物理实验数据的优点在于直观、简便，图像法处理实验既符合统计学理论，也符合平均理论，只是点数更多. 由图线的斜率、截距、所包围面积和图线的交点等可以研究物理量之间的变化及其关系，找出规律，得到实验结论. 这些优越性不但要教给学生，而且要通过在教学中不断地渗透，让学生体会到.

1. 化抽象为形象

选定坐标轴，根据实验所得数据，采用描点法作图，再连线，就能简明、直观、形象地反映两个物理量之间的关系.

2. 避烦琐简计算

可以由图线的斜率、截距、交点、包围的面积求出相关物理量，并可以结合图像对所涉及的问题进行讨论，在有些实验中，最后的结果需要经过烦琐的计算才能得到，如果利用图像处理则可避免，如测定匀变速直线运动的加速度、测定电源的电动势和内阻等实验.

3. 排错误减误差

图像法有取平均值的效果，可以排除偶然误差，提高实验的精确度. 如果某个点偏离图线很远，则可能是实验过程出现了错误，从而迅速加以排除. 而用公式法处理就不易发现错误. 用图像法处理数据就能避免用错误的数据处理实验，也就避免得出错误的实验结论.

4. 细分析找偏差

在实验中处理数据时，由于图像是根据测量值画出的，其斜率及截距的真实值与其理论值的误差为实验的系统误差. 分析系统误差时，我们只要根据实验原理和相关物理规律推出图像所依赖的数学解析式，并求得斜率及截距的真实值，将之与理论值比较，便可知系统误差情况. 比如用如图 2-2-11-1 所示装置做“探究物体的加速度跟力的关系”的实验. 实验时在平衡了摩擦力后，保持小车的质量不变，用钩码所受的重力作为小车受到的合力，用打点计时器和小车后端拖动的纸带测出小车运动的加速度. 实验时改变所挂钩码的质量，分别测量小车在不同外力作用下的加速度. 根据测得的多组数据，画出 a-F 关系图像，如图 2-2-11-2 所示. 此图像的 AB 段明显偏离直线，这是系统误差，用图像很快就能得出加速度测量的误差情况。

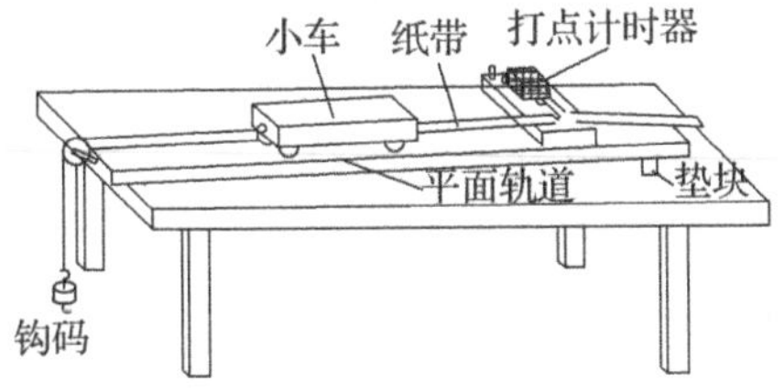

图 2-2-11-1

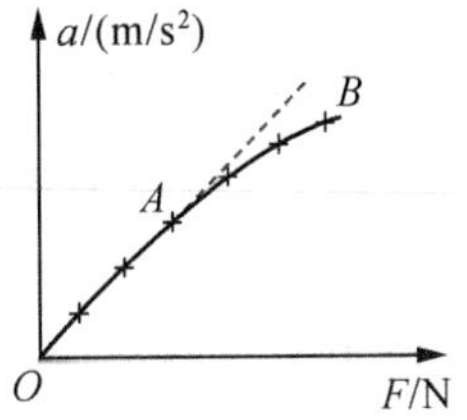

图 2-2-11-2

通过图像，学生可以从中方便地得出所求的物理量以及从中得出实验结论，从而揭示物理本质或规律.

5. 巧作图解难题

有些实验需要的物理量无法用公式法等方法去解决问题，只能用图像法去解决. 如某同学通过实验正确作出小灯泡的伏安特性曲线，如图 2-2-11-3 所示. 现把实验中使用的小灯泡接到如图 2-2-11-4 所示的电路中，其中电源电动势 $\mathscr{E}=6\text{V}$，内阻 $r=1\Omega$，定值电阻 $R=9\Omega$，求这时灯泡的实际功率.

在无法用表达式解决问题时，可以寻找用图像解题，本题中写出电流和电压的方程式，再作出该直线，如图 2-2-11-5 所示，则两线的交点为灯泡的工作点，即可求出灯泡的实际功率.

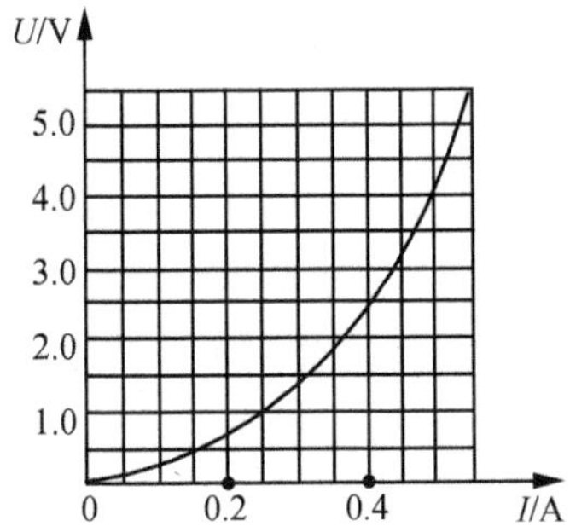

图 2-2-11-3

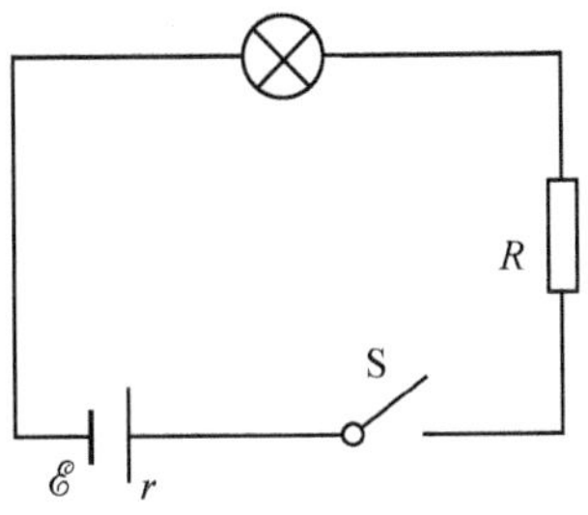

图 2-2-11-4

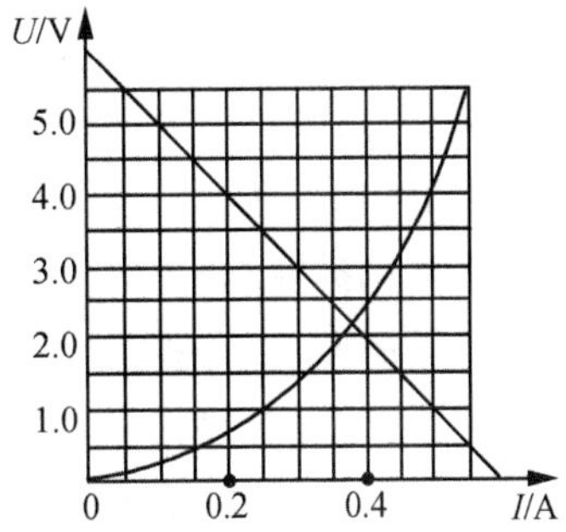

图 2-2-11-5

三、有效渗透物理图像思想

教师在教学中要渗透物理图像思想：一是如何利用数据作图像，二是如何从图像中获取信息，三是如何迁移应用. 在教学中要有计划地对学生进行物理图像的渗透.

（一）图像的建立

1. 巧取坐标易找关系

完成实验数据的采集后就是进行数据处理了，如果用图像法，首先要建立坐标系，取标度并在坐标轴端注明物理量及其单位. 如果根据实验数据描点后画出的图像是一支曲线，就不容易分辨出这样的曲线是符合双曲线、抛物线还是其他规律，这样的图线代表的物理意义就不明确了. 此时如果采用归“直”策略，进行合理的变换，巧取坐标（如倒数线性比、平方线性比、对数线性比等），把图像处理成直线，其所反映的物理量间的规律就跃然纸上，问题也将迎刃而解了. 比如，牛顿第二定律实验、探究做功与速度的关系等实验.

2. 原点标度不可小视

选取标度时，应尽量使图像美观大方，图线切忌过于平坦或陡峭. 这一点学生体会不是很深，笔者借助 2013 年江苏省物理高考第 1 题为例说明. 图 2-2-11-6 为探究小灯泡的电功率 P 和电压 U 的关系，小明测量小灯泡的电压 U 和电流 I，利用 $P=UI$ 得到电功率，小明处理数据后将 P、U^2 描点在坐标纸上，并作出了一条直线，如图 2-2-11-6所示，请指出图像中不恰当的地方. 在教学中可把它制成动画，左右拉动，如果向左挤压会出现这些点趋向于直线，而向右拉则呈很明显的曲线，让学生深刻体会到合理选取标度的重要性. 另外，作图时坐标原点不一定取数据零点，应尽量使图像占据坐标纸的大部分空间，使图像更精确. 例如，测定电源电动势和内阻，作 U-I 图时坐标轴的原点不是电压值的零点，教师一定要先让学生作图体验得出，如果电压从"0"开始所得出的图线倾斜程度很小，导致误差很大，此时就要重新处理，学生只有在亲身体验的基础之上再去总结才会取得良好效果.

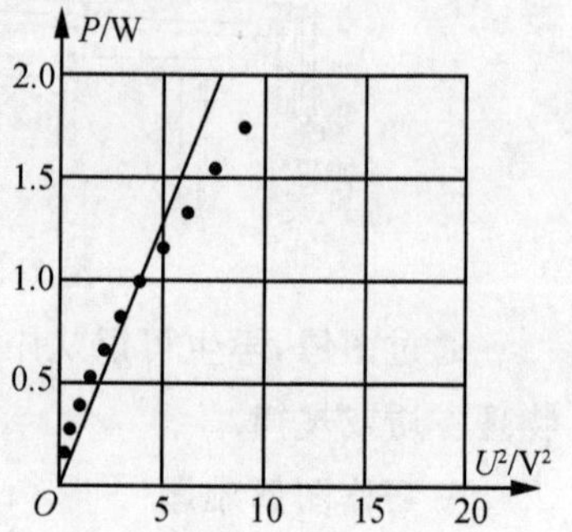

图 2-2-11-6

3. 连线绘图需要方法

描出各数据点后，要用一条光滑的线把它们连接起来. 所连的线是直线还是曲线，要看趋势、识大体后决定. 由于测量数据时可能会出现误差甚至错误，为此应根据大多数测量数据点的分布画出平滑的曲线，尽可能使数据点在图线上，或均匀地分布在图线两侧，但不能画成折线. 若个别数据点偏离图像较远，说明该数据有差错，应舍弃不用，这样才符合统计学的原理. 有些学生为了让更多的点在直线上，将线条画得很粗，若用该图线求相关物理量时，误差很大. 所描的点和线要尽可能细. 凡是直线，有的需要描到原点，有的需要与坐标轴相交，以便于分析截距或斜率的物理意义.

以上三步看似简单，但实际中问题很多，可以借助实物展示台展示学生的错误并进行分析，让他们认识到错误产生的原因. 教师要不断示范、阐明原理、不断渗透，只有这样，才能达到良好效果.

（二）从图像获取信息

在数据处理中要注意正确利用数学关系，一般情况下要先根据实验原理写出纵横两轴两个物理量的关系式，明确图像的意义. 首先看两坐标轴所表示的物理量及其单位（有时还有数量级），然后看坐标原点起点是不是从"0"开始，比如图 2-2-11-7的纵坐标不是从零开始的，故图像与横坐标的交点不是短路电流；最后看图像斜率和面积有何意义，如利用图 2-2-11-7 斜率的绝对值可以求得电源内阻. 在平时的

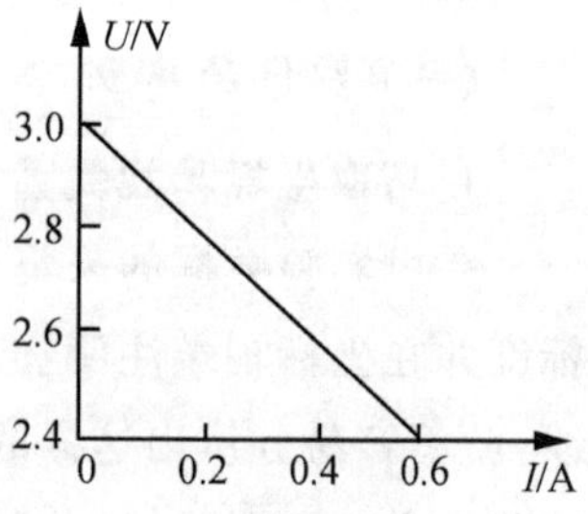

图 2-2-11-7

教学中要通过各种实验图像不断渗透，让学生学会关注以下几个方面的信息.

1. 斜率信息

图像上某点切线的斜率一般表示某个物理量，如 v-t 图中斜率表示加速度，这里不一一列举. 注意有的曲线的斜率不能代表某个物理量，如灯泡的伏安特性曲线，其斜率并不表示电阻，正确的做法是尽可能写出这两个量的关系式，看斜率表示什么量，或者从量纲上去分析斜率的意义. 比如电阻的定义是 $R=\dfrac{U}{I}$，而不是 $R=\dfrac{\Delta U}{\Delta I}$.

2. 面积信息

图线与横轴所围的面积表示该图像的纵坐标变量对横坐标变量的积分累加值. 如 v-t 图像的面积表示位移，气体的 p-V 图像的面积表示气体对外界(外界对气体)所做的功等. 因此，以可积累变量为纵坐标变量时，应注意其图像面积的内涵.

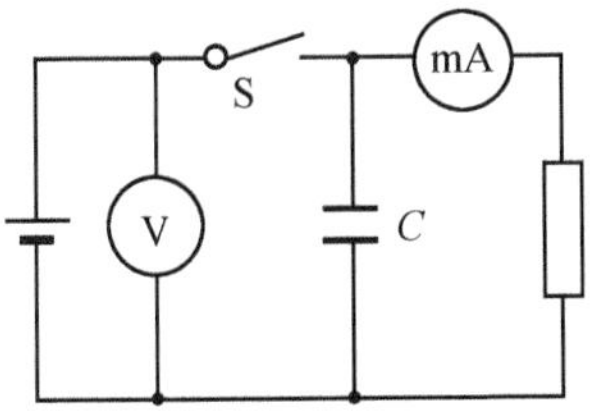

图 2-2-11-8

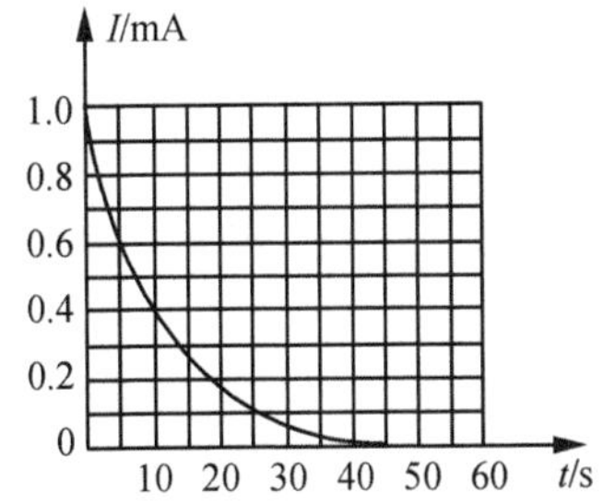

图 2-2-11-9

例如，测量电容器的电容，电路如图 2-2-11-8 所示. 实验器材有带数字显示的学生直流稳压电源、秒表、待测电容、电阻(10kΩ)、量程为 1mA 的电流表，还有开关、导线若干. 首先闭合开关，给电容器充电，然后断开开关，电容器开始放电. 在断开开关的同时开始计时，实验时直流稳压电源的示数是 10V. 某同学根据测得电容器放电的时间和电流实验数据在 I-t 图中描点，再用光滑曲线把它们依次连接起来，如图 2-2-11-9 所示，图线和横轴所围的面积就是电容器总放电荷量，即为原来电容器所带电荷量，然后再用公式就可求得电容器的电容了.

3. 截距信息

截距能反映某些特定状态量，如测定电源电动势和内阻的 U-I 图中截距表示电源的电动势. 利用截距也能获得未经测量或无法直接测量的物理量. 例如，“探究加速度与力、质量关系”实验中的 a-F 图像中，倘若图线未经过原点，则可以定量地判断出根源，如没有平衡摩擦力或是平衡摩擦力时长木板的倾角过大等. 在该实验中就可利用截距信息来测定动摩擦因数，这里不再赘述.

4. 交点信息

两图线相交说明这两个变量在相交处有共同的特征，如灯泡的伏安特性曲线与电源路端电压-电流曲线的交点反映出小灯泡的工作状态，交点处的电压为灯泡在该电源下的工作电压，交点处的电流为灯泡的工作电流.

（三）图像的迁移

在掌握基本原理后，往往需要学生能做到举一反三，如伏安法测定电源的电动势和内阻实验中，学会用图像处理数据后，对其他方法如伏阻法、安阻法等测电源电动势和内阻，就要能根据欧姆定律写出原理式，然后进行变换，寻找变量间的关系，$\frac{1}{U}=\frac{1}{\mathscr{E}}+\frac{r}{R\mathscr{E}}$或$R=\frac{\mathscr{E}}{I}-r$，作$\frac{1}{U}$-$R$ 或$\frac{1}{I}$-R 或R-$\frac{1}{I}$图像等（图 2-2-11-10）.

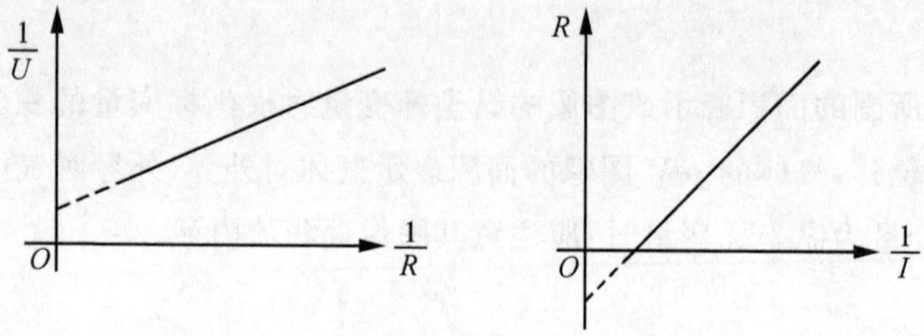

图 2-2-11-10

四、线性关系图像在实验中的应用

（一）利用线性关系图像探究物理规律

在实验中探究两个物理量间的关系时，通常先让学生猜想它们之间可能存在的各种关系，实验中测量数据，作出它们对应的图像（若在计算机上用数表软件处理数据，既节约时间，效果会更好），其中一条过原点的直线图像，则说明纵轴和横轴所表示的物理量之间是正比关系，这种探究方法比较直观、简单. 如在利用单摆测定重力加速度的实验中一般采用的方法是：使单摆做简谐运动，测出摆长和相应的周期 T，利用关系式 $g=\frac{4\pi^2 L}{T^2}$，计算出重力加速度，再重复三次实验，算出重力加速度的平均值，此即为测得的值. 显然这样做运算量大. 若改变摆长，测出每一次的摆长，且使单摆做简谐运动，测出每次相应的周期，以 $4\pi^2 L$ 为纵坐标，以 T^2 为横坐标，在坐标系中找出相应的点，作出 $4\pi^2 L$-T^2 的图像. 如图 2-2-11-11 所示，图像的斜率即是重力加速度，这不仅减少了不必要的计算，而且误差较小.

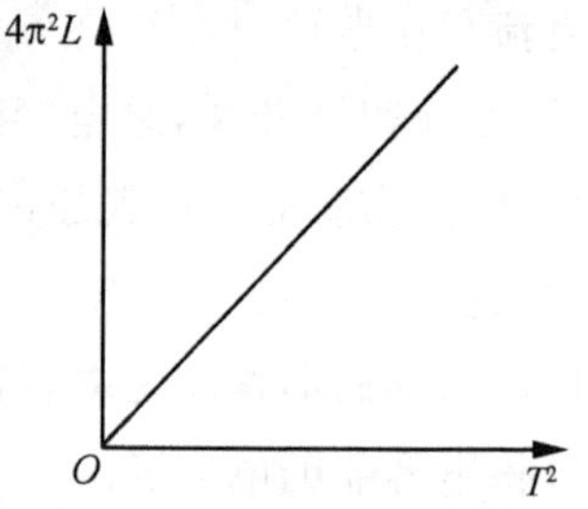

图 2-2-11-11

（二）利用线性关系图像验证物理规律

验证性实验主要用于验证物理规律、定律中物理量之间的关系. 若它们之间的关系都可以转化为最简单的正比关系，则用线性关系图像法处理较为方便、直观.

例如，在验证牛顿第二定律实验中，当 F 一定，加速度 a 与质量 m 成反比时，若根据实验中测量的数据作出 a-m 图像，得到的图像为曲线，很难说明加速度 a 与质量 m 成反比. 若对这种非线性关系的数关系作变换，将实验结果描绘在 a-$\frac{1}{m}$图像上，可以发现图线大致是一条过原点的直线，说明 a 与 $\frac{1}{m}$ 成正比，即 $a \propto \frac{1}{m}$，这就验证了 a 与 m 成反比.

（三）利用线性关系图像分析实验误差

由图像可以定性地分析实验误差，当用实验数据描述的图线与理想的图线有偏差时，可利用图线的斜率、截距、面积等所包含的物理意义，找出它们与理想图线的差别，从而确定实验的误差所在.

例如，用伏安法测电源电动势和内阻的实验电路如图 2-2-11-12 所示，为了减少偶然误差，可采用图像法处理数据，根据电压表、电流表的多组读数 U、I 值画出 U-I 图像，如图 2-2-11-13 所示，图线在纵轴上的截距就是电源的电动势 $\mathscr{E}$，图线的斜率就是电源的内阻 r. 由图 2-2-11-12 电路可知，误差来源于电压表的分流，导致电源电流的测量值（即电流表的示数）比真实值偏小，$I_{真}=I_{测}+\frac{U}{R_V}$（$U$ 为电压表的示数，R_V 为电压表的内阻）. 因为对于任意一个 U 值，总有 $I_{真}>I_{测}$，其差值 $\Delta I=I_{真}-I_{测}=\frac{U}{R_V}$ 随 U 的减小而减小；当 $U=0$，即两图线与 I 轴的交点 A 重合时，画出 $U_{测}$-$I_{测}$ 图线 AB 和修正后的电源真实 $U_{真}$-$I_{真}$ 图线 AC，比较直线 AB 和 AC 纵轴截距和斜率，不难看出 $\mathscr{E}_{测}<\mathscr{E}_{真}$，$r_{测}<r_{真}$（图 2-2-11-13）.

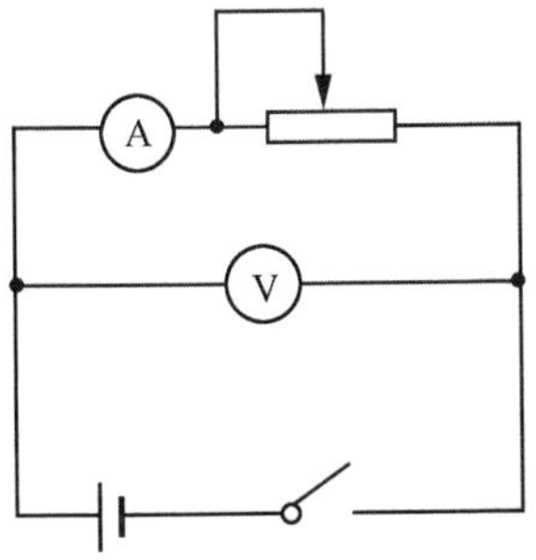

图 2-2-11-12

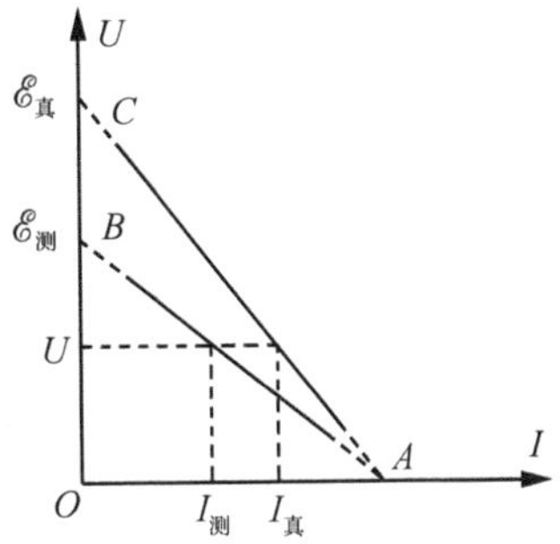

图 2-2-11-13

（四）利用线性关系图像减小实验误差

利用线性关系图像处理实验数据时，可剔除那些明显不在直线上的点，以减少偶然误差. 对于理论上应是一条过原点直线的线性关系图像，由于实验中某个测量值的偏差，使得由此实验数据作出的图像变为一条不过原点的直线. 若用公式对实验数据进行求解会产生偏大或偏小的系统误差；若用图像法处理，因该直线的斜率不变，利用直线的斜率求得的某物理量，理论上可消除系统误差. 例如，某同学在用单摆测重力加速度的实验中，多次改变摆线长，并测出了相应的周期，但没有测摆球直径，直接用摆线长代入公式计算，求出的重力加速度是有误差的. 如何处理已有的实验数据，减小误差，尽可能提高重力加速度测量值的精度呢？由单摆的公式：

$$T=2\pi\sqrt{\frac{l}{g}}$$

求出的重力加速度偏小. 为减小误差，提高重力加速度测量值的精度，可利用图像处理实验数据，以摆线长 l 为横轴，T^2 为纵轴，作出如图 2-2-11-14 所示的 T^2-l 直线，其斜率为 $k=\frac{4\pi^2}{g}$，通过直线的斜率求出重力加速度 $g=\frac{4\pi^2}{k}$，借助图像法除了可以减小偶然误差以外，还可以避开测量摆球的半径，提高了实验的精度.

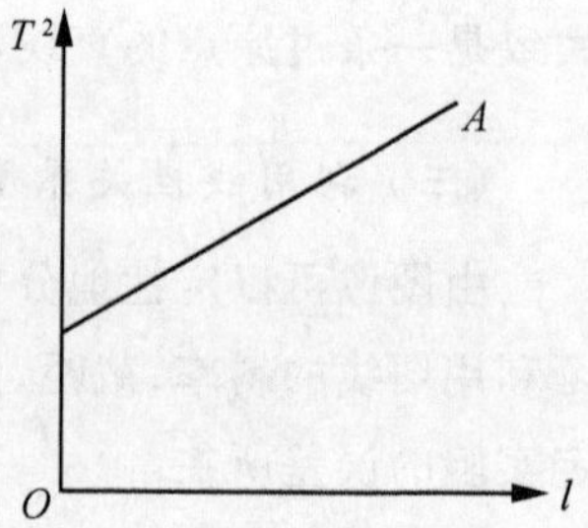

图 2-2-11-14

五、非线性关系图像在实验中的应用

在实际生活中，常用纵坐标表示电流 I、横坐标表示电压 U，这样画出的 I-U 图像叫作导体的伏安特性曲线. 某一个金属导体，在温度没有显著变化时，电阻是不变的，它的伏安特性曲线是通过坐标原点的直线，具有这种伏安特性的电学元件叫作线性元件.

欧姆定律是个实验定律，实验中用的都是金属导体. 这个结论对其它导体是否适用，仍然需要通过实验检验. 实验表明，除金属外，欧姆定律对电解质溶液也适用，但对气态导体（如日光灯管、霓虹灯管中的气体）和半导体元件并不适用. 也就是说，在这些情况下电流与电压不成正比，这类电学元件叫作非线性元件. 非线性元件是一种通过它的电流与加在它两端电压不成正比的电工材料，即它的阻值随外界情况的变化而改变. 求解含有非线性元件的电路问题通常要借助 U-I 图像：在定性分析中，重点是掌握理论上的分析方法；而在定量计算中，一般求出的都只能是近似结果.

例 1 小灯泡灯丝的电阻会随温度的升高而变大，某同学为研究这一现象，用实验得到如下数据（I 和 U 分别表示小灯泡的电流和电压）：

I/A	0.12	0.21	0.29	0.34	0.38
U/A	0.20	0.40	0.60	0.80	1.00
I/A	0.42	0.45	0.47	0.49	0.50
U/V	1.20	1.40	1.60	1.80	2.00

(1) 画出小灯泡的 U-I 图线.

(2) 将小灯泡接在电动势为 1.5 V、内阻为 2.0 Ω 的某一电源两端，则小灯泡的实际功率是多少？

解析 (1) 将表格提供的 U-I 数据在方格纸上描点、连线，可画出小灯泡的 U-I 图线，如图 2-2-11-15 中的 a 曲线所示.

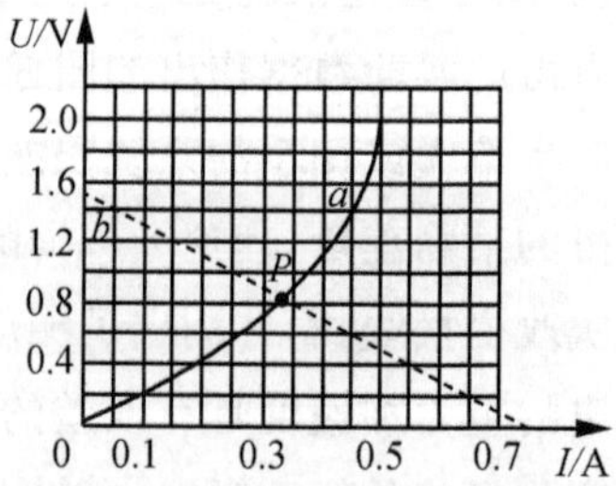

图 2-2-11-15

(2) 将该小灯泡接在电池两端，电池对电路中小灯泡供电，根据闭合电路欧姆定律，小灯泡两端电压 $U=\mathscr{E}-Ir$，画出小灯泡的伏安特曲线，该图线是一条直线，如图 2-2-11-15 中的 b 曲线所示，因为两条曲线都是小灯泡必须遵守的，所以实际工作点必定是它们的交点，如图 2-2-11-15 中的 P 点，P 点对应的坐标 $I=0.35$ A，$U=0.80$ V 即为接在该电源上的实际电流和实际电压，所以，小灯泡的实际功率

$P=UI=0.28\text{W}$. 图像表示必须遵守的物理规律，元件的状态必须在图像上，如果同一元件在同一坐标系中可画两个图像，就表示它的状态必须同时在这两条曲线上，交点就是它的实际状态，找灯泡的工作点（工作电压和工作电流）是解题的关键.

例 2　将例 1 中的两只小灯泡并联在电源两端，则每只小灯泡的实际功率为多少？

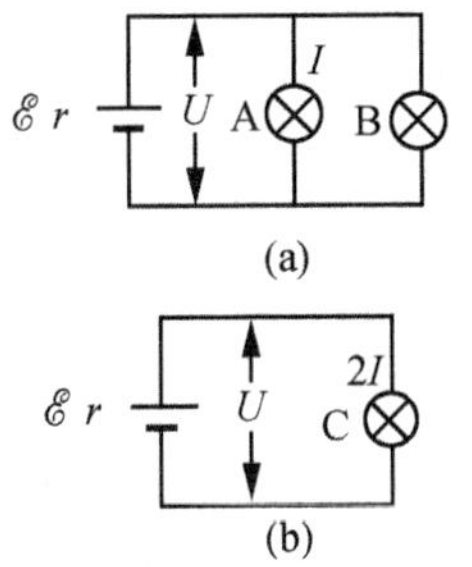

图 2-2-11-16

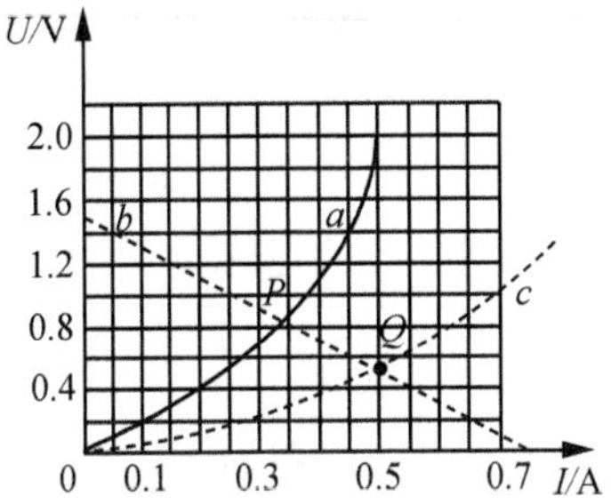

图 2-2-11-17

方法一：如图 2-2-11-16(a)所示，假设 A、B 两小灯泡两端电压为 U，通过小灯泡的电流为 I，将 A、B 两小灯泡等效为一只小灯泡 C，则 C 两端的电压为 U，但通过小灯泡的等效电流为 $2I$，如图 2-2-11-16(b)所示，所以将原图像 a 横向拉伸 2 倍即为小灯泡 C 的 U-I 图线，如图 2-2-11-17 中的曲线 c 所示，即纵坐标 U 相等时，c 图线的横坐标是 a 图线横坐标的两倍，或者说，在电压 U 相等时，C 的电阻是 A 或 B 的电阻的一半. 直线 b 与曲线 c 的交点 Q 的坐标即表示小灯泡 C 的实际工作状态，可得每只小灯泡的工作电流为 0.25 A，工作电压为 0.55 V，因此小灯泡的实际功率为 0.14 W.

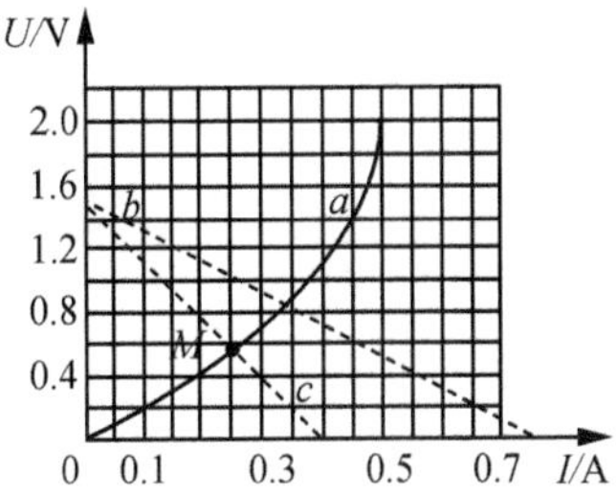

图 2-2-11-18

方法二：设通过小灯泡的电流为 I，小灯泡两端的电压为 U，所以有 $U=\mathscr{E}-2Ir$，可画出每只小灯泡另一条伏安特性曲线，如图 2-2-11-18 中的直线 c 所示，直线 c 与曲线 a 的交点 M 的坐标即表示每只小灯泡的实际工作状态，可得每只小灯泡的工作电流为 0.25 A，工作电压为 0.55 V，因此小灯泡的实际功率为 0.14 W.

例 3　将例 1 中的两只小灯泡串联接在该电源两端，则每只小灯泡的实际功率为多少？

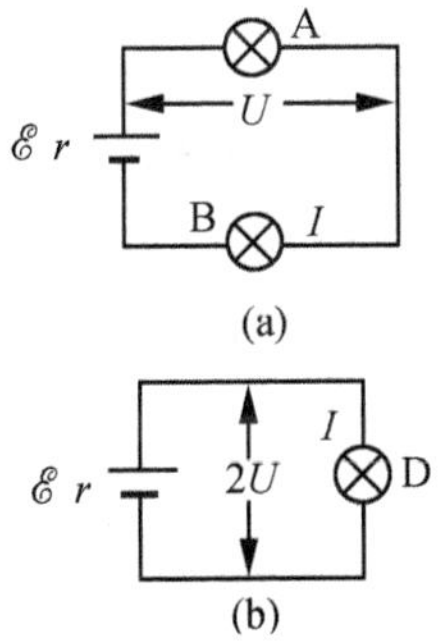

图 2-2-11-19

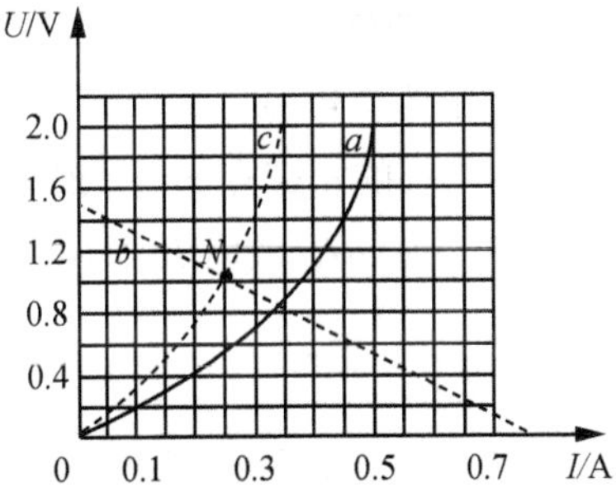

图 2-2-11-20

方法一：如图 2-2-11-19(a)所示，设 A、B 两小灯泡两端电压为 U，通过小灯泡的电流为 I，将 A、B 两小灯泡等效为一只小灯泡 D，则通过小灯泡 D 的电流仍为 I，但小灯泡 D 两端的等效电压为 $2U$，如图 2-2-11-19(b)所示，所以将原图像 a 纵向拉伸 2 倍，即为小灯泡 D 的 U-I 图线，如图 2-2-11-20 中的曲线 c 所示，即横坐标 I 相等时，c 图线的纵坐标是 a 图线纵坐标的两倍，或者说，在电流 I 相等时，D 的电阻是 A 或 B 的电阻的两倍. 直线 b 与曲线 c 的交点 N 的坐标即表示小灯泡 D 的实际工作状态，可得每只小灯泡的工作电压为 0.50 V，工作电流为 0.25 A，因此小灯泡的实际功率为 0.13 W.

方法二：设通过小灯泡的电流为 I，小灯泡两端的电压为 U，所以有 $2U=\mathscr{E}-Ir$，即 $U=\frac{1}{2}\mathscr{E}-\frac{1}{2}rI$，可画出每只小灯泡的另一条伏安特性曲线，如图 2-2-11-21 中的直线 c 所示，直线 c 与曲线 a 的交点 P 的坐标即表示每只小灯泡的实际工作状态，可得每只小灯泡的工作电流为 0.25 A，工作电压为0.50 A，因此小灯泡的实际功率为 0.13 W.

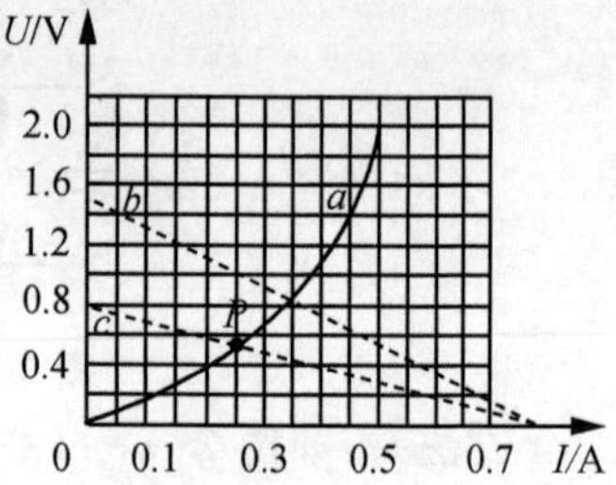

图 2-2-11-21

例 4 如图 2-2-11-22 所示，电阻 $R_1=R_2=1\ \text{k}\Omega$，电源电动势 $\mathscr{E}=6$ V，内阻不计，两个相同的二极管 D 串联在电路中，二极管 D 的 I_D-U_D 特性如图 2-2-11-23 中 a 图线所示，试求通过二极管 D 的电流和电阻 R_1 消耗的功率.

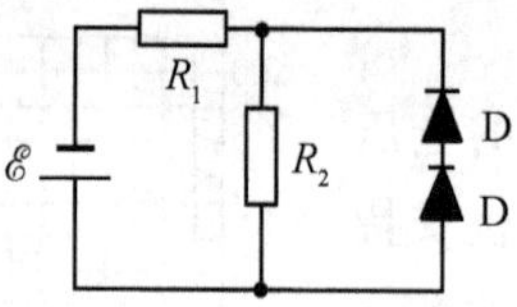

图 2-2-11-22

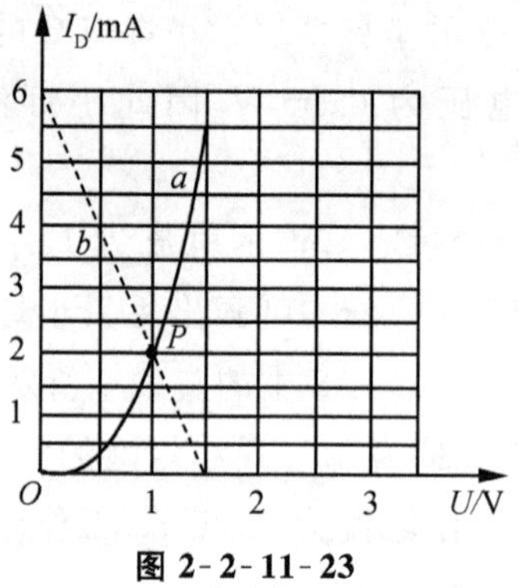

图 2-2-11-23

解析 设二极管两端的电压为 U，流过二极管的电流为 I，则有 $2U_D=\mathscr{E}-\left(I_D+\frac{2U_D}{R_2}\right)R_1$，代入数据，解得 U_D 与 I_D 的关系为：$U_D=(1.5-0.25I_D\times10^3)$V.

在图 2-2-11-23 中是横轴上截距为 1.5、纵轴上截距为 6、斜率为 −4 的直线，因二极管两端电压 U 与流过二极管的电流 I 还受到二极管 D 的特性曲线的限制，因而二极管工作在直线与 I_D-U_D特性曲线的相交点 P 上(图 2-2-11-23)，由此得二极管两端的电压和电流分别为 $U_D=1$ V，$I_D=2$ mA，电阻 R_1 的电压和电流分别为 $U_1=\mathscr{E}-2U_D=4$ V，电阻 R_1 消耗的功率为 $P_1=\frac{U_1{}^2}{R_1}=16$ mW.

例 5 如图 2-2-11-24 所示为甲、乙两灯的 I-U 图像. 根据图像计算甲、乙两灯并联在电压为 220V 的电路中，实际发光的功率约为(　　)

A. 15W,30W　　B. 30W,40W　　C. 40W,60W　　D. 60W,100W

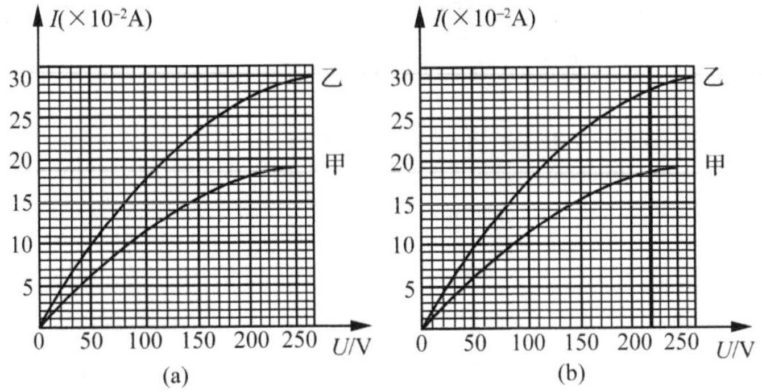

图 2-2-11-24

分析　本题通过图像中的基本信息可以知道在不同电压和电流情况下甲、乙两灯的阻值.由于题目要求并联时的实际功率,根据恒定电流中的一些基本规律,灯泡并联时两灯电压一样,可在原图的基础上补画一条 $U=220\text{V}$ 的函数图线,如图 2-2-11-24(b)所示.我们就可以读得此时甲、乙两灯的电流大小,再根据定义 $P=UI$,就可以确定正确选项.虽然就这道例题而言,补全图像的过程实际上就画了一条线,由线的交点确定电流大小.本题不用图像法也可解出,举此例仅是为了体现图像法解题的特点.

例 6　两个额定电压为 220V 的白炽灯 L_1 和 L_2 的 U-I 特性曲线如图 2-2-11-24(a)所示.L_2 的额定功率约为______W;现将 L_1 和 L_2 串联后接到 220V 的电源上,电源内阻忽略不计,此时 L_2 的实际功率约为______W.

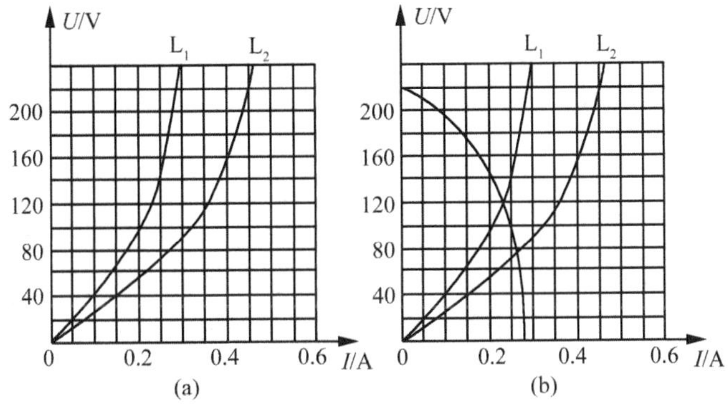

图 2-2-11-25

解析　本题和上题貌似相同,但细看发现物理模型大不相同,前面一题中两灯并联,本题中两灯串联,通过两灯的电流相同且 $U_1+U_2=220\text{V}$.可以补画一个函数图像,包含 $U_1+U_2=220\text{V}$,$I_1=I_2$.那么题目中的两个问题也就迎刃而解.笔者利用原图再补充了一条曲线,如图 2-2-11-25(b)所示,这是一条起点在(0A,220V),利用描点法得出的和 L_1 关于 $U=110\text{V}$ 对称的图线,这样新画的图线和 L_2 有一个交点,通过分析可知,交点的横坐标读数正好可以理解成两个电阻串联时的共同电流,而交点的纵坐标读数可以理解成 L_2 的电压,而 220V 和交点纵坐标的差值正好可以理解成 L_1 的电压.这个交点一确定,所列的两个方程 $U_1+U_2=220\text{V}$,$I_1=I_2$ 中的未知数也都自动确定了.通过上面两个例子我们发现，图像的补全和利用图像法解题本身并不是简单的画一个图或一条函数曲线，它需要学生对物理规律理解到一定程度后再通过图像把抽象的物理规律用直观的图像进行表达，通过表达的图像反过来分析和求解物理问题.

六、图像外推法在物理实验教学中的应用

图像外推法是物理实验教学中常用的一种方法. 图像不仅反映了物理量在若干个特定条件下的数值和状态，而且常能反映一般情况下的数值和状态. 因此，我们可以由若干个特定条件下得到的数据绘出图像，然后根据这一图像去推测其他条件（或状态）下的可能数据，并由此进行分析，以得到尽可能多的结论，获得由实验无法直接得到的实验数据. 因此，在中学物理实验教学中，我们可以适当延长实验得到的图像，使之与坐标轴相交，研究其交点所赋予的物理意义，并由此推出其他结论或方法.

（一）结论外推

例如，在高中物理"用电流表和电压表测电池的电动势和内阻"实验中，要求用如图2-2-11-26所示的电路，通过改变滑动变阻器 R 的阻值，测出几组 U，I 值，并作出 U-I 关系图像（图2-2-11-27中实线部分），由此得出电池的电动势和内电阻. 根据闭合电路欧姆定律，有 $U=\mathscr{E}-Ir$. 若将图2-2-11-16中的图线延长，使之与坐标轴相交，显然有：$\mathscr{E}=U_m$，$r=\dfrac{\mathscr{E}}{I_m}$.

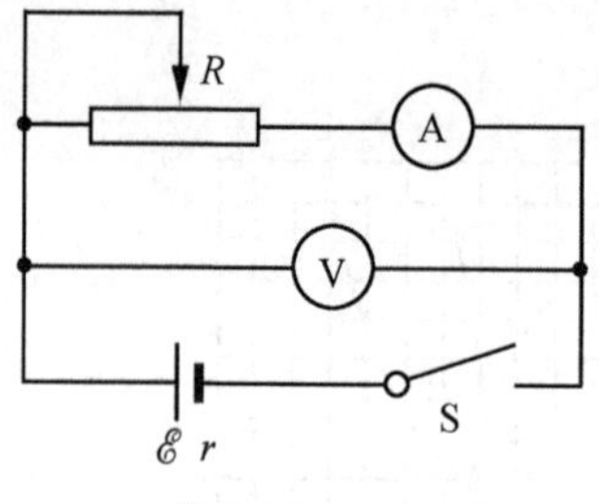

图 2-2-11-26

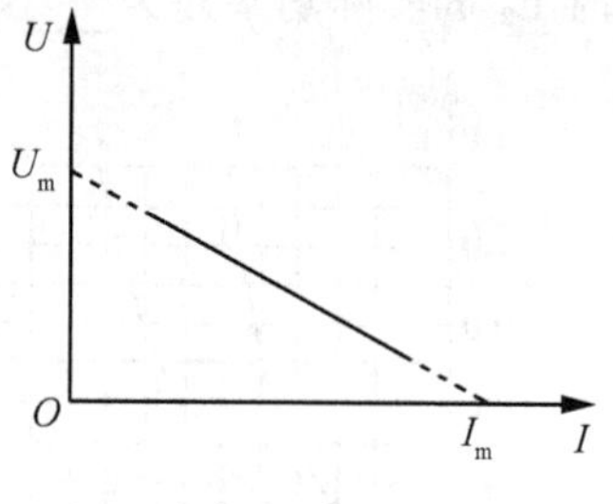

图 2-2-11-27

如果对图2-2-11-27作进一步的外推，我们可以得到如下结论：

(1) 图线斜率.

从图2-2-11-27可知，图线斜率为负值，说明外电压 U 随着电流 I 的增大而减小，或是说 U 随着外电阻 R 的减小而减小，即电源的负载 R 越小，其输出电压 U 越小，输出电流 I 越大.

(2) 输出功率.

如图2-2-11-28所示，从 U-I 图线上某一点 A 的坐标（I_A，U_A）可以得到，当外电阻 R =0时，它所消耗的功率（即电源的输出功率）为 $P= I_A U_A$，即电源输出功率的大小等于 A 点与坐标轴所围成的矩形面积的大小.

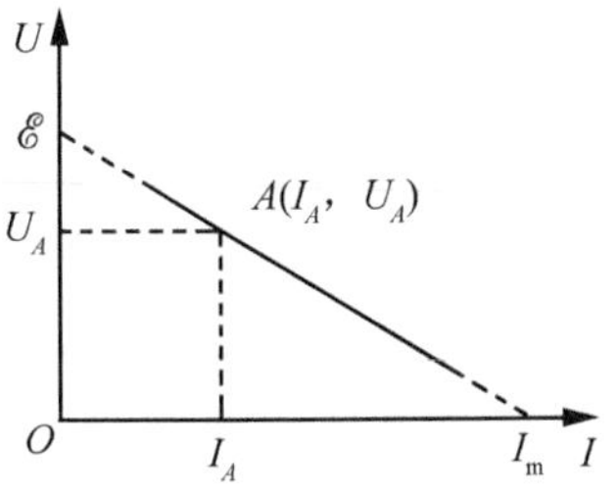

图 2-2-11-28

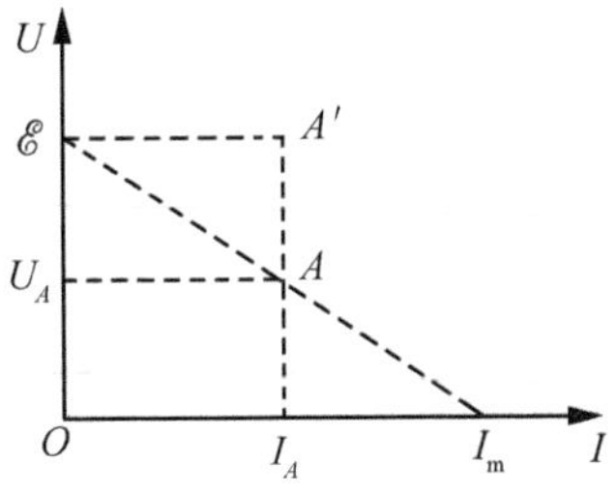

图 2-2-11-29

从图 2-2-11-29 可以看出，当 $U=\mathscr{E}$ 时，$P=UI=0$；当 $I=I_m$ 时，$P=0$. 所以当输出电压或输出电流最大时，电源的输出功率并非最大，而是最小. 什么时候的输出功率最大？由平面几何知识可知，当

$$U_A=\frac{1}{2}U_m=\frac{1}{2}\mathscr{E},\ I_A=\frac{1}{2}I_m=\frac{1}{2}\frac{\mathscr{E}}{r}$$

三角形 EOI_m 的内接矩形的面积最大，为 $P_m=\frac{1}{4}U_mI_m=\frac{\mathscr{E}^2}{4r}$，此时的 $R=r$，即当外电路电阻等于电源的内阻时，电源的输出功率最大.

(3) 电源效率.

对于一个任意状态，设外电阻为 R_A，电路电流为 I_A，输出电压为 U_A，那么，电源总功率为 $P_总=\mathscr{E}I_A$，输出功率为 $P_有=I_AU_A$，电源本身消耗的功率为 $P_耗=I_A(\mathscr{E}-U_A)$，反映在图像上(图 2-2-11-29)，图形 $EA'I_AO$、U_AAI_AO 和 $EA'AU_A$ 的面积大小分别表示电源的总功率 $P_总$、输出功率 $P_有$ 和自耗散功率 $P_耗$ 的大小. 由此得出电源的效率为

$$\eta=\frac{P_有}{P_总}=\frac{U_A}{\mathscr{E}}$$

可见，电源的工作效率主要取决于路端电压的大小，输出的路端电压 U_c 越大，电源的效率也就越大.

又如不同质量的同种气体，只要在等容过程中质量不变，其 p-t 图线与 t 轴的截距都相同(为 -273℃). 开尔文把这个结论外推，利用坐标变换来建立一个新的坐标系，将 p 轴平移到实验图线和 t 轴的交点处，并以这一交点作为热力学温标的起点，创立了把 -273℃作为零度的温标，叫作热力学温标. 用热力学温标表示的温度叫作热力学温度. 热力学温度与摄氏温度之间的换算关系为 $T=t+273$.

(二) 方法外推

物理实验成功的关键之一，就是要确保实验的条件. 但是，学生往往会忽视这一点，导致实验结果不准确，甚至得出错误的结果，却又不知道问题出在哪里. 图像外推法就可以帮助检查问题所在.

例如，在“验证牛顿第二定律”的实验中，一个十分关键的实验条件就是要充分平衡物体所受的摩擦力. 许多同学不能保证这个条件的实现，致使得出的 a-F 图线不通过坐标原点，只得到如图 2-2-11-30 或图 2-2-11-31(实线部分)所示的直线. 如果将图中的 a-F 图线延长与纵轴相交(图中虚线)，则其函数关系式可表示为 $a=kF-a_0$，与理论关系式 $F=$

ma 相差一个常数 $-a_0$，这是什么原因引起的呢？

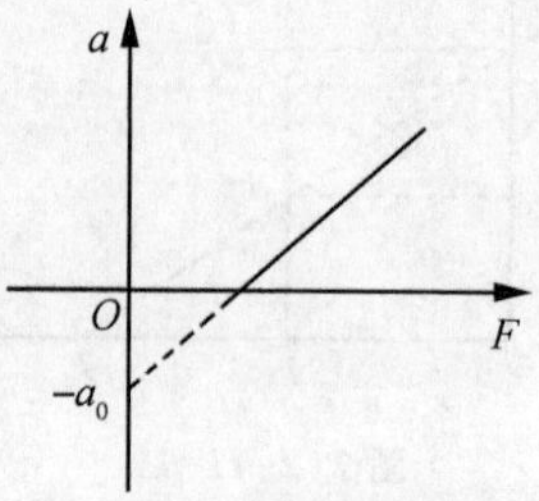

图 2-2-11-30

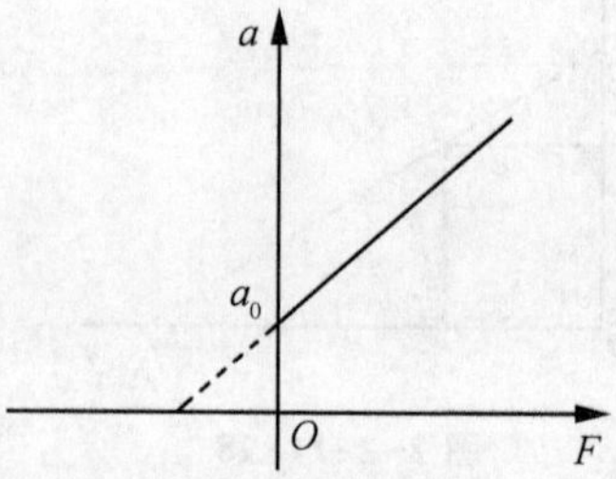

图 2-2-11-31

假设实验时斜面的倾角为 α，物体 m 与斜面间的动摩擦因数为 μ，当物体沿着斜面向下运动时，根据牛顿第二定律，可得

$$F+mg\sin\alpha-\mu mg\cos\alpha=ma$$

按照理论结果，应有 $F=ma$，则 $mg\sin\alpha-\mu mg\cos\alpha=0$，即 $\tan\alpha=\mu$，这是保证实验成功的基本条件. 图 2-2-11-30 中则显示，当 $F=0$ 时，$a=mg\sin\alpha-\mu mg\cos\alpha<0$，即 $\tan\alpha<\mu$. 这就说明实验中斜面的倾角太小，没有充分平衡摩擦力. 因此，改进措施就是适当增加斜面的倾角，使 $\tan\alpha=\mu$ 即可.

同理，若把图 2-2-31 的 a-F 图线延长，与坐标轴相交，则发现当 $F=0$ 时，$a>0$，根据 $F+mg\sin\alpha-\mu mg\cos\alpha=ma$ 可知，此时 $\tan\alpha>\mu$. 即斜面的倾角太大. 改进措施就是适当减小斜面的倾角 α，使 $\tan\alpha=\mu$.

可见，充分运用图像外推法来指导中学物理实验教学，可以使学生在增长知识、发展能力的同时，也学到了物理学的研究方法，加强了对学生的科学方法论教育，有利于培养学生的科学素养.

七、用 Excel 软件生成图像

计算机处理信息的高速度化和智能化，为物理课堂实验的数据处理提供了广阔的应用空间. 因 Excel 软件的数据处理界面形式非常接近于物理实验数据的记录方式，而且能将数据以表格和图表的形式给出，并显示出最终的结果，运用起来非常方便.

（一）利用列表法处理实验数据

在物理实验中通常采用列表法记录和处理实验数据，这是处理数据的常用方法，在做实验前先根据实验要求和内容设计好表格，然后用 Excel 软件将它绘制成工作表，将数据输入表中，并告诉学生处理数据的方法，Excel 会自动完成数据的处理，并将结果显示在屏幕上，非常直观清晰，这对学生理解实验能够起到很好的作用.

（二）利用图像法处理实验数据

利用图像法处理实验数据是要求学生重点掌握的方法，如在"验证牛顿第二定律"实验中，就要求运用图像法正确地处理实验数据，从而得出结论. 虽然整个实验要求记录的数据很多，但是学生都比较熟悉其计算方法. 因此，用 Excel 处理实验数据就可以大大提高实验的效率.

用 Excel 提供的图表功能处理实验数据时，首先要把数据按行列方式分类输入到 Excel的工作表中，然后利用图表向导完成作图.

八、DIS 实验系统在物理实验教学中的应用

传统实验在处理数据方面总有力不从心的感觉，因为缺乏有效的手段来处理数据，所以不要求在大量实验数据的基础上做研究，而实验数据太少则不符合科学研究的规律. DIS Lab 具备“实时实验”的功能，数据采集、处理和图线描述都由计算机完成，帮助师生们从数据读取、记录、公式运算和图线描绘等繁琐的简单劳动中解脱出来. 除了那些必须缓慢进行的实验，比如气体定律的实验，各种参数的改变需要用控制变量法尽量放慢速度以外，其它实验都可以在非常短的时间内完成. 有些实验甚至可在 1s 内完成 1000 组以上实验数据的采集. 实验数据的量大，数据真实，实验效果理想.

DIS Lab 凭借传感技术弥补了传统实验中多个测量空白. 由于 DIS 实验系统具有相对完善的数据处理软件，可以设计出很多传统实验装置无法精确测量的实验. 例如，“力的相互作用”实验，以前提供的实验器材仅是两个弹簧秤，让学生拉一下，观察弹簧秤的示数. 而 DIS Lab 利用两个力传感器，实验中力的大小随时可变，并实时显示，拉力和推力可瞬间切换. 即使在运动状态，如匀速、加速、瞬间碰撞状态下，作用力与反作用力也尽显图上. DIS 实验系统尝试物理模型的图线化. 当今世界，图线因能够形象、直观地反映事物发展、变化的规律，已被社会各个领域广泛应用. 教材中关于物体的运动规律，像牛顿运动定律、振动和波、热学中的气体性质、电学定律的描述等，都大量应用了图线. 但受限于传统的实验方法，教师和学生在实验中获得图线相对烦琐费时，反而导致在物理学习中疏于应用图线，图线作为认知工具的强大功能没有得到充分的发挥. 大量教学经验表明：在实验之前，教师首先引导学生基于猜想，给出某种运动状态下产生图线的基本特征；随后进行实验，再根据已经获得的图线，推出该图线的某一个区域所表征的运动状态. 这不仅符合学生的认知规律，而且这种交互式的教学，还促进了学生以物理学的思维方式去读懂图线、建立模型.

九、让学生自我评价、反思

教师在平时教学中既要注意教学的示范性，更要充分暴露学生的错误，让学生集体纠正. 建构主义教学观和建构主义学习观告诉我们，学生的认识有一个深化和发展的过程，教学目的就是培养学生善于学习、终身学习，使他们能够自我控制学习过程，具有自我分析和评价能力、反思和批判能力以及创新精神. “学习并非学生对于教师所授予知识的被动接受，而是以其自身已有的知识和经验为基础的主动建构. ”实验数据处理教学中不断渗透图像理想，可有效地帮助学生纠正错误，同时提供或创造适当的外部环境，让学生能熟练应用图像思想处理实验数据.

图像法是一种常用的处理实验数据的方法，它具有简单明了、形象直观等优点. 但所描各个点值可能有一定的误差，而且可能无法画出最佳直线，也不能排除测量斜率的误

差，因此我们不能期望从图线中得到有关误差的定量情况，更不能期望得到精确的斜率和面积. 但作为一种重要的思想方法，我们必须认真对待，要在教学中有计划地进行渗透，这对学生的发展是大有裨益的.

2.2.12 图像在习题教学中的运用

前面已介绍过，两个物理量之间的关系，不仅可以用公式表示，也可以用图像表示. 图像不仅是实验模型，而且是数与形的结合，是具体与抽象的结合，它能够直观、形象、简洁地呈现出两个物理量间的关系，清晰地展现物理过程，正确地体现实验规律. 因此，要学会看图，善用图像法解题.

一、利用图像对比法

图像法是分析求解物理问题的基本方法之一，它以其形象、直观、简捷等特点而广受推崇. 它是数理思想的整合，也是物理过程、物理规律的形象表达，但要灵活运用这种方法，就要善于用图像捕捉物理过程中的转折点、临界点、边界点. 善于用图像分析和比较相关物理过程中的相同点与不同点.

（一）虚拟图像对比法

例 1 列车在恒定功率的机车牵引下，从车站出发行驶 5min，速度达到 72km/h，这个过程中列车的加速度不断减小，那么这段时间内列车行驶的距离（　　）.

A. 小于 3km　　B. 等于 3km　　C. 大于 3km　　D. 不能确定

解析 $v=72\text{km/h}=20\text{m/s}$，$t=5\text{min}=300\text{s}$. 如果列车做匀加速运动，它的速度图像为一条直线，它的位移是 3km. 实际上，列车的加速度不断减小，图像的斜率不断减小，画出的 v-t 图像如图 2-2-12-1 所示，是一条曲线，图像下的“面积”等于列车的位移，它大于画阴影的三角形的“面积”，所以选项 C 正确.

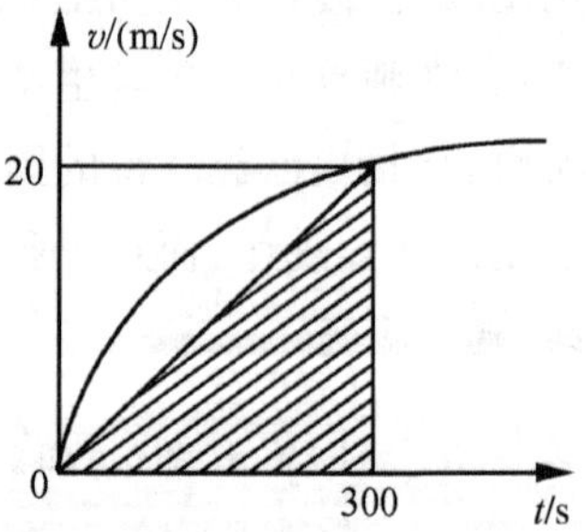

图 2-2-12-1

点评 这道题如果用公式计算，高中阶段还不具备相应的数学知识. 而虚拟一个初速度为零、末速度为 20m/s 的匀加速直线运动的图像，再将列车在额定功率下的运行图像勾画出来，结论就一目了然.

（二）并列图像对比法

例 2 甲、乙、丙三辆汽车以相同的速度经过某一个路标，从此时开始甲车做匀速直线运动，乙车先加速后减速，丙车先减速后加速，它们经过下一个路标时的速度相同，则（　　）.

A. 甲车先通过下一个路标　　B. 乙车先通过下一个路标

C. 丙车先通过下一个路标　　D. 三辆车同时通过下一个路标

解析　作出三辆车的速度-时间图像，如图 2-2-12-2 所示，可巧妙地解决上述问题，三辆车从某一个路标到下一个路标，它们的位移相同，其中有一辆车做匀速运动，它们的初速度相同，而最后三辆车的速度又相同，即都等于初速度大小.

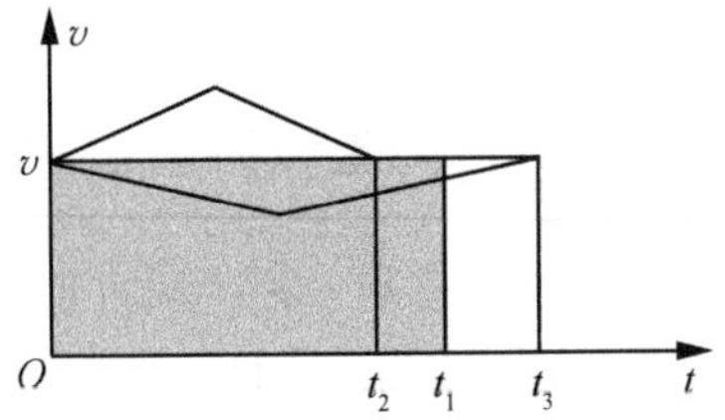

图 2-2-12-2

速度-时间图像与时间轴包围的面积的物理含义是位移，其中的长方形面积表示匀速运动的位移，所用的时间为 t_1；先加速后减速的车所用的时间为 t_2，先减速后加速的车所用的时间为 t_3. 因此，先加速后减速那辆车先通过下一个路标.

点评　抓住三辆车运动的相同点与不同点，在同一坐标系中将三辆车运动的速度-时间图像并列出来，其结论也就不言自明了.

（三）演绎图像对比法

例 3　将质量为 $2m$ 的长木板静止放在光滑的水平面上，如图 2-2-12-3(a)所示，一质量为 m 的小铅块(视为质点)以水平初速度 $\boldsymbol{v}_0$ 由木板左端恰能滑至木板的右端与木板相对静止，铅块运动过程中所受的摩擦力始终不变. 现将木板分成长度与质量均相等的两段 1、2 后紧挨着仍放在水平面上，让小铅块仍以相同的初速度 $\boldsymbol{v}_0$ 由木块 1 的左端开始滑动，如图 2-2-12-3(b)所示，则下列判断正确的是(　　).

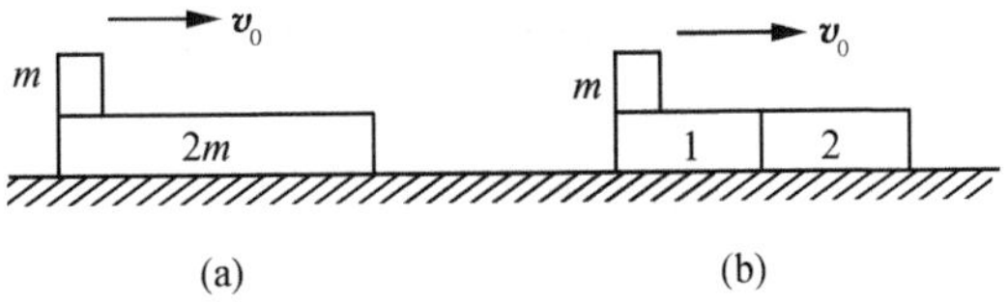

图 2-2-12-3

A. 小铅块仍能滑到木板 2 右端与木板保持相对静止

B. 小铅块滑到木板 2 的右端前就与木板保持相对静止

C. 小铅块滑过木板 2 的右端后飞离木板

D. 两种过程产生的热量相等

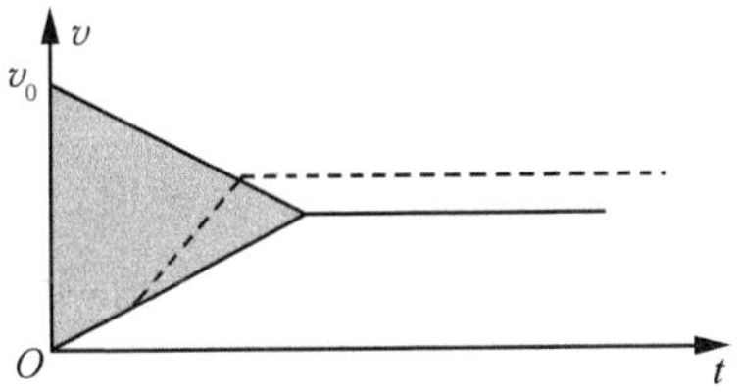

图 2-2-12-4

解析　在第一种情况中，小铅块以初速度 $\boldsymbol{v}_0$ 开始向右做匀减速直线运动，长木板从静止开始向右做匀加速直线运动，当小铅块滑至木板的右端时二者恰好同步，其 v-t 图像如图 2-2-12-4 所示，二者的相对位移(木板的长度)为图中阴影部分(等腰三角形)“面积”所示；第二种情况则是将木板对等地一分为二，则当小铅块滑上木板 2 后，木板 2 的加速度突然加倍(外力不变，质量减半所致)，而小铅块加速度不变，与第一种情况相比，小铅块与木板 2 将提前达到速度同步，其 v-t 图像如图 2-2-12-4 中虚线所示，小铅块在木板 1、2 上的相对位移为图像中四边形“面积”所示. 由于四边形包含在三角形中，说明小铅块与木板 2 达到速度同步时还没有滑至 2 的右端，产生的热量也就比第一种情况的少.

点评　这道题利用图像求解，先描出第一种情况的图像，然后根据两种情况的异同点，在第一种情况的图像的基础上演绎出第二种情况的图像，结论便跃然纸上.

二、利用图像的面积求解

物理图像是一种特殊且形象的数学语言和工具，运用数和形的巧妙结合，恰当地表达各种现象的物理过程和规律. 物理图像不仅可以使抽象的概念直观形象，动态变化过程清晰，物理量之间的函数关系明确，还可以恰当地表达用语言难以描述的内涵. 用图像法解物理问题具有思路简明清晰、方法新颖独特等优点. 况且有些物理问题在高中阶段只能用图像法解决，而图像中"面积"的应用对培养学生的物理能力大有裨益.

物理图像与坐标轴所围成的面积的意义因坐标轴的含义不同而不同. 寻找图像中的面积所表示的意义，可解决很多物理问题，是学生应当熟练掌握的一种基本方法. 例如，在 v-t 图像中面积表示位移；在 F-t 图像中面积表示冲量等. 有些物理问题，运用常规方法很难解决，而运用图像的面积往往能收到事半功倍的效果. 下面举例说明.

（一）面积在运动学中的运用

例 4 一水平的浅色长传送带上放置一煤块（可视为质点），煤块与传送带之间的动摩擦因数为 μ. 初始时，传送带与煤块都是静止的. 现让传送带以恒定的加速度 a_0 开始运动，当其速度达到 v_0 后，便以此速度做匀速运动. 经过一段时间，煤块在传送带上留下了一段黑色痕迹后，煤块相对于传送带不再滑动. 求此黑色痕迹的长度.

解析 所求黑色痕迹即为传送带和煤块间的相对位移. 在同一幅图中分别作出传送带和煤块的速度-时间图像，由图 2-2-12-5 可知，阴影部分面积即为所求.

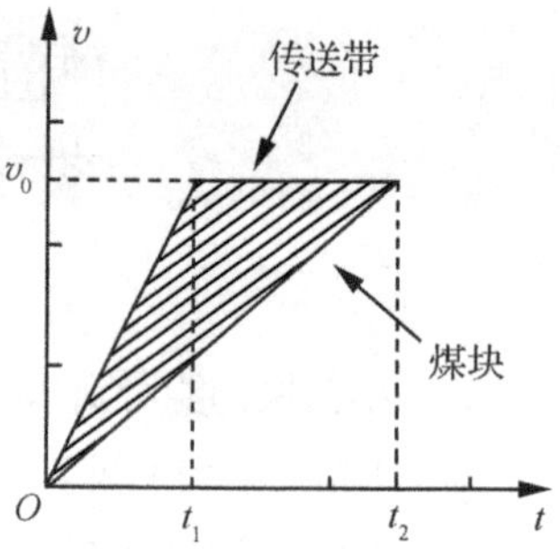

图 2-2-12-5

由题意，知 $t_1=\frac{v_0}{a_0}$，$t_2=\frac{v_0}{\mu g}$. 所以

$$s=\frac{1}{2}(t_2-t_1)v_0=\frac{1}{2}\left(\frac{1}{a_0}-\frac{1}{\mu g}\right)$$

此题用公式解题较烦琐，从这两道例题，我们可以体会公式、图像解题的不同特点，感受图像方法的简洁、奇妙和美感.

例 5 如图 2-2-12-6 所示，在光滑的水平面上 A、B 两物体紧靠在一起，A 的质量为 24 kg，B 的质量是 A 物体质量的 5 倍，F_A 是 4 N 的水平向右的恒力，F_B 是随时间变化的水平力，$F_B=(16-3t)$ N（t 以 s 为单位），两物体从静止开始，在二力作用下经过一段时间 t 物体 A、B 恰好分离，求时间 t 及分离时物体 B 的速度.

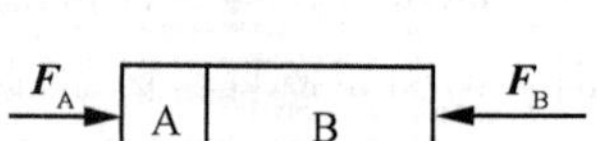

图 2-2-12-6

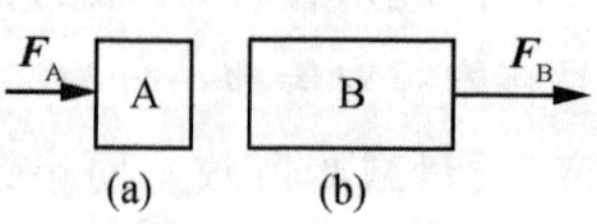

图 2-2-12-7

解析 A、B 两物体分离时的临界条件是它们具有相同的速度和加速度，即两物体相互接触但弹力等于零时. 对 A 进行受力分析，如图 2-2-12-7

(a)所示，根据牛顿第二定律，有 $F_A=m_Aa$，得 $a=\frac{1}{6}\ m/s^2$，方向水平向右. 物体 B 同样也应该具有此加速度 a，对 B 进行受力分析，如图 2-2-12-7(b)所示，$F_B=m_Ba$，得 $F_B=20N$，方向水平向右，即 $16-3t=-20$，解得从开始到分离的时间 $t=12$ s. 全过程两者始终共同运动，以水平向左为正，其 a-t 图像如图 2-2-12-8 所示. 经 4 s 速度达到向左最大，$v_1=\frac{1}{2}\times\frac{1}{12}\times 4\ m/s=\frac{1}{6}\ m/s$，然后向左减速，8 s 时速度减小为 0；接着向右加速，12 s 时速度为图中梯形的面积，即 $v=\frac{1}{2}\times\left(\frac{1}{12}+\frac{1}{6}\right)\times(12-8)\ m/s=\frac{1}{2}\ m/s$，方向水平向右.

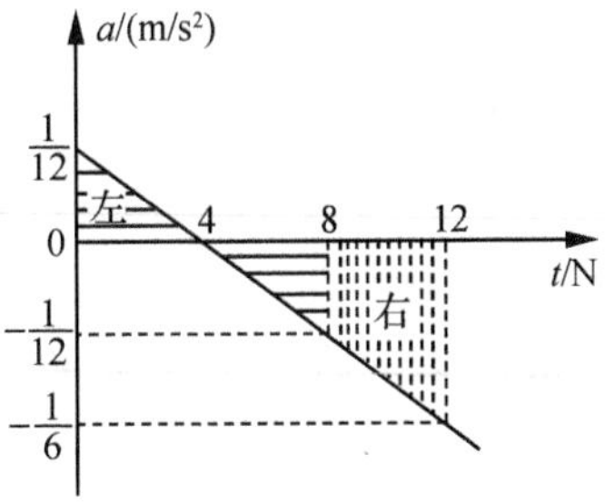

图 2-2-12-8

（二）F-s 图像中“面积”

对于变力做功一般不能根据定义式 $W=Fs\cos\theta$ 直接求解，但可根据物理规律运用技巧转化后间接求解. 如果参与做功的变力的方向与位移方向始终一致而大小随时间变化，我们可以作出该力随位移变化的图像，如图 2-2-12-9 所示，那么图线下方所围成的面积，即为变力所做的功.

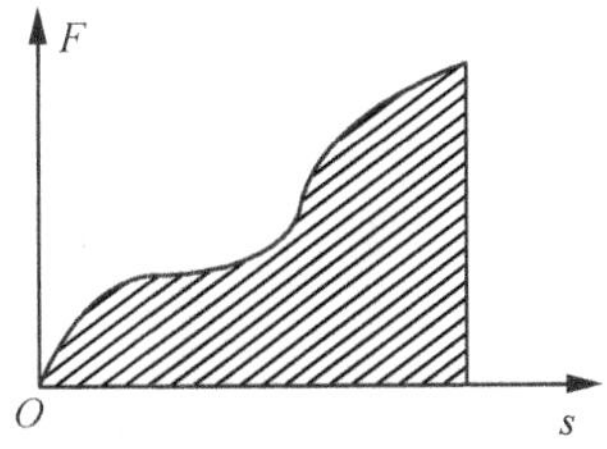

图 2-2-12-9

例 6　用铁锤将一铁钉击入木块，设木块对铁钉的阻力与铁钉进入木块内的深度成正比. 在铁锤击第一次时，能把铁钉击入木块内 1cm. 问铁锤击第二次时，铁钉能击入多少深度？(设铁锤每次做功相等)

解析　根据匀变速直线运动速度-时间图像求位移的方法，类比迁移，根据 F-x 图像求功. 因为阻力 $F=kx$，以 F 为纵坐标，F 方向上的位移 x 为横坐标，作出 F-x 图像，如图 2-2-12-10所示，图线下面“面积”的值等于 F 对铁钉所做的功.

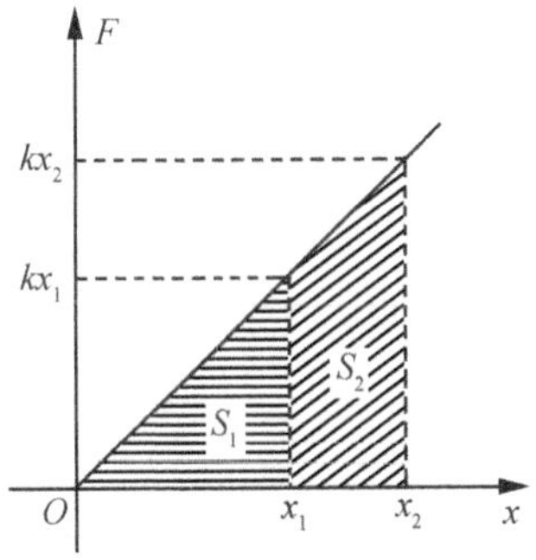

图 2-2-12-10

由于两次做功相等，故有

$$S_1=S_2\text{(面积)}$$

即
$$\frac{1}{2}kx_1{}^2=\frac{1}{2}k(x_2+x_1)\cdot(x_2-x_1)$$

所以 $\Delta x=x_2-x_1=0.41$cm.

显然，图像法简单明了.

（三）F-t 图像中“面积”

例 7　质点所受的力 F 随时间变化的规律如图 2-2-12-11 所示，力的方向始终在一直线上. 已知 $t=0$ 时质点的速度为零. 在图示 t_1、t_2、t_3 和 t_4 各时刻中，哪一时刻质点的动能最大？

A. t_1　　　B. t_2　　　C. t_3　　　D. t_4

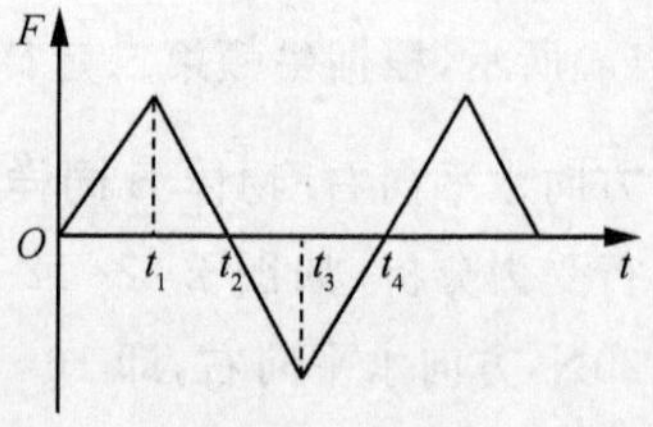

图 2-2-12-11

解析　物体在 F 作用下，加速度不断变化，用一般函数解析法无法求解速度随时间的变化情况. 但在 F-t 图像中，图线与坐标轴围成的“面积”表示冲量，且 F 轴正方向的面积代表正方向的冲量，F 轴负方向的面积代表负方向的冲量. 初态速度为 0，由动量定理 $Ft=mv_2-mv_1$ 可知，t_2 时刻图线与坐标轴围成的正向面积最大，速度最大，相应有最大动能.

（四）Q-U 图像中“面积”

例 8　如图 2-2-12-12 所示，固定在竖直平面内的两根平行金属导轨的间距为 L，上端连有一电容为 C 的电容器，其耐压值足够大，空间有垂直于导轨平面的匀强磁场，磁感应强度为 B，一根质量为 m 的金属杆 MN 水平地卡在导轨上，释放后此杆沿导轨无摩擦地下滑，经过一段时间到达图示时刻，其下落速度为 v_1，假定导轨足够长，导轨、金属杆和连接导线的电阻均忽略不计. 试求金属杆的速度从 v_1 变化到 v_2 过程中电容器吸收的能量.

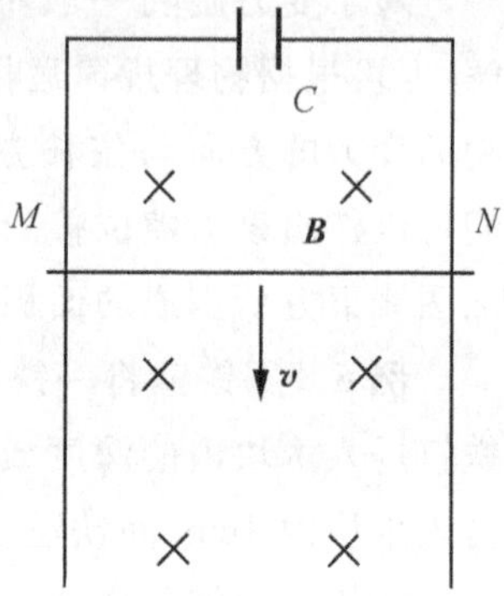

图 2-2-12-12

解析　(1) 基本方法：首先要分析杆的运动性质并求出下落的距离，然后由能量守恒定律求解. 当棒的速度为 v_1 时，棒的动生电动势为 $\mathscr{E}_1=BLv_1$，此时电容器两端的电压为 $U_1=\mathscr{E}_1$，电容器储存的电荷为 $Q_1=CU_1$；当棒的速度为 v_2 时，棒的动生电动势为 $\mathscr{E}_2=BLv_2$，此时电容器两端的电压为 $U_2=\mathscr{E}_2$，电容器储存的电荷为 $Q_2=CU_2$.

设棒的速度从 v_1 变化到 v_2 所需时间为 t，则棒的加速度为 $a=\dfrac{v_2-v_1}{t}$，电路中的电流为 $I=\dfrac{Q_2-Q_1}{t}=CBLa$.

对棒列出动力学方程，有 $mg-ILB=ma$，即

$$a=\frac{mg}{m+CB^2L^2}$$

可见，金属棒的加速度不变，即棒从静止开始做匀加速直线运动，棒下落的距离为

$$s=\frac{{v_2}^2-{v_1}^2}{2a}$$

根据能量守恒定律，得

$$mgs=E+\frac{1}{2}m({v_2}^2-{v_1}^2)$$

电容器吸收的能量为 $E=\dfrac{1}{2}CB^2L^2({v_2}^2-{v_1}^2)$.

(2) 图像法：作出如图 2-2-12-13 所示的 Q-U 图像，图像中阴影梯形面积恰好表示电容器吸收的能量，即

$$E=\frac{1}{2}(Q_1+Q_2)(U_2-U_1)=\frac{1}{2}CB^2L^2({v_2}^2-{v_1}^2)$$

显然，在掌握基本方法的前提下，熟练运用图像“面积”的意义非常重要，可以收到事半功倍的效果.

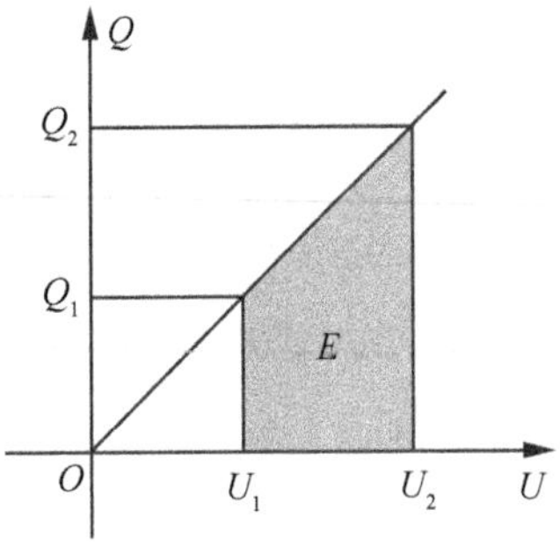

图 2-2-12-13

可见，利用图像解决非线性问题有诸多优点：①利用图像解题可使解题过程更简化，思路更清晰，起到比解析法更巧妙、更灵活的独特效果. 在有些情况下运用解析法可能无能为力，但是图像法可能会使人豁然开朗. ②利用图像描述物理过程能更直观地观察出物理过程的动态特征. 诚然，不是所有过程都可以用物理图像进行描述，如果能够用物理图像描述，一般说来总是有直观、容易理解的特征. 总之，利用图像面积来解决非线性问题不失为一种好方法，在学习过程中，习惯于运用它，往往会起到事半功倍的效果.

（五）p-V 图像中面积

例 9　如图 2-2-12-14 所示，一内壁光滑的容器固定在水平面上，一定质量的理性气体封闭在容器中，右挡板可自由滑动，用一水平向左的力 $\boldsymbol{F}$ 向左压缩气体，稳定时气体压强为 p，体积为 V_1，现逐渐减小力 $\boldsymbol{F}$，挡板缓慢右移，当力 $\boldsymbol{F}$ 减小为 0 时气体体积为 V_2，已知大气压强为 p_0. 求此过程中气体对外所做的功.

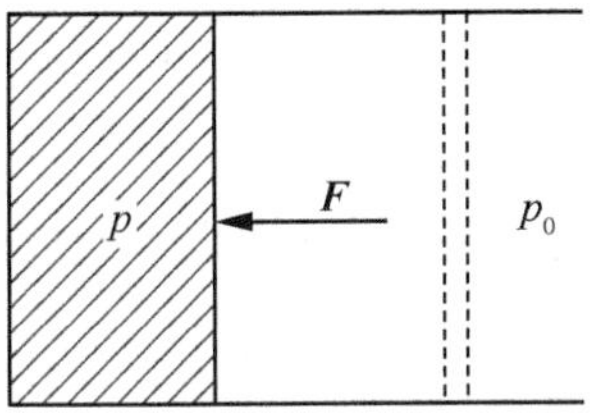

图 2-2-12-14

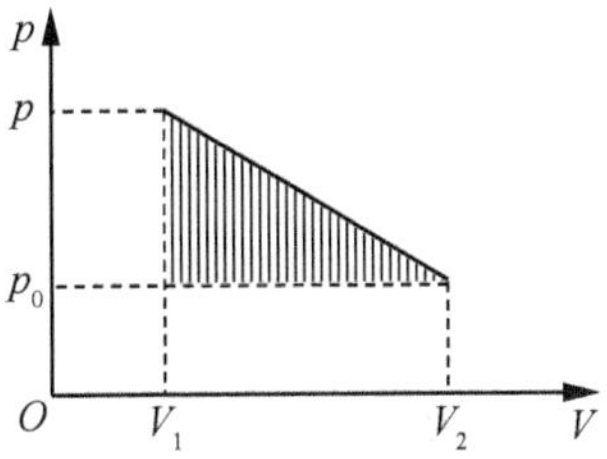

图 2-2-12-15

解析　气体在变化过程中的 p-V 图像如图 2-2-12-15 所示，图像中阴影部分的面积即为气体膨胀对外做的功. 所以，在力减小的过程中，气体对外做功

$$W=\frac{1}{2}(p-p_0)(V_2-V_1)$$

2.2.13　图像教学的策略

一、引导学生学会使用图像

（一）教会学生学会简单地运用图像

1. 会画图像

会画图像，就是能根据题目所给的条件，运用物理定律或规律找到物理量之间存在的数学函数关系式，建立相应的 X、Y 轴，画出图像，将物理过程的变化和规律用不同的图像

反映出来，再根据画出的图像进行综合分析.

(1) 建坐标.

描绘图线时，一般以横坐标代表自变量，以纵坐标代表因变量，在轴的末端箭头旁注明代表的物理量及单位(可能还需要用数量级，如$\times 10^{-2}$s). 例如，要描绘匀变速直线运动的速度图像，即以时间为横坐标，以瞬时速度为纵坐标，在纵坐标与横坐标的末端箭头旁分别标注v/(m/s)和t/s.

(2) 选标度.

根据测量的数据，选取适当的坐标轴的标度. 标度即每格所代表的量，使横轴与纵轴的全长(表示数轴的最大值)接近相等，图线大约分布在以坐标原点为顶点，与横坐标轴的夹角在40°到60°角之间，并尽可能使最小分度与测量的准确程度相一致.

当图线不通过坐标原点时，坐标原点可以不从零开始，这样可以使图线分布匀称. 例如，高中物理课本中测定电源电动势和内电阻的实验中，纵轴表示路端电压，横轴表示电路中的电流，通常纵轴不从0值开始，这样作出的图像更匀称，并不影响物理规律的表达.

(3) 描图线.

依据实验数据用削尖的铅笔在图上描点，用"×"或"·"符号标明. 用平滑曲线(要注意和折线区别)来"拟合"所描出的点. 因为测量值有一定的误差，图线不通过全部点是正常现象，如果有些点难以落在曲线上，应该使它们大致均匀地分布在曲线两侧，个别严重偏离的点应舍弃(减小偶然误差，体现了图像处理数据的优越性). 连线的原则是尽量使所描点均匀地分布在图线两侧. 连线的技巧是顺势"拟合". 这里的难点是确定图像拟合成直线还是曲线. 解决的方法是先用直尺模拟"拟合"，观察大多数点能否落在同一条直线上，若能，则拟合成直线；若不能，则顺势"拟合"成平滑曲线.

例4 火车自甲站开出，先在t_1时间内做匀加速运动，后以匀减速运动时间t_2，正好到达乙站停止，如果甲、乙两站相距为s. 求火车的最大速度.

解析 此题可用运动学公式进行解决，但较为烦琐，现画出物理量变化的函数图像，再运用物理图像进行解题. 作火车的v-t图像，如图2-2-13-1所示，图像下的"面积"在数值上表示火车通过的距离，故有

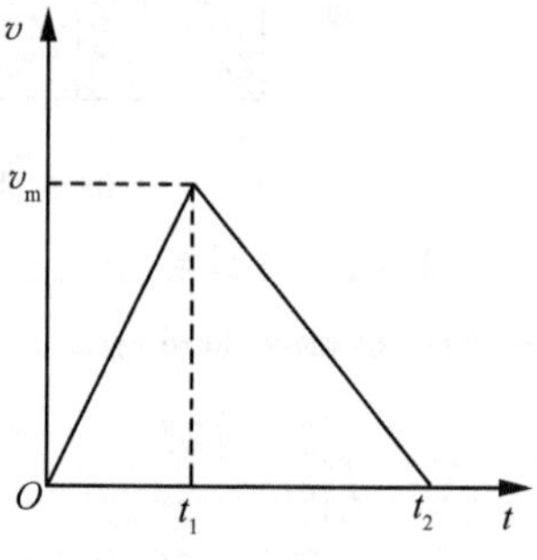

图2-2-13-1

$$s=\frac{1}{2}v_{\max}(t_1+t_2),\ v_{\max}=\frac{2s}{t_1+t_2}$$

2. 会看图像

会看图像，就是能够看出函数图像所表达的物理意义，不为图像的表面现象所迷惑，不要把问题中的几何图形、质点运动轨迹与图像中的函数图线混淆. 看清物理图像，并从图像中获取有用信息是学生学习中的难点，因此在图像教学中要培养学生形成特定的思维习惯和一定的识图方法，从而保证读图中不出错.

(1) 看坐标.

学生初学时，经常看不清坐标轴表示的物理量，常把 s-t 图像当作 v-t 图像，把 a-t 图像看成 v-t 图像等，一旦出现这样的错误，后面的所有环节都会出错. 教师平时应加强这方面的训练，让学生弄清直角坐标系中横轴、纵轴代表的含义，即图像是描述哪两个物理量间的关系. 同时注意单位(有时还要看有没有数量级)及标度.

例1 甲、乙、丙三物体同时同地出发做直线运动，它们运动的 s-t 图像如图 2-2-13-2 所示，在时间 t_0 内它们的平均速率大小关系如何?

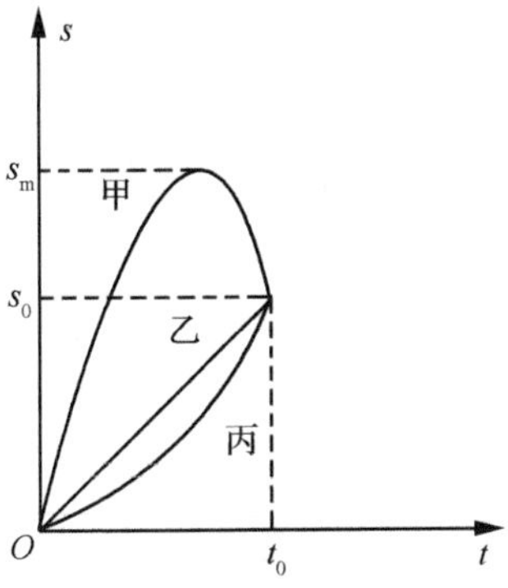

图 2-2-13-2

分析这道试题时，不可将这三条图线看成是物体的运动轨迹，由图可见，乙、丙均做单向直线运动，它们的路程相同，都为 s_0(两者区别在于乙做匀速直线运动，丙做变速直线运动)，甲做往复直线运动，它先沿直线运动到距离原点位移为 s_m 的地方($s_m>s_0$)，然后又返回至乙、丙运动的终点. 可见甲运动的路程大于乙、丙通过的路程(三者的位移相同)，甲通过的路程为 $s_0+2(s_m-s_0)$，故$\overline{v}_{甲}>\overline{v}_{乙}=\overline{v}_{丙}$.

(2) 观形状.

图线的形状反映了物理规律. 高中物理中遇到的图线一般为两种：一是直线，二是曲线. 如图线是直线，说明纵轴表示的物理量随横轴表示的物理量是均匀变化的，为线性关系；如图线是曲线，说明纵轴表示的物理量随横轴表示的物理量是不均匀变化的. 曲线图像所表征的物理量间的关系较为复杂，只能定性地分析物理量间的变化趋势. 要直观、定量地分析物理量间的关系，有的可以采用“化曲为直”作出直线图像，如在探究加速度跟质量关系的实验中进行实验数据的分析时，先按常规作 a-m 图像. 因图像为曲线，用数学知识很难判断这条曲线有何规律. 可根据经验进行大胆的猜想：“a 与 m 成反比”或“a 与 m^2 成反比”. 先由最简单的情况检验，发现图像为过原点的直线. 判断 a 与 m 成反比. 再如，在分析用伏阻法或安阻法测电源电动势和内阻的实验数据时就可根据“数形结合”，由闭合电路欧姆定律变形为线性函数$\frac{1}{U}=\frac{1}{\mathscr{E}}+\frac{r}{R\mathscr{E}}$或 $R=\frac{\mathscr{E}}{I}-r$，作如图 2-2-11-10 所示的图像.

(3) 把握“点”.

物理图像上的“点”代表某一物理状态，要弄清图像上任一点的物理意义，即两个轴所代表的物理量的瞬时对应关系. 在图像中我们着重要了解截距点、交点、极值点、拐点等这些特殊点的物理意义.

例如，交点的物理意义可能是两个研究对象在此状态下具有共同的物理量. 例如，在 s-t 图像中的交点表示两物体在同一时刻同一位置，即相遇；在 v-t 图像中的交点则表示两物体在同一时刻具有相同的速度.

交点的物理意义还可能是工作点，如图 2-2-13-3 所示图像 a 与图像 b 的交点是某非线性元件在此电路中的工作

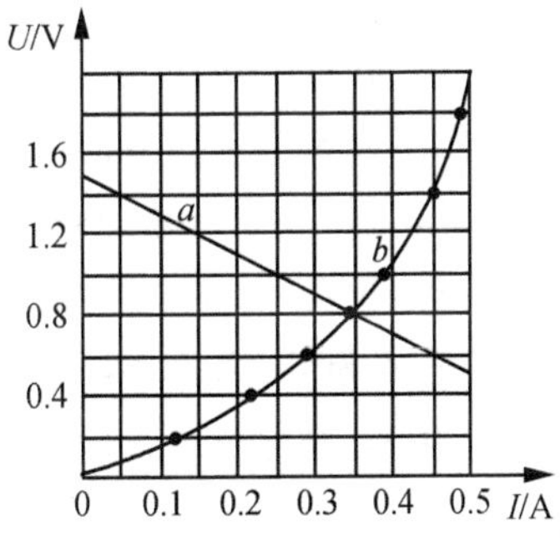

图 2-2-13-3

点. 可从两图像的物理意义来理解确定工作点的方法. 图像 a 表示某电源的特征曲线(电源的路端电压与电流之间的关系),图像 b 表示某非线性元件两端的电压与通过电流的关系. 那么根据交点的物理意义知:电压 0.8V 既是电源的路端电压,又是非线性元件两端的电压,电流 0.35A 既是通过电源的电流,又是通过非线性元件的电流,所以电压 0.8V 和电流 0.35A 就是该非线性元件与该电源组成闭合电路的工作电压和电流.

(4) 找截距.

截距就是图像与坐标轴的交点. 纵截距是横坐标为零值时的纵坐标值,横截距是纵坐标为零值时的横坐标值. 在利用截距分析物理问题时,要根据两个量的物理表达式,才能知道截距的物理意义(数形结合). 如在 v-t 图像中横截距表示出发的时刻,纵截距表示初速度. 在利用伏安法测电源电动势和内阻的实验中 U-I 图像的纵截距就是电动势的大小.

(5) 求斜率.

若图线是直线,其斜率是不变的,但不同的图线其斜率表达的物理意义是不一样的,例如,位移-时间关系图线的斜率等于物体的速率,斜率的正负可以表示速度的方向,而速度-时间关系图线,其斜率表示加速度.

曲线的斜率为曲线上一点的切线的斜率即导数,表示变化趋势. 值得一提的是,在曲线图像中变化率和比率的物理意义是不同的. 在图 2-2-13-4(a)所示的图像中 A 点的切线的斜率表示 t_1 时刻的瞬时速度$\left(v_{t1}=\dfrac{\Delta x}{\Delta t}\right)$,而比率(即直线 OA 的斜率)$\dfrac{x_1}{t_1}$表示的是 $0\sim t_1$时间内的平均速度. 图 2-2-13-4(b)为某导体的伏安特性曲线,那么如何判断导体电阻的变化规律呢? 可根据导体电阻的定义来分析,因 $R=\dfrac{U}{I}$,而不是 $R=\dfrac{\Delta U}{\Delta I}$,显然这是比率(图 2-2-13-4(b)中虚线的斜率),不是变化率(切线的斜率).

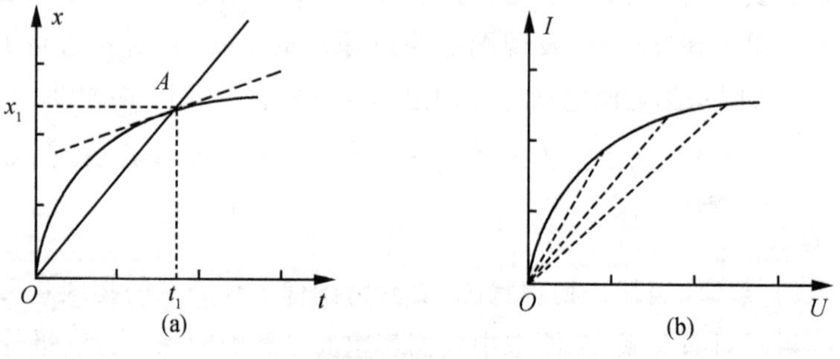

图 2-2-13-4

(6) 析面积.

图像和坐标轴所夹的"面积"常与某一表示过程的物理量相对应,如能充分利用"面积"的这一特点来解题,不仅思路清晰,而且在很多情况下可以使解题过程得到简化,起到比解析法更巧妙、更灵活的独特效果. "面积"的物理意义主要还是利用相关的物理规律进行分析. 在利用"面积"来分析、解决物理问题时需要用到微元累加思想. 如图 2-2-13-5 所示,从图(a)到图(b)的思维过程可以发现:如果时间分得越细,各矩形"面积"之和

($\sum v\Delta t$ 即各 Δt 内的位移之和)就越接近物体的位移. 若把时间分成无限份，它的面积之和即为物体的位移[图 2-2-13-5(c)]. 同样通过分析可知，F-x 图像的“面积”($\sum F\Delta x$)表示这一过程中力所做的功；气体压强-体积图像与横轴所围面积就是这一过程中所做的功；力-时间图像与横轴所围面积就是力在这段时间内的冲量；电容器充电过程所带电荷量-电压图像与横轴所围面积就是电容器中所储存的电能……在非线性问题中“面积”的物理意义不变. 充分利用图像带来的信息，是利用图像法求解物理问题的关键. 看两轴代表的物理量的“积”有无实际的物理意义，可以从物理公式分析，也可从单位的角度分析，如 s-t 图像“面积”就无实际意义，不予讨论.

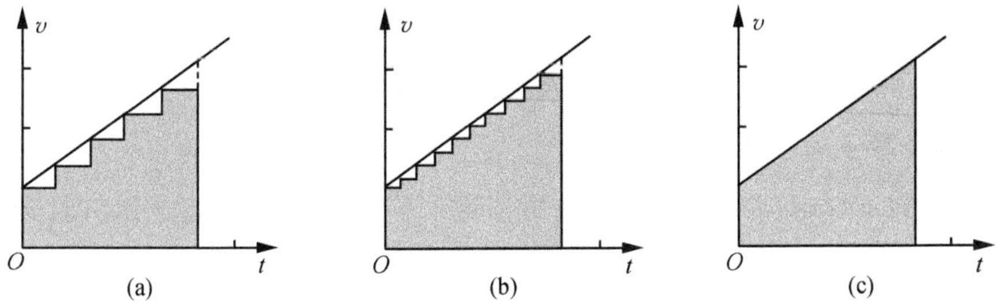

图 2-2-13-5

（二）教会学生读图时要挖掘隐含条件

部分学生认为图像题很难，这其中的原因是多方面的，但可以肯定的一点是，对题中的隐含条件不能正确地识别和挖掘. 所谓隐含条件，指的是命题者在一定的知识框架范围内，把一个完整的物理事实的某些部分或某些条件隐藏起来，设置一些障碍使学生不易看到真相，只有那些有能力的考生才能理解表象下面的深刻内涵，才能通过所给的条件推理、分析综合得到物理过程的全貌，从而认识物理现象的本质. 这种问题情境在 v-t 图像中较为常见. 对 v-t 图像必须深刻领悟图线与时间轴所围成面积的物理意义(位移)和图线上任一点的斜率的物理意义(加速度)，而这些恰恰是我们所要挖掘的隐含条件.

例 2　总质量为 80kg 的跳伞运动员从离地 500m 的直升机上跳下，过 2s 拉开绳索开启降落伞，如图 2-2-13-6 所示是跳伞过程中的 v-t 图像. 试根据图像求(g 取 10m/s^2)：

(1) $t=1\text{s}$ 时运动员的加速度和所受阻力的大小；

(2) 估算 14s 内运动员下落的高度及克服阻力所做的功；

(3) 估算运动员从飞机上跳下到着地的总时间.

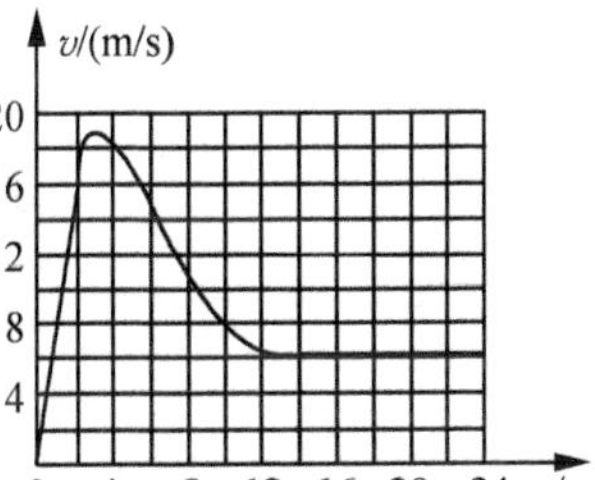

图 2-2-13-6

解析　(1) 从图 2-2-13-6 中可知，在 $t=2\text{s}$ 内图线为直线，斜率不变，即加速度不变，所以运动员做匀加速运动，其加速度大小为 $a=\dfrac{v}{t}=8\text{m/s}^2$.

设此过程中运动员受到的阻力大小为 F_f，根据牛顿第二定律，有 $mg-F_f=ma$，得

$$F_f=m(g-a)=80\times(10-8)\text{N}=160\text{ N}$$

(2) 根据图线与时间轴围成的面积为位移的结论，在 14s 内从图中数得的格子数大

约是 39.5 格，由此估算出运动员下落的高度为 $39.5\times2\times2\text{m}=158\text{m}$.

根据动能定理，有

$$mgh-W_f=\frac{1}{2}mv^2$$

所以有 $W_f=mgh-\frac{1}{2}mv^2=\left(80\times10\times158-\frac{1}{2}\times80\times6^2\right)\text{J}\approx1.25\times10^5\text{J}$

即运动员克服阻力所做的功为 $1.25\times10^5\text{J}$.

(3) 14 s 后运动员做匀速运动的时间为

$$t'=\frac{H-h}{v}=\frac{500-158}{6}\text{s}=57\text{s}$$

运动员从飞机上跳下到着地需要的总时间为

$$t_{总}=t+t'=(14+57)\text{s}=71\text{ s}$$

（三）教会学生善于运用图像

在解决物理问题时，有时运用常规的方法难以解答，但巧妙合理地使用图像，可使问题简单明了，从而快速获得正确的结论.

例 3 A、B 两物体从同一位置沿同一直线运动. A 做初速度为零的匀加速直线运动，$a_A=1\text{m/s}^2$. B 做匀减速直线运动，初速度 $v_B=4\text{m/s}$，加速度 $a_B=-2\text{m/s}^2$. 求 A、B 何时相距最远？最远距离为多少？

解析 本题我们仅凭想象或者仅凭运动学公式来计算是比较麻烦的，但是如果运用图像则会简便许多. 首先我们来分析 A、B 的运动状态，A 做匀加速直线运动，B 做匀减速直线运动，画出 A、B 两物体的速度-时间图像(图 2-2-13-7).

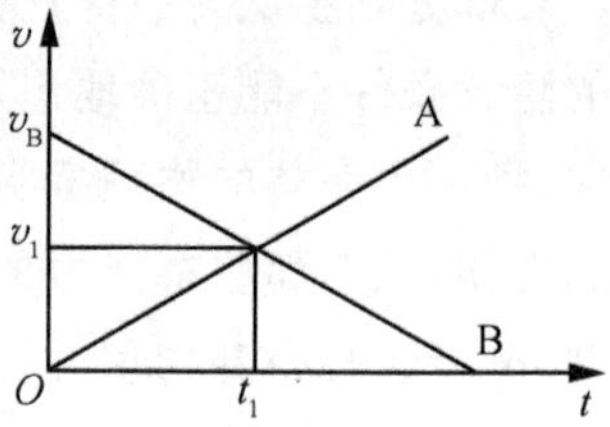

图 2-2-13-7

根据我们所学的知识，可知图像与时间轴所围的面积即为该物体的位移. 由图可以看出，在 t_1 时刻前 A、B 的距离越来越远，在 t_1 时刻后 A、B 的距离越来越近，所以 A、B 在 t_1 时刻相距最远，即 A、B 速度相等时距离最远.

$t_1=\frac{v_1}{a_A}=\frac{v_1-v_B}{a_B}$. 由上面的方程可求出 $v_1=1.33\text{m/s}$.

根据图像，由几何关系，求出最大距离为

$$d=\frac{1}{2}(v_B+v_1)t_1-\frac{1}{2}v_1\cdot t_1=2.66\text{m}$$

（四）将图像教学与情景过程相结合

一个物理图像往往对应着一个物理过程；反之，一个物理过程也可画成一个物理图像. 分清物理过程往往是解决物理问题的根本，对于物理图像中的变化也对应着物理过程的变化，为此我们要引导学生学会图像和物理过程之间的相互转化，将图像和过程相互对应，这样就会把一些看似不变的物理信息转化成活的信息.

例 4 如图 2-2-13-8(a)所示，质量 $m=5\text{kg}$ 的物体静止在水平地面上的 O 点，如果

用 $F_1=20\text{N}$ 的水平恒定拉力拉它时，其运动的 s-t 图像如图 2-2-13-8(b)所示；如果水平恒定拉力变为 F_2，运动的 v-t 图像如图 2-2-13-8(c)所示. 求：

(1) 物体与水平地面间的动摩擦因数；

(2) 拉力 F_2 的大小($g=10\text{m/s}^2$).

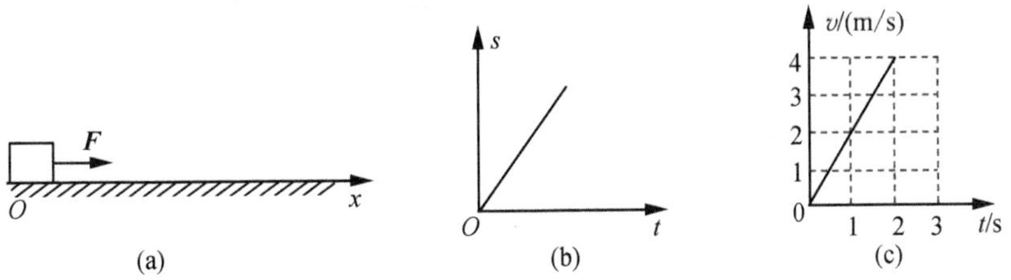

图 2-2-13-8

由图 2-2-13-8(b)知物体做匀速直线运动，此时物体处于平衡状态，物体所受的摩擦力和拉力大小相等，从而可求出物体与水平地面间的动摩擦因数. 由图 2-2-13-8(c)可以求出 a，从而可求出 F_2 的大小.

可见在教学中我们要将多个物理过程和情景有机地结合起来，形成一个复合的问题情境，以提高学生综合运用所学知识处理复杂问题的能力. 教师可以针对基本物理问题有目的地选取适当的情景变换方式，将问题变得新颖、有代表性. 这样不仅可以提高学生分析问题、解决问题的能力，还能迎合学生的求异思维，激发其学习兴趣，增强其适应新题型的能力.

教师还可以发挥学生的主动性，让学生为所学知识创设情景，活跃学生的思维，使学生的创造性思维能力得到发展. 通过对传统的物理问题的条件或背景的改造创设出一种新的物理情景，以此来复习和巩固已学过的物理基础知识，并提高学生运用所学知识在新情景中分析问题、解决问题的能力.

（五）引领学生规范作图

良好的作图习惯，是应用图像解决问题的一个重要方面. 养成良好的习惯是一个长期的过程，需要教师本身对作图有良好的示范作用. 在教学中，教师对事物的态度、做法，都会对学生产生影响. 在物理图像的教学中，首先，教师要正确认识图像的意义和价值，不要仅仅把它作为一种工具，在平时的学习和考试中都要提倡学生使用这种方法. 其次，教师本人要作图规范、准确，如果可能的话，尽量做到作图精确和美观，对不规范的画法及时纠正. 教师除了在课堂上演示规范外，还可以在作业和考试中提出一些专门的要求，画图尽量使用直尺，要做到横平竖直，对不按要求做的酌情扣分. 还可以习题教学作为主阵地，有针对地对学生做一些专门训练，如在学习力的合成与分解以及平行四边形法则时，可以设计一个专题，让学生集中练习.

二、通过课堂教学培养学生使用图像的兴趣和方法

（一）通过课堂教学活动来调动学生画图的兴趣

现代教育要求教师要为学生创设探究、迁移、过渡和发展的问题情景，引导学生弄清

实际问题中的物理原理,使学生获得探索新知的过程和经历,感受获得新知的体验.教师的富有创意的教学设计就是要善于发现和捕捉教学素材,通过素材活化课程案例,优化教学过程.

物理图像本身比较抽象,在教学中不应过早地将其"数学化",变成"冰冷的"坐标点的连线.

下面以龟兔赛跑的故事为例,引进鲜活教学情景.

1. 巧选素材,创设情景

用"龟、兔赛跑"这个典故,体会 s-t 和 v-t 图的建立过程.假定龟、兔都匀速奔跑并且身上都有表明它们速度大小的速度计,两者速度不同但同向前进.记录数据如下表所示:

时间 t/s		1	2	3	4
位移 s/m	龟				
	兔				
速度 v/(m/s)	龟				
	兔				

将两者位移对应的时刻 $t_1, t_2, t_3, \cdots$ 分别画在各自的 s-t 坐标系中,连接各点,画出 s-t 图像,两者的位移随时间的变化关系可用图 2-2-13-9 来表示.

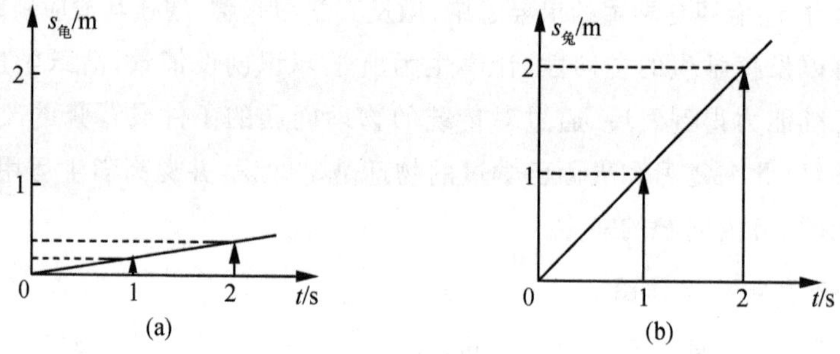

图 2-2-13-9

在各自的 v-t 坐标系中将各时刻的速度和其对应的时刻一一对应起来,那么 v_1, v_2, v_3, $\cdots$ 各端点的连线就是它们各自的 v-t 图像,它们的速度随时间的变化就可以用图 2-2-13-10 来表示.

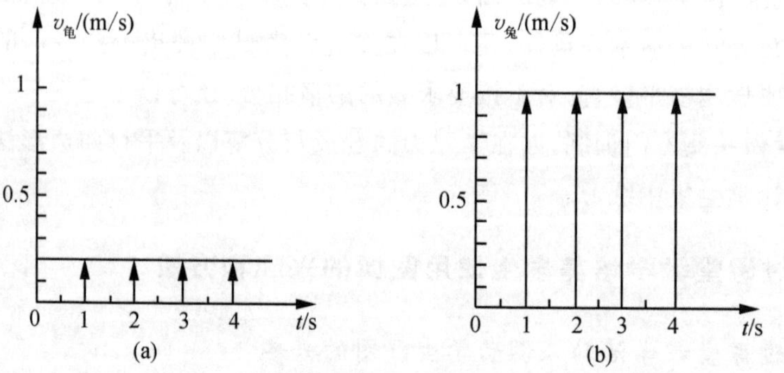

图 2-2-13-10

可以在同一个坐标系中（s-t 或 v-t）将两者在同一直线上的运动进行对比，学生对两个图像的认识则更深一步.

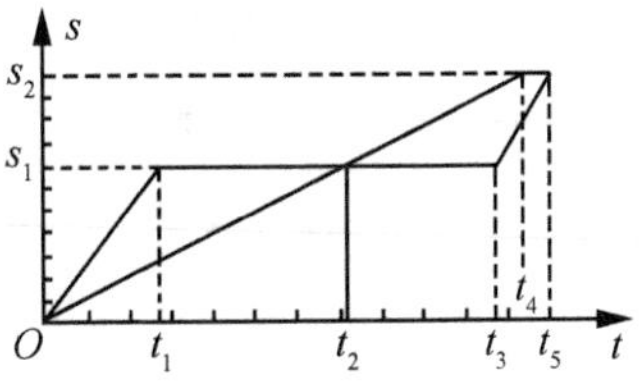

图 2-2-13-11

教师此时点拨：现在就把龟、兔赛跑的故事转译成 s-t 图像，如图 2-2-13-11 所示，各个同学可试着根据图像叙述一下这个故事.

一开始乌龟落后了很多，在__________时刻兔子停下来，回头瞧不到乌龟便干脆睡觉了；乌龟却未停止，在__________时刻它超过兔子，并继续向前，在__________时刻终于抵达了终点. 这一觉兔子睡得有点长（时长为__________），在__________时刻它醒了，向终点跑去. 在__________时刻兔子在终点又和乌龟相见，它落后乌龟的时间为__________.

2. 联想变通，引导思维升级

对龟、兔赛跑图像进行比较后，为提升学生对物理图像的认知，教师应当对龟、兔赛跑的比赛情景进行改造、设计，将赛跑过程由 s-t 图像向 v-t 图像转化（图 2-2-13-12）.

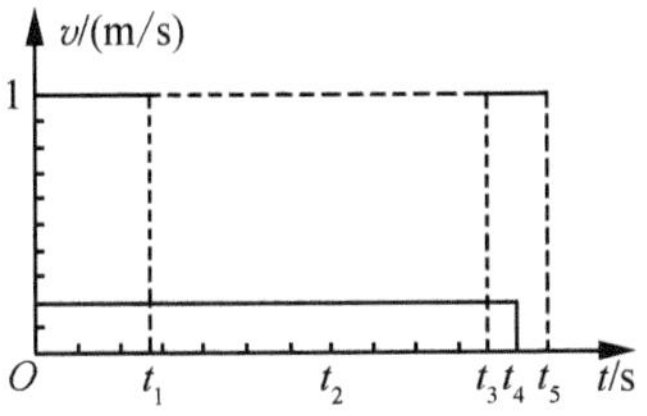

图 2-2-13-12

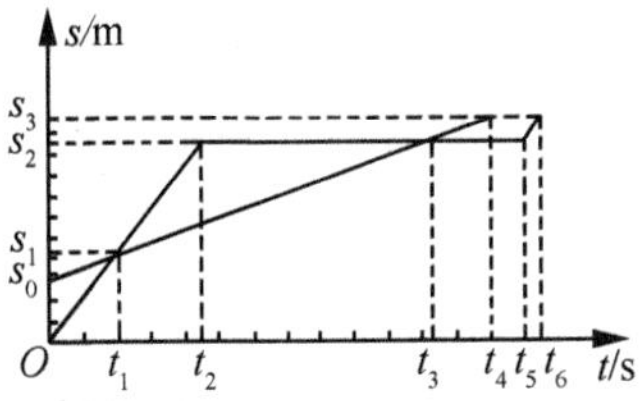

图 2-2-13-13

同时为引导学生认识图像中"截距"的物理意义，也可以通过改编故事情节（图 2-2-13-13），如"为表现大度，兔子先让乌龟一程……".

老师再适时地抛出以下图像（图 2-2-13-14、图 2-2-13-15），让学生发挥想象，编出故事.

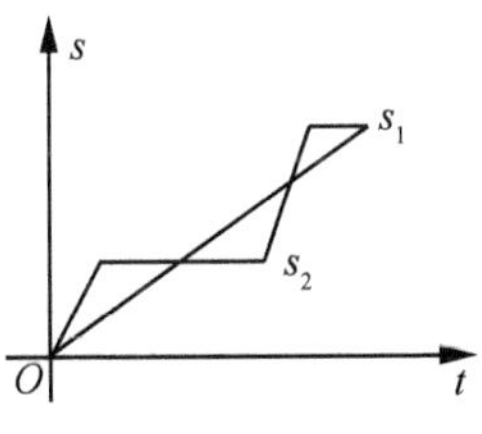

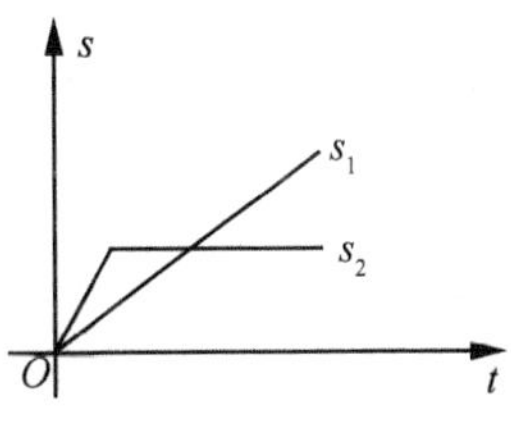

图 2-2-13-14

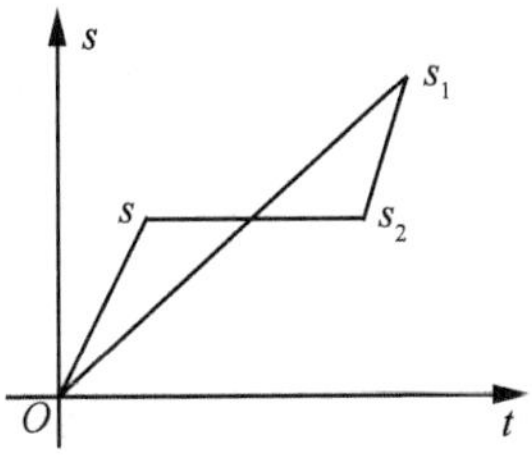

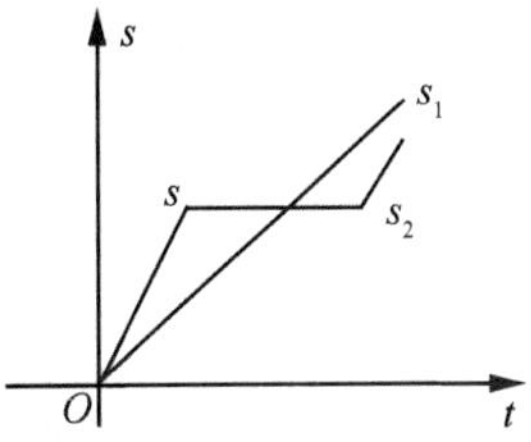

图 2-2-13-15

学生甲：以图像为背景，撰写创新故事：听到赛跑开始信号，乌龟和兔子同时以自己的最快速度离开起跑线，冲向终点．“才一会儿，就把乌龟抛在后边，我何不休息片刻！”兔子骄傲地说着便停了下来．

“拿不拿奖并不重要，重要的是参与，我一定要持之以恒地爬向终点。”乌龟毫不气馁，自言自语地说．兔子一觉醒来发现乌龟已跑到自己前边，于是，以更快速度跑向终点，便在终点等候乌龟的到来．最终兔子获得此次长跑冠军，乌龟获得最佳参与奖．

学生乙：以图为背景译成这样的故事：乌龟决定和自己力量悬殊很大的兔子开展长跑比赛．听到“跑”的信号，同时从起点向终点跑去……

3. 合理想象，扩展思维，激发学生画图像的兴趣

教师趁热打铁引导学生展开想象，合理编制故事并画出图像说明．学生在情景交融中自然习得了图像的知识，并在以后的学习中乐于用图、画图．

（二）在课堂教学中渗透运用图像的意识

在实际教学过程中，物理图像虽然作为一种常用的物理思维方法和研究手段，但并不是所有的物理问题都能用到图像法，在课堂教学中，我们要引导学生学会用公式与图像两种方法同时研究同一物理现象．同时，更要在平时的物理概念与规律教学过程中渗透图像思想，让它成为学生解决物理问题的一种本能反应．

例如，做匀变速运动的物体初速度为零，各个连续相等的时间内位移分别为 $s_1, s_2, s_3, s_4, \cdots$．试求 $s_1:s_2:s_3:s_4:\cdots$．

画出初速为零的匀变速直线运动的 v-t 图像，如图 2-2-13-16 所示．

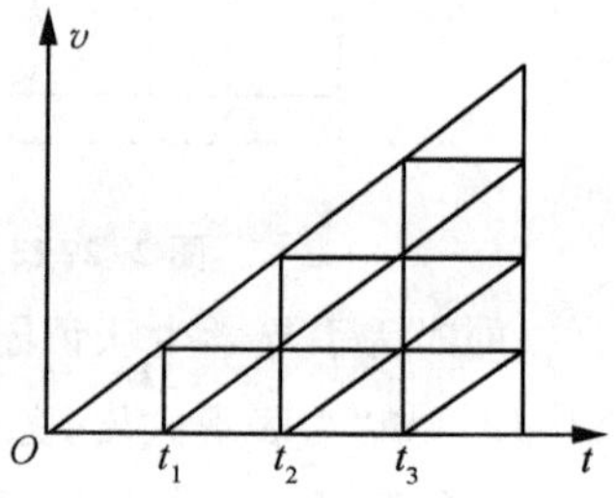

图 2-2-13-16

第 1 段时间 t_1 内位移 s_1 可以用一个三角形表示，第 2 段时间 t_2 内位移可以用 3 个三角形表示，依此类推，第 n 段时间 t_n 内位移 s_n 可以用 $2n-1$ 个三角形表示．所有三角形都是全等三角形．所以 $s_1:s_2:s_3:s_4:\cdots=1:3:5:7:\cdots$．

同理易证：设 T 为相等的时间间隔，则 $T, 2T, 3T, \cdots, nT$ 内，位移之比 $s_1:s_2:s_3:\cdots:s_n=1^2:2^2:3^2:\cdots:n^2$．

（三）在习题教学中培养学生运用图像的意识

有些学生不习惯于画图思考，习惯于空中想象，虽然可以解决一些简单的问题，但面对复杂的问题时就束手无策了．因此，教师在教学过程中应加强图像的教学，重视示意图画法的训练．先从简易的示意图开始，逐步加大难度，教会学生如何审题，如何画示意图，注重画图习惯的培养．画图习惯的培养需要一个过程，要求学生从高一开始，把图作为建立关系、列方程的依据，在练习本中空出一部分，专门用作画图区．

1. 从平时做题中培养

在教学中以选择习题教学为主阵地．首先，在课堂教学中讲解例题时，说明一些画图的规范，向学生演示由题到图的“翻译”过程．其次，在作业与考试中对不按要求做题的可酌情扣分，并提出画图的要求．最后，做一些专门的针对训练．例如，让学生分成两组，第一组同学画图，第二组同学看图做题，把一个题的求解过程分成两部分，有意识地扩大画图的过程并进行评价；或者第二组同学在只看第一组同学画的图形而不看题的情况下说出题意，通过这种形式的训练，即完成了由图到题的信息转换. 学生在画图能力有了一定的提高以后，要求学生对题的信息记录要全面、准确、迅速. 习题课的教学，可以由教师读题，学生通过听来“翻译”成图. 学生在逐渐掌握了一些画图方法后，明确了画图的常规，其画图能力提高了，也就乐于画图解题.

通过这种形式的训练，提高了学生的思维能力，学生能够在语言、图、数学这三种信息的不同表征形式之间灵活地转化.

2. 在平时考查中运用图像

例如，一质点从静止开始做匀变速直线运动，第 1s 内以加速度 $a=1\mathrm{m/s^2}$ 做匀加速直线运动，第 2s 内加速度 $a=-1\mathrm{m/s^2}$，第 3s 内又以 $a=1\mathrm{m/s^2}$ 做匀加速直线运动，第 4s 内加速度 $a=-1\mathrm{m/s^2}$，如此反复，经 100s 此质点的总位移多大？

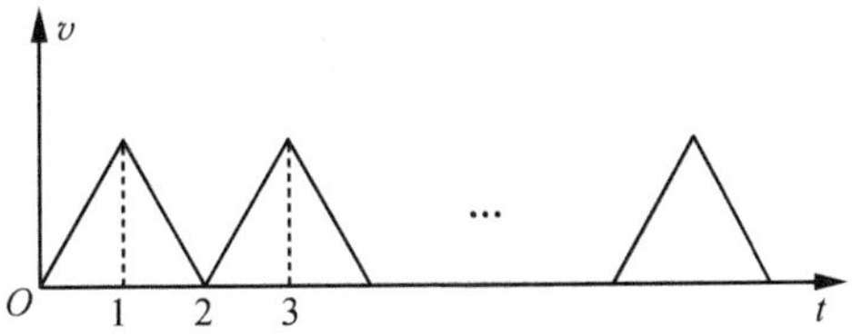

图 2-2-11-17

如图 2-2-11-17 所示，用图像来解则一目了然，而用常规解法则麻烦得多. 教师通过长期的有意识的训练，学生在解决问题时必然首先想到用图像法来解答问题.

三、把握图像教学的技巧性和灵活性

（一）把握图像教学的技巧性

图像教学有其规律性、间断性，何时采用何种方式进行图像教学关系到图像教学的成效，因此，图像教学要讲究教学上的技巧，即要适时适机；同时，要想熟练地使用物理函数图像来解决问题，首先要理解物理函数图像所表达的意义，在图像的读识图上教给学生一定的方法和技巧，灌输一定的思想.

1. 把握“间断点”，掌握必备的数学工具

图像教学离不开数学工具的具体运用，掌握必备的数学工具（如一次函数、二次函数等）是图像教学的基础. 但在实际教学过程中，常常存在“间断点”. 所谓“间断点”，是指学生在初中未学过，而进入高中后物理教师以为学生已知而直接或间接使用的知识点（多数在数学工具方面），如一次函数图像的斜率、截距、三角函数等. 为了防止出现这种情况，教师一定要及时填补必要的数学知识，同时要注意用多少讲多少，不能讲得太多、太深，否则会加重学生的负担，甚至会因学生对数学存在的畏难情绪而影响学生学习物理的积极性.

2. 以 v-t 图像为图像教学的切入点

数学是一门抽象的科学，数学中函数图像的坐标、曲线、符号、斜率及图线下方的面积没有具体的含义，而在物理图像中都已赋予具体的物理内容，含有一定的物理意义，故物理图像不同于数学的一般图像. 在进行物理图像教学时既要与数学形式相联系，这样可以加速认识、理解过程，又要特别注意物理内容. v-t 图像是物理图像中的典型，在 v-t 图像教学中除了让学生理解图线与时间轴围成面积的物理意义是位移外，更应该在“图线某点的斜率是加速度”上做文章. 以加速度为起点创设物理教学情景，积极拓展，将加速度由定值变为变量，使图线由直线变为曲线，物理规律也可以从匀变速直线规律延伸到牛顿运动定律，这样既拓宽了学生的视野，又加深了学生对物理图像和物理规律的理解.

3. 理解各种图像点、截距、线、面和斜率的物理意义

要想熟练地使用物理函数图像来解决问题，首先要理解物理函数图像所表达的意义，其次利用图像来解决问题.

函数图像，就是能用图像中坐标轴所代表的物理量，推断出图像所表述的物理意义和物理情景，并能将图像和方程联系起来，进一步获取信息，在不同的图像中“点”“线”“面”“斜率”“截距”等有其相应的不同的物理意义.

“点”代表状态，描述物体在该状态下所具有的特征. 线是由无数的点形成的，理解图像上的点是掌握图像的基础，一般说来图像上的点表示一个状态. 例如，质点运动图像上的点表示物体运动过程中的某一状态；气体图像上的点表示一定质量气体变化过程中的某一状态；U-I 图像上的点表示闭合电路的工作状态；交变电流图像上的点表示某一瞬时的感应电动势、电流和电压值；LC 振荡电路的图像表示某瞬时电流 i、电场强度 E、磁感应强度 B 的值. 显然已知图像上的一点，就可知对应的纵坐标和横坐标的物理量值.

“线”表示过程，描述物体在一段过程中随着横轴所代表的物理量的变化，纵轴所代表的物理量的变化情况. 线整体反映了物理过程的变化规律，即是两个物理量的对应关系，是“数”与“形”的统一.

“斜率”指的是当 $\Delta x\to 0$ 时$\frac{\Delta y}{\Delta x}$的取值，斜率是联系各变量的纽带，反映一个物理量对另一个物理量的变化率. 例如，v-t 图像中斜率代表加速度；Φ-t 图像中斜率代表磁通量的变化率，即感应电动势；等等. 由于物理图像有直线和曲线两类，所以斜率也有直线斜率和曲线斜率之分. 直线斜率较为直观，它代表纵坐标随横坐标的变化率，它可以是零或常数，且有正有负. 曲线的斜率一般是指曲线上各点切线的斜率，它是随横坐标变化而变化的. 应用图像的斜率不仅可以求出某些物理量，还可以直观地比较物理量的大小，分析物理量大小的变化情况.

“截距”指的是图像与横轴、纵轴的交点. 当横轴为时间轴时，截距描述初态特征，或者说截距反映的是一些特定状态对应的物理量大小，即两个坐标中当一个坐标值为零时所对应的另一个坐标的值. 例如，初速度不为零的匀变速直线运动的 v-t 图像，其截距表示初速度 v_0；气体等容 p-t 图像的截距表示 p_0；路端电压与电流 U-I 图像的纵坐标截距表示电源的电动势 $\mathscr{E}$，横坐标截距表示短路电流 $I=\frac{\mathscr{E}}{r}$. 因此，理解了图像截距的物理意义，就能直接读出特定状态的物理量.

（二）把握图像教学的灵活性

在图像教学中经常会发现学生只会做书本上出现的几种固定的图像问题，若题型稍作变换，学生就无从下手了. 教师必须打破这种僵化的思维，开展多种形式的图像教学工作，使图像教学真正“活”起来.

1. 图像考查方式的灵活性

物理与人类的生活、发展有着紧密的联系，人类在探索大自然的过程中需要使用大量的图像，而照片（图片）比图表更真实、也更接近实际，因而它更受到人们的重视.

如图 2-2-13-18 所示两幅图是由单色光分别入射到圆孔而形成的图像，其中图 2-2-13-18(a)是光的________（“干涉”或“衍射”）图像. 由此可以判断出图 2-2-13-18(a)所对应的圆孔的孔径________（“大于”或“小于”）图 2-2-13-18(b)所对应的圆孔的孔径.

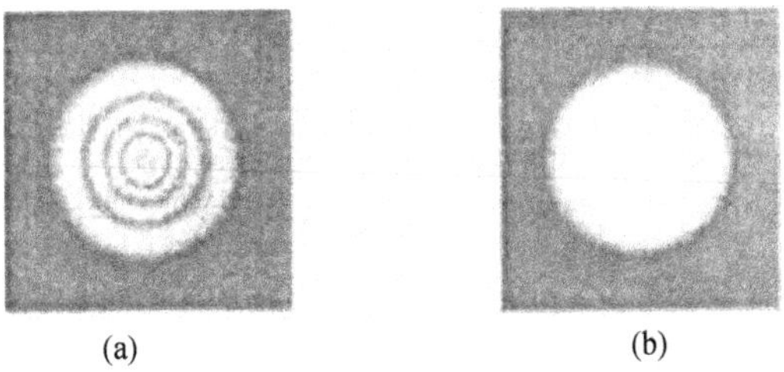

图 2-2-13-18

由照片可明显看出图 2-2-13-18(a)是教材中小孔衍射图样的照片，图 2-2-13-18(b)是单色光通过圆孔而形成的几何亮斑. 因此图 2-2-13-18(a)所对应的圆孔的孔径应该小于图 2-2-13-18(b)所对应的圆孔的孔径.

可见，该类问题往往要根据提示找出照片（图片）中的主要对象，分析其历史背景、环境、条件或分析现象产生的原因、工作的原理等. 这类问题的难度不大，但要求学生有分析和解决实际问题的能力和较宽的知识面.

2. 灵活变换坐标

例如，某同学设计了如图 2-2-13-19 所示的电路测电源电动势 $\mathscr{E}$ 及电阻 R_1 和 R_2 的阻值，已经测得电阻 $R_1=4.8\Omega$，继续测电源电动势 $\mathscr{E}$ 和电阻 R_2 的阻值. 该同学的做法是闭合 S_1，将 S_2 切换到 a，多次调节电阻箱，读出多组电阻箱示数 R 和对应的电压表示数 U，由测得的数据绘出了如图 2-2-13-20 所示的 $\frac{1}{U}$-$\frac{1}{R}$ 图线，则电源电动势 $\mathscr{E}=$______V，电阻 $R_2=$______Ω.

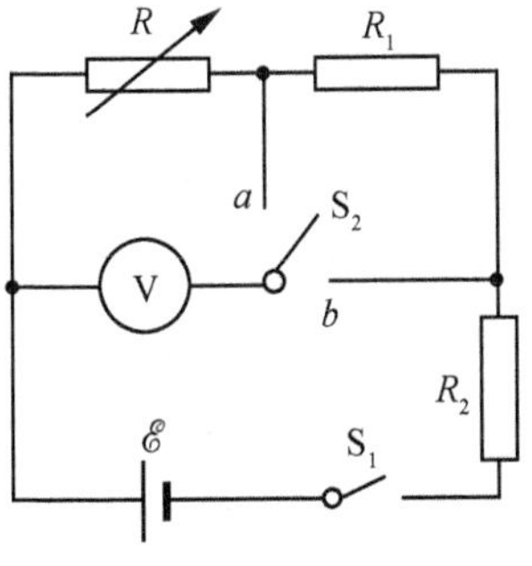

图 2-2-13-19

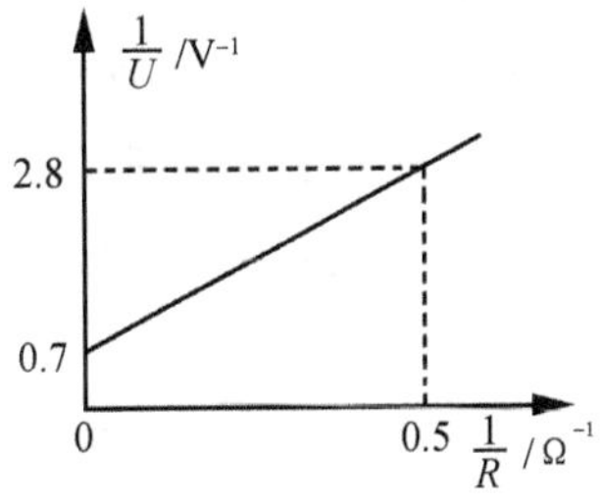

图 2-2-13-20

求解本题时如果学生重视坐标轴，理解了坐标轴所表示物理量的含义，学生就容易知道纵轴截距的倒数就是电源的电动势，之后只要在图中取一组$\left(\frac{1}{R},\frac{1}{U}\right)$数值，就能求出 R_2.

由此可见，读图时既要关注图像中的图线，也要关注图像的坐标轴及原点，这样才能正确地认识图像. 当图像中横、纵坐标的物理量不是常见图像的物理量时，要善于转化.

3. 实验与图像灵活结合

在“探究小车速度随时间变化的规律”一节中给出了一种新的形成图像的方法——纸带粘贴法，这种方法形象地展示了图像的构建过程，减小了思维跨度. 下面是小车沿斜面向下运动时打点计时器打出的纸带(图 2-2-13-21).

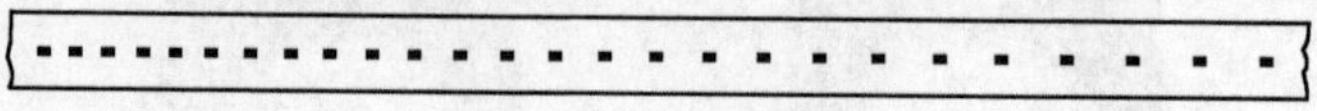

图 2-2-13-21

根据纸带绘制小车的 v-t 图像，除了求出速度，描点外，还可以用另外一种直观的方法：把纸带每隔 0.1s 剪断，得到若干短纸条；把这些纸条并排粘贴在一张纸上，并使这些纸条下端对齐，作为时间坐标轴，标出时间；最后将纸条上端中心连起来，就得到了如图 2-2-13-22 所示 v-t 图像.

这种方法直观、简便，并且不用计算瞬时速度，但教师要讲清纸条的长度代表的意义. 剪下的纸条的长度表示 0.1s 内位移的大小，可近似地认为速度 $v=\frac{\Delta x}{\Delta t}$，$v\propto\Delta x$，纸条长度之比可认为是速度之比. 应用这种方式建立起来的图像，思维跨度小，把形成图像的过程展现在学生面前，学生更易于接受和理解.

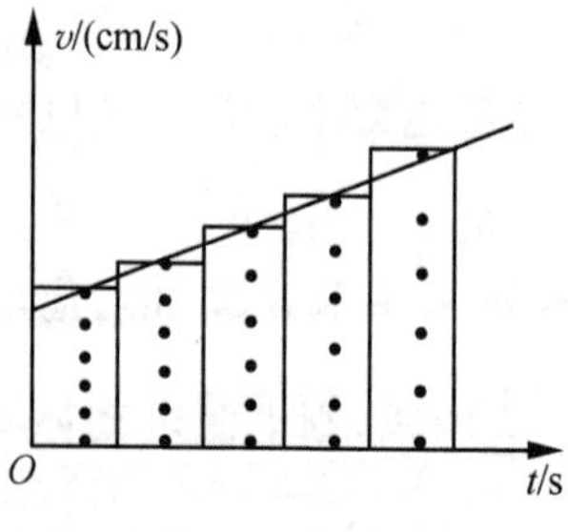

图 2-2-13-22

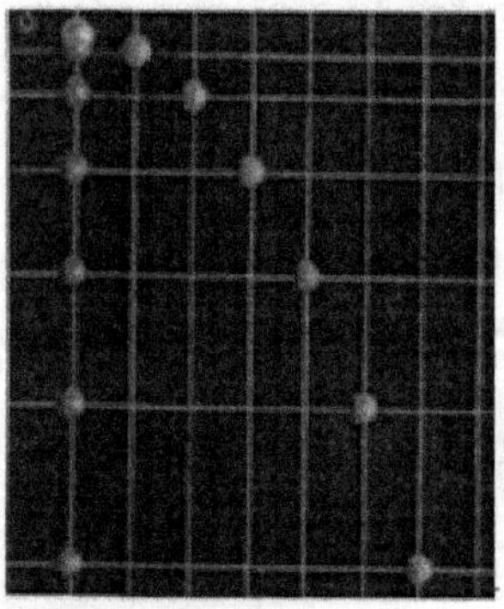

图 2-2-13-23

又如在平抛运动的频闪照片中(图 2-2-13-23)，借助照片背景中的水平线，可很容易地看出每时每刻自由落体的小球和平抛运动的小球下落的高度相同，表明平抛运动的物体在竖直方向上做自由落体运动；借助照片背景中等距的竖直线，可以很容易地看出经过相等的时间间隔(频闪间隔)，平抛运动的物体在水平方向上的位移相等，表明平抛运动的物体在水平方向上做匀速直线运动. 通过定格动态运动图景，轻而易举、直观形象地“看出”了平抛运动的物体在水平和竖直方向上的两个分运动，在此基础上，分别写出两个分运动的位移关系式，再化简，就可得出平抛运动物体的轨迹方程.

又如在声音的教学中可设计如图 2-2-13-24 所示实验装置，光线射到音叉侧面的平面镜上，再反射到双平面镜上，通过双平面镜再反射到光屏上形成亮点. 敲打音叉使其振动，由于振动改变了光反射到双平面镜上的传播方向，从而改变了光经双平面镜反射到光屏上的位置，此时可以在光屏上观察到在竖直方向上有小段光线，这小段光线是光随着音叉的振动，经双平面镜的反射，光线在竖直方向上呈周期性的变化所产生的效果.

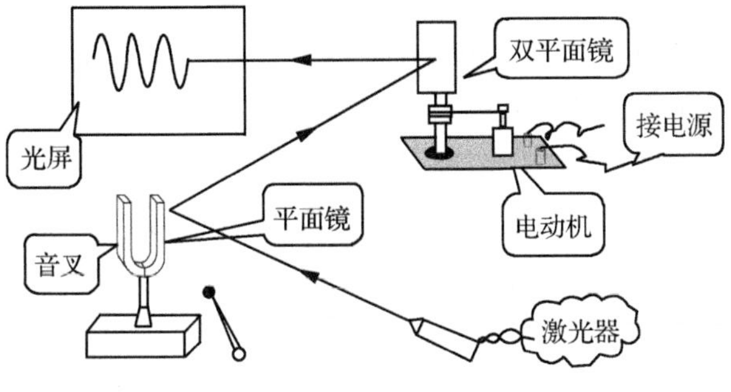

图 2-2-13-24

4. 图像教学可以“动”

当所研究的物理情境是一个动态过程时，很多时候需要比较判断动态物理过程中相关物理量的发展变化趋势，这种情况下，可将不同时刻的动态物理过程表征在同一个图形上，通过对比图形表征形象中线段的长短变化，可直观判断出相关物理量的变化趋势.

如图 2-2-13-25 所示，一小球放置在木板与竖直墙面之间. 设墙面对球的压力大小为 F_{N1}，球对木板的压力大小为 F_{N2}. 以木板与墙连接点所形成的水平直线为轴，将木板从图示位置开始缓慢地转到水平位置. 不计摩擦，在此过程中(　　).

A. F_{N1} 始终减小，F_{N2} 始终增大

B. F_{N1} 始终减小，F_{N2} 始终减小

C. F_{N1} 先增大后减小，F_{N2} 始终减小

D. F_{N1} 先增大后减小，F_{N2} 先减小后增大

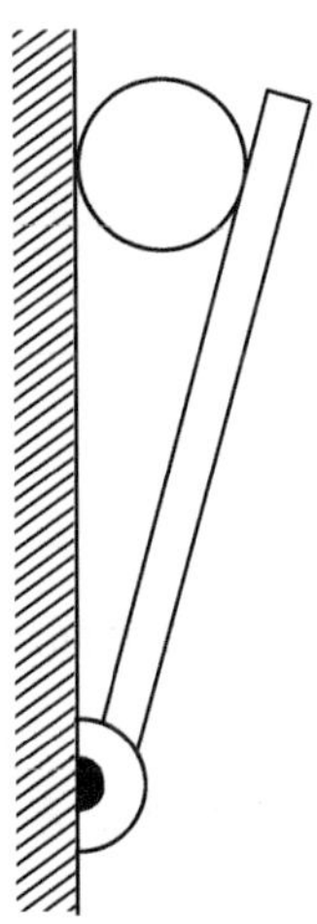

图 2-2-13-25

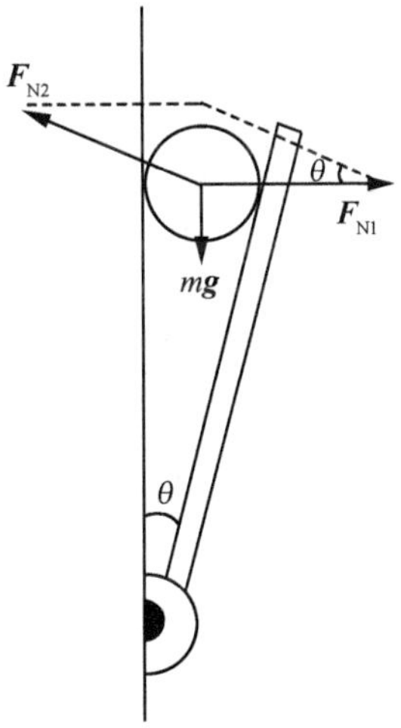

图 2-2-13-26

解析 方法一(解析法)如图 2-2-13-26 所示,由平衡条件,得

$$F_{N1}=\frac{mg}{\tan\theta},\ F_{N2}=\frac{mg}{\sin\theta}$$

当 θ 逐渐增大到 90°,$\tan\theta$、$\sin\theta$ 增大,F_{N1}、F_{N2} 逐渐减小,所以选项 B 正确.

方法二(图解法)对球进行受力分析,如图 2-2-13-27 所示,球受三个力,分别为重力 $\boldsymbol{mg}$、墙对球的弹力 $\boldsymbol{F}_{N1}$ 和板对球的弹力 $\boldsymbol{F}_{N2}$.

当板逐渐转到水平位置的过程中,球始终处于平衡状态,即 $\boldsymbol{F}_{N1}$ 与 $\boldsymbol{F}_{N2}$ 的合力 $\boldsymbol{F}$ 始终竖直向上,大小等于球的重力 mg,如图 2-2-13-27 所示. 当木板缓慢地转至水平位置,$\boldsymbol{F}_{N1}$ 的方向不变,大小逐渐减小,$\boldsymbol{F}_{N2}$ 的方向发生变化,大小也逐渐减小,故选项 B 正确. 显然第二种方法比较形象,该模型也可以用动画显示其过程.

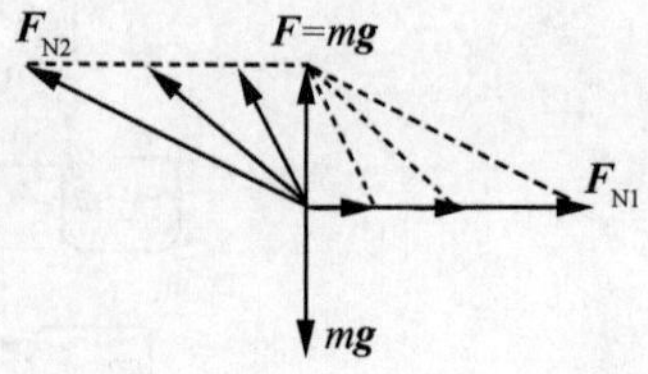

图 2-2-13-27

分析物体动态平衡中各力变化情况时,如满足合力大小和方向不变、一个分力的方向不变的条件时,用图解法具有简单、直观的优点. 其思想同样可以用于运动的矢量问题中.

总之,动态平衡是指物体在变化中的平衡. 它通过控制某一物理量使物体的状态发生缓慢变化,在此过程中物体始终处于一系列的动态平衡状态. 这类问题具有一定的综合性和求解的灵活性,可以充分考查学生分析问题、解决问题的能力.

在教学过程中,教师应当对教学内容进行挖掘,寻找可以开展图形图像的教学内容和方法. 物理图像的教学不是一蹴而就的事情,应该贯穿于整个物理教学的始末,是个循序渐进的过程. 教师在教学前应有一个总体的构思和安排,把图形图像的教学渗透到常规教学当中. 在平时教学过程中,要强调图像的物理意义,使学生理解图像所表示的函数关系式与物理情景间的联系,帮助学生建立对物理图像的全面认识,使物理教学变得生动活泼. 这样在教学过程中不但传授了知识,同时也提高了学生的素质,最终达到提高学生科学素养及分析问题、解决问题能力的目的.

2.3 转化与化归思想

2.3.1 转化与化归思想

转化与化归是把未知解的问题转化到在已有知识范围内可解问题的一种重要的思想方法. 通过不断的转化,把不熟悉、不规范、复杂的问题转化为熟悉、规范甚至模式法、简单的问题. 化归不仅是一种重要的解题思想,也是一种最基本的思维方式,更是一种有效的思维策略.

"抓基础,重转化"是学好中学物理的金钥匙,物理中的转化比比皆是. 数学中的转化

与化归事例有:未知向已知转化,复杂问题向简单问题转化,新知识向旧知识转化,命题之间的转化,数与形的转化,立体向平面的转化,高维向低维的转化,多元向一元的转化,高次向低次的转化,函数与方程的转化等.比较、类比是实现转化的桥梁.

平时教学中,教师应该努力培养训练学生自觉的化归与转化意识,掌握定理、规律、公式、法则的本质,对典型习题进行总结和提炼,有意识地去发现事物之间的本质联系.

转化常用的策略有:熟悉化、简单化、直观化、特殊化、整体化、间接化等.

一、熟悉化策略

所谓熟悉化策略,就是当我们面临的是一道以前接触过的陌生题目时,要设法把它转化为曾经解过的或比较熟悉的题目上,以便充分利用已用的知识、经验或解题模式,顺利地解出原题.

一般说来,对于题目的熟悉程度,取决于对题目自身结构的认识和理解.从结构上来分析,任何一道解答题,都包含条件和结论(或问题)以及它们的联系方式.

常用的途径有:

1. 充分联想、回忆基本知识和题型

在解决问题之前,我们应充分联想和回忆与原有问题相同或相似的知识点和题型,充分利用相似问题中的方式、方法和结论,解决现有问题.

2. 全方位、多角度分析题意

对于同一道物理题,常常可以从不同的侧面、不同的角度去认识.因此,根据自己的知识和经验适时调整分析问题的视角,有助于更好地把握题意,找到自己熟悉的解题方向.

3. 恰当地构造辅助元素

物理中,同一素材的题目,常常可以有不同的表现形式,条件与结论(或问题)之间也存在着多种联系方式.因此,恰当地构造辅助元素,有助于改变题目的形式,沟通条件与结论(或条件与问题)间的内在联系,把陌生题转化为熟悉题.构造的辅助元素多种多样,常见的有:构造图形(点、线、面、体),构造算法,构造多项式,构造方程(组),构造坐标系,构造数列,构造等价性命题,构造物理模型,等等.

二、简单化策略

所谓简单化策略,就是当我们面临的是一道结构复杂、难以入手的题目时,要设法把它转化为一道或几道比较简单、易于解答的新题,以便通过对新题的考察,启迪解题思路,以简驭繁,解出原题.简单化是熟悉化的补充和发挥.一般说来,我们对于简单问题往往比较熟悉或容易熟悉.因此,在实际解题时,这两种策略常常是结合在一起的,只是着眼点有所不同而已.解题中,实施简单化策略的途径是多方面的,常用的有:寻求中间环节,分类考察讨论,简化已知条件,恰当分解结论等.

1. 寻求中间环节,挖掘隐含条件

某些结构复杂的综合题,就其生成背景而论,大多是由若干比较简单的基本题,经过适当组合抽去中间环节而构成的,因此,从题目的因果关系入手,寻求可能的中间环节和隐含条件,把原题分解成一组相互联系的简单题,是实现复杂问题简单化的一条重要途径.

2. 分类考察讨论

有些物理题看似复杂,主要在于它的条件、结论(或问题)包含多种不易识别的可能情形,对于这类问题,选择恰当的分类标准,把原题分解成一组并列的简单题,有助于实现复杂问题的简单化.

3. 简单化已知条件

有些物理题,条件比较抽象,不太容易入手,这时,不妨简化题中某些已知条件,甚至暂时撇开不考虑,先考虑一个简化的问题,该简化的问题常常能起到穿针引线的作用.

4. 恰当分解结论

有些物理问题,解题时遇到的主要困难来自结论的抽象概括,难以直接和条件联系起来,这时不妨猜想一下,能否把结论分解为几个比较简单的部分,以便各个击破,解出原题.

三、直观化策略

所谓直观化策略,就是当我们面临的是一道内容抽象、不易捉摸的题目时,要设法把它转化为形象鲜明、直观具体的问题,以便凭借事物的形象把握题目所涉及的各对象之间的联系,找到解题思路.

1. 借助图表

有些物理题,内容抽象,关系复杂,给学生理解题意增添了困难.对于这类题目,可借助图表、示意图或表格分析题意,将抽象内容形象化、复杂关系条理化,引导学生深入思考,发现线索.

2. 借助图形

有些涉及物理关系的题目,若用代数方法求解,道路崎岖曲折,计算偏大,这时不妨借助图形直观地显示,给题中有关数量以恰当的几何分析,从而拓宽解题思路,找出简捷、合理的途径.

3. 借助图像

不少涉及数量关系的题目,与函数的图像密切相关,灵活运用图像的直观性,常常能以简驭繁,获得简便、巧妙的解法.

四、特殊化策略

所谓特殊化策略,就是我们面临一道一般性题目时,要注意从一般推到特殊,先考察包含在一般情形里的某些比较简单的特殊问题,以便从特殊问题的研究中拓宽解题思路,发现解答原题的方向或途径.

五、一般化策略

所谓一般化策略,就是我们面临一个计算比较复杂或内在联系不甚明显的特殊问题时，要设法把特殊问题一般化，找出一个能够提示事物本质属性的一般情形的方法、技巧和结果，顺利解出原题.

六、整体化策略

所谓整体化策略，就是当我们面临一道按常规思路进行局部处理难以奏效或计算冗繁的题目时，要适时调整视角，把问题作为一个有机整体，从整体入手，对整体结构进行全面、深刻的分析和改造，以便从整体特性的研究中，找到解决问题的途径和办法.

七、间接化策略

所谓间接化策略，就是当我们面临的是一道从正面入手复杂繁难，或在特定场合甚至找不到依据的题目时，要随时改变思维方向，从结论（或问题）的反面进行思考，以便化难为易，解出原题.

高中阶段常用的转化主要包括变量与变量间的转化、高维与低维的转化、特殊与一般的转化、局部与整体的转化等.

2.3.2　运用图像进行转化

一、利用坐标进行图像转化

例 1　老鼠的速度大小与其离开洞口的距离成反比. 当其到达距洞口为 d_1 的 A 点时速度为 v_1，求到达距洞口为 $d_2(d_2>d_1)$ 的 B 点时的速度 v_2 是多少？老鼠由 A 运动到 B 所需的时间是多少？

解析　本题中老鼠的运动既不是匀速直线运动，也不是匀变速直线运动，而是比较复杂的直线运动，无法用常规的方法求解. 老鼠运动的速度与到洞穴的距离成反比，即与距离的倒数成正比，则运动的时间就等于距离与速度倒数之积. 从而可用几何方法从 d-$\frac{1}{v}$ 图像中的“面积”求出运动的时间. 因为老鼠运动的速度与到洞穴的距离成反比，所以 $v\propto\frac{1}{d}$，即

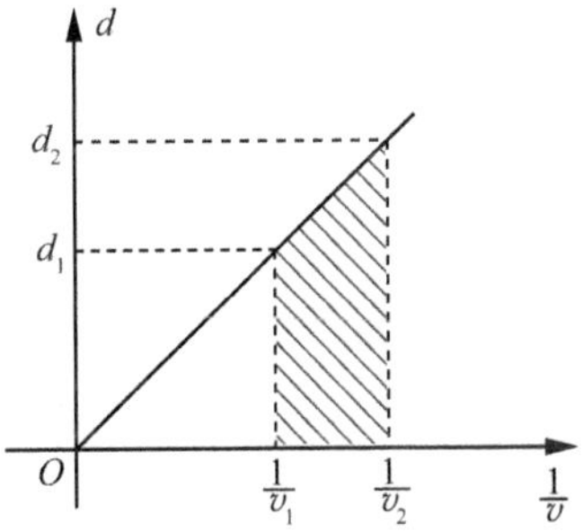

图 2-3-2-1

$$\frac{v_1}{v_2}=\frac{d_2}{d_1},\ v_2=\frac{d_1}{d_2}v_1$$

作出 d-$\frac{1}{v}$ 图像（图 2-3-2-1），根据 v-t 图像中“面积”表示位移，类比迁移，可知 d-$\frac{1}{v}$ 图像中“阴影面积”表示老鼠从 A 点运动到 B 点所需的时间，即

$$t=\frac{1}{2}(d_2+d_1)\left(\frac{1}{v_2}-\frac{1}{v_1}\right)=\frac{d_2{}^2-d_1{}^2}{2v_1d_1}$$

二、利用数形结合进行转化

例 2 物体重力大小为 G，与水平面间的动摩擦因数为 μ，欲以一个拉力 $\boldsymbol{F}$ 使物体沿地面匀速前进，问：F 与水平地面的夹角 θ 为何值时，最省力？这个最小拉力是多少？

解析 方法一 正交分解法. 物体的受力如图 2-3-2-2 所示，物体在重力 $\boldsymbol{G}$、拉力 $\boldsymbol{F}$、地面的支持力 $\boldsymbol{F}_N$、地面的摩擦力 $\boldsymbol{F}_f$ 这四个力作用下保持平衡，$\boldsymbol{F}$ 与水平方向的夹角为 θ，根据平行四边形定则，将 $\boldsymbol{F}$ 分解为水平、竖直方向的分力，则由平衡条件，有

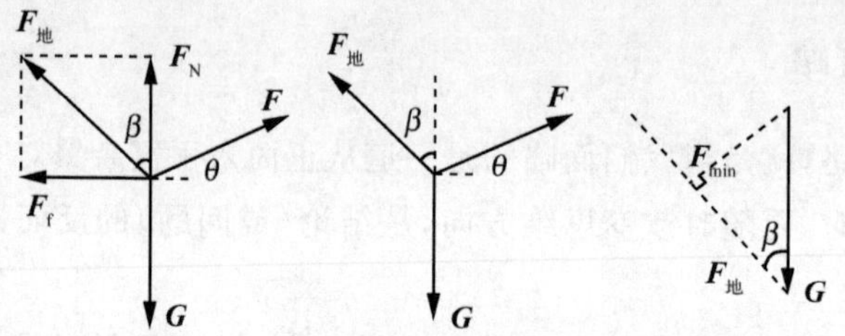

图 2-3-2-2

$$F\cos\theta = F_f$$
$$F\sin\theta + F_N = G$$

其中 $F_f = \mu F_N$，联立以上三式，得

$$F = \frac{\mu G}{\cos\theta + \mu\sin\theta}$$

由三角函数求极值，可知，当 $\theta = \arctan\mu$ 时，F 取最小值.

$$F_{min} = \frac{\mu G}{\sqrt{1+\mu^2}}$$

方法二 图解法. 如图 2-3-2-2 所示，将地面支持力和摩擦力合成为 $\boldsymbol{F}_地$，$\boldsymbol{F}_地$ 与竖直方向的夹角为 β，$\tan\beta = \mu$，于是原先的四力平衡问题被转化为三力平衡问题. 三力平衡情况下，三个力应首尾相接，构成一个密闭的三角形. 现重力 $\boldsymbol{G}$ 大小方向已知，$\boldsymbol{F}_地$ 方向确定，由图中可得出力 $\boldsymbol{F}$ 取最小值时其应与 $\boldsymbol{F}_地$ 垂直，即 $F_{min} = G\sin\beta = \frac{\mu G}{\sqrt{1+\mu^2}}$，$\theta = \beta = \arctan\mu$.

在用解析法和图解法求解物体平衡中有关问题时，图解法能直观地反映各力的变化情况，而解析法通常要涉及三角函数的知识，相对较为复杂，在定性判定力的变化及求临界、极值时宜采用图解法.

三、利用类比迁移法转化图像

例 3 如图 2-3-2-3 所示，一人在 A 点落水，A 点离岸的垂直距离为 3m，救生员在 B 点，A 点与 B 点的水平距离为 10m. 忽略水的流动，已知救生员在岸上奔跑的最快速度 $v_1 = 10\text{m/s}$，在水中游泳的最快速度 $v_2 = 5\text{m/s}$. 问：救生员应该在何处下水才能在最短时间内到达落水者？

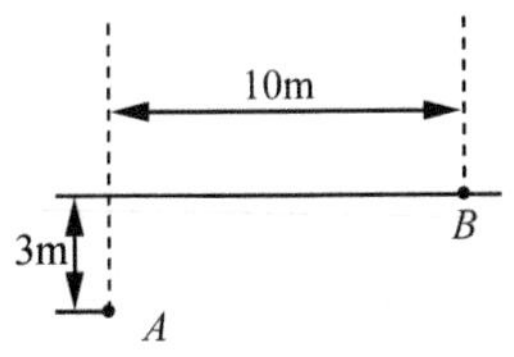

图 2-3-2-3

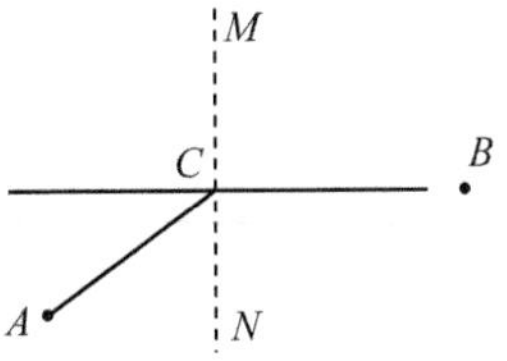

图 2-3-2-4

解析　本题如果用运动学公式列方程求解显得非常麻烦，但是如果巧妙地将光路图运用到此题中将会使题目简单化．我们知道光是沿最佳路径传播的，此题我们可以把空气看作光疏介质，把水看作光密介质，如果光线由 B 到达 A，那么它的路线应该如图 2-3-2-4 所示，即救生员应该按图中的路线去营救．由光的折射定律，可知

$$\frac{\sin\angle MCB}{\sin\angle NCA}=\frac{c}{v}=\frac{v_1}{v_2}$$

已知$\angle MCB=90°$，$v_1=10\text{m/s}$，$v_2=5\text{m/s}$，得出$\angle NCA=30°$．即 $BC=8.27\text{m}$．

由以上例题可以看出，合理巧妙地将光的折射定律迁移运用到运动学图像中，可达到事半功倍的效果．

四、图像间的相互转换

图像的联系包括函数图像和实物情景图之间的相互联系．物理图像无论是函数图像还是实物情景图，一般都会对应不同的物理规律，物理学本身就是研究事物与事物之间的联系，那么图像之间也必然存在着建立在物理规律之上的相互联系．在物理问题中要求学生发现两个图像之间存在的内在联系，这对学生提出了较高的能力要求．

在有些问题中，直接应用题中所给的图像分析问题可能不够直观，不易理解，这时可通过图像间的相互转换，变抽象为直观，化隐为显．

例 4　一个质量为 4kg 的物体静止在足够大的水平地面上，物体与地面间的动摩擦因数 $\mu=0.1$．从 $t=0$ 开始，物体受到一个大小和方向呈周期性变化的水平力 F 作用，力 F 随时间的变化规律如图 2-3-3-5 所示．求 83s 内物体的位移大小．

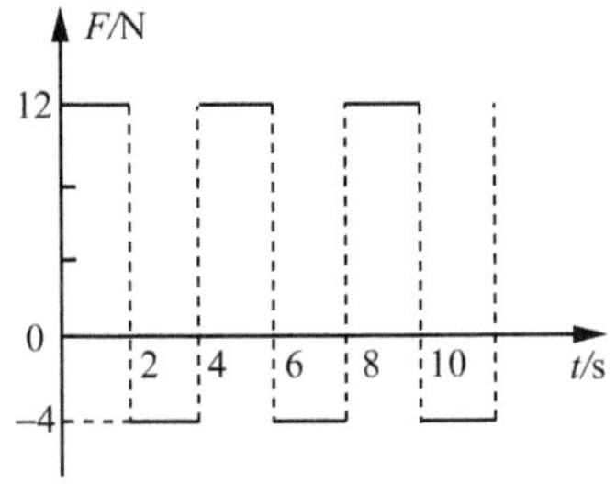

图 2-3-2-5

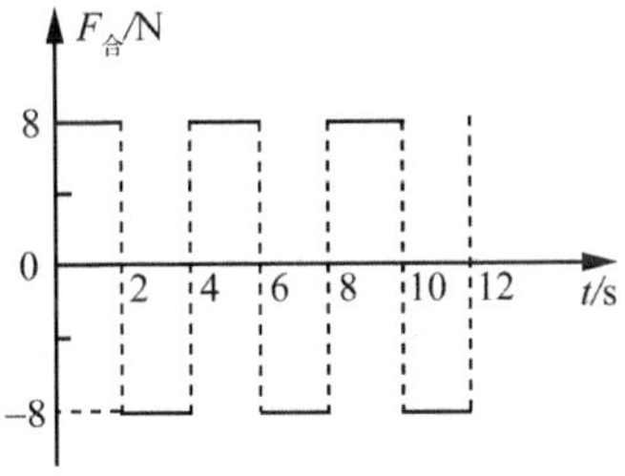

图 2-3-2-6

解析　物体受到的滑动摩擦力 $F_f=\mu mg=4\text{N}$．物体在第一个 2s 内，所受的合力 $F_{1合}=F-F_f=8\text{N}$，加速度为 $a_1=\frac{F_{1合}}{m}=2\text{m/s}^2$，物体做初速度为零的匀加速直线运动，末速度为 $v_1=a_1t_1=4\text{m/s}$，位移 $s_1=\frac{1}{2}a_1t_1{}^2=4\text{m}$；在第二个 2s 内，物体所受的合力为 $F_{2合}=F-$

$F_f=-8N$,加速度为$a_2=\frac{F_{2合}}{m}=-2m/s^2$,物体做匀减速直线运动,末速度为$v_2=v_1-a_2t_2=(4-2\times2)m/s=0$,位移$s_2=s_1=4m$,以后物体周而复始地这样运动,周期$T=4s$. 作出物体所受的合力图像,如图 2-3-2-6 所示,速度-时间图像如图 2-3-2-7 所示.

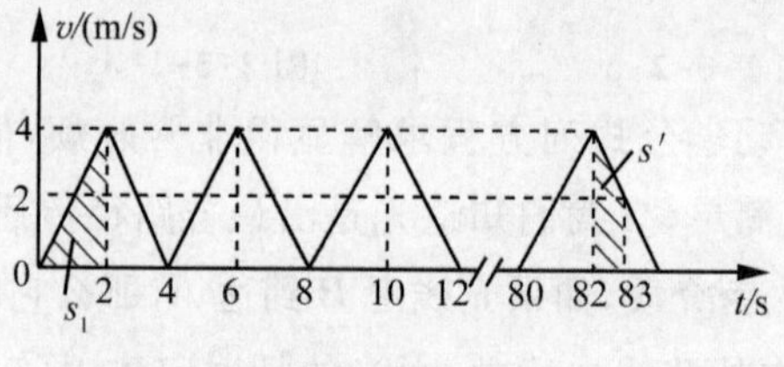

图 2-3-2-7

由图 2-3-2-7 可知,$s=41s_1+s'$,$s'=3m$,故$s=167m$.

解答本题的关键是学会从图中读取有效信息,分析图像之间的内在联系,对物体进行受力分析,再结合图像的转化,大大简化了运算处理时间.

例 5 如图 2-3-2-8(a)所示,在 LC 振荡电路中,通过 P 点的电流变化规律如图 2-3-2-8(b)所示,把通过 P 点的向右的电流规定为图 2-3-2-8(b)中坐标 i 的正方向,则下列说法正确的是(　　).

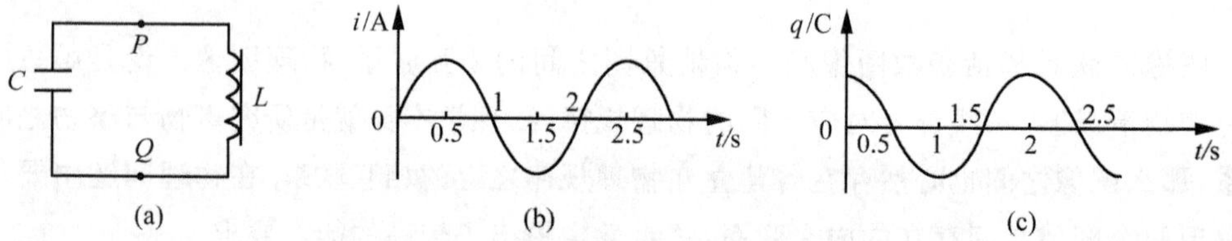

图 2-3-2-8

A. 0.5s 至 1s 内,电容器正在充电

B. 0.5s 至 1s 内,电容器的上极板带正电

C. 1s 至 1.5s 内,Q 点电势比 P 点电势高

D. 1s 至 1.5s 内,磁场能正在转变为电场能

解析 本题如果直接从图像判断选项 B、C 比较困难,但如果能够将 i-t 图像转换为 q-t 图像,问题便可迎刃而解. 如图 2-3-2-8(c)所示为电容器 C 上极板所带电荷量随时间的变化图线. 由两图线很容易判断正确答案为 A、C.

五、物理情景与物理图像之间的转化

1. 从图像到情景

此类问题提供一个物理图像,让考生根据图像这一载体所携带的所有公开或隐含的信息,还原出真实的物理情景.

例 6 如图 2-3-2-9 所示,粗糙的斜面与光滑的水平面相连接,滑块沿水平面以速度 $\boldsymbol{v}_0$ 运动,设滑块运动到 A 点的时刻为 $t=0$,B 点距 A 点的水平距离为 x,滑块在 B 点时的水平速度为 $\boldsymbol{v}_x$. 由于 $\boldsymbol{v}_0$ 不同,从 A 点到 B 点的几种可能的运动

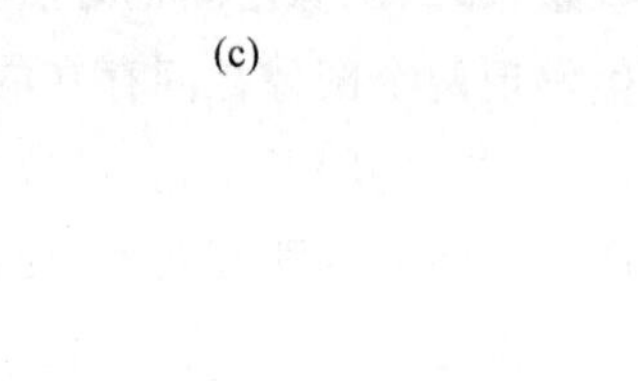

图 2-3-2-9

图像如下列选项所示，其中表示摩擦力做功最大的是(　　).

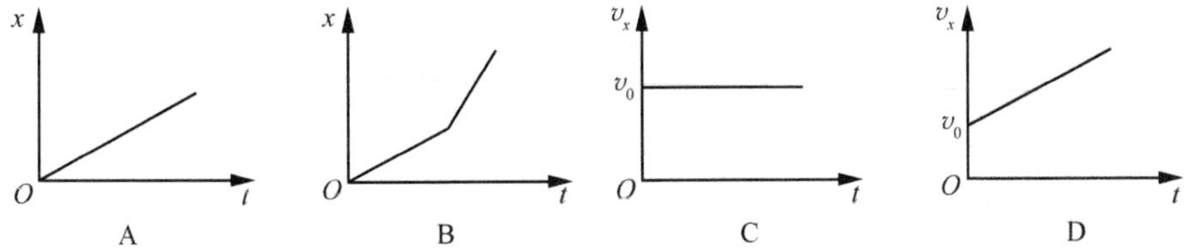

解析　本题主要考查考生对功的概念、平抛运动等内容的理解和对图像的分析、处理能力. 考生如果没有将此图像转换成真实的物理情景，则很难答对此题. 由选项 A、C 可知，滑块的水平速度不变，即物体做平抛运动，滑块和斜面无接触，摩擦力为零，故选项 A、C 错；由选项 B 可知，物体先做一段平抛运动再落至斜面，而选项 D 反映的物理情景是滑块在斜面上运动较长距离，此过程中摩擦力做功最多，故选项 D 正确，选项 B 错误.

2. 从情景到图像

此类试题是常见的习题，试题特别注重物理情景中的临界问题，或某个物理量的最大值、最小值在图像中的显现，此时的图像形状往往有突变.

例 7　如图 2-3-2-10 所示，平行于 y 轴的导体棒以速度 $\boldsymbol{v}$ 向右做匀速直线运动，经过半径为 R、磁感应强度为 $\boldsymbol{B}$ 的圆形匀强磁场区域. 下列关于导体棒中的感应电动势 $\mathscr{E}$ 与导体棒位置的关系图像正确的是(　　).

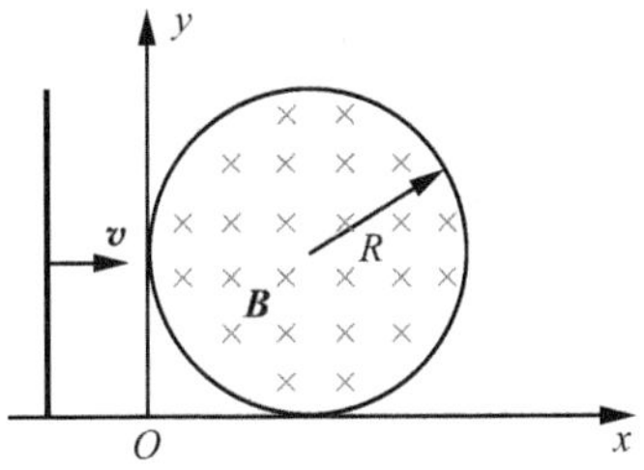

图 2-3-2-10

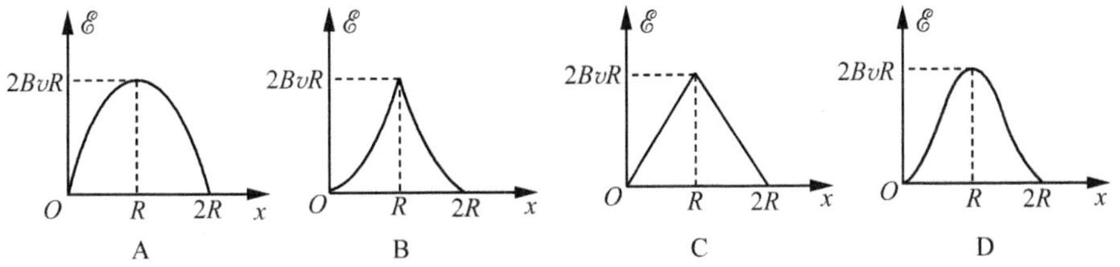

解析　本题考查导体切割磁感线产生感应电动势，导体切割长度与感应电动势的定量关系的问题，而有效切割长度与 x 的关系则是解决此问题的关键. 由图 2-3-2-11 可知，导体棒的有效切割长度 l 随 x 的变化率先减小后增大，而 B、v 为定值，故 $\mathscr{E}$ 随 x 的变化率也应先减小后增大. 由图 2-3-2-11，可得 $l=2\sqrt{R^2-(R-x)^2}$. 解得

$$\frac{l^2}{4R^2}+\frac{(x-R)^2}{R^2}=1$$

该方程为椭圆方程，如图 2-3-2-12 所示. 而 $\mathscr{E}=Blv$，$\mathscr{E}\propto l$，故 $\mathscr{E}$-x 图像的形状应与图 2-3-2-12 类似，答案为 A.

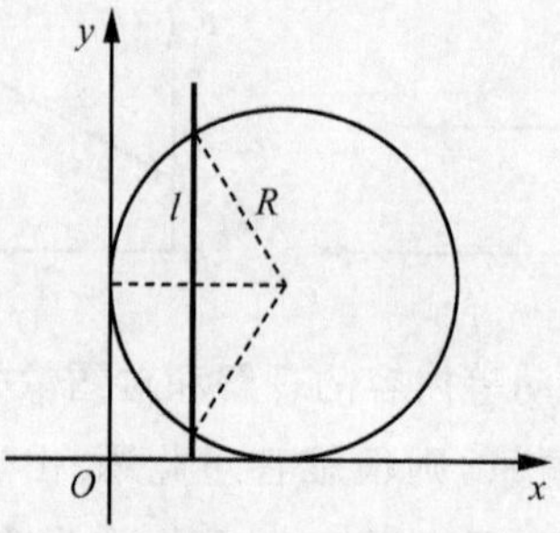

图 2-3-2-11

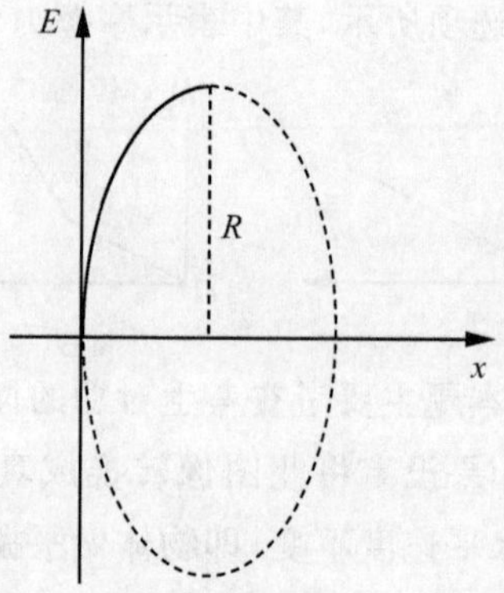

图 2-3-2-12

3. 从图像到图像

这类问题的解决过程可以归纳为图像→情景→新图像. 即根据题目给出的物理图像，推导一些物理量的变化情况，转换正确的物理情景，再根据物理情景，应用有关物理规律，判断另一些物理量的变化情况，最后正确作出这些新物理量的变化图像.

例 8 如图 2-3-2-13 所示是某同学设计的电容式速度传感器的原理图，其中上板为固定极板，下板为待测物体. 在两极板间电压恒定的条件下，极板上所带电荷量 Q 将随待测物体的上下运动而变化. 若 Q 随时间 t 的变化关系为 $Q=\frac{b}{t+a}$（a、b 为大于零的常数），其图像如下图所示，那么下面两图中反映极板间场强大小 E 和物体速率 v 随时间 t 变化的图线可能是（　　）.

A. ①和③　　B. ①和④　　C. ②和③　　D. ②和④

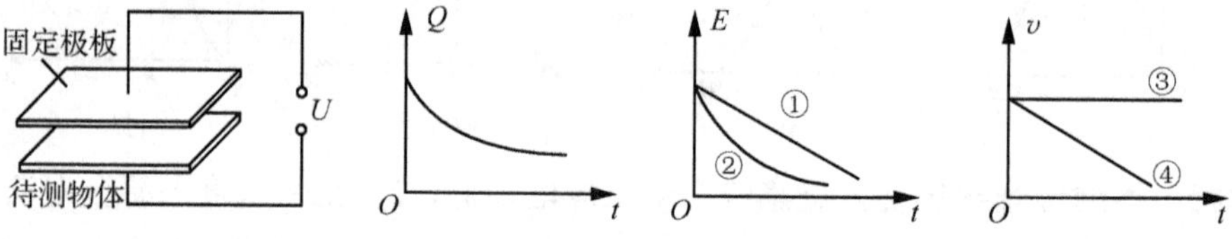

图 2-3-2-13

分析 本题考查学生对图像的分析能力，根据题设条件中的物理情景，推测、判定这几个物理量的变化规律符合哪一个图像，故对物理情景的分析尤为重要. 根据题意，U 一定，由公式 $U=\frac{Q}{C}$，$E=\frac{U}{d}$，$C=\frac{\varepsilon S}{4\pi kd}$，可得 $E=\frac{4\pi kb}{\varepsilon S(t+a)}$，所以②正确. 又由 $E=\frac{4\pi kb}{\varepsilon S(t+a)}$ 和 $E=\frac{U}{d}$ 可得 $d=n(t+a)$，其中 $n=\frac{\varepsilon SU}{4\pi kb}$ 为常数，板间距离与时间 t 成线性变化关系. 故 $v=\frac{d}{t}=$ 定值，③正确，选项 C 正确.

根据题设条件和将 Q-t 图像转换成物理情景可知 C 和 E 这两个物理量的变化情况，进而推知两板间距 d 与时间 t 的关系，最终得出结论.

4. 从情景到情景

在有些问题中，利用图像分析会使物理过程更加明晰、直观，解决方法也更加简捷方便. 这类问题的解决过程可以归纳为情景→图像→新情景.

例 9　如图 2-3-2-14 所示，在光滑的绝缘水平面的 AB 区域内存在水平向右的电场，电场强度 E 随时间的变化如图 2-3-2-15 所示. 不带电的绝缘小球 P_2 静止在 O 点. $t=0$ 时，带正电的小球 P_1 以速度 $\boldsymbol{v}_0$ 从 A 点进入 AB 区域，随后与 P_2 发生正碰后反弹，反弹速度大小是碰前的 $\frac{2}{3}$，P_1 的质量为 m_1，带电荷量为 q，P_2 的质量为 $m_2=5m_1$，A、O 间距离为 L_0，O、B 间距离为 $L=\frac{4}{3}L_0$，已知 $\frac{qE_0}{m_1}=\frac{2{v_0}^2}{3L_0}$，$T=\frac{L_0}{v_0}$.

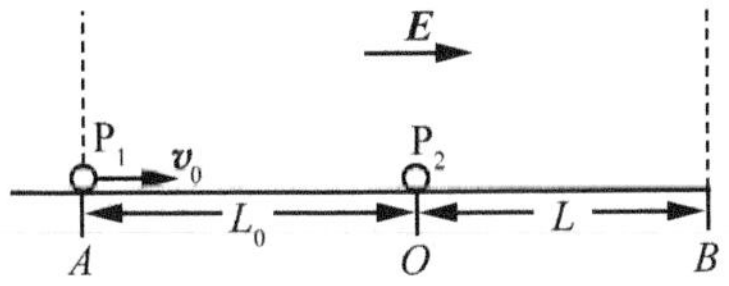

图 2-3-2-14

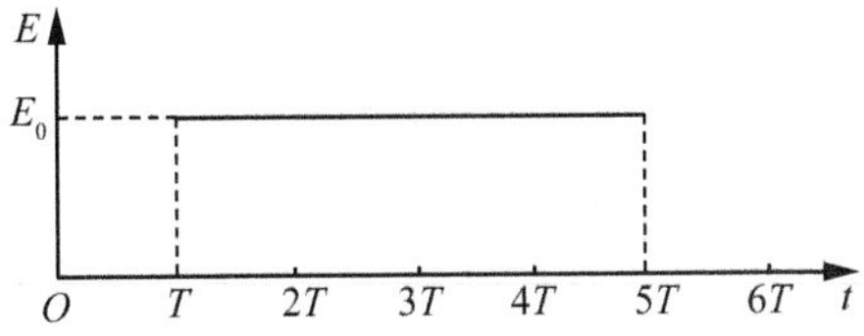

图 2-3-2-15

(1) 求碰撞后小球 P_1 向左运动的最大距离及所需时间.

(2) 讨论两球能否在 OB 区间内再次发生碰撞.

解析　本题考查学生对力学、电场基本规律的理解和综合分析的能力. 我们发现，在分析物理情景的过程中能灵活运用图像分析方法，将更容易挖掘出题设条件中隐含的物理规律，再以此为基础继续分析新的物理情景(即能否再次碰撞的情景)就简单了许多. 这样事实上就完成了“物理情景→图像→新的物理情景”的思维转换.

(1) 小球 P_1 到达 O 点的时间 $T=\frac{L_0}{v_0}$，与 P_2 碰撞时，电场刚好由 0 变为 E_0，碰撞后 P_1 的速度大小 $v_1=\frac{2}{3}v_0$，在电场中 P_1 的加速度 $a=\frac{qE_0}{m_1}$，P_1 向左运动的时间 $t_1=\frac{v_1}{a}=\frac{\frac{2}{3}v_0}{\frac{qE_0}{m_1}}=T$，向左运动的最大距离为

$$s=\frac{{v_1}^2}{2a}=\frac{\left(\frac{2}{3}v_0\right)^2}{\frac{2qE_0}{m_1}}=\frac{1}{3}L_0$$

(2) 根据动量守恒定律 $m_1\boldsymbol{v}_0=m_1\boldsymbol{v}_1+m_2\boldsymbol{v}_2$，得 $v_2=\frac{1}{3}v_0$，P_2 做匀速直线运动. 由上述条件可得 P_1、P_2 的速度-时间图像，如图 2-3-2-16 所示.

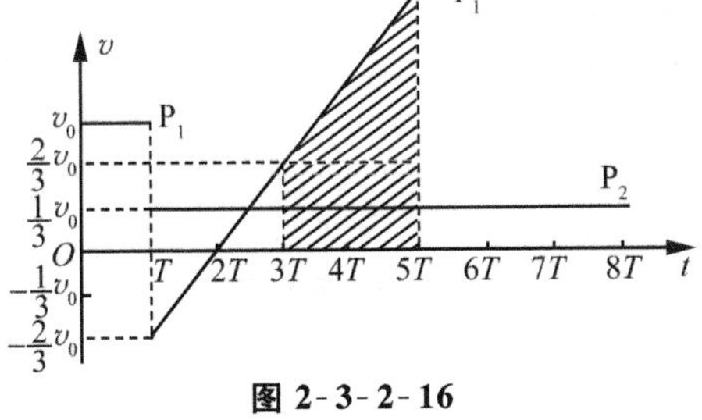

图 2-3-2-16

由图可知 P_2 以 $\frac{1}{3}v_0$ 的速度匀速向右，则完成 L 距离需用时

$$t=\frac{L}{v_2}=\frac{\frac{4}{3}L_0}{\frac{1}{3}v_0}=\frac{4L_0}{v_0}=4T$$

若不发生碰撞，在该段时间内 P_1 第二次到达 O 点后向右的位移应为图中阴影部分的"面积"大小，即

$$\frac{1}{2}\left(\frac{2}{3}v_0+2v_0\right)\times 2T=\frac{8}{3}L_0>\frac{4}{3}L_0$$

由此可断定 P_1、P_2 在这之前已经发生了第二次碰撞.

在指导学生解决有关图像的物理问题时，不仅要提高学生的读图、识图能力，提高寻找、确认图像所包含的物理信息的能力，还要提高学生将图像还原成物理情景，由物理情景生成正确的物理图像的能力，在图像与情景的相互转换过程中达到认识物理规律、理解物理规律、利用物理规律的最终目的.

六、将立体图转化为平面图

在高中物理的学习中，许多同学碰到立体图的问题时，总觉得无从下手，图形画不清楚，对其中的角度关系很难反握. 即使简单的物理问题也很容易出错，要快速准确地解决这一类问题，比较好的方法是：将立体图转化为平面图来解决.

在三维空间中对物体进行受力分析时，无法准确画出其受力情况，在解决此类问题时，可将三维立体图转化为二维平面图，即画俯视图、剖面图或侧视图等，可较为清晰地明确物体受力情况，画出受力分析图. 教师在教学中要做好引导示范.

例 10 一个物体位于斜面上，受到平面于斜面的水平力 $\boldsymbol{F}$ 的作用处于静止状态，如图 2-3-2-17 所示. 如果将外力 $\boldsymbol{F}$ 撤去，则物体（　　）.

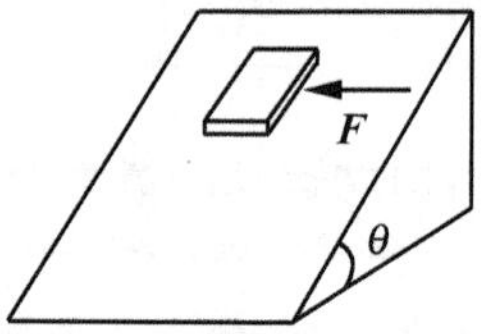

图 2-3-2-17

A. 会沿斜面下滑

B. 摩擦力的方向一定会变化

C. 摩擦力的值变大

D. 摩擦力的值变小

解析 物体静止于斜面上时，在斜面上它受三个力作用：水平力 F、物体重力沿斜面向下的分力 $G\sin\theta$ 和静止摩擦力 F_{f1}，三力平衡，合力为零. 由图 2-3-2-18(a)可知，$F_{f1}>G\sin\theta$，而最大静摩擦力必大于静摩擦力 F_{f1}，所以斜面对物体的最大静摩擦力大于 $G\sin\theta$. 当将外力 $\boldsymbol{F}$ 撤去时，在斜面所处的平面内物体的受力将发生突变，变为图 2-3-2-18(b)所示的情况，因为斜面

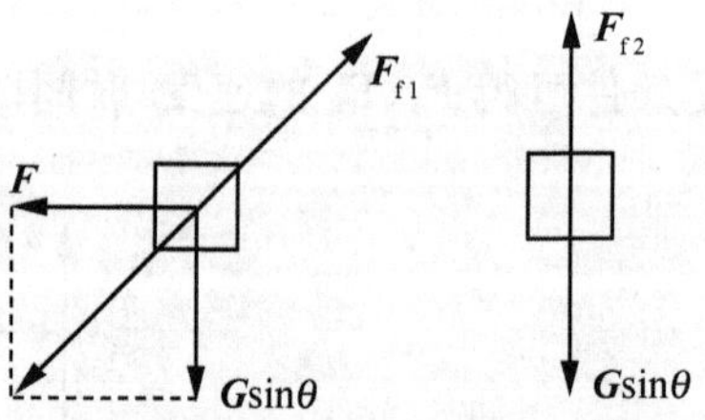

图 2-3-2-18

对物体的最大静摩擦力大于 $G\sin\theta$，所以物体仍静止于斜面上，由平衡条件可知此时的静摩擦力 F_{f2} 大小等于 $G\sin\theta$，而静摩擦力 F_{f2} 的方向在其大小发生突变的同时也发生了突变：由原来沿斜面指向右上方变为沿斜面向上. 正确答案为B、D.

例11　如图2-3-2-19所示，A、B 两质点从同一点 O 分别以相同的水平速度 $\boldsymbol{v}_0$ 沿 x 辆正方向抛出，A 在竖直平面内运动，落地点为 P_1；B 沿光滑斜面运动，落地点为 P_2，P_1 和 P_2 在同一水平面上，不计阻力，则下列说法正确的是(　　).

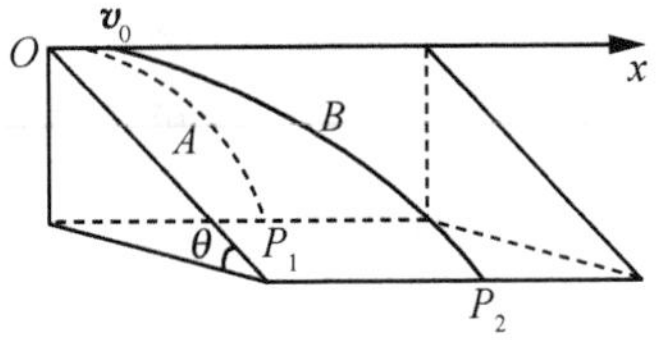

图2-3-2-19

A. A、B 的运动时间相同

B. A、B 沿 x 轴方向的位移相同

C. A、B 运动过程中的加速度大小相同

D. A、B 落地时速度大小相同

解析　设 O 点与水平面的高度差为 h，由 $h=\frac{1}{2}gt_1{}^2$，$\frac{h}{\sin\theta}=\frac{1}{2}g\sin\theta\cdot t_2{}^2$，可得 $t_1=\sqrt{\frac{2h}{g}}$，$t_2=\sqrt{\frac{2h}{g\sin^2\theta}}$，故 $t_1<t_2$，选项A错误；由 $x_1=v_0t_1$，$x_2=v_0t_2$，可知，$x_1<x_2$，选项B错误；由 $a_1=g$，$a_2=g\sin\theta$ 可知，选项C错误；A 落地的速度大小为 $v_A=\sqrt{v_0{}^2+(gt_1)^2}=\sqrt{v_0{}^2+2gh}$，$B$ 落地的速度大小 $v_B=\sqrt{v_0{}^2+(a_2\cdot t_2)^2}=\sqrt{v_0{}^2+2gh}$，所以 $v_A=v_B$，故选项D正确.

例12　如图2-3-2-20所示，两平行金属导轨间的距离 $L=40$ cm，金属导轨所在的平面与水平面夹角 $\theta=37°$，在导轨所在平面内，分布着磁感应强度 $B=0.50$ T、方向垂直于导轨所在平面的匀强磁场. 金属导轨的一端接有电动势 $\mathscr{E}=4.5$ V、内阻 $r=0.50$ Ω 的直流电源. 现把一个质量 $m=0.040$ kg的导体棒 ab 放在金属导轨上，导体棒恰好静止. 导体棒与金属导轨垂直且接触良好，导体棒与金属导轨接触的两点间的电阻 $R_0=2.5$ Ω，金属导轨电阻不计，g取10 m/s. 已知 $\sin37°=0.6$，$\cos37°=0.8$，求：

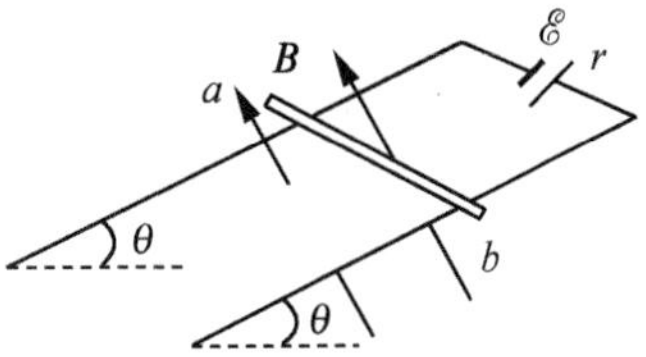

图2-3-2-20

(1) 导体棒受到的摩擦力的大小和方向；

(2) 若磁场方向改为竖直向上，其他条件不变，导体棒仍静止，求此时导体棒所受的摩擦力大小.

解析　(1) 导体棒、金属导轨和直流电源构成闭合电路，根据闭合电路欧姆定律，有

$$I=\frac{\mathscr{E}}{R_0+r}=1.5\ \text{A}$$

(2) 导体棒受到的安培力

$$F_{安}=BIL=0.3\ \text{N}$$

(3) 导体棒所受重力沿导轨所在平面向下的分力 $F_1 = mg\sin37° = 0.24\ N$.

由于 F_1 小于安培力，故导体棒受沿导轨所在平面向下的摩擦力 F_f，如图 2-3-2-21 所示. 根据共点力平衡条件，有 $mg\sin37° + F_f = F_{安}$，解得 $F_f = 0.06\ N$.

解决此类问题，首先将立体图转化为平面图(剖面图)，金属杆用圆代替，电流方向用"×"与"·"表示，然后画出物体受力的平面图，列方程求解.

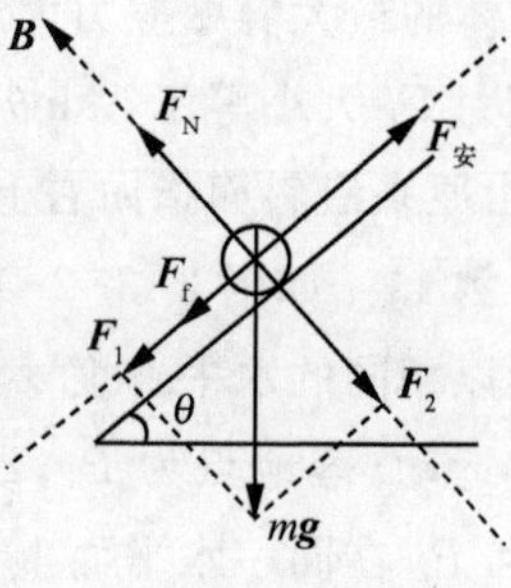

图 2-3-2-21

2.3.3 "类比"思想

"类比法"是研究和学习物理的一种极其重要的方法，能启发和开拓我们的思维，给我们提供解决问题的线索，是提出科学假设和探索新理论的重要途径，正如苏联学者瓦赫罗夫所说："类比像闪电一样，可以照亮学生所学学科的黑暗角落."它对物理学的发展发挥着巨大的作用.

一、"类比"思想

所谓类比，就是由两个对象的某些相同或相似的性质，推断它们在其他性质上也可能相同或相似的一种推理形式. 类比是一种推理方法，根据两种事物在某些特征上的相似，做出它们在其他特征上也可能相似的结论. 如光和声都沿直线传播，有反射、折射和干扰现象等，由于声呈波动状态，因而推出光也呈波动状态. 类比推理是一种或然性的推理，其结论是否正确还有待实践证明.

"类比"思想包括两方面的含义：①联想，即由新信息引起的对已有知识的回忆；②类比，在新、旧信息间寻找相似和相异的地方，即异中求同或同中求异. 通过类比思想，在类比中联想，从而升华思维，既有模仿又有创新. 英国的培根有一句名言，"类比联想支配发明". 他把类比思维和联想紧密相连，只有有了联想才能有类比思维，不论是寻找创造目标，还是寻找解决问题的办法都离不开联想的作用.

二、"类比"思想在中学物理教学中的意义

(一) 对学生进行科学史教育

物理学中的类比最有影响的事例是伽利略发现落体定律，亚里士多德认为重的物体下落快，伽利略进行了简单的类比推理：将轻重不同的两物体绑在一起，按常识应是快的物体拉着慢的物体一起下落，按亚里士多德的观点，由于复合体比重的物体更重，下落应该比重的物体更快，而实验结果出乎意料，物体下落的速度与物体的重量无关，轻重不同的物体几乎同时落地，这一结果的得出，轻易否定了亚里士多德的命题. 后来经过了著名的比萨斜塔实验的验证和更精确的研究，发现了落体定律. 法拉第了解到奥斯特发现电流

能产生磁场后，就自然地进行了逆向思考和类比推理：既然磁铁能使附近的铁块感应磁化，静止电荷可以使附近导体感应出电荷，那么电流也应该使附近的线圈中感应出电流. 于是他在日记中写下一个光辉的思想："转磁为电."他通过 10 年的探索、研究、实验，终于发现磁场中获得电流的方法，使电磁学得到了突飞猛进的发展.

（二）培养学生的思维能力

物理类比思维是物理思维的一种重要形式. 开普勒说："我重视类比胜于任何别的东西，它是我最可信赖的老师，它能揭示自然界的秘密."康德曾说："每当理智缺乏可靠论证的思路时，类比这个方法往往能指引我们前进."运用物理类比思维可以把陌生的对象和熟悉的对象进行对比，把未知的东西和已知的东西对比. 特别在还不足以进行归纳推理和演绎思维的情况下，类比更是得天独厚，它可以启发思路、提供线索，使学生进一步认识物理世界. 类比教学法可从日常生活中寻找较为接近的模型，让学生从简单模型入手，探究与建构知识体系，激发学生学习兴趣，促进学生充分联想、主动思维，帮助学生形成概念、强化记忆. 类比教学法可以有效地提高课堂教学的效率，能够促使抽象理论知识的教学顺利进行，让学生能够较好地理解和掌握抽象理论知识体系.

中学生以形象思维为主，抽象思维相对比较差. 虽然物理以实验为基础，但物理理论（概念、定义、定律、规律等）是对实验、事物实体等经过抽象化而形成的，所以有些理论不易理解. 学生对他们缺乏必要的感性认识基础，掌握它们具有一定的困难. 而运用类比方法教学能够给这些抽象的事物赋予间接的直观形象，把研究对象具体化，帮助学生有效地把握物理知识、发展智力、培养能力.

（三）突破教学难点

在物理学习中，类比方法具有探索和解释两个功能. 解释功能在于唤起学生头脑中已有的知识或经验表象，对将要学习的知识提供一个相近的表象，实现知识或经验的迁移. 利用类比方法的解释功能，来突破教学难点，解决物理难学、物理难教的问题. 例如，人教版选修 3－4 在讲解偏振现象时，就是用学生比较熟悉的"绳波"来说明横波的偏振，让绳穿过一块带有狭缝的木板，先后将狭缝与振动方向平行放置及与振动方向垂直放置，观察其传播情况. 然后用图形和类比来讲解光是否透过偏振片，这样，学生很容易理解有关偏振的基本原理.

三、"类比"教学法在高中物理教学中的理论依据

"类比"教学法是通过与教学内容相似或相通并且为学生较熟悉的事物作类比，以建立知识模型，化抽象为具体，化复杂为简单，进而帮助学生实现新知识的深化理解，并以促进学生自主学习、培养其创新思维为目标的教学方法. "类比"教学法以"建构主义"理论为理论支撑，建构主义理论从认识论的高度揭示了认识的建构性原则，强调了认识的能动性，在旧知识的基础上探究构建新的知识，建立知识间联系的纽带，促进知识的迁移.

四、“类比”思想在中学物理教学中的分类

关于类比的分类方法很多，本文根据教学中遇到的情况做如下分类：

（一）现象类比

现象类比是用类比法研究物理问题的第一步，就是用类比方法从两种物理现象中寻找某种联系，找出共同特点，从而找出解决问题的共同方法或相似的方法. 牛顿在导出万有引力定律时用的就是类比法，行星都遵循开普勒三大定律，又将地球表面物体的重力加速度和月球轨道上的加速度进行类比，经过计算，才导出了万有引力定律公式.

（二）简单共存类比

简单共存类比是以简单关系为推理中介的类比思维. 这种类比最简单，在引入新课时运用得最多，学生最容易接受. 在高中物理教材中，引入磁场概念时便运用了简单共存的类比思维. 列出电场与磁场的相似属性：电荷与电荷之间有相互作用力，磁极与磁极之间有同名磁极相斥、异名磁极相吸的现象；由电荷周围存在电场，可以类比推出磁极周围也应存在磁场；由电荷间作用力不能直接发生，需要电场传递，可以类比推出磁极间相互作用力也不能直接发生，传递磁极间的相互作用也要靠一种场——磁场；由电场是一种物质，可推知磁场也是一种物质.

（三）形式类比

教材中有许多形式相同的知识点，可寻找它们的相似性和联系. 例如，讲解速度、加速度概念时，通过类比理解“变化率”的含义，从而抓住问题的实质. 再比如，$A=\frac{B}{C}$形式有速度$=\frac{位移}{时间}$，电阻$=\frac{电压}{电流}$，电场强度$=\frac{力}{电荷量}$等，这些知识点在复习时如果分散教学则会浪费大量时间. 如果能集中在一起学习，找出它们的共同点，设置相同的问题，则会起到以点带面、举一反三的效果，从而系统化地掌握概念，也有助于培养学生分析、比较的能力.

（四）概念类比

对于一些极为陌生、抽象的物理概念，如果用熟悉的、形象化的事物去类比，那么往往会产生“一语道破天机”的惊人作用，帮助学生加速认识过程. 如在电学中将电阻的定义式 $R=\frac{U}{I}$ 和电容的定义式 $C=\frac{Q}{U}$ 进行类比之后，学生很自然地就能领会电容的定义式的合理性，并能初步理解电容、电荷量 Q、电势差 U 之间的关系. 再将电容器和水杯等容器类比，得出电容器的电容类似容器的容积一样由其本身结构决定，从而加深对“电容”概念的形成. 利用类比法使抽象、陌生的概念变为具体、熟悉的知识，降低知识理解的难度，提高学生学习物理的兴趣.

（五）图像类比

物理图像是展现物理规律的重要手段，能直观地反映因变量和自变量之间的变化关系、变化快慢（斜率）、因变量对自变量的累积变化情况、物体运动过程等. 如在探究弹性势

能表达式的过程中，可以引导学生通过与匀变速直线运动位移公式的推导过程进行类比，让学生利用图像法自主探究弹性势能的关系式. 学生学会类比后，很多问题都能迎刃而解.

（六）模型类比

如果能从两个物理问题所对应的物理模型中所具有的一些明显相同的特性出发，经过类比，由此可以推断出它们具有更多的相同的特性，这就是模型类比. 模型类比是将事物的本质属性进行类比，是更高层次的类比. 在类比时要注意：有的物理模型形异而质同，而有的物理模型是形同而质异，切忌不加分析滥用类比，引起知识的负迁移. 如弹簧的连接体问题和弹性碰撞，虽然外形不同，表述不同，但模型是相似的，物理本质均是外力不做功，内力是保守力，系统在水平方向上动量守恒，系统中能量相互转化，没有热量损失. 有了模型类比，会解一道题目，就会解答一类题目，模型类比起到了“以一当十”的作用.

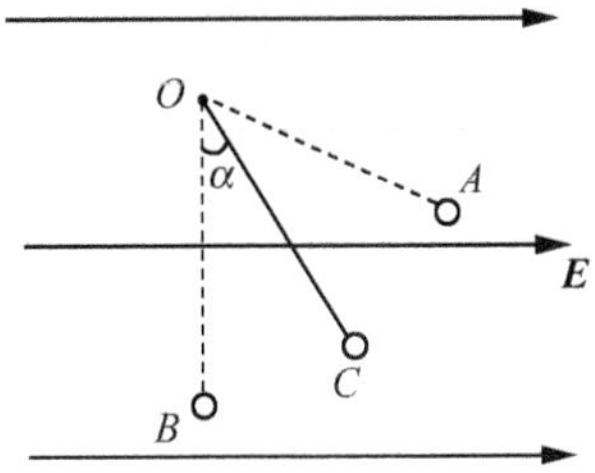

图 2-3-3-1

例　一条长为 L 的细线上端固定在 O 点，下端系一个质量为 m 的小球，将它置于一个很大的匀强电场中，电场强度为 E，方向水平向右，已知小球在 C 点时平衡，细线与竖直线的夹角为 α，如图 2-3-3-1 所示. 求：

（1）当悬线与竖直线的夹角为多大时，才能使小球由静止释放后细线到竖直位置时，小球速度恰好为零？

（2）当细线与竖直线的夹角为 α 时，至少要给小球一个多大的冲量，才能使小球在竖直面内做完整的圆周运动？

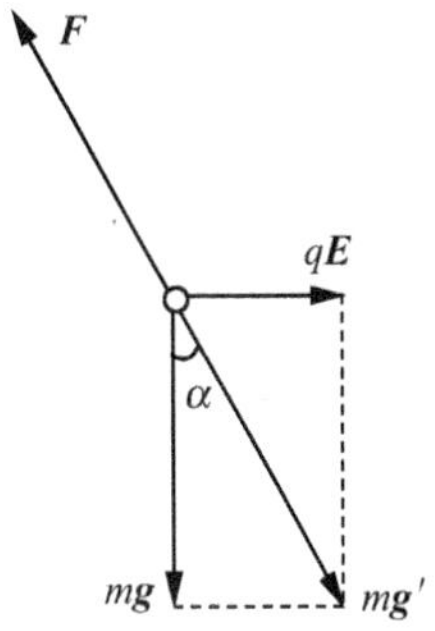

图 2-3-3-2

解析　本题是一个带电粒子在匀强电场和重力场中的综合问题，在处理这个问题时，由于电场力和重力都是恒定的，所以可以将这个匀强电场和重力场看成一个场（复合场）. 对小球在 B 点时受力进行分析，如图 2-3-3-2 所示，由于小球是在匀强电场和重力场的复合场中运动，其等效重力加速度 $g'=\frac{g}{\cos\alpha}$. 小球在 C 点平衡，则小球在复合场中的运动等效为一单摆，C 点为振动的平衡位置. 设 A 为一最大位移处，则另一最大位移处关于 OC 对称. 由对称性即可得出结论：当细线与竖直方向的夹角 $\beta=2\alpha$ 时，才能使小球由静止释放后，细线到达竖直位置时，小球速度恰好为零.

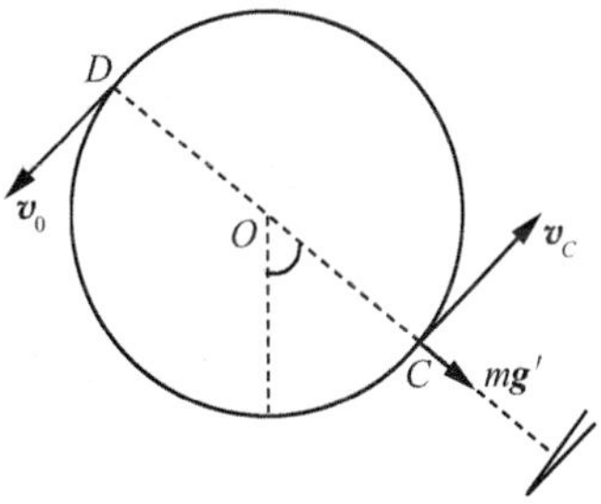

图 2-3-3-3

（2）细线系着小球在复合场中做完整的圆周运动的条件与其在重力场中类似，只不过其等效“最高点”为 D，“最低点”为 C，等效重力加速度为 g'（图 2-3-3-3），球恰好做圆周运动，有临界条件 $mg'=m\frac{{v_0}^2}{L}$，根据动能定理，有

$$\frac{1}{2}mv_C{}^2-\frac{1}{2}mv_0{}^2=mg'\cdot 2L$$

解得
$$v_C=\sqrt{5g'L}=\sqrt{\frac{5gL}{\cos\alpha}}$$

因此，给小球施加的冲量至少为 $I=\Delta p=m\sqrt{\frac{5gL}{\cos\alpha}}$.

本题在求解过程中利用了类比与等效的方法，并与单摆、竖直面内圆周运动的“最高点”和“最低点”类比，简化了解题过程，思路清晰，解法灵活.

（七）因果类比

因果类比是根据相类比的两个对象各自属性之间可能具有相同的因果关系而进行的类比推理. 如在“电流的形成”的教学中，用“水流的形成”相类比，推出“电流的形成”. 人人均知道“人往高处走，水往低处流”，也就自然地想到：怎样才能形成水流呢？学生经过思考和讨论后得出：水流的形成是由于水有高度差（水往低处流）. 类似地，就能推出电流形成的条件.

具体过程如下：

教师：水流即水的定向移动，而电流是电荷的定向移动，它们之间很类似. 形成水流的第一个条件是要有水，电流呢？

学生：要有电荷.（此处运用了“简单共存类比”）

教师：确切地说，是要有自由电荷. 那么，自由电荷在什么情况下会定向运动呢？

学生：受到电场力.

教师：对！自由电荷在什么地方会受到电场力呢？

学生：电场.

教师：在电路中，电池的两极间有电压，即有电势差. 当导体的两端与电池的两极接通时，它的两端就有了电压，导体中就有了电场. 这样，导体中的自由电荷在电场力的作用下定向移动，形成了电流. 所以，跟水流的形成相类比，形成电流的另一个条件是什么？

学生：还要有电势差（电压）.

将水流的形成跟电流的形成相类比，抓住主要特征，由此及彼，由因到果，类推出电流形成的条件，学生既容易理解，又不容易遗忘.

（八）协变类比

协变类比也称数学相似类比，它根据两个对象可能具有的属性之间的某种协变关系（定量的函数关系）进行的类比推理. 也就是说，两个对象有若干属性相同或相似，并且在两者数学方程式相同或相似的情况下，推论在其它方面的属性也相同或相似.

例如，根据弹簧振子力的表达式 $F=-kx$ 与单摆动力学方程的协变关系，由弹簧振子的运动是简谐运动推知单摆的运动也是简谐运动.

这种类比常常用于各种物理公式、定理的联系和区别中. 两个对象有若干属性相同或相似，并且在两者数学方程式相同或相似的情况下，推论在其它方面的属性也相同或相似.例如,万有引力定律与库仑定律的数学表达式在形式上十分类似,都符合平方反比率.其实在研究两电荷之间的作用力规律时科学家们就用了类比思想.

(九)对称类比

对称类比是根据两个对象属性之间的对称关系进行的类比.客观世界中也确实存在着许多的对称关系(例如,物体形状或几何形体的对称性、正负电荷与南北磁极的对称性、粒子与反粒子的对称性等),这也是进行对称类比的基础.

在电磁感应的教学中,可列出电与磁对应的特征:正负电荷与南北磁极相对应;电荷的相互作用与磁极的相互作用相对应;电场与磁场相对应.接着提出问题:电流有磁效应,也就是说"电"可以生"磁",那么,"磁"可不可以生"电"呢?根据电跟磁的对称性,学生很自然地想到,"磁"应该也可以生"电".

接着,向学生介绍科学家法拉第的想法和做法,一步一步地引导学生去总结规律.

五、"类比"思想的培养策略

(一)善于创设类比的问题情境

在物理课堂教学中,我们不妨恰如其分地创设类比联想的问题情境,暴露其思维过程,把每一个环节展现给学生,让学生尝试观察和类比.在教学过程中巧设类比,并结合其它教学方法,创设类比教学情境,激发学生的学习兴趣,引导学生积极探究,让学生愉快地自主学习.通过与学生熟悉的事物进行类比、联想、启发,实现对抽象知识的意义建构,加深学生对抽象概念的理解,促使学生思维能力的培养.

(二)教学过程中展现知识点的形成过程

学生对已学知识掌握的水平,直接影响到类比能否顺利地实施和开展.只有相关知识作为基础,才有进行类比探究的可能.展现知识点的形成过程,有利于学生在自主学习活动中感悟到其中的思想方法和内在联系,学生在遇到新问题时才能利用这些思想方法进行类比思维.

教学中传授知识固然重要,而掌握方法可受益终身,因此在教学中教师应挖掘教材中的类比思想,逐步渗透于教学过程中,让学生受到科学研究方法的熏陶和训练,培养学生的物理学科素养,使学生自觉或不自觉地逐步掌握和运用这些方法.

(三)科学运用类比法

1. 正确对待类比推理的或然性

"任何比喻都是蹩脚的."类比方法跟比喻方法很类似,也存在着不足的地方:由类比所得出的结论都具有一定的或然性,有时会出现错误.从两个对象之间在某些方面的相同或相似,并不一定得出它们在其它属性方面也必然相同或相似的结论.运用类比方法时需要注意这个问题.

2. 通俗但不庸俗,科学严谨

选做类比的材料应当通俗,尽可能利用学生已有的知识、熟知的事物.但是,类比的材料不能太庸俗了，要和思想教育协调，取材要适合国情. 例如，有的国外教材，以赌场里赌徒们的输赢类比机械能守恒，虽然十分形象，也很贴切，但该类比低级庸俗，不宜采用.

通俗易懂与科学严谨是辩证统一的关系. 通俗而不易懂，易懂而不严谨，就失去了科学性. 这里说的科学性是指相对某一层次学生的某一认识阶段的科学性；这里说的严谨，其中包括类比格式的严谨，要求相类比的两个事物间相似点一一对应，而且要对应得当，类比推理才有说服力.

3. 防止机械类比

应用类比的目的是研究两类事物的可比性，即使是两个可以进行类比的事物，也不可能所有属性处处相似，点点对应. 它们之所以是两个事物，必存在差异性. 在进行类比时，有时要告诉学生两事物间哪些方面可比，哪些方面不可比，避免学生犯机械类比的错误. 对本身就比较直观，与生活联系较紧的物理概念与物理现象等，没有必要非用类比，用了反倒显啰嗦，冲淡主题，不能突出教学重点.

六、类比的针对性

教学中类比要用得好、用得巧，必须具有针对性. 即：①针对不同的学生选用不同的类比材料. 例如，教师将二极管的单向导电性比作自选商场入口处的门，许进不许出. 城市学生可能明白，农村学生则不知道自选商场是怎么回事. ②要针对物理教学内容和目的选用不同形式的类比. 如果教学内容比较抽象、呆板，适于运用一些较轻松活泼的类比；在进行单元或总复习时运用系统类比，将会收到较好的效果. ③要针对课堂气氛适时运用类比. 在课堂教学中，如果学生的注意力都很集中，他们对教师所授知识能顺利接受，此时用不用无关紧要，用多了，用得不当，反而会产生副作用，影响学习效果；如果教师发现课堂上多数学生精神疲惫，就应当采用一些风趣幽默的类比来活跃气氛，振奋学生的精神.

实践证明，恰当地运用类比，物理课堂会更有气氛，学生的学习兴趣会很浓，更重要的是学生对所学的知识不容易遗忘，而且能举一反三、触类旁通.

2.3.4　极限法

极限法是指运用极限思维，所涉及的物理变量在不超过变量取值范围的条件下，若单调连续变化，我们就可以把该物理量或它的变化过程和现象外推到该区域内的极限情况（或极端值），使物理问题的本质迅速暴露出来，再根据已知的经验事实很快得出规律性的认识或正确的判断. 极限法是一种直观、简捷的科学方法. 在我们已学过的物理规律中，很多科学家利用这种思维方法得到了物理规律. 比如，开尔文把查理定律外推到零压强这一极限情况，从而引入了热力学温标，使气体实验定律的表述大大简化.

伽利略的理想实验如图 2-3-4-1 所示，让小球沿斜面 AB 从静止滚下，小球将滚上另一斜面 BC. 若无摩擦，小球将升到原来的高度. 若减小斜面的倾角，小球在斜面 BD 上达到原来的高度就要通过更长的距离. 继续减小第二个斜面的倾角使它成为水平面 BF，小球为了达到原来的高度，它就会以恒定的速度持续运动下去.

伽利略在研究落体运动时，由于自由落体下落的时间太短，当时用实验直接验证自由落体是匀变速运动仍有困难，伽利略采用了间接验证的方法. 他让一个铜球从阻力很小的斜面上滚下，做了上百次的实验. 小球在斜面上运动的加速度要比它竖直下落时的加速度小得多，所以时间容易测量些.

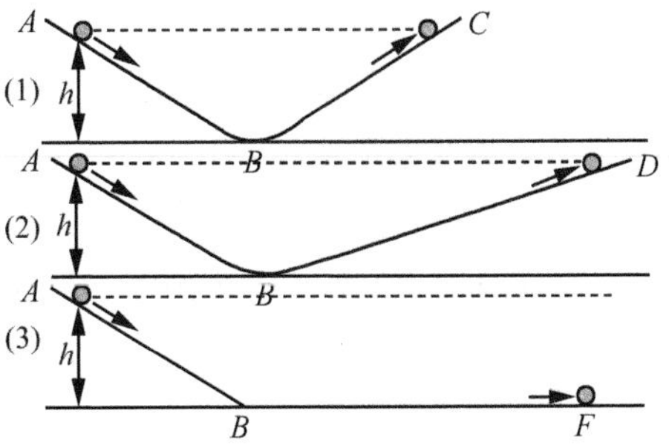

图 2-3-4-1

若光滑斜面的倾角保持不变，让小球从不同位置滚下，小球通过的位移跟所用时间的平方之比是不变的. 由此证明了小球沿光滑斜面向下的运动是匀变速直线运动. 换用不同质量的小球重复上述实验，位移跟所用时间平方的比值仍不变，这说明不同质量的小球沿同一倾角所做的匀变速直线运动的情况是相同的.

不断增大斜面的倾角，重复上述实验，得出位移跟所用时间的平方之比随斜面倾角的增加而增大. 这说明小球做匀变速运动的加速度随斜面倾角的增大而增大. 伽利略将上述结果做了合理的外推，把结论外推到斜面倾角增大到 90°的情况，这时小球将自由下落，成为自由落体.

人们将伽利略在研究落体运动过程中将斜面倾角增大到 90°的情况称为“合理外推”. 伽利略可谓是利用极限思维方法处理物理问题的楷模.

极限思维的方法不仅仅使用在物理规律的发现过程中，我们在处理物理问题的过程中也可以使用极限思维法.

例 1　如图 2-3-4-2 所示为一个内、外半径分别为 R_1 和 R_2 的圆环状均匀带电平面，其单位面积所带电荷量为 σ. 取环面中心 O 为原点，以垂直于环面的轴线为 x 轴，设轴上任意点 P 到 O 点的距离为 x，P 点电场强度的大小为 E. 下面给出 E 的四个表达式(式中 k 为静电力常量)，其中只有一个是合理的. 你可能不会求解此处的场强 E，但是你可以通过一定的物理分析，对下列表达式的合理性做出判断. 根据你的判断，E 的合理表达式应为(　　).

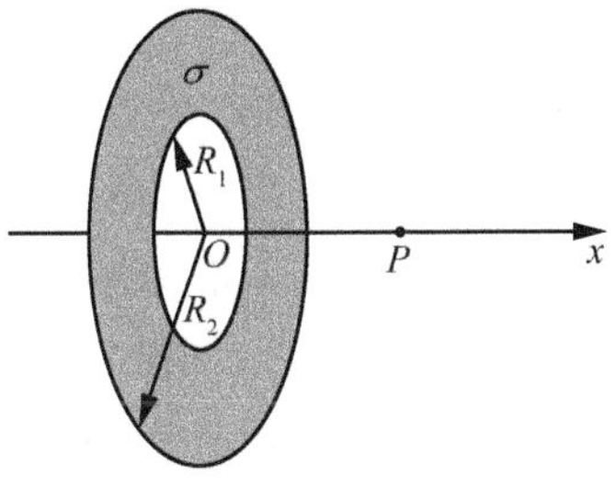

图 2-3-4-2

A. $E=2\pi k\sigma\left(\frac{R_1}{\sqrt{x^2+R_1{}^2}}-\frac{R_2}{\sqrt{x^2+R_2{}^2}}\right)x$　B. $E=2\pi k\sigma\left(\frac{1}{\sqrt{x^2+R_1{}^2}}-\frac{1}{\sqrt{x^2+R_2{}^2}}\right)x$

C. $E=2\pi k\sigma\left(\frac{R_1}{\sqrt{x^2+R_1{}^2}}+\frac{R_2}{\sqrt{x^2+R_2{}^2}}\right)x$　D. $E=2\pi k\sigma\left(\frac{1}{\sqrt{x^2+R_1{}^2}}+\frac{1}{\sqrt{x^2+R_2{}^2}}\right)x$

教师可通过以下方法引导学生解题.

教师：请大家先自己处理这个问题.

学生：学生动笔思考，但感觉无从下手.

教师引导 1：对圆环状均匀带电平面，我们有具体的公式计算电场强度吗？

学生：没学过.

教师引导 2：目前高考中出现了一些新的题型，物理学中有些问题的结论不一定必须通过严格的计算才能解决，有时需要结合我们已学的知识，通过一定的分析，判断结论是否正确.

请大家思考，电场强度的复杂性是由哪一个关键物理量引起的？

学生：P 到 O 点的距离 x.

教师引导 3：我们可以将 x 取到一个极限，即 x 趋向于零或无穷大，请大家化简上述四个选项.

学生：x 取∞，代入各项，简化得到结果.

应该选 B.

教师小结：利用极限法处理物理问题的一般步骤：①寻找关键相关量；②相关量取极限；③化简找规律；④运用已知知识确定答案.

极限法（又称极端法）在物理解题中有较广泛的应用. 若将貌似复杂的问题推到极端状态或极限条件下进行分析，问题往往变得十分简单. 利用极限法可以将倾角变化的斜面转化成平面或竖直面，可将复杂电路变成简单电路，可将运动物体视为静止物体，可将变量转化成特殊的恒定值，可将非理想物理模型转化成理想物理模型，避免不必要的详尽的物理过程分析和烦琐的数学推导运算，从而使问题的隐含条件暴露，陌生结果变得熟悉，难以判断的结论变得一目了然.

极限法常见的方法有三种：极限假设法、特殊值分析法和临界状态分析法.

一、极限假设法

例 2　如图 2-3-4-3 所示，物体 A 可在倾角为 θ 的斜面上运动，若初速度为 v_0，它与斜面间的动摩擦因数为 μ. 在相同情况下，A 上滑与下滑的加速度大小之比为（　　）.

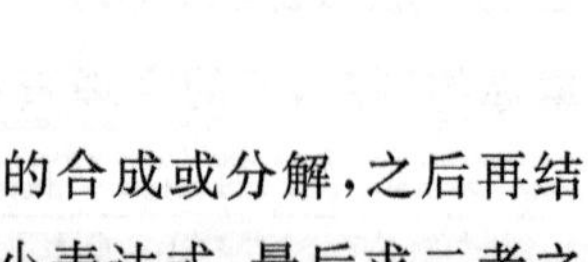

图 2-3-4-3

A. $(\sin\theta-\mu\cos\theta)/(\cos\theta-\mu\sin\theta)$

B. $(\sin\theta+\mu\cos\theta)/(\sin\theta-\mu\cos\theta)$

C. $\mu+\tan\theta$

D. $\mu\cos\theta/(\sin\theta-\mu\cos\theta)$

本题的常规解法，是先对物体 A 进行受力分析，然后进行力的合成或分解，之后再结合应用牛顿第二定律，分别求物体 A 上滑和下滑时的加速度大小表达式，最后求二者之比. 这样做，费时费神，容易出错. 而用极限假设法求解则能迅速、准确地得出结论.

假设斜面倾角为 90°，即斜面变成竖直面，A 物体的上滑和下滑就等同于竖直上抛和自由落体. 上滑、下滑加速度都是 g，比值为 1. 对照四个供选答案，将 $\theta=90°$代入检查，只有 B 答案能符合假设条件的要求.

以上做法之所以能成立，是因为将斜面改成竖直面（即 $\theta=90°$）并未改变上滑减速、下滑加速这一运动性质. 这样的极端加速是合理的. 若将斜面改成水平面（即 $\theta=0°$），无论是上滑还是下滑都变成减速运动，就改变了题目中约定的运动性质. 这种假设就是不合理的，当然也得不出正确的结果.

虽然极限假设法在一些解题中可以大大缩短时间，提高解题效率，但是也不能盲目乱用. 在使用前一定要考虑极限假设后对题目原本考察的含义不能改变(单调变化不能改变). 当然题目中假设的方法可能存在多种，比如例 2 中还有一种极限假设法，假设斜面是光滑的，这样并不影响到上滑减速和下滑加速的运动性质，自然也可以得到准确的答案.

二、特殊值分析法

例 3　如图 2-3-4-4 所示，一不可伸长的轻质细绳跨过滑轮后，两端悬挂质量分别为 m_1 和 m_2 的物体 A 和 B. 若滑轮有一定大小，质量为 m 且分布均匀，滑轮转动时与绳之间无相对滑动，不计滑轮与轴之间的摩擦. 设细绳对 A 和 B 的拉力大小分别为 T_1 和 T_2，已知下列四个关于 T_1 的表达式中有一个是正确的，请你根据所学的物理知识，通过分析判断正确的表达式是(　　).

A. $T_1=\dfrac{(m+2m_2)m_1 g}{m+2(m_1+m_2)}$　　B. $T_1=\dfrac{(m+2m_1)m_2 g}{m+4(m_1+m_2)}$

C. $T_1=\dfrac{(m+4m_2)m_1 g}{m+2(m_1+m_2)}$　　D. $T_1=\dfrac{(m+4m_1)m_2 g}{m+4(m_1+m_2)}$

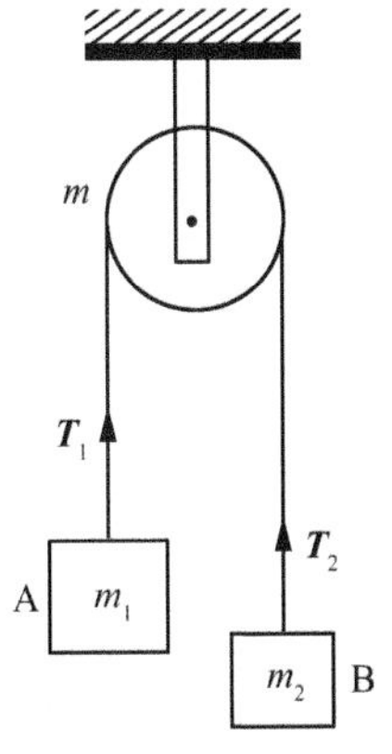

图 2-3-4-4

利用极限的思维方式，若滑轮的质量 $m=0$，则细绳对 A 和 B 的拉力 T_1 和 T_2 大小相等，设为 T. 假设 $m_1>m_2$，A 和 B 一起运动的加速度为 a，根据牛顿第二定律，分别对 A、B 进行受力分析，有 $m_1 g-T=m_1 a$，$T-m_2 g=m_2 a$，联立解得 $T=\dfrac{2m_1 m_2 g}{m_1+m_2}$，分析判断可知选项 C 正确.

三、临界状态分析法

例 4　一束电子流在经 $U=5000$ V 的加速电压加速后，在距两极板等距离处垂直进入平行板间的匀强电场，如图 2-3-4-5 所示. 若两板间距离 $d=1.0$ cm，板长 $l=5.0$ cm，那么，要使电子能从平行板间飞出，两个极板上最大能加多大电压?

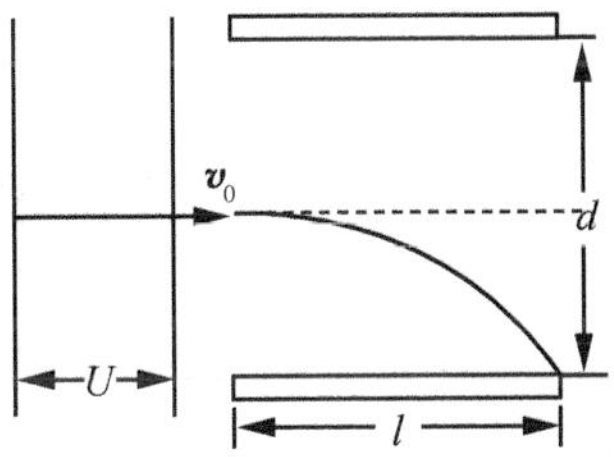

图 2-3-4-5

解析　在加速电压一定时，偏转电压 U' 越大，电子在极板间偏移的距离就越大，当偏转电压大到使电子刚好擦着极板的边缘飞出时，两板间的偏转电压即为题目要求的最大电压.

电子在加速过程中，由动能定理，得

$$eU=\frac{1}{2}mv_0^{\ 2} \qquad (1)$$

进入偏转电场，电子在平行于板面的方向上做匀速直线运动，有

$$l=v_0 t \tag{2}$$

电子在垂直于板面的方向做匀加速直线运动,加速度

$$a=\frac{F}{m}=\frac{eU'}{dm} \tag{3}$$

偏移的距离 $$y=\frac{1}{2}at^2 \tag{4}$$

能飞出的条件 $$y\leqslant\frac{d}{2} \tag{5}$$

解式(1)~式(5),得

$$U'\leqslant\frac{2Ud^2}{l^2}=\frac{2\times5000\times(1.0\times10^{-2})^2}{(5.0\times10^{-2})^2}\text{V}=4.0\times10^2\ \text{V}$$

即要使电子能从平行板间飞出,两极板间所加电压最大为 400 V.

2.3.5 "微元"思想

比较系统的"微元"思想诞生于公元 17 世纪中叶. 18 世纪,"微元"思想被成功地应用于物理学、天文学、几何学,解释行星运动三大规律,推出万有引力定律,计算彗星轨迹、切线斜率、质点运动速度等自然现象,促使"微元"思想迅速成长."微元"主要解决两类问题——变化率问题和积累问题,其它许多问题都可以转化为这两类问题加以解决. 变化率问题即研究非均匀变化的变量的局部变化规律. 例如,变速直线运动物体的瞬时速度,曲线在任一点处的切线斜率等,这类问题即求函数在某一点的变化率问题,解决这类问题的基本思想是:先考虑指定点附近的变化情况,即由指定点适当扩大到该点附近的一个小范围来考察,在这个小范围内,近似地"以不变代变""以静代动",求得平均变化率,该平均变化率近似等于该点处的瞬时变化率,再将小范围无限缩小而趋向于零,从而求得函数在指定点处的变化率,这就是微分问题. 积累问题即研究非均匀变化的变量的无限积累问题. 例如,求不规则图形的面积、曲面的面积、非均匀物体的质量等. 这类问题即无限求和问题,解决这类问题的基本思路是:先将整体化为有限个微小的局部(化整为零),在每个局部"以直代曲""以不变代变",再积零为整求和式,得到整体的近似值,最后再使每一局部无限变小,通过求和式极限,从而得到积累问题的准确值,这就是微元的累积问题. 以上两类问题本质不同,但解决问题的方法有异曲同工之妙,都是先讨论局部范围内的近似状态,再通过求极限,促使局部近似状态浓缩到单点的精确状态(变化率问题)或促使局部近似状态累积到整体的精确状态(积累问题),这就是"微元"思想. 该思想方法是人们在长期实践中积累的正确方法,具有普遍性. 17 世纪中叶,"微元"思想和方法催生了牛顿经典力学和万有引力定律,与热力学结合,导致了第一次工业革命的出现,推动了社会的发展. 19 世纪初,在"微元"思想基础上,电磁学迅速发展,引发了第二次工业革命. 20 世纪中后期,"微元"思想与经济学、管理学结合,系统地、精确地量化了西方经济学理论,成功解决了古典最优化问题,推动了世界经济的快速发展.

"微元"思想是解决物理问题的基本思想方法之一，它贯穿于高中阶段的物理知识体系，渗透于一些物理概念、公式中. 取"微元"作为研究对象，可准确地描述变化的物理过程中某一瞬间状态，微元再求和是解决物理过程中变量积累问题的重要方法. 物理新课标教材尤其重视学生用"微元"思想理解物理概念.

"微元"思想可以使一些复杂的物理过程用我们熟悉的物理规律迅速地加以解决，使所求的问题简单化. 在使用"微元"处理问题时，须将其分解为众多微小的"元对象"或"元过程"，而且每个"元对象"或"元过程"所遵循的规律是相同的，这样，我们只需分析这些"元对象"或"元过程"，然后再对"元对象"或"元过程"进行必要的数学方法或物理思想处理，进而使问题得到解决. 使用此方法会加强我们对已知规律的再思考，从而起到巩固知识、加深认识和提高能力的作用.

一、将研究对象微元化

当所研究的对象较为复杂时，有时我们可能需要将所研究的对象微元化，才能用所学的物理概念或规律进行处理. 有的对象微元化后还要累加，但也有的对象微元化后则不需要再累加.

(一) 微元后累加

当对整个物体无法研究，但物体中的各部分遵循相同的规律时，可以用"微元"法分析物体极小部分的情况，然后进行累加，如求有关物体所带电荷量、物体的质量等问题.

例1　电荷量 Q 均匀分布在半径为 R 的圆环上(图 2-3-5-1)，求在圆环轴线上距圆心 O 点为 x 处的 P 点的电场强度.

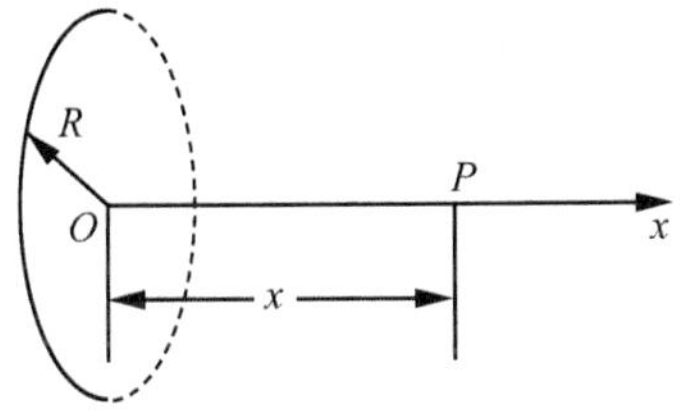

图 2-3-5-1

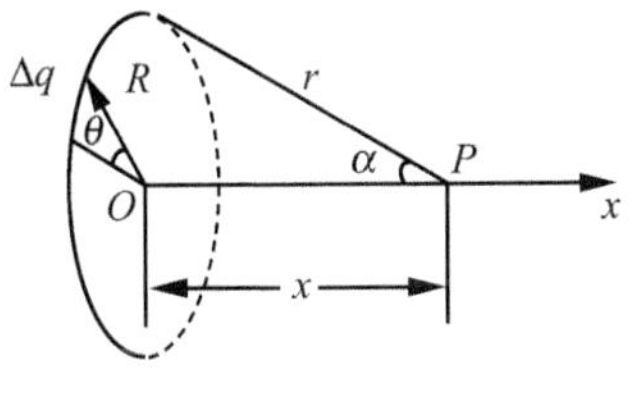

图 2-3-5-2

解析　带电圆环产生的电场不能看作点电荷产生的电场，无法用点电荷的场强公式，故采用微元法，用点电荷形成的电场结合对称性求解，如图 2-3-5-2 所示.

选电荷元 $\Delta q=R\Delta\theta\dfrac{Q}{2\pi R}$，它在 P 点产生的电场的场强的 x 分量为

$$\Delta E_x=k\frac{\Delta q}{r^2}\cos\alpha=k\frac{R\Delta\theta Q}{2\pi R(R^2+x^2)}\frac{x}{\sqrt{R^2+x^2}}$$

根据对称性，有

$$E=\sum\Delta E_x=\frac{kQx}{2\pi\sqrt{(R^2+x^2)^3}}\sum\Delta\theta=\frac{kQx}{2\pi\sqrt{(R^2+x^2)^3}}2\pi=\frac{kQx}{\sqrt{(R^2+x^2)^3}}$$

由此可见，此带电圆环在轴线 P 点产生的场强大小相当于带电圆环带电荷量集中在

圆环的某一点时在轴线上 P 点产生的场强大小，方向沿轴线的方向.

（二）微元后不累加

有时，要求解物体内部之间的作用情况，若将物体整体作为研究对象，则无济于所求问题.若取微元为研究对象，就能找到该微元上各物理量之间的联系，结合物体之间的受力分析和物理规律，问题能就迎刃而解.

例 2 如图 2-3-5-3 所示，一质量均匀分布的细圆环，其半径为 R，质量为 m，假设此环均匀带正电，总电荷量为 Q.现将此环平放在绝缘的光滑水平桌面上，并处于磁感应强度为 B 的均匀磁场中，磁场方向竖直向下.当此环绕通过其中心的竖直轴以匀角速度 ω 沿图示方向旋转时，环中的张力等于多少？（设圆环的带电荷量不减少，不考虑环上电荷之间的作用）

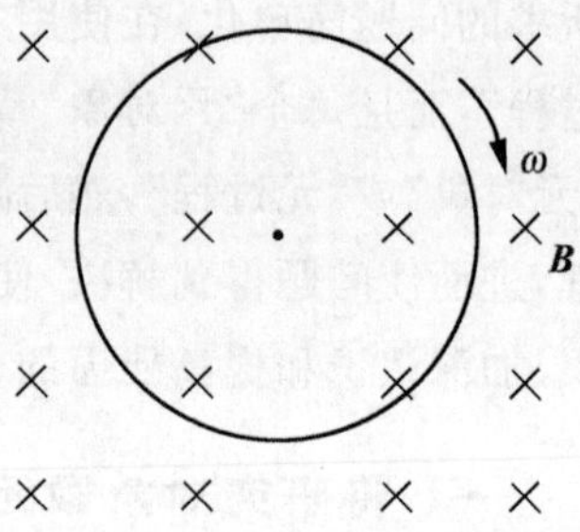

图 2-3-5-3

解析 当环静止时，因环上没有电流，在磁场中不受力，则环中也就没有因磁场力引起的张力.当环匀速转动时，环上电荷也随环一起转动，形成电流，电流在磁场中受力导致环中存在张力，显然此张力一定与电流在磁场中受到的安培力有关.由题意可知，环上各点所受安培力方向均不同，张力方向也不同，因而只能在环上取一小段作为研究对象，从而求出环中张力的大小.在圆环上取 $\Delta L=R\Delta\theta$ 圆弧元，受力情况如图 2-3-5-4 所示.因转动角速度 ω 而形成的电流 $I=\dfrac{Q\omega}{2\pi}$，电流元 $I\Delta L$ 所受的安培力 $\Delta F=I\Delta LB=\dfrac{R\omega}{2\pi}QB\Delta\theta$.因圆环在法线方向所受的合力为圆弧元做匀速圆周运动所需的向心力，故

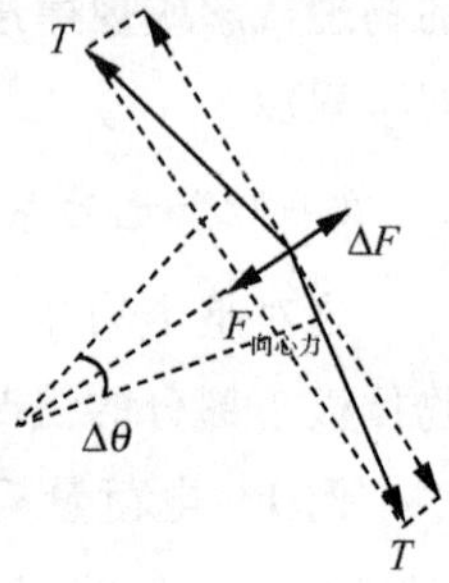

图 2-3-5-4

$$2T\sin\frac{\Delta\theta}{2}-\Delta F=\Delta m\omega^2R$$

当 $\Delta\theta$ 很小时，$\sin\dfrac{\Delta\theta}{2}\approx\dfrac{\Delta\theta}{2}$，$T\Delta\theta-\dfrac{R\omega QB}{2\pi}\Delta\theta=\Delta m\omega^2R$.因为 $\Delta m=\dfrac{m}{2\pi}\Delta\theta$，解得圆环中张力为

$$T=\frac{R\omega}{2\pi}(QB+m\omega)$$

二、将研究过程微元化

当物体的运动过程较为复杂或不明确时，有时可能要把过程微元化，才能弄清物体的运动情况或才能选用物理规律处理问题.其中有的微元化后用面积累加；有的微元化后用方程式累加；也有的微元化后无须累加.

（一）微元化后用面积累加

由于图像具有直观、形象、简明的特点，物理上常将抽象复杂的物理过程用图像表示出来，用于分析和解决物理问题.有时图像所围的面积具有一定的意义，如图 2-3-5-5 所示为变速直线运动的 v-t 图形，我们把质点在 $t_1\sim t_2$ 的一段时间分成许多小的时间间隔，在每一个小间隔内运动可以近似地看作是匀速的. 第 i 段的位移可近似地表示为 $\Delta s_i=v_i\cdot\Delta t_i$,其数值等于相应间隔的图线下方的一条矩形的面积,则在时间 $t_1\sim t_2$ 内的位移可表示为 $s=\lim\limits_{n\to\infty}\sum\limits_{i=1}^{n}v_i\cdot\Delta t_i$,它在数值上等于图线下对应时间区域内的面积. 再比如,图 2-3-5-6 所示为力的方向在一条直线上、大小随时间变化的 F-t 图像,我们把变力 F 作用的 $t_1\sim t_2$ 一段时间分成许多小的时间间隔,在每一小间隔内物体受力可以近似看作是恒力. 第 i 段力的冲量可以近似地表示为 $I_i=F_i\cdot\Delta t_i$,其数值等于相应间隔的图线下方的一条矩形的面积. 则力 F 在时间 $t_1\sim t_2$ 内的冲量可表示为 $I=\lim\limits_{n\to\infty}\sum\limits_{i=1}^{n}F_i\cdot\Delta t_i$,它在数值上等于图线下方对应区间内的面积.

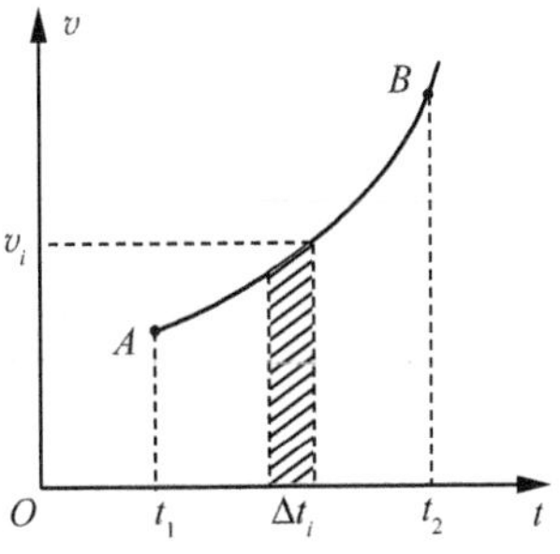

图 2-3-5-5

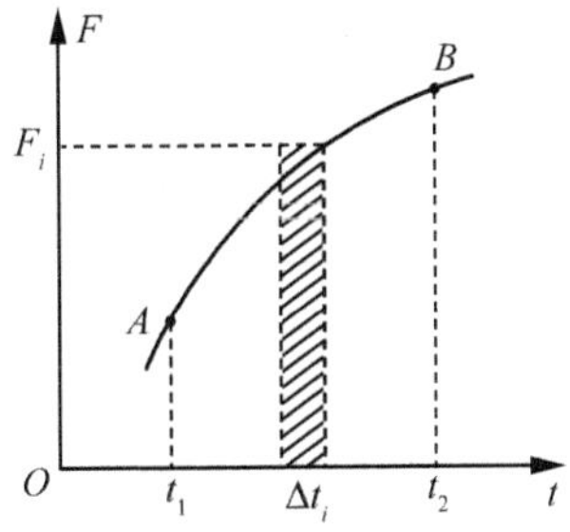

图 2-3-5-6

另外,F-x 图像的面积表示这个力所做的功;i-t 图像的面积表示 t 时间内流过的电荷量;等等. 由于这类具体问题较多,这里不选择具体题目说明.

（二）微元化后用方程式累加

有些物理过程不能直接用物理公式表示时,可能需要对这一过程中的一小段进行研究,若各段所遵循的规律相同,即对多段所列方程形式一样,再将这无数方程累加,就可求出所需物理量.

例 3　(2008 年江苏省高考第 15 题)如图 2-3-5-6 所示,间距为 L 的两条足够长的平行金属导轨与水平面的夹角为 θ,导轨光滑且电阻忽略不计. 场强为 B 的条形匀强磁场方向与导轨平面垂直,磁场区域的宽度为 d_1,间距为 d_2. 两根质量均为 m、有效电阻均为 R 的导体棒 a 和 b 放在导轨上,并与导轨垂直(设重力加速度为 g).

(1) 若 a 进入第 2 个磁场区域时,b 以与 a 同样的速度进入第 1 个磁场区域,求 b 穿过第 1 个磁场区域过程中增加的动能 ΔE_k.

(2) 若 a 进入第 2 个磁场区域时,b 恰好离开第 1 个磁场区域;此后 a 离开第 2 个磁场区域时,b 又恰好进入第 2 个磁场区域. 且 a、b 在任意一个磁场区域或无磁场区域的运动时间均相同. 求 b 穿过第 2 个磁场区域过程中两导体棒产生的总焦耳热 Q.

(3) 对于第(2)问所述的运动情况,求 a 穿出第 k 个磁场区域时的速率 v.

解析　(1) a 和 b 不受安培力作用,由机械能守恒,知

$$\Delta E_k=mgd_1\sin\theta \tag{1}$$

(2) 设导体棒刚进入无磁场区域时的速度为 v_1,刚离开无磁场区域时的速度为 v_2,由能量守恒知,在有磁场区域中,有

$$\frac{1}{2}mv_1{}^2+Q=\frac{1}{2}mv_2{}^2+mgd_1\sin\theta \tag{2}$$

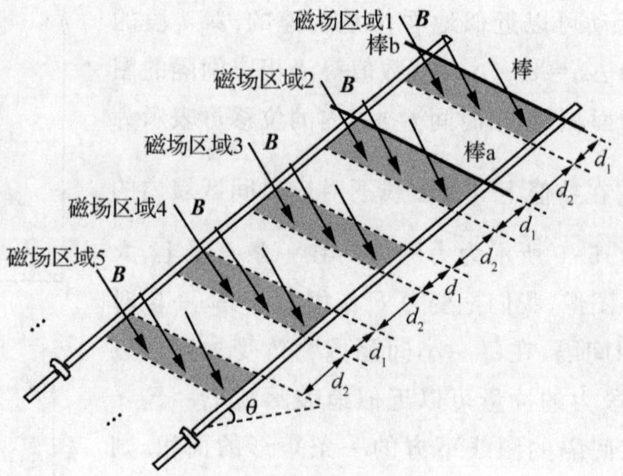

图 2-3-5-7

在无磁场区域中，有

$$\frac{1}{2}mv_2{}^2=\frac{1}{2}mv_1{}^2+mgd_2\sin\theta \tag{3}$$

解得

$$Q=mg(d_1+d_2)\sin\theta \tag{4}$$

(3) 在无磁场区域，根据匀变速直线运动规律，有

$$v_2-v_1=gt\sin\theta \tag{5}$$

且平均速度

$$\frac{v_1+v_2}{2}=\frac{d_2}{t} \tag{6}$$

在有磁场区域，棒 a 受到的合力为

$$F=mg\sin\theta-BIl \tag{7}$$

感应电动势为

$$\mathscr{E}=Blv \tag{8}$$

感应电流为

$$I=\frac{\mathscr{E}}{2R} \tag{9}$$

解得

$$F=mg\sin\theta-\frac{B^2l^2}{2R}v \tag{10}$$

根据牛顿第二定律，在 t 到 $t+\Delta t$ 时间内，有

$$\sum\Delta v=\sum\frac{F}{m}\Delta t \tag{11}$$

则有

$$\sum\Delta v=\sum\left[g\sin\theta-\frac{B^2l^2v}{2mR}\right]\Delta t \tag{12}$$

解得

$$v_1-v_2=gt\sin\theta-\frac{B^2l^2}{2mR}d_1 \tag{13}$$

联立式(5)、式(6)、式(13)，解得

$$v_1=\frac{4mgRd_2}{B^2l^2d_1}\sin\theta-\frac{B^2l^2d_1}{8mR}$$

a、b 在任意一个磁场区域或无磁场区域的运动时间均相等，所以 a 穿出任一个磁场区域时的速率 v 就等于 v_1，所以

$$v=v_1=\frac{4mgRd_2}{B^2l^2d_1}\sin\theta-\frac{B^2l^2d_1}{8mR}$$

（三）微元化但不必累加

当物体发生的过程不知道遵循什么规律时，有时可以取一极小过程加以分析，山穷水尽疑无路，柳暗花明又一村，可发现全部过程的运动规律.

例 4　如图 2-3-5-8 所示，两根竖直放置在绝缘地面上的金属导轨的上端接有一个电容为 C 的电容器，框架上有一质量为 m、长为 l 的金属棒平行于地面放置，与框架接触良好且无摩擦，棒离地面的高度为 h，磁感应强度为 B 的匀强磁场与框架平面垂直. 开始时，电容器不带电，将金属棒由静止释放，问：棒落地时的速度为多大？（整个电路电阻不计）

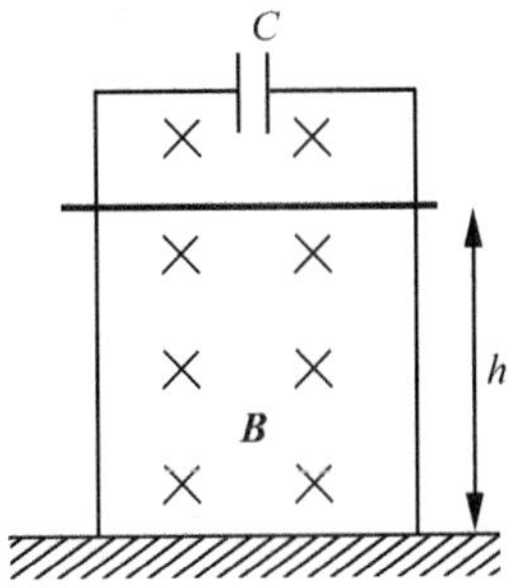

图 2-3-5-8

解析　金属棒在释放的瞬间仅在重力作用下开始下落，在下落过程中切割磁感线，从而产生感应电动势，电容器开始充电，回路中有电流通过，金属棒受到安培力的作用. 求出安培力后，就可以选择用牛顿运动定律或用力在空间的积累关系（动能定理）解决问题. 因为整个电路电阻不计，所以电容器两端的电压等于感应电动势，电容器两端电压为

$$u=\mathscr{E}=Blv \tag{1}$$

电容器两端电压上升 Δu 所获得的电荷量增量为

$$\Delta Q=C\cdot\Delta u=CBl\cdot\Delta v \tag{2}$$

根据电流强度的定义式，有

$$I=\frac{\Delta Q}{\Delta t}=\frac{CBl\Delta v}{\Delta t}=CBla \tag{3}$$

式中，I 是 Δt 时间内金属棒中的平均电流，a 是 Δt 时间内金属棒下落的平均加速度. 若取 Δt 极小时，I 和 a 就是金属棒在下落到某一时刻的瞬时电流和瞬时加速度.

下落过程中，金属棒受到重力、安培力，根据牛顿第二定律，有

$$mg-BIl=ma \tag{4}$$

由式(1)、式(2)、式(3)、式(4)，解得

$$a=\frac{mg}{m+CB^2l^2} \tag{5}$$

从式(5)可以看出，加速度是个定值，金属棒做匀加速直线运动. 根据运动学公式，有

$$v_t{}^2-v_0{}^2=2ah$$

解出棒落地时的速度为

$$v=\sqrt{2ah}=\sqrt{\frac{2mgh}{m+CB^2l^2}}$$

实践证明“微元”思想应用非常广泛，所以深刻理解并准确掌握“微元”思想有很重要的意义. 理解、掌握这种“以不变应万变”的分析方法，将会使学生分析问题、解决问题的能力在潜移默化中得以提高，这对今后他们踏入社会，处理各种实际问题，或为将来学好微

积分奠定了良好的基础.

2.3.6 “微元”思想在物理概念教学中的运用

物理概念是整个物理学知识体系的基础,如果把物理这门学科比作高楼大厦,那么物理概念就是构成这座大厦的基石,因此物理概念教学成为物理教学的核心.诺贝尔奖获得者李政道教授在回答怎样才能学好物理这一问题时就曾强调:学习物理的首要问题是要弄清物理学中的基本概念.物理概念是物理学的基础,是中学物理教学的难点,搞好物理概念教学是中学物理教学成功的关键.概念中的难点,就是指那些学生在感性知识的基础上比较难于建立的概念.例如,向心加速度的概念就是教学中的难点,其概念本身比较抽象.受行为主义学习理论(强调刺激—反应)的影响,教师在物理概念的教学过程中有意无意中过于强调物理概念的知识本位,大大压缩了概念形成过程的教学,新授课教学“重结果”的情况非常严重,很多教师在引入概念时没有让学生对其必要性获得足够的感性认识,而是直接给出物理概念,致使一部分学生死记硬背物理概念的内涵和外延,没有真正理解物理概念的实质,物理概念在他们的头脑中成为空中楼阁.题海战术成为他们学习物理的“捷径”,这种“熟记型”学习往往是比较机械的,学生对物理概念没有在感悟中“升华”(高三复习时,有很多学生会做题,却不知道概念的含义,很多大学老师也反映,不少大学生连中学里最基本的物理概念都不清楚).比如,在高一年级教学《加速度》一节时,在没有帮助学生建立对速度变化快慢的感性认识的基础上,匆忙给出加速度的定义和数学表达式,然后进行大量的习题强化,导致许多学生对引入加速度的必要性缺乏充分的认识,没有理解为什么要引入加速度、什么是加速度、加速度的物理意义是什么,只是“强记”加速度的概念.学生觉得物理概念只不过是玄之又玄的物理学家们的游戏罢了,致使学生失去学习物理的兴趣,这也是高一学生学习物理出现两极分化的重要原因.下面以人民教育出教社高中物理教材为例,阐述运用“微元”思想如何进行物理概念的教学.

一、时间微元化

“微元”思想是分析、解决物理问题中的常用方法,也是从部分到整体的思维方法.用该方法可以使一些复杂的物理过程或对象用我们熟悉的物理规律迅速地加以解决,使所求的问题简单化.在使用“微元”思想处理问题时,须将其分解为众多微小的“元对象”或“元过程”,而且每个“元对象”或“元过程”所遵循的规律是相同的,这样,我们只需分析这些“元对象”或“元过程”,然后再将“元对象”或“元过程”进行必要的数学方法或物理思想处理,进而使问题得到解决.使用此方法可加强对已知规律的再思考,从而起到巩固知识、加深认识和提高能力的作用.下面介绍几个时间微元的应用.

(一) 瞬时速度

如何精确描述物体运动的快慢,这是高中物理遇到的第一个难点,人教版中描述:“显然,平均速度只能粗略地描述运动的快慢.为了使描述精确些,可以把 Δt 取得小些,物体

在从 t 到 $t+\Delta t$ 这样一个较小的时间间隔内，运动快慢的差异也就小一些. Δt 越小，运动的描述就越精确. 当 Δt 非常小时，我们把 $v=\frac{\Delta x}{\Delta t}$ 称作物体在时刻 t 的瞬时速度.”这段描述对高一新生来说还是比较抽象的，学生很难理解，要靠教师去讲解. 教学时，可以利用大家都熟悉的《龟兔赛跑》的故事，在黑板上借助图形形象地对学生讲解，全程乌龟跑得快，但如果比较兔子到达大树之前的时间内哪个跑得快？如果将所取的时间逐渐缩短，描述就越来越精确，让学生不知不觉体会到当时间取无限小时，v 就可以理解为某一时刻的速度——瞬时速度. 这是第一次向学生渗透时间微元的思想，Δt 非常小就是“微元”的意思. 在第4节“做一做”栏目中借助传感器用计算机测速度，在“科学漫步”栏目中利用气垫导轨和数字计时器测速度，都是为了进一步加深学生对瞬时速度的理解.

（二）瞬时加速度

加速度 $a=\frac{\Delta v}{\Delta t}$，$\frac{\Delta v}{\Delta t}$ 是速度变化率. 介绍平均加速度时，当 Δt 取无限小，加速度 a 就可以理解为某一时刻的加速度. 此时推导向心加速度，学生对这类概念就易于理解. 例如，瞬时功率、瞬时电动势、瞬时电流等概念不仅能让学生加深对此类概念的理解，而且能为学生学习、理解“微元”思想提供机会.

（三）匀变速直线运动的位移

如图2-3-6-1所示，时间分得越细，各矩形“面积”之和（$\sum v\Delta t$ 即各 Δt 内的位移之和）就越接近物体的位移. 若把时间分成无限份，它的面积之和就是物体的位移. 教学实践表明，学生只有理解了概念，才能牢固地掌握概念. 而要让学生理解概念，就必须让学生掌握概念的本质. 直观材料是形成概念的基础，但概念不能从直观材料中直接得出，必须通过学生的思维才能把感性认识升华到理性认识，这是认识的飞跃，是让学生形成概念的关键一步. 为实现这一飞跃，必须启动学生的思维. 只有引导学生正确地思维，才能揭示概念的本质，从而使学生全面地掌握概念. 人教版教材选修3-1中关于电容器充放电的介绍，估计电容器在全部放电过程中释放电荷量时也用了“微元”思想，通过实验得到 i-t 图像，然后通过面积累加的方法，求得所放电的电荷量.

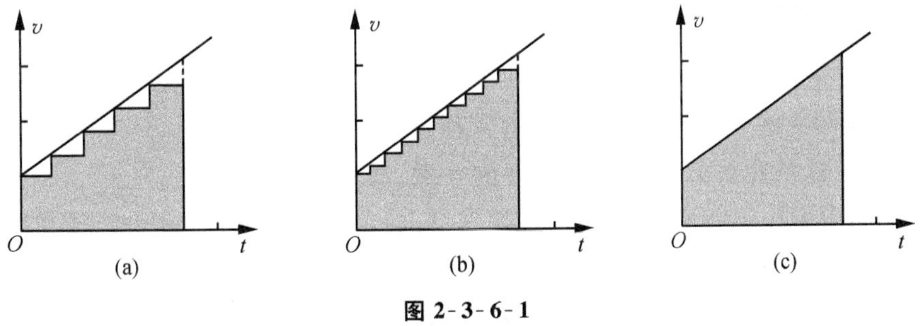

图2-3-6-1

（四）线速度的大小

在曲线运动中为了描述物体经过 A 点附近时运动的快慢，可以取一段很短的时间

Δt，物体在这段时间内由 A 运动到 B，通过的弧长为 Δs，当 Δs 取足够小时，圆弧 AB 几乎成了直线(图 2-3-6-2)，弧$\overset{\frown}{AB}$与线段 AB 几乎没有差别，此时，弧长 Δs 也就是物体由 A 到 B 的位移 Δl. $v=\dfrac{\Delta l}{\Delta t}$，$v$ 即为瞬时速度. 学生很容易理解速度的方向为什么沿切线方向了.

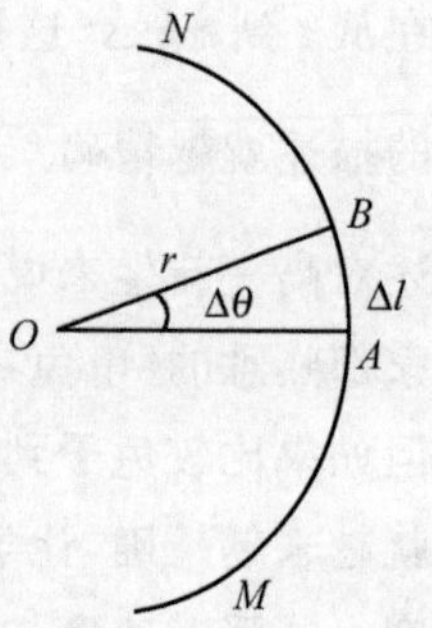

图 2-3-6-2

(五) 向心加速度

如图 2-3-6-3 所示，质点沿半径为 R 的圆周做匀速圆周运动，线速度大小为 v. 设经过时间 Δt，质点由 A 点沿圆周运动到 B 点. 速度矢量三角形与三角形 AOB 相似，从对应边的比例关系可求得 $\Delta v=\dfrac{AB}{R}v$. 根据加速度和线速度的定义，质点加速度的大小为 $a=\dfrac{\Delta v}{\Delta t}=\dfrac{AB}{R}\dfrac{v}{\Delta t}=\dfrac{v^2}{R}$. 在时间 Δt 内，设质点由 A 点运动到 B 点转过的圆心角为 $\Delta\varphi$，则线速度 $\boldsymbol{v}$ 方向改变的角度为 $\Delta\varphi$，由速度矢量三角形可知，当 $\Delta t\to 0$ 时，$\Delta\varphi\to 0$，速度改变量 $\Delta\boldsymbol{v}$ 的方向与线速度 $\boldsymbol{v}$ 的方向间的夹角 $\alpha=\dfrac{\pi}{2}$，即加速度 $\boldsymbol{a}$ 的方向与线速度 $\boldsymbol{v}$ 的方向垂直，并指向圆心，从而很好地解释了向心加速度的概念.

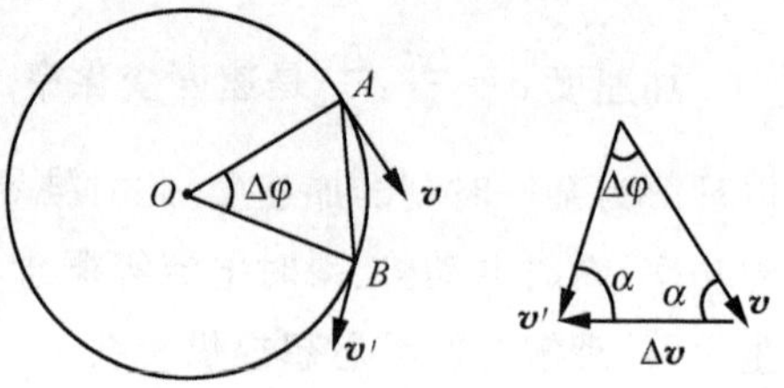

图 2-3-6-3

二、长度微元化

(一) 线速度的方向

如图 2-3-6-4 所示，过曲线上的 A、B 两点作直线，这条直线叫作曲线的割线. 设想 B 点逐渐向 A 点移动，这条割线的位置也就不断变化. 当 B 点非常接近 A 点时，这条割线就叫作曲线在 A 点的切线，再根据平均速度的方向由位移决定，理所当然想到切线方向就是该点的速度方向了. 利用对长度的微元，学生也就很容易理解曲线运动中速度的方向沿该点切线方向.

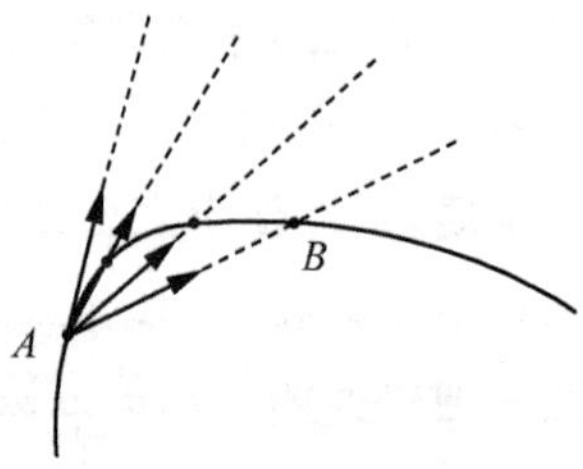

图 2-3-6-4

(二) 曲率半径

对于一般的曲线运动，各个位置的弯曲程度不一样，但在研究时，可以把这条曲线分割为许多很短的小段，质点在每小段的运动都可以看作圆周运动的一部分(图 2-3-6-5)，即把整条曲线用一系列不同半径的小圆弧来代替. 曲线上的 A 点的曲率圆定义为：通过 A 点和曲线上紧邻 A 点两侧的两点作一圆，当小圆弧长趋向于零时，这个圆就叫作 A 点的曲率圆，其半径 ρ 叫作 A 点的曲率半径. 这样在分析质点经过曲线上某位置的运动时，就可以采用圆周运动的分析方法处理了. 有了

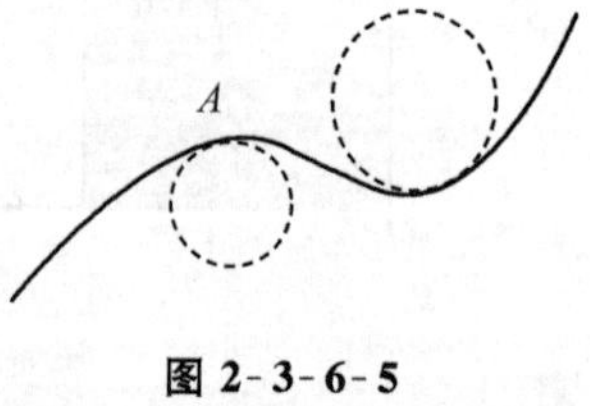

图 2-3-6-5

前面“微元”思想的基础，学生对曲率半径的理解就水到渠成了.

例如，江苏省 2008 年高考物理第 14 题，在场强为 $\boldsymbol{B}$ 的水平匀强磁场中，一质量为 m、带正电荷量为 q 的小球由 O 点静止释放，小球的运动曲线如图 2-3-6-6 所示. 已知此曲线在最低点的曲率半径为该点到 x 轴距离的 2 倍，重力加速度为 g. 求：

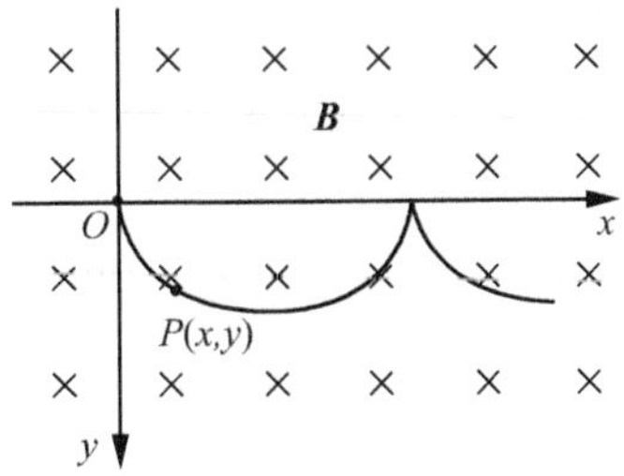

图 2-3-6-6

(1) 小球运动到任意位置 $P(x,y)$ 的速率 v；

(2) 小球在运动过程中第一次下降的最大距离 $y_{\max}$；

(3) 当在上述磁场中加一竖直向上场强为 $E\left(E>\dfrac{mg}{q}\right)$ 的匀强电场时，小球从 O 静止释放后获得的最大速率 $v_{\max}$.

当时，很多学生无从下手，就是因为对曲率半径不理解，反映出平时教师教学没有到位，不重视教材中细节的教学.

(三) 重力做功

关于重力做功，教材必修 2 中这样阐述：假设这个物体沿任一路径由高度为 h_1 的起点 A 运动到高度为 h_2 的 B 点，如图 2-3-6-7 所示，我们把整个路径分成许多很短的时间间隔 AA_1，A_1A_2，A_2A_3，…. 由于每一段都很小，因而都可以近似地把它们看作一段倾斜的直线. 设每段小斜线的高度差分别是 Δh_1，Δh_2，Δh_3，…，则物体通过每段小斜线时重力做的功分别为 $mg\Delta h_1$，$mg\Delta h_2$，$mg\Delta h_3$，…. 物体通过整个路径时做的功，等于重力在每小段上所做功的代数和. 学生就能透彻地理解“重力做功与路径无关，只由始末位置的高度差决定”这一说法了.

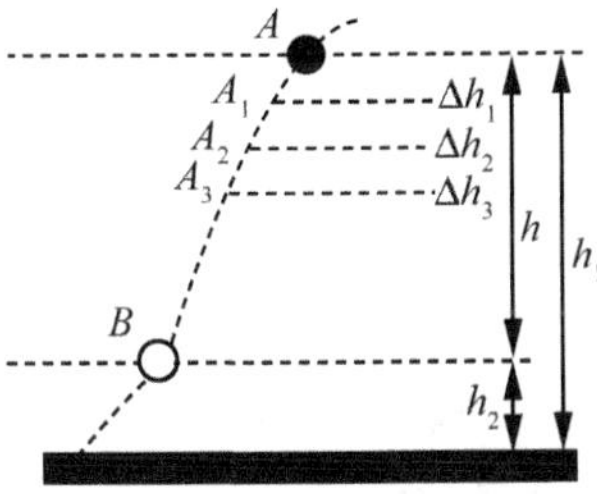

图 2-3-6-7

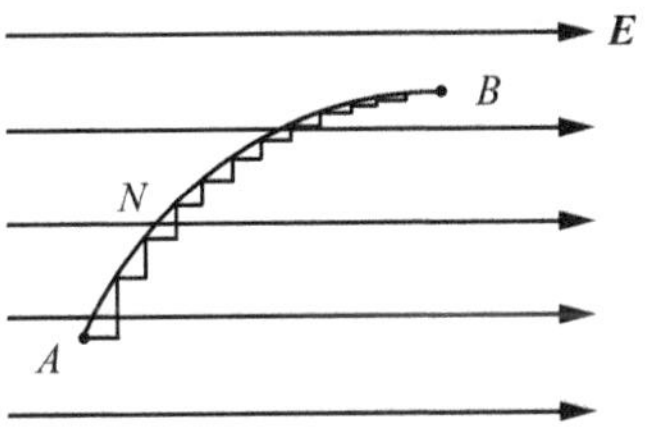

图 2-3-6-8

要求静电场力做的功，可用无数组跟静电力垂直和平行的折线逼近曲线 ANB (图 2-3-6-8). 重力做功和静电力做功中对轨迹的微元为我们理解“在力的方向上的位移”提供了思路，还可迁移到动生电动势及安培力中“有效长度 L”.

(四) 弹簧的弹力做功

如图 2-3-6-9 所示，弹簧从 A 拉到 B 的过程被分成很多小段，它们的长度分别为 Δl_1，Δl_2，Δl_3，…. 在各个小段上，拉力可以近似认为是不变的，它们分别是 F_1，F_2，F_3，…. 所以，在各个小段

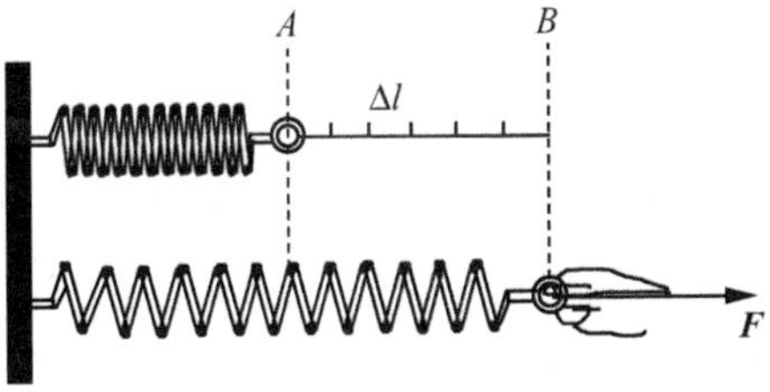

图 2-3-6-9

上，拉力做的功分别为 $F_1\Delta l_1, F_2\Delta l_2, F_3\Delta l_3, \cdots$. 将它们相加，就能求出拉力在整个过程中做的功了.

近几年物理新课程的改革体现了对“微元”思想的重视，教材中虽始终没有出现“微元”两字，但一直渗透着“微元”思想，它不仅对学生理解位移、向心加速度等概念的物理意义提供了帮助，也使他们对物理知识有了更深刻的理解. 教材的渗透符合建构主义理论：重视知识的建构过程. 物理概念的教学就是要注重物理概念形成过程的教学，尽量接近科学家们在其研究过程中形成的概念，以使学生从中领会物理学家的实际创造过程和他们所运用的研究方法，在概念的形成过程中培养学生的思维能力，使学生学会学习. 根据笔者的经验，只要在教学中不断渗透“微元”思想，学生不但能理解、掌握概念，而且知道在什么时候要用“微元”思想来解决问题. 我们在教学过程中不仅要“授学生以鱼”，更重要“授学生以渔”，这就需要在平时的教学中千方百计进行思想方法的渗透.

2.3.7 “微元”思想在变力做功中的应用

我们常会遇到一些变力做功的问题. 例如，如图 2-3-7-1 所示，轻质弹簧一端与竖直墙壁连接，另一端与一质量为 m 的木块连接，放在光滑的水平面上，弹簧的劲度系数为 k，弹簧处于自然状态. 用水平力缓慢拉物体，使物体前进，求这一过程中拉力对物体所做的功.

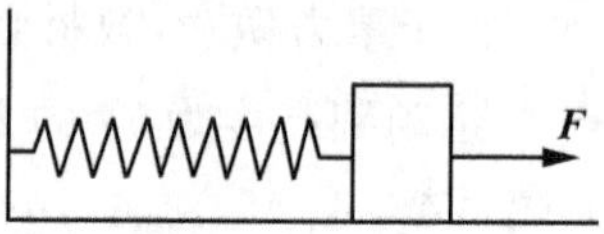

图 2-3-7-1

解答这种变力做功的问题，我们常采用的方法是化“变”为“恒”. 由于水平力是缓慢拉动物体的，物体可视为始终处于平衡状态，每时每刻拉力与弹簧弹力大小相等. 因 $F_{弹}=kx$，因而拉力也与位移成正比，是变力，这时我们将拉力取平均值 $\overline{F}=\frac{1}{2}kx$，将其视为“恒力”，整个过程中拉力对物体做功 $W=\overline{F}x=\frac{1}{2}kx\cdot x=\frac{1}{2}kx^2$，即求出答案.

“微元”思想渗透于我们日常生活的方方面面. 例如，用一把剪刀一小段一小段剪下去，许许多多的小直线剪口将可以连接成各种曲折圆滑的轮廓；用细丝线锈制工艺品，每一次走针只是完成一小段直线，千针万线则可积累出优美的画面……

“微元”思想的思路是无限分割与逼近，取微元即对整体对象作无限分割，分割的对象可以是一段时间、一个过程，得到“时间元”“过程元”；也可以对各种物理量进行分割，得到如“元电荷”“元功”“元电流”等，这些微元可视为无限分割后的很小很小的量，通过求取极限，达到向精确描述的逼近.

1. “直”向“曲”的逼近

在动摩擦因数为 μ 的水平面上质量为 M 的质点沿半径为 R 的圆运动一周，问摩擦力做了多少功？

将圆周长 $2\pi R$ 细分为 n 段小圆弧，如图 2-3-7-2 所示，任意一小段圆弧可近似看成一小段直线，摩擦力的元功为

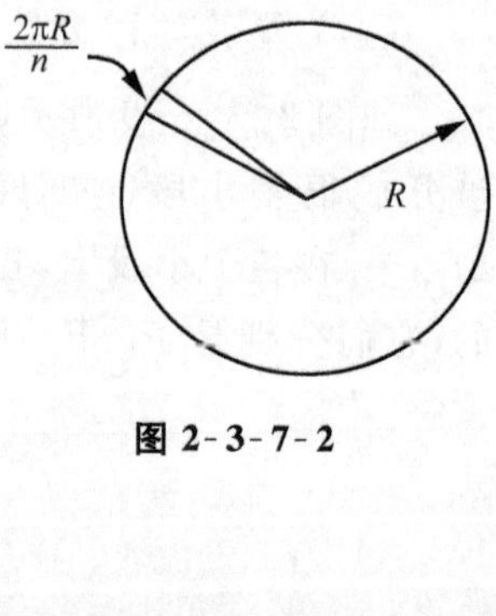

图 2-3-7-2

$$\Delta W=-\mu Mg\frac{2\pi R}{n}$$

在 $n\to\infty$ 的条件下，$W=-\mu Mg\lim\limits_{n\to\infty}\sum\frac{2\pi R}{n}=-2\pi R\mu Mg$，即求出此问题答案.

2. 常量向变量的逼近

在前面引入的例题中，劲度系数为 k 的轻质弹簧，在弹性限度内将其从自然长度慢慢拉长 x 的过程中，拉力随伸长量的变化而变化. 我们可将伸长量 x 细分为 n 段，在 $\frac{x}{n}$ 长的一小段上近似地认为拉力不变，第 i 段上的拉力为 $F_i=k\cdot i\frac{x}{n}$，拉力所做的功 $W_i=k\cdot i\frac{x}{n}\cdot\frac{x}{n}=ki\frac{x^2}{n^2}$，在拉伸 x 过程中各段元功之和为 $\sum W_i=\sum\limits_{i=1}^{n}ki\left(\frac{x}{n}\right)^2=k\frac{x^2}{n^2}\cdot\frac{n(n+1)}{2}$. 当 n 趋向于无穷大时，各段恒力元功之和逼近变力所做的功，即 $W=\lim\limits_{n\to\infty}k\frac{x^2}{n^2}\cdot\frac{n(n+1)}{2}=\frac{1}{2}kx^2$，即得出该题答案.

我们可以感受到：对微元进行物理及数学处理，是应用"微元"思想中最重要的一步，需要借助合理而必要的近似，将微元中表征物理本质的内容取出，使之成为近似得最好的物理模型. 例如，质点、点电荷……对这样的微元运用相应的物理概念和规律，借助数学工具求解.

下面试用"微元"思想来分析我们常见的一道题目.

如图 2-3-7-3 所示，板长为 L，板的 A 端上放有质量为 m 的小物体 P，物体与板之间的动摩擦因数为 μ. 若板从水平位置 OA 缓慢转过一个角度 α 到 B 位置的过程中，物体保持与板相对静止. 这一过程中，摩擦力 $\boldsymbol{F}_f$ 对 P 做了多少功？

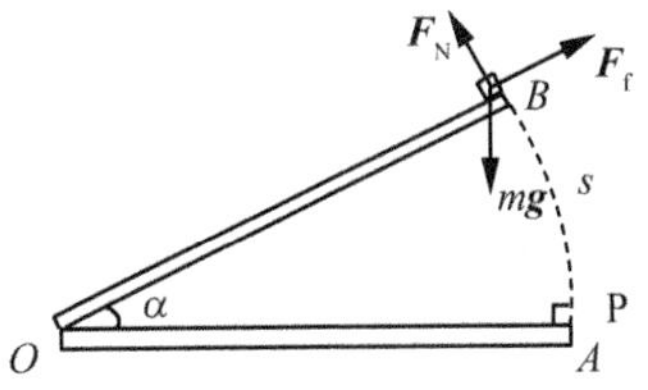

图 2-3-7-3

分析　P 的运动轨迹为以 O 点为圆心的一段圆弧，$\overset{\frown}{AB}=s$，所受静摩擦力 F_f 从 0 逐渐变大，但方向始终沿斜面向上. 将弧 s 细分为 n 段，在 $\frac{s}{n}$ 长的一小段上近似地认为 F_f 的大小不变，方向沿半径方向，静摩擦力沿这一小段上的元功为 $\Delta W=\frac{s}{n}\cdot F_f\cdot\cos 90^\circ=0$，因此各段元功之和为 0，则该题中摩擦力对 P 做的功为 0，问题很快得到解答，从中可体会到利用"微元"思想解题的方便.

2.3.8 "微元"思想在电磁感应现象中的应用

一些以"电磁感应"为题材的题目可以用微元法求解. 在电磁感应现象中，如导体切割磁感线运动，产生感应电动势为 $E=BLv$，感应电流为 $I=\frac{BLv}{R}$，导体受到的安培力为 $F=BIL=\frac{B^2L^2}{R}v$，因这类题目经常涉及变力问题，所以用微元法求解更为方便.

一、只受安培力的情况

例 1 如图 2-3-8-1 所示，顶角为 45°的金属导轨 MON 固定在水平面内，导轨处在方向竖直、磁感应强度为 B 的匀强磁场中. 一根与 ON 垂直的导体棒在水平外力 $\boldsymbol{F}$ 作用下以恒定速度 $\boldsymbol{v}_0$ 沿导轨 MON 向右滑动，导体棒的质量为 m，导轨与导体棒单位长度的电阻均为 r. 导体棒与导轨接触点为 a 和 b，导体棒在滑动过程中始终保持与导轨良好接触. $t=0$ 时，导体棒位于顶角 O 处. 求：

(1) t 时刻流过导体棒的电流强度 I 和电流方向；

(2) 导体棒做匀速直线运动时水平外力 F 的表达式；

(3) 导体棒在 $0\sim t$ 时间内产生的热量 Q；

(4) 若在 t_0 时刻将外力 $\boldsymbol{F}$ 撤去，导体棒最终在导轨上静止时的坐标 x.

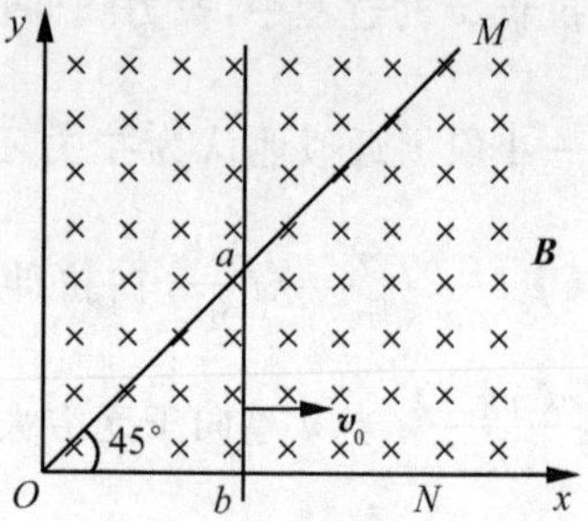

图 2-3-8-1

解析 (1) $0\sim t$ 时间内，导体棒的位移 $x=v_0t$. t 时刻导体棒的有效长度为

$$l=x\tan45°=x$$

导体棒的感应电动势为

$$\mathscr{E}=Blv_0=Bxv$$

回路总电阻为

$$R=(2+\sqrt{2})xr$$

电流强度为

$$I=\frac{\mathscr{E}}{R}=\frac{Bv_0}{(2+\sqrt{2})r}$$

电流方向 $b\to a$.

(2) $F=BIl=\dfrac{B^2{v_0}^2t}{(2+\sqrt{2})r}$.

(3) 解法一　t 时刻导体棒的电功率为

$$P=I^2R'=\frac{B^2{v_0}^3t}{(2+\sqrt{2})^2r},\ P\propto t$$

故导体棒在 $0\sim t$ 时间产生的热量为

$$Q=\overline{P}t=\frac{P}{2}t=\frac{B^2{v_0}^3t^2}{2(2+\sqrt{2})^2r}$$

解法二　t 时刻导体棒的电功率为

$$P=I^2R'=\frac{B^2{v_0}^3t}{(2+\sqrt{2})^2r}$$

由于 I 恒定，$R'=rv_0t\propto t$，因此

$$\overline{P}=I^2\overline{R}=I^2\frac{R'}{2}$$

故

$$Q=\overline{P}t=I^2\frac{R'}{2}=\frac{B^2{v_0}^3t^2}{2(2+\sqrt{2})^2r}$$

(4) 撤去外力后,设任意时刻 t 导体棒的坐标为 x,速度为 v,取很短时间 Δt 或很短距离 Δx.

解法一 在 $t\sim t+\Delta t$ 时间内,由动量定理,得

$$BIl\Delta t=m\Delta v \tag{1}$$

$$\sum \frac{B^2}{(2+\sqrt{2})r}(lv_0\Delta t)=\sum m\Delta v \tag{2}$$

$$\frac{B^2}{(2+\sqrt{2})r}\Delta S=mv_0 \tag{3}$$

导体棒扫过的面积为(图 2-3-8-2)

$$\Delta S=\frac{(x_0+x)(x-x_0)}{2}=\frac{x^2-x_0{}^2}{2} \tag{4}$$

$$x_0=v_0t_0 \tag{5}$$

得
$$x=\sqrt{\frac{2(2+\sqrt{2})mv_0r}{B^2}+(v_0t_0)^2} \tag{6}$$

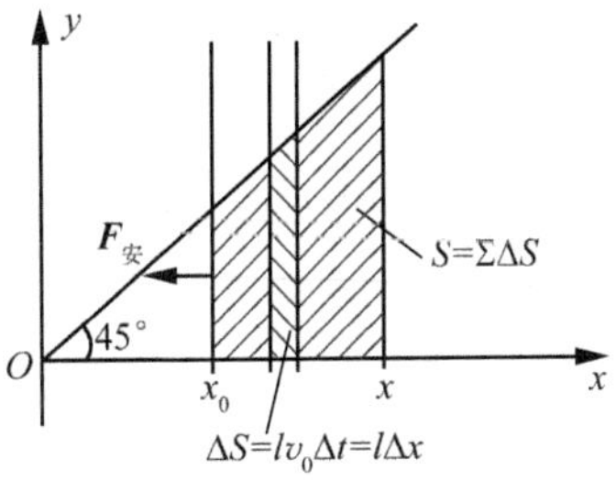

图 2-3-8-2

设导体棒滑行距离为 d,则

$$\Delta S=\frac{v_0t_0+(v_0t_0+d)}{2}d \tag{7}$$

即
$$d^2+2v_0t_0d-2\Delta S=0 \tag{8}$$

解之,得

$$d=-v_0t_0+\sqrt{2\Delta S+(v_0t_0)^2}\text{(负值已舍去)} \tag{9}$$

得
$$x=v_0t_0+d=\sqrt{2\Delta S+(v_0t_0)^2}=\sqrt{\frac{2(2+\sqrt{2})mv_0r}{B^2}+(v_0t_0)^2} \tag{10}$$

解法二 在 $x\sim x+\Delta x$ 内,由动能定理,得

$$F\Delta x=\frac{1}{2}mv^2-\frac{1}{2}m(v-\Delta v)^2=mv\Delta v\text{(忽略高阶小量)} \tag{11}$$

得
$$\sum \frac{B^2}{(2+\sqrt{2})r}\Delta S=\sum m\Delta v \tag{12}$$

$$\frac{B^2}{(2+\sqrt{2})r}\Delta S=mv_0 \tag{13}$$

以下解法同解法一.

解法三

① 由牛顿第二定律,得

$$F=ma=m\frac{\Delta v}{\Delta t}$$

得
$$F\Delta t=m\Delta v$$

以下解法同解法一.

② 由牛顿第二定律,得

$$F=ma=m\frac{\Delta v}{\Delta t}=m\frac{v\Delta v}{\Delta x}$$

得
$$F\Delta x=mv\Delta v$$

以下解法同解法二.

解法四　在 $t\sim t+\mathrm{d}t$ 时间内,由动量定理,得

$$BIl\mathrm{d}t=-m\mathrm{d}v \tag{14}$$

因为安培力向左而速度向右,上式应加负号.

$$l=x\tan45°=x \tag{15}$$

在第(1)问中已求出 $I=\frac{\mathscr{E}}{R}=\frac{Bv_0}{(2+\sqrt{2})r}$,因为在 $0\sim t_0$ 阶段导体棒做匀速运动,速度为 v_0,在 $t_0\sim t$ 时间内导体棒做变减速运动,速度从 v_0 减小到 0. 设该过程中时刻为 t 时的速度为 v,则上式变为

$$I=\frac{\mathscr{E}}{R}=\frac{Bv}{(2+\sqrt{2})r} \tag{16}$$

又
$$\mathrm{d}t=\frac{\mathrm{d}x}{v} \tag{17}$$

将式(15)、式(16)、式(17)代入式(14),得

$$\frac{B^2}{(2+\sqrt{2})r}x\mathrm{d}x=-m\mathrm{d}v \tag{18}$$

对上式积分,有

$$\frac{B^2}{(2+\sqrt{2})r}\int_{x_0}^{x}x\mathrm{d}x=-m\int_{v_0}^{0}\mathrm{d}v \tag{19}$$

得
$$\frac{B^2}{(2+\sqrt{2})r}\left(\frac{x^2}{2}-\frac{x_0{}^2}{2}\right)=-m(0-v_0) \tag{20}$$

解得
$$x=\sqrt{\frac{2(2+\sqrt{2})mv_0r}{B^2}+x_0{}^2}$$

将 $x_0=v_0t_0$ 代入上式,得

$$x=\sqrt{\frac{2(2+\sqrt{2})mv_0r}{B^2}+(v_0t_0)^2} \tag{21}$$

解法五　将解法四中的式(14)变为 $BIl\Delta t=m\Delta v$(在只求大小时可不加负号),式(15)至式(17)不变,则式(18)变为 $\frac{B^2}{(2+\sqrt{2})r}x\Delta x=m\Delta v$,求和 $\frac{B^2}{(2+\sqrt{2})r}\sum x\Delta x=m\sum\Delta v$,$\frac{B^2}{(2+\sqrt{2})r}\Delta S=mv_0$.

以下同解法一.

总结归纳如下:

(1) 关于"微元"思想. 在时间 Δt 很短或位移 Δx 很小时,变速运动可以看作匀速运动,运动图像中的梯形可以看作矩形,所以 $v\Delta t=\Delta x$,$lv\Delta t=l\Delta x=\Delta S$. 这是"微元"思想中

的微分思想.

(2) 关于求和．许多小的梯形加起来为大的梯形，即 $\sum \Delta S = S$. 实际上是 $\sum \Delta v = v_0 - v$，当末速度 $v = 0$ 时，有 $\sum \Delta v = v_0$，这个求和的方法体现了"微元"思想中的积分思想.

(3) 运用牛顿运动定律、动量定理及动能定理解题时都可以用"微元"思想.

利用"微元"思想解题，体现了微分和积分的思想，考查学生学习的潜能和独创能力，有利于高校选拔人才. 这是全卷最难的题目，也是各省高考物理试卷最难的题目之一.

二、既受安培力又受重力的情况

例 2　如图 2-3-8-3 所示，竖直平面内有一边长为 L、质量为 m、电阻为 R 的正方形线框在竖直向下的重力场和水平方向的磁场组成的复合场中以初速度 $\boldsymbol{v}_0$ 水平抛出，磁场方向与线框平面垂直，磁场的磁感应强度随竖直向下的 z 轴按 $B = B_0 + kz$ 的规律均匀增大，已知重力加速度为 g.

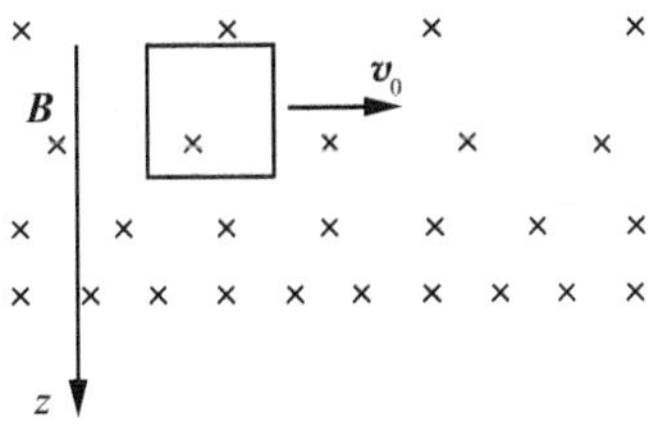

图 2-3-8-3

(1) 求线框竖直方向速度为 v_1 时线框中瞬时电流的大小；

(2) 求线框在复合场中运动的最大电功率；

(3) 若线框从开始抛出到瞬时速度大小达到 v_2 所经历的时间为 t，线框在时间 t 内竖直方向的位移大小为多少？

解析　(1) 因在竖直方向线框两边的磁感应强度大小不同，所以产生的感应电流为

$$i = \frac{\mathscr{E}}{R} = \frac{(B_2 - B_1)Lv_1}{R} = \frac{kL^2}{R}v_1$$

(2) 当线框受到的安培力等于线框的重力时，其竖直速度最大，功率也最大，有

$$mg = (B_2 - B_1)iL = \frac{(B_2 - B_1)^2 L^2 v_{\max}}{R} = \frac{k^2 L^4 v_{\max}}{R}$$

所以

$$v_{\max} = \frac{mgR}{k^2 L^4}$$

$$P_{\max} = mgv_{\max} = \frac{m^2 g^2 R}{k^2 L^4}$$

(3) 线框受重力和安培力两个力，其中重力 mg 为恒力，安培力 $F = \frac{(B_2 - B_1)^2 L^2 v_z}{R} = \frac{k^2 L^4 v_z}{R}$ 为变力，我们把线框的运动分解为在重力作用下的运动和在安培力作用下的运动. 在重力作用下，在时间 t 内增加的速度为 $(\Delta v)_1 = gt$. 下面求在安培力作用下在时间 t 内增加的速度为 $(\Delta v)_2$. 考虑用"微元"思想解题. 设在微小时间 Δt 内，变力可以看作恒力，变加速运动可以看作匀加速运动，加速度为 $a = -\frac{k^2 L^4 v_z}{mR}$，则在 Δt 内速度增加 $\Delta v = -\frac{k^2 L^4 v_z}{mR}\Delta t$，而 $v_z \Delta t = \Delta z$，所以在时间 t 内由于安培力的作用而增加的速度(因为增加量为负，所以实际上减小)为 $(\Delta v)_2 = -\frac{k^2 L^4}{mR}\sum \Delta z = -\frac{k^2 L^4}{mR}z$. 再根据运动的合成，时间 t 内总的增加

的速度为$(\Delta v)_1+(\Delta v)_2=gt-\frac{k^2L^4}{mR}z$. 从宏观看速度的增加为$\sqrt{{v_2}^2-{v_0}^2}$，所以$gt-\frac{k^2L^4}{mR}z=\sqrt{{v_2}^2-{v_0}^2}$，得线框在时间$t$内的总位移大小为$z=\frac{mR(gt-\sqrt{{v_2}^2-{v_0}^2})}{k^2L^4}$.

从例题可以看出，“微元”思想就是数学上的微积分理念在解物理题中的应用.

2.3.9 利用逐差法处理实验数据

当实验中x、y两物理量满足正比关系时，依次记录当y改变相同的量Δy时对应的值$x_1, x_2, \cdots, x_n$[或者当某一研究对象y随实验条件x做周期性变化时，依次记录研究对象达到某一条件(如峰值、固定相位等)时的x值$x_1, x_2, \cdots, x_n$]，x的间隔周期X的求解，可由$x_1, x_2, \cdots, x_n$逐项逐差再求平均，即

$$\overline{x}=\frac{(x_2-x_1)+(x_3-x_2)+\cdots+(x_n-x_{n-1})}{n-1}=\frac{x_n-x_1}{n-1}$$

上式只用到了x_1和x_n，难以发挥多次测量取平均以减小随机误差的作用，此时应采用隔项逐差法(简称逐差法)处理数据.

用逐差法处理数据时，先把数据分为两组，然后第二组的x_{m+i}与第一组相应的x_i相减，如下表所示.

<table>
<tr><th>n</th><th>第一组</th><th>第二组</th><th>逐差</th><th>处理结果</th><th>不确定度分析</th></tr>
<tr><td>n为偶数时，每组$n'=\frac{n}{2}$个</td><td>第一组x_i
x_1
x_2
$\vdots$
$x_{n'}$</td><td>第二组$x_{n'+i}$
$x_{n'+1}$
$x_{n'+2}$
$\vdots$
x_n</td><td>$x_{n'+i}-x_i$
$x_{n'+1}-x_1$
$x_{n'+2}-x_2$
$\vdots$
$x_n-x_{n'}$</td><td>$\overline{n'X}=\frac{\sum_{i=1}^{n'}(x_{n'+i}-x_i)}{n'}$
$\overline{X}=\frac{\sum_{i=1}^{n'}(x_{n'+i}-x_i)}{n'\cdot n'}$
$n'=\frac{n}{2}$</td><td>对$n'X=x_{n'+i}-x_i$，$x_{n'+i}$和x_i均含有Δ_{INS}，则方和根合成
$\Delta_B=\sqrt{{\Delta_{INS}}^2+{\Delta_{INS}}^2}=\sqrt{2}\Delta_{INS}$
可采用下式粗略估算不确定度：
$\Delta_{n'X}=\sqrt{\left(\frac{t}{\sqrt{n'}}S_{n'X}\right)^2+2{\Delta_{INS}}^2}$
$\Delta_X=\frac{1}{n'}\sqrt{\left(\frac{t}{\sqrt{n'}}S_{n'X}\right)^2+2{\Delta_{INS}}^2}$</td></tr>
<tr><td colspan="6">n为奇数时，可以任意舍掉第一个数据或最后一个数据或正中间的一个数据，再按以上方法处理. 但要注意舍掉正中间的数据时两组相应数据之间的实际间隔大小.</td></tr>
</table>

逐差法处理数据举例：外加砝码m_i(kg)下，弹簧伸长的位置l_i(cm)记录如下表所示，可用逐差法求得每加一个1kg的砝码时弹簧的平均伸长量δl(满足前提条件：弹簧在弹性范围内伸长，伸长量与外加力成正比)，也可求得弹簧的劲度系数k. 已知l_i，测量时$\Delta_{INS}=0.05$cm，试估算$\Delta_{\delta l}$.

<table>
<tr><th colspan="3">实验数据</th><th colspan="2">数据处理</th></tr>
<tr><td>i</td><td>m_i/kg</td><td>l_i/cm</td><td>$4\delta l = l_{4+i} - l_i$</td><td rowspan="9">$\overline{\delta l} = \frac{4\,\overline{\delta l}}{4} = \frac{7.8725}{4}\text{cm} = 1.96815\text{cm}$
$\Delta_{\delta l} = \frac{1}{4}\sqrt{\left(\frac{t}{\sqrt{n}}s_{4\delta l}\right)^2 + 2\Delta_{\text{INS}}{}^2}$
$= \frac{1}{4}\sqrt{(1.59 \times 0.053)^2 + 2 \times 0.05^2}\text{cm}$
$= 0.028\text{cm}$
处理结果如下：
$\delta l = (1.968 \pm 0.028)\text{cm}$
$k = \frac{F}{\delta l} = \frac{1.00 \times 9.80\text{N}}{1.968\text{cm}} = 498\text{N/m}$</td></tr>
<tr><td>1</td><td>1.00</td><td>2.00</td><td>7.90</td></tr>
<tr><td>2</td><td>2.00</td><td>4.01</td><td>7.92</td></tr>
<tr><td>3</td><td>3.00</td><td>6.05</td><td>7.80</td></tr>
<tr><td>4</td><td>4.00</td><td>7.95</td><td>7.87</td></tr>
<tr><td>5</td><td>5.00</td><td>9.90</td><td rowspan="4">$4\,\overline{\delta l} = \sum_{i=1}^{4} \frac{l_{4+i} - l_i}{4} = 7.8725\text{cm}$
$4\,\overline{\delta l} = \sqrt{\sum_{i=1}^{4} \frac{(l_{4+i} - l_i - 4\,\overline{\delta l})^2}{4-1}}$
$= 0.053\text{cm}$</td></tr>
<tr><td>6</td><td>6.00</td><td>11.93</td></tr>
<tr><td>7</td><td>7.00</td><td>13.85</td></tr>
<tr><td>8</td><td>8.00</td><td>15.82</td></tr>
</table>

逐差法提高了实验数据的利用率，减小了随机误差的影响，另外也可减小 Δ_X 中仪器的误差分量，因此它是一种常用的数据处理方法.

有时为了适当加大逐差结果为 m 个周期 mX，但并不需要逐差出 m 个数据，可以连续测量 $x_1, x_2, \cdots, x_n (n<m)$ n 个数据后，空出若干数据不记录，到 x_{m+1} 时，再连续记录 $x_{m+1}, x_{m+2}, \cdots, x_{m+n}$ n 个数据，对所得两组数据进行逐差，可得

$$\overline{X} = \frac{\sum_{i=1}^{n}(x_{m+i} - x_i)}{m \cdot n}$$

不确定度可由 $\Delta_X = \frac{\sqrt{\left(\frac{t}{\sqrt{n}}s_{mX}\right)^2 + 2\Delta_{\text{INS}}{}^2}}{m}$ 来估算.

下面以中学物理中利用电磁打点计时器打出的纸带测物体做匀变速运动的加速度为例说明，它是高中阶段的一个重要实验. 实验操作完后从三条纸带中选择一条比较理想的，舍掉开头的比较密集的点，在后边便于测量的地方找一个开始点，我们把每打五次点的时间作为时间单位，也就是 $T=0.02\times5\text{s}=0.1\text{s}$，在选好的开始点下面标明 0，在第六点下面标明 1，在第十一点下面标明 2，在第十六点下面标明 3……标明的点 0，1，2，3……叫作记数点，如图 2-3-9-1 所示，两个相邻记数点间的距离分别是 $s_1, s_2, s_3, \cdots$. 本文拟谈谈如何利用这些数据求物体的加速度.

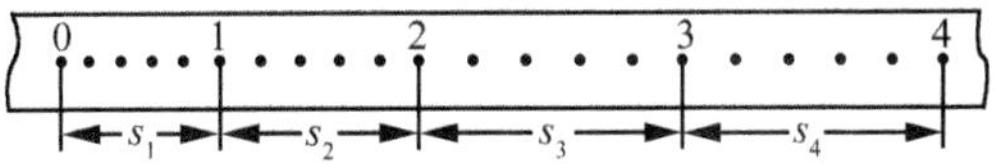

图 2-3-9-1

一、逐差法

物体做匀加速直线运动时的初速度为 v_0，加速度为 a，在两个连续相等的时间 T 内的位移分别是 s_1 和 s_2，由于 $s_1 = v_0 T + \frac{1}{2}aT^2$，$s_2 = v_1 T + \frac{1}{2}aT^2$，又 $v_1 = v_0 + aT$，所以 $\Delta s = s_2 - s_1 = aT^2$.

如果物体在连续相等的时间 T 内的位移分别是 $s_1,s_2,s_3,\cdots$，那么 $s_4-s_1=(s_4-s_3)+(s_3-s_2)+(s_2-s_1)=3aT^2$，同理有 $s_5-s_2=s_6-s_3=3aT^2$.

所以我们可以由测得的各段位移 $s_1,s_2,s_3,\cdots$，求出 $a_1=\frac{s_4-s_1}{3T^2}$，$a_2=\frac{s_5-s_2}{3T^2}$，$a_3=\frac{s_6-s_3}{3T^2}$. 再求出 $\overline{a}=\frac{a_1+a_2+a_3}{3}$，这就是要测定的匀变速直线运动的加速度，这种方法称为“逐差法”.

1. 用逐差法进行数据处理的必要性

按逐差法处理数据，加速度的平均值为

$$\overline{a}=\frac{a_1+a_2+a_3}{3}=\frac{1}{3}\left(\frac{s_4-s_1}{3T^2}+\frac{s_5-s_2}{3T^2}+\frac{s_6-s_3}{3T^2}\right)=\frac{(s_4+s_5+s_6)-(s_1+s_2+s_3)}{9T^2} \quad (1)$$

这样一来，既能取平均值以减小偶然误差，又能将全部测量数据 s_1,s_2,s_3,s_4,s_5,s_6 都加以充分利用.

如果不按逐差法，而用相邻的各 s 值之差计算加速度，即：$a_1=\frac{s_2-s_1}{T^2}$，$a_2=\frac{s_3-s_2}{T^2}$，$\cdots$，$a_5=\frac{s_6-s_5}{T^2}$，则 $\overline{a}=\frac{a_1+a_2+a_3+a_4+a_5}{5}=\frac{s_6-s_1}{5T^2}$.

由此看出，实际上只有 s_1 和 s_6 两个数据被利用，其余的数据 s_2,s_3,s_4,s_5 都没有被使用到，因而失去了多个数据正负偶然误差互相抵消的作用，算出的结果 $\overline{a}$ 的误差较大.

至此，有的同学还是不甚理解，此时可用乘法原理及概率的概念做如下解释.

如果不按照逐差法处理数据，结果只与 s_1,s_6 有关. 其中 s_1,s_6 的测量偶然误差可能偏大或偏小. 根据乘法原理，共有 $2^2=4$ 种取法. 其中 $\overline{a}$ 通过计算偶然误差增大的组合为

$$\begin{cases} s_6\text{偏大、}s_1\text{偏小，概率为}\frac{1}{2\times2}=\frac{1}{4}=25\% \\ s_6\text{偏小、}s_1\text{偏大，概率为}\frac{1}{2\times2}=\frac{1}{4}=25\% \end{cases}$$

增大偶然误差的概率共计为 50%. 同理，减小偶然误差即互相抵消的概率也为 50%（s_6 偏大、s_1 偏大或 s_6 偏小、s_1 也偏小）.

若采用逐差法处理数据，结果与 $s_1,s_2,\cdots,s_6$ 都有关. 因 $s_1,s_2,\cdots,s_6$ 的测量偶然误差可能偏大或偏小. 根据乘法原理，共有 2^6 种取法. 其中增大偶然误差的组合为

$$\begin{cases} s_4,s_5,s_6\text{都偏大，}s_1,s_2,s_3\text{都偏小，概率为}\frac{1}{64}\approx1.58\% \\ s_4,s_5,s_6\text{都偏小，}s_1,s_2,s_3\text{都偏大，概率为}\frac{1}{64}\approx1.58\% \end{cases}$$

增大偶然误差的概率共计为 3.12%. 而减小实验误差，正负误差互相抵消的概率（包括 s_1,s_2,s_3 作为一组，s_4,s_5,s_6 作为一组都增大或减小，每组中有一个增大而另两个减小或有一个减小而另两个增大等情况）为 96.88%.

通过上述解释，学生对为什么要使用逐差法处理数据，就彻底理解了.

例1　某同学做测定匀变速直线运动物体的加速度实验时，挑出的纸带如图2-3-9-1所示，他每隔4个点取一记数点，并标明了各记数点间的测量数据，已知电源频率为50Hz，通过计算，求物体的加速度 a.

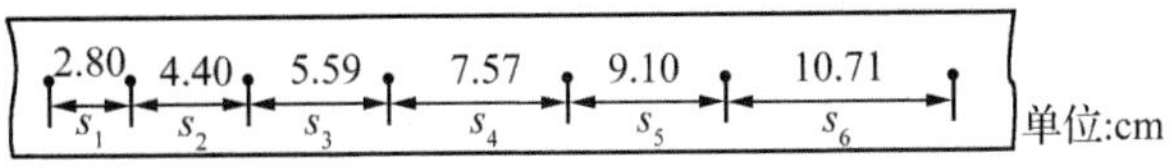

图2-3-9-2

解析　由逐差法，知

$$\bar{a}=\frac{a_1+a_2+a_3}{3}=\frac{(s_4+s_5+s_6)-(s_1+s_2+s_3)}{9T^2}$$

$$=\frac{10.71+9.10+7.57-5.59-4.40-2.80}{9\times 0.1^2}\text{m/s}^2=1.62\text{m/s}^2$$

例2　在用接在50Hz交流电源上的打点计时器测定小车做匀加速直线运动的加速度的实验中，得到如图2-3-9-3所示的一条纸带，从比较清晰的点开始起，每5个打印点取一个计数点，分别标上0，1，2，3，4，….量得0与1两点间的距离 $s_1=30\text{mm}$，3与4两点间的距离 $s_4=48\text{mm}$，则小车在0与1两点间的平均速度为__________，小车的加速度为__________.

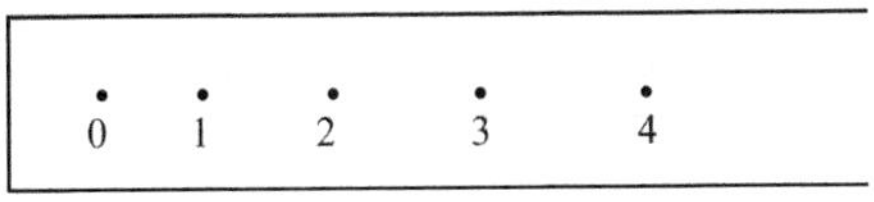

图2-3-9-3

解析　0与1两点间平均速度大小 $\bar{v}=\frac{s_1}{T}=\frac{30\times 10^{-3}}{0.1}\text{m/s}=0.3\text{m/s}$.

因为 $s_4-s_1=3aT^2$，所以

$$a=\frac{s_4-s_1}{3T^2}=\frac{48-30}{3\times 0.1^2}\times 10^{-3}\text{m/s}^2=0.6\text{m/s}^2$$

2. 偶数个计数点时正确使用逐差法

若上述实验共有偶数个计数点，即有奇数段数据，可以任意舍掉第一个数据或最后一个数据或正中间的一个数据，再按以上方法处理，但要注意舍掉正中间的数据时两组相应数据之间的实际间隔大小.

例3　图2-3-9-4为做匀变速直线运动的小车带动的纸带记录的一些点，在每相邻的两点中都有4个点未画出，按时间顺序取0、1、2、3、4、5六个点，计时器所用电源频率为50Hz，用刻度尺量出每个点到0点的距离分别是(单位：cm)：8.78、16.08、21.87、26.16、28.94，通过计算求出小车的加速度，说明小车运动的方向.

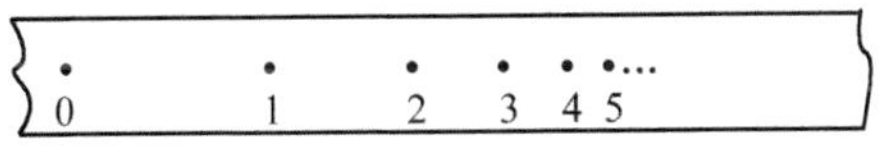

图2-3-9-4

解析　由于本题只有奇数个数据，可舍去中间数据 s_3，再由逐差法，得 $a=\frac{1}{2}\left(\frac{s_4-s_1}{3T^2}+\frac{s_5-s_2}{3T^2}\right)=\frac{(s_4+s_5)-(s_1+s_2)}{6T^2}=-1.50\text{m/s}^2$，负号表明加速度方向与初速度方向相反.

若题目没有告知每个计数点间的距离，也可以用逐差法求加速度，只是误差稍大一些.

二、一分为二法

将如图2-3-9-5所示纸带的6段位移分成两大部分：s_{I} 和 s_{II}，则 s_{I} 和 s_{II} 是物体在两

个相邻相等时间 $3T$ 里的位移，$s_{\mathrm{II}}-s_{\mathrm{I}}=a(3T)^2$，则

$$a=\frac{s_{\mathrm{II}}-s_{\mathrm{I}}}{(3T)^2}=\frac{(s_4+s_5+s_6)-(s_1+s_2+s_3)}{9T^2} \tag{2}$$

显然，得到的计算结果式(2)和前面的式(1)完全相同，但这种做法避免了“逐差法”求多个 a、再求平均值的麻烦，思路更清晰、计算更简捷，有一步到位的感觉.“连续相等时间里的位移”中“相等时间”的长度可任意选取，而不必拘泥于纸带上已给的相邻计数点间的时间间隔 T. 我们把这种方法称为“一分为二法”.

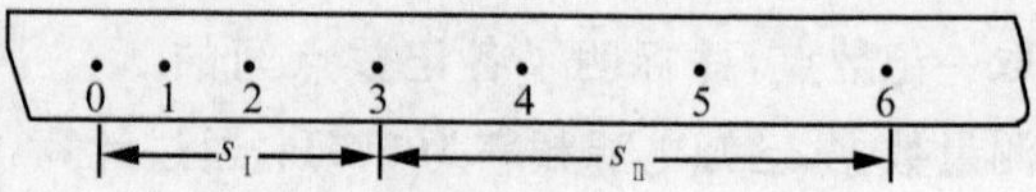

图 2-3-9-5

“一分为二法”有以下优越性：

(1) 易于操作，可以快速求得计算结果.

“一分为二法”的思路比较清晰，只需记住公式 $\Delta s=aT^2$，取合适的“时间间隔 T”即可，因此这种方法易于学生理解和掌握，运用起来也比较方便、快捷.

(2) 提高计算结果的准确性.

在用“一分为二法”求加速度 a 的过程中，只存在一次计算结果的近似，而用“逐差法”求多个 a 值时，会存在多次计算结果的近似，从而增大了最后结果的计算误差.

(3) 可以减小测量误差.

用“一分为二法”，可以只进行两次测量，测出 s_{I} 和 s_{II}. 与逐差法相比，测量次数减少了，相应减少了测量误差的次数；而且 s_{I} 和 s_{II} 比 $s_1, s_2, s_3, \cdots$ 的数值更大，测量的相对误差也会减小.

综上所述，“一分为二法”使用起来更方便，也更准确，具有比逐差法更大的优越性.

例 4 如图 2-3-9-6 所示是用打点计时器打出的一条纸带，其计数周期为 T，则加速度 a 为多大？

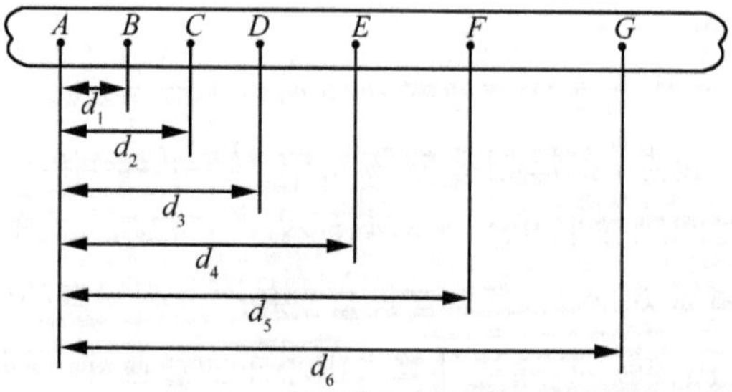

图 2-3-9-6

解析 本题可直接运用“一分为二法”求得加速度 $a=\frac{(d_6-d_3)-d_3}{(3T)^2}=\frac{d_6-2d_3}{9T^2}$.

例 5 某研究性学习小组利用伏安法测定某一电池组的电动势和内阻，实验原理如图 2-3-9-7(a)所示，其中，虚线框内为用灵敏电流计Ⓖ改装的电流表Ⓐ，Ⓥ为标准电压表，$\mathscr{E}$ 为待测电池组，S 为开关，R 为滑动变阻器，R_0 是标称值为 4.0Ω 的定值电阻.

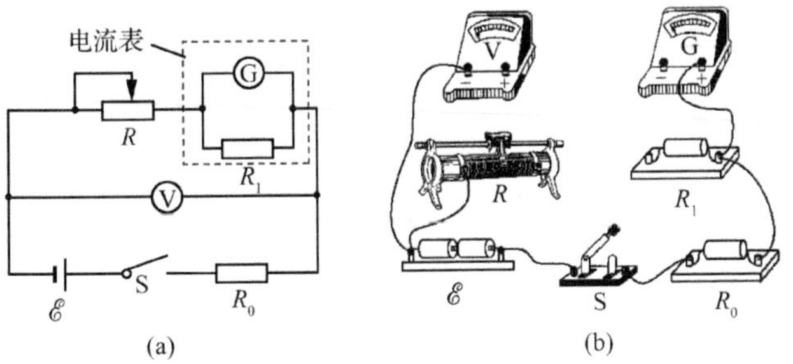

图 2-3-9-7

① 已知灵敏电流计Ⓖ的满偏电流 $I_g=100\mu A$、内阻 $r_g=2.0k\Omega$，若要改装后的电流表满偏电流为200mA，应并联一只__________Ω(保留一位小数)的定值电阻 R_1.

② 根据图 2-3-9-7(a)，用笔画线代替导线将图 2-3-9-7(b)连接成完整电路.

③ 某次实验数据如下表所示：

测量次数	1	2	3	4	5	6	7	8
电压表的读数 U/V	5.26	5.16	5.04	4.94	4.83	4.71	4.59	4.46
改装表的读数 I/mA	20	40	60	80	100	120	140	160

该小组借鉴“研究匀变速直线运动”实验中计算加速度的方法(逐差法)，计算出电池组的内阻 $r=$__________Ω(保留两位小数)；为减小偶然误差，逐差法在数据处理方面体现出的主要优点是____________________.

④ 该小组在前面实验的基础上，为探究图 2-3-9-7(a)电路中各元器件的实际阻值对测量结果的影响，用一已知电动势和内阻的标准电池组，通过上述方法多次测量后发现：电动势的测量值与已知值几乎相同，但内阻的测量值总是偏大. 若测量过程无误，则内阻测量值总是偏大的原因是________.(填选项前的字母)

A. 电压表内阻的影响　　　　B. 滑动变阻器的最大阻值偏小

C. R_1 的实际阻值比计算值偏小　　　　D. R_0 的实际阻值比标称值偏大

解析　① 据 $(I-I_g)R_1=I_g r_g$，可得 $R_1=1.0\Omega$.

② 依电路图连接实物图，如图 2-3-9-8 所示.

③ 借鉴逐差法，有 $r_内+R_0=\left|\dfrac{U_5-U_1+U_6-U_2+U_7-U_3+U_8-U_4}{I_5-I_1+I_6-I_2+I_7-I_3+I_8-I_4}\right|=5.656\Omega$，电池组的内阻 $r_内=r-R_0=5.66\Omega-4.0\Omega=1.66\Omega$. 逐差法的优点是充分利用已测得的数据，减小偶然误差.

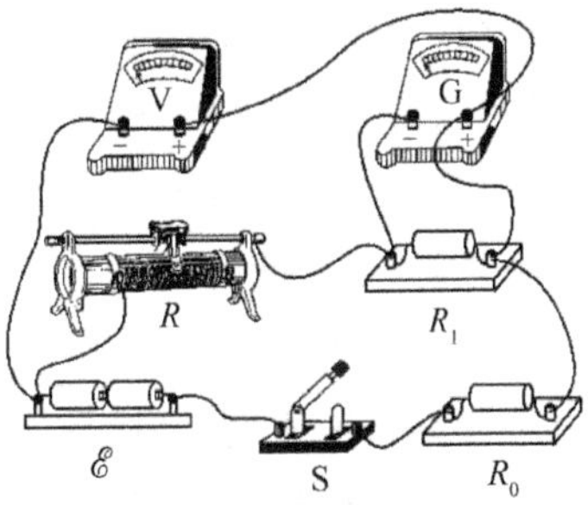

图 2-3-9-8

④ 若考虑电压表内阻的影响，则内阻的测量值比真实值小，选项A错误；滑动变阻器的最大值对测量结果无影响，选项B错误；据 $r_内=r-R_0$，可知 R_0 的实际阻值比标称值大，则内阻的测量值总是偏大，选项D正确；R_1 的实际阻值比计算值小，则实际通过电流表的电流大于示数，

据 $r=\left|\frac{\Delta U}{\Delta I}\right|$，可知内阻的测量值偏大，选项C正确.

2.4 分类讨论思想

2.4.1 分类讨论思想

在解题时，我们常常遇到这样一种情况，解到某一步之后，不能再以统一的方法、统一的式子继续进行了，因为这时被研究的问题包含了多种情况，这就必须在条件所给出的总区域内，正确划分若干个子区域，然后分别在多个子区域内进行解题，这里集中体现的是由大化小、由整体化为部分、由一般化为特殊的解决问题的方法，其研究方向基本是“分”，但分类解决问题之后，还必须把它们总合在一起，这种“合—分—合”的解决问题的过程，就是分类讨论思想.

分类讨论思想是自然科学乃至社会科学研究中经常用到的，又叫逻辑划分.不论是从宏观上还是从微观上对研究对象进行分类，都是深化研究对象、发展科学必不可少的思想，因此分类讨论既是一种逻辑方法，也是一种数学思想.

分类讨论思想贯穿于高中物理学习的始终.它分门别类地把多种情况进行详细考虑，使那些因条件的多样性导致的复杂的物理问题得到清晰快速的解决.

一、分类讨论思想

“物以类聚，人以群分.”所谓分类讨论，就是将事物进行分类，然后对划分的每一类分别进行研究和求解，或当问题所给的对象不能进行统一研究时，就需要对研究对象按某个标准分类，然后对每一类分别研究，得出每一类的结论，最后综合各类结果得到整个问题的解答.实质上，分类讨论就是“化整为零，各个击破，再积零为整”的策略.

物理学是研究物质世界普遍运动形式及其相互转换规律的基础学科，它与人类社会的发展、现代物质文明的建立有着极其密切的关系.通常根据所研究的物质运动形态和具体对象，物理学分为力学、热学、电学、光学、原子物理等，这其实就是一种分类讨论的思想，所以说分类讨论思想渗透在物理学中的每一个地方.

在物理学中，针对一些重点和难点问题，适当增加一些分类讨论题，让学生用分类讨论思想解题，是很有必要的，可以使复杂的问题得到清晰、完整、严密的解答，这样既有利于学生深入了解物理现象，理解物理概念和规律，掌握物理公式的使用条件，同时还可以通过分类讨论让学生消除头脑中片面的错误的观念，以培养学生的发散思维和创新能力.将分类讨论思想运用到高中物理的解题过程中去，可以从研究对象、已知条件、物理过程、物理状态、结果等方面分类讨论，不仅可以简化问题，学生也更容易找到解题的思路，从而可简化解题过程，熟练解题的技巧，避免漏掉可能的值和解，学生的思维更加严谨、更加具有条理性，其逻辑思维能力和解决问题、分析问题的能力也能得到很大程度的提高.

二、分类讨论思想的重要性

分类讨论思想就是对不同性质的东西进行统一整理规划，由各自不同的性质得到不同的划分结果. 具体到高中物理学科中，就是对物理问题中所给的条件或者情形不能由整齐划一的标准进行研究，而要从条件或者情形的本质特征为出发点，将不同的条件和情形分成不同的讨论情况，以此作为问题研究和问题解决的基础，再结合具体的高中物理内容进行问题的解决，最终依据每种情况的总结得到问题的解决方案.

三、分类讨论思想的特点

任何一门高中学科都应该在建立比较完备的学科体系之后，通过对知识体系的总结提炼，把知识从"厚"学到"薄". 由繁至简这是知识体系不断精练的必然结果，高中物理知识体系的建立更是如此. 物理知识的学习是一个循序渐进的漫长的过程，不仅包括对某一个物理知识点的简单记忆，还应包括了解物理学家对知识的概括总结过程. 只有把基础打实、打牢才能建立起高中知识的学科堡垒. 在高中物理知识的学习过程中要学会分类总结，这个过程不仅可提升知识的掌握程度，也可以在潜移默化中影响学习分类讨论思想的形式. 这是分类讨论思想形成的一种重要方式. 另外，高中物理试题的专项训练中也可加强学生的分类讨论思想的运用，而且这种训练更有直接性和针对性.

从分类讨论思想的定义中大致可以得到分类讨论思想的特点. 它具有明显的逻辑性、层次性、知识的全面性、解决问题的实践性等特点. 根据分类讨论思想的特点规律，可以从逻辑思维方面、知识积累方面、问题的解决方面进行加强，不断提高解决物理问题的能力.

四、分类讨论的原则与方法

（一）对特殊条件进行优先分析的原则

当我们解决高中物理问题时发现用已知的公式不能解决问题时，就要考虑运用分类讨论思想.

（二）全面性原则

在解决问题时除了考虑特殊情况之外还要注意考虑全面性，对条件或者情形进行分类讨论时应在潜意识里推测出题人的意图，即本题的考点在哪儿. 这样的推测可以扩大思维的逻辑性，减少出现差错的可能性，提高得分率.

（三）分类讨论要安排好讨论的前后顺序

把研究条件进行合理安排，有利于理清解题思路，不至陷入混乱. 只有把分类讨论思想的原则真正应用到物理问题的解决中，才会形成相应的解题策略.

五、解决问题的策略

解决问题要追求速度和质量，尤其在高考分秒必争的场合当中更显重要. 在学习“描述匀变速直线运动的研究”“机械能守恒定律”“电磁感应”等内容时，分类讨论的优势更加明显. 有了解题策略，学生在遇到难题时不会手足无措，也不会感到迷茫. 通过对问题条件的分析，联想自己所学的物理知识定律，如果仍然无法解决，此时考虑应用分类讨论思想，对特殊情况先进行分类讨论，再进行全面分析，推测知识的考查方向，从而做到有的放矢，解题时就能得心应手，从有限的条件中得到想要的问题结果. 在讨论物理条件时，把复杂的物理条件进行排序规划，使其逻辑性和层次性更加明确，利用解题策略的优势提升解题速度，提高解题质量.

2.4.2　分类讨论思想的应用

一、对研究对象进行分类讨论

在高中物理中，很多问题涉及多个研究对象，学生较难把握研究对象，以至于无从下手. 所以，在解决这类物理问题时，对研究对象进行分类和讨论，将有助于确定研究对象，有利于问题的求解.

例 1　有一等臂天平，右边托盘上放砝码，左边托盘上放一容器，容器内装有水，水中有一小木球(木球的密度小于水的密度)通过细绳与容器底部相连，如图 2-4-2-1 所示，天平平衡. 现因某种原因细绳突然断裂，则天平(　　).

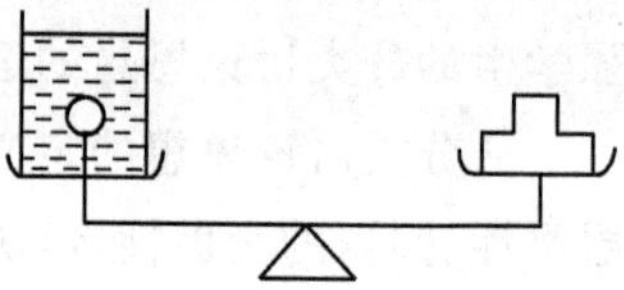

图 2-4-2-1

A. 仍处于平衡状态　　　　B. 顺时针旋转

C. 逆时针旋转　　　　　　D. 无法判断

解析　此题的关键是判断出细绳断裂前后容器对托盘压力大小的变化. 由于木球的密度小于水的密度，故细绳断后小球所受的浮力大于重力而匀加速上升. 又由于小木球匀加速上升而使小木球原来所占的空间不断被水填补，水也发生了运动.

本题所涉及的研究对象很多，既有静止的(容器、天平、砝码)，又有运动的(小球、容器中的水)，显得很复杂. 我们不妨运用分类讨论的思想，把研究对象进行分类. 首先把容器中的水看成两部分，一部分是不断填补小木球(设质量为 m_1)原来所占空间的与小木球等体积的小水球(设质量为 m_2)，另一部分是除小水球外的其它水. 由于容器及容器中除运动的小水球外的其它水都是静止的，可以看成一个研究整体，设总质量为 M. 细绳断裂之前一切静止，故可把容器、容器中的水及小木球当成一个整体，可得整体对托盘的压力大小为$(M+m_1+m_2)g$. 细绳断裂之后整体内的物体有静有动，取竖直向上为正方向. 设小木球匀加速上升的加速度为 a，那么与小木球等体积的小水球向下运动的加速度为 $-a$.

对小木球进行分析，设水对小木球的浮力为 F_1，可得 $F_1-m_1g=m_1a$，即 $F_1=m_1a+m_1g$.

对小水球进行分析，设静止的水对小水球向上的作用力为 F_2，可得 $m_2g-F_2=m_2a$. 即 $F_2=m_2g-m_2a$.

而容器及容器中除运动的小水球外的其它水都是静止的，可以看成一个研究整体，此整体受重力 Mg、小木球向下的作用力 F_1、小水球向下的作用力 F_2、托盘向上的弹力 F 四个力的作用，则有 $F=Mg+F_1+F_2$. 即

$$F=(M+m_1+m_2)g-(m_2-m_1)a$$

因 $m_1<m_2$，故 $F<(M+m_1+m_2)g$.

可知细绳断后对托盘的压力比断前减小了，天平平衡被破坏，右边下沉，答案为 B.

二、对物理状态进行分类讨论

一般情况下，由于所研究的问题中运动物体所处的状态未知，或物体在运动过程中某一时刻所处的状态未知，使得问题求解过程繁杂. 在这种情况下，需要仔细分析所研究的问题，尽可能对物体可能所处的状态进行充分考虑，然后进行分类讨论.

例 2　如图 2-4-2-2 所示，水平放置的两平行光滑导轨左侧连接电阻，其它电阻不计，导体杆 MN 放在导轨上，并在水平恒力 $\boldsymbol{F}$ 的作用下沿导轨向右运动，并将穿过方向竖直向下的有界匀强磁场，磁场边界 PQ 与 MN 平行. 从 MN 进入磁场开始计时，通过的感应电流 i 随时间 t 的变化可能是(　　).

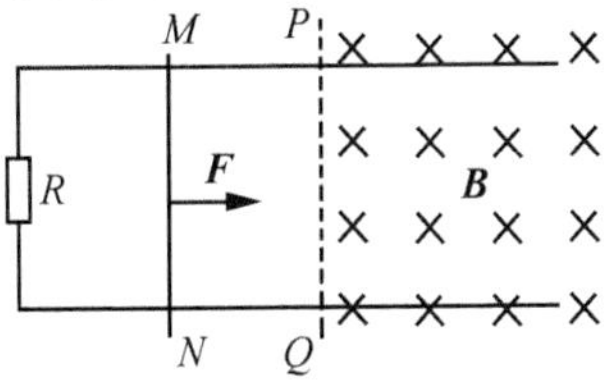

图 2-4-2-2

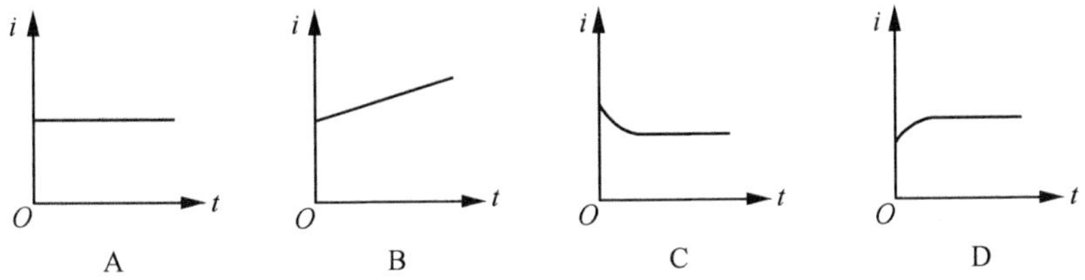

解析　导体杆在水平恒力 $\boldsymbol{F}$ 的作用下，在磁场外做匀加速运动，进入磁场后导体杆切割磁感线，产生感应电动势和感应电流，导体杆又要受到安培力的作用，这就要对导体杆刚进入磁场的瞬时所处的状态进行分类讨论. 如果导体杆刚进入磁场的瞬时处于平衡状态，导体杆所受安培力刚好等于水平恒力 F，即 $BIL=F$，可得 $I=\frac{F}{BL}$，又 $I=\frac{BLv}{R}$，可知速度 $v=\frac{FR}{B^2L^2}$，即导体杆将以这个速度在磁场中做匀速运动，感应电流为定值.

如果导体杆刚进入磁场的瞬时处于减速状态，即导体杆在磁场外加速获得的末速度大于 $\frac{FR}{B^2L^2}$ 时，导体杆进入磁场时所受的安培力大于水平恒力 F，导体杆将逐渐减速. 由 $I=\frac{BLv}{R}$，得感应电流 I 也将逐渐减小，而随着 I 的减小，安培力减小，合外力减小，加速度减小，速度减小得越来越慢，最后当安倍力等于水平恒力 F 时，导体杆做匀速运动.

如果导体杆刚进入磁场的瞬时处于加速状态，即导体杆进入磁场时速度较小，安培力将小于水平恒力 F，导体杆继续加速，$I=\frac{BLv}{R}$越来越大，安培力越来越大，加速度越来越小，最后加速度为零，速度达最大值，电流 $I=\frac{F}{BL}$保持不变.

本题正确选项为 A、C、D.

三、对物理过程进行分类讨论

若所研究的问题涉及物体的运动，而对物体的运动过程未知的情况下，需要分析物体运动的过程，考虑物体运动尽可能出现的种类，然后对物理过程进行分类.

例 3 一小圆盘静止在桌布上，位于一方桌的水平桌面的中央. 桌布的一边与桌的 AB 边重合，如图 2-4-2-3 所示. 已知小圆盘与桌布间的动摩擦因数为 μ_1，小圆盘与桌面间的动摩擦因数为 μ_2. 现突然以恒定加速度 $\boldsymbol{a}$ 将桌布抽离桌面，加速度的方向是水平的且垂直于 AB 边. 若圆盘最后未从桌面掉下，则加速度 a 满足的条件是什么？（以 g 表示重力加速度）

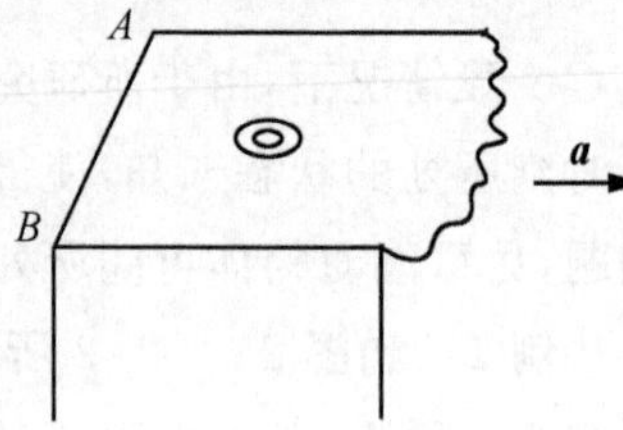

图 2-4-2-3

解析 在将桌布以恒定加速度 $\boldsymbol{a}$ 抽离桌面的过程中，圆盘先在桌布上运动，后在桌子上运动，由此可知，须对圆盘的整个运动过程进行分类讨论.

由于桌布以恒定加速度 $\boldsymbol{a}$ 做加速运动，圆盘在桌布的带动下（桌布对圆盘有滑动摩擦力的作用）也做加速运动，要使两者之间发生相对运动，必然有 $a>\mu_1 g$（圆盘的加速度）；当小圆盘离开桌布后，在桌面上做匀减速运动，直至停止在桌面. 据题意，圆盘未从桌面掉下，其临界状态是盘子最后停在桌边，恰好不掉离桌面. 即圆盘先在桌布上做初速度为零的匀加速运动，桌布对圆盘的摩擦力 $\mu_1 mg$ 为动力（设小圆盘的质量为 m）；然后在桌面上做匀减速运动直至停止，桌面对圆盘的摩擦力 $\mu_2 mg$ 为阻力.

设桌长为 l，圆盘在桌布上做加速运动的加速度为 a_1，有

$$F_{f1}=\mu_1 mg=ma_1$$

桌布抽出后，圆盘在桌面上做匀减速运动，以 a_2 表示其加速度的大小，有

$$F_{f2}=\mu_2 mg=ma_2$$

设桌布从盘下抽出所经历的时间为 t_1，在这段时间内桌布移动的位移为 x，圆盘移动的位移为 s_1，有 $x=\frac{1}{2}at_1{}^2$，$s_1=\frac{1}{2}a_1 t_1{}^2$.

由题意分析可知，当桌布比圆盘多运动了$\frac{1}{2}l$ 的位移时，盘布分离，即 $x-s_1=\frac{l}{2}$.

以上式子联立，可得出 $t_1=\sqrt{\frac{l}{a-\mu_1 g}}$.

设圆盘刚离开桌布时的速度为 v，离开桌布后在桌面上再运动距离 s_2 便停下，有 $v^2=$

$2a_1s_1, v^2=2a_2s_2$.

盘没有从桌上掉下的条件是 $s_2\leqslant\frac{l}{2}-s_1$.

由以上各式，解得 $a\geqslant\frac{\mu_1+2\mu_2}{\mu_2}\mu_1 g$，即圆盘最后未从桌面掉下，则加速度 a 满足的条件是 $a\geqslant\frac{\mu_1+2\mu_2}{\mu_2}\mu_1 g$.

四、对已知条件进行分类讨论

有的物理问题，由于已知条件不够明确，如有时仅已知某一矢量的大小，有时仅已知某一矢量的方向，有时在题目中已知的某一物理量通常用字母表示，没有给出具体的大小或方向，在解决这种问题时，通常需要采用分类讨论的思想，对已知条件中的这一物理量的大小或方向进行分类讨论，然后根据物理原理和规律，对问题进行求解.

例 4　如图 2-4-2-4(a)所示，在倾角为 α 的斜面上，质量为 m 的物体在水平力 $\boldsymbol{F}$ 作用下处于静止状态，试分析该物体的受力情况.

解析　首先对物体进行受力分析，如图 2-4-2-4(b)所示，物体除受到竖直向下的重力 $m\boldsymbol{g}$、垂直于斜面的支持力 $\boldsymbol{F}_N$、水平力 $\boldsymbol{F}$ 作用外，是否还受静摩擦力作用呢？这就要对物体存在的运动趋势进行分类讨论.

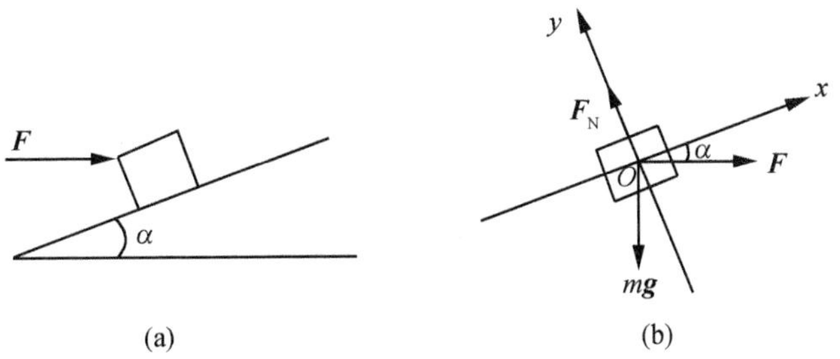

图 2-4-2-4

物体在重力 $m\boldsymbol{g}$、支持力 $\boldsymbol{F}_N$、水平力 $\boldsymbol{F}$ 作用下，若恰好没有相对运动的趋势，则物体没有受到静摩擦力作用，此时 $m\boldsymbol{g}$、$\boldsymbol{F}_N$、$\boldsymbol{F}$ 三力平衡，在沿斜面方向上，有 $F\cos\alpha=mg\sin\alpha$. 在这种情况下，即使斜面粗糙，物体也不受静摩擦力作用.

物体在重力 $m\boldsymbol{g}$、支持力 $\boldsymbol{F}_N$、水平力 $\boldsymbol{F}$ 作用下，假如有沿斜面向上相对运动的趋势，则物体受到沿斜面向下的静摩擦力作用，此时在沿斜面方向上，满足 $F\cos\alpha=mg\sin\alpha+F_f$，即静摩擦力大小为 $F_f=F\cos\alpha-mg\sin\alpha$.

物体在重力 $m\boldsymbol{g}$、支持力 $\boldsymbol{F}_N$、水平力 $\boldsymbol{F}$ 作用下，假如有沿斜面向下相对运动的趋势，则物体受到沿斜面向上的静摩擦力作用，此时在沿斜面方向上，满足 $F\cos\alpha+F_f=mg\sin\alpha$，即静摩擦力大小为 $F_f=mg\sin\alpha-F\cos\alpha$.

假如水平力 $\boldsymbol{F}$ 是从零开始逐渐增大的，那么物体所受的静摩擦力方向先沿斜面向上后沿斜面向下，静摩擦力大小变化为先逐渐减小至零，后又逐渐增大.

五、对所得结果进行分类讨论

有的物理问题，由于设计者非常重视考查学生的分析能力，通过精心的设计，巧妙的设问，使得学生根据物理概念和规律解出的结论中，出现这样几种情况，一是结论不唯一，如解得的物理量有两个或多个答案，需要学生根据物理原理或实际情况进行讨论和检验；二是由于所研究的问题中已知的物理量通常用字母表示，而且某几个物理量之间的大小关系不确定，这时需要对所得结果进行分类讨论，以使结果更趋合理.

例 5 带有光滑的半径为 R 的$\frac{1}{4}$圆弧轨道的小车总质量为 m_1，静止在光滑水平地面上，在与轨道下端的切线水平方向，今有一质量为 m_2 的小球，从与轨道下端的切线等高的平台上以水平初速度 $\boldsymbol{v}_0$ 滚上小车，如图 2-4-2-5 所示. 若小球上升过程中不离开小车，则当小球返回离开小车时，小球和小车的速度各是怎样？并讨论结果.

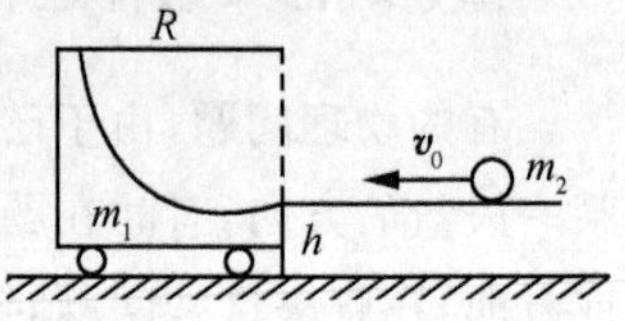

图 2-4-2-5

解析 小球滚上小车后，小球和小车相互作用，因小球和小车所组成的系统水平方向上不受外力的作用，故水平方向上动量守恒. 设小球返回离开小车时，小车和小球的速度各为 v_1，v_2，则有

$$m_2 v_0 = m_1 v_1 + m_2 v_2$$

又由于水平地面光滑，小车的$\frac{1}{4}$圆弧轨道光滑，故小球和小车所组成的系统机械能守恒，即

$$\frac{1}{2}m_2 {v_0}^2 = \frac{1}{2}m_1 {v_1}^2 + \frac{1}{2}m_2 {v_2}^2$$

由上述两式，可得

$$v_1 = \frac{2m_2}{m_2 + m_1}v_0,\ v_2 = \frac{m_2 - m_1}{m_1 + m_2}v_0$$

至此得到了当小球返回离开小车时小车和小球的速度大小. 但速度是矢量，是有方向的，那么此时小车和小球的运动方向如何？就要对所求解出的结论进行分类讨论.

当 $m_1 = m_2$ 时 $v_1 = v_0$，$v_2 = 0$ 即速度交换.

当 $m_1 > m_2$ 时，$v_1 > 0$，$v_2 < 0$ 时，即小球返回离开小车时，小车向左运动，小球向右运动.

当 $m_1 < m_2$ 时，$v_1 > 0$，$v_2 > 0$，即小球返回离开小车时，小车和小球都向左运动.

综上所述，分类讨论思想在物理学中，特别是在解决具体的物理问题中，应用非常广泛. 中学生在学习物理的过程中，在应用物理概念、原理和规律解决实际问题时，对这些用字母来表达已知量或仅已知某一矢量的大小或仅已知某一矢量的方向的问题，由于研究对象、已知条件、运动过程、所得结果等不够明确，往往感到很棘手. 在高中物理教学中，教师应渗透分类讨论思想，这不但能提高学生学习物理的积极性，更能提高学生分析问题和解决问题的能力.

第 3 章

高中物理教学中渗透数学思想方法的原则

高中物理课程标准的制定和各种版本的高中物理教材的编写，都非常重视知识的形成过程，体现数学思想方法在物理中的应用. 数学思想方法的教学应贯穿物理教学的始终，单靠一两次的数学思想方法的教学，学生是不可能熟练掌握的. 教师需要根据学生的认知特点，将其思想方法慢慢渗透入学生的物理心田，从而提高教学的效果. 但从教学的现状来看，部分教师只注重物理思想方法的教学，而忽视数学思想方法在物理教学中的渗透，从而影响了教学质量. 这里主要讨论在高中物理教学中渗透数学思想时应遵循的原则.

一、系统计划原则

凡事预则立，不预则废，高中物理教学中数学思想方法的渗透也是如此. 首先，教师要了解整个教材体系中渗透多少种数学思想方法，具体要求如何，每一种方法在教材中是如何应用的，前后要求有何不同，教师应了如指掌. 教师必须有计划地逐步进行渗透，一是配合教材突破概念难点，二是为学生建起中学与大学的桥梁. 其次，教师要深入钻研教材，努力挖掘教材中可以进行数学思想方法渗透的各种因素，对于每一章每一节，都要考虑如何结合具体内容进行数学思想方法的渗透，渗透哪些数学思想方法，怎么渗透，渗透到什么程度，应有一个总体设计，提出不同阶段的具体教学目标. 与具体的物理知识一样，数学思想方法只有形成具有一定结构的系统，才能更好地发挥其基本功能. 对于某一种数学思想而言，它所概括的一类数学方法，所串联的具体物理知识，也必须形成自身的体系，才能为学生所理解和掌握，这就是数学思想方法应用于物理的系统性原理. 对于数学思想方法应用于物理的系统性研究，一般需要从两个方面进行：一方面，要研究在每一种具体物理知识的教学中可以进行哪些数学知识的教学；另一方面，要研究一些重要的数学思想方法可以在哪些物理知识点的教学中进行渗透. 总之，教师要对高中物理教材非常熟悉，然后制订整个高中阶段的数学思想方法的渗透计划.

二、循序渐进原则

学生数学思想的形成需要经历一个从模糊到清楚、从理解到应用的较长的发展过程. 也就是说，数学思想从孕育到形成、发展，一般都需要经历一个复杂的“润物细无声”的过程.因此,数学思想在物理教学中的渗透也应该遵循从简单到复杂、从浅层到深层,渐增的由浅入深、螺旋式教学的循序渐进原则.比如中学物理教材中出现比较多的"微元"思想,要想让学生达到熟练的程度,就要从高一开始逐步进行渗透.例如,对下面这一例题,教师只有平时在教学中注意渗透数学思想方法,学生才会想到用"微元"法处理.如图所示,水平放置的导体其电阻为 R,导体与两根光滑的平行金属导轨相连,导轨间距为 L,其间有垂直导轨平面的、磁感应强度为 $\boldsymbol{B}$ 的匀强磁场.导轨上有一导体棒 ab,其质量为 m,以初速度 $\boldsymbol{v}$ 向右运动.求:①导体棒在整个运动过程中的位移 x;②导体棒在整个运动过程中通过闭合回路的电荷量.

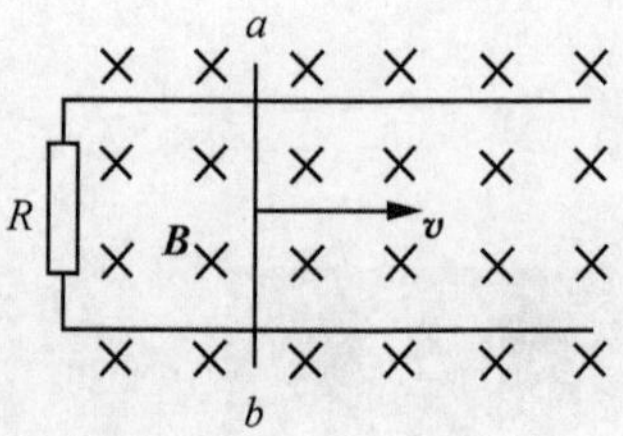

三、反复渗透原则

数学思想方法具有高度的概括性与抽象性,数学思想方法的形成绝不是一朝一夕可以实现的,必须要日积月累、长期渗透,才能逐渐为学生所掌握.数学思想方法的渗透主要是在具体知识的教学过程中实现的,通过反复渗透,不断优化教学过程.比如,概念的形成过程;公式、法则、性质、定理等结论的推导过程;解题方法的思考过程;知识的小结过程;等等.只有在这些过程的教学中,数学思想方法才能充分展现它们的活力.若取消或压缩教学的思维过程,把数学知识方法看为知识结论的教学,就会失去渗透数学思想方法的机会.

学生对每种数学方法的认识都是在反复理解和运用中形成的,期间有一个由低级到高级的螺旋式上升的过程.如对同一数学思想方法,应该注意其在不同知识阶段的再现,以加强学生对数学思想方法的认识.例如,我们可以加强学生用几何知识研究力的合成和分解,用不等式讨论物理上的临界现象,这样日积月累,久而久之,学生的良好习惯就能养成.例如,学习 $E=\dfrac{F}{q}$ 时,可以通过与 $R=\dfrac{U}{I}$ 的比较,帮助学生弄清场强的特征.通过这样的反复渗透,就能理解类比思想在物理中的应用了.学生对数学思想方法的领会和掌握只能遵循从个别到一般、从具体到抽象、从感性到理性、从低级到高级的认识规律.因此,这个认识过程具有长期性和反复性的特征.

由于数学思想方法是基于数学知识又高于数学知识的一种隐性的数学知识,是研究物理问题和解决物理问题的重要思想方法,我们要在物理教学中让学生在反复的体验和实践中逐渐认识、理解,内化为学生个体认知结构中对利用数学思想方法解决物理问题中有着生长点和开放面的稳定成分.学生对很多数学思想方法的理解和掌握都不是一蹴而就的,比如应用图像处理物理问题,从笔者的经验来看需要有多次的反复,学生才能理解并能熟练地应用.因此,在物理教学中,教师要合理编排教学内容,精心设计教学过程,反复恰当地渗透数学思想方法,从而对学生产生潜移默化的影响.比如,如右图所示,质量相同的木块A、B用轻质弹簧相连,置于光滑水平面上,开始弹簧处于自然状态.现用水平恒力 $\boldsymbol{F}$ 推木块A,从开始到弹簧第一

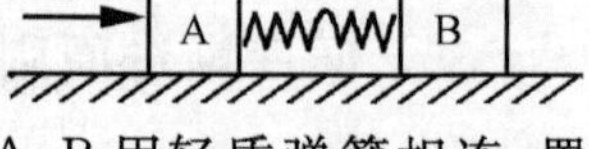

次被压缩到最短的过程中，当木块速度相同时，加速度 a_A ________ a_B；当木块加速度相同时，速度 v_A ________ v_B（选填“<”“>”“=”）. 学生在遇到这类用常规物理方法无法解决的问题时，自然会想到运用数学思想方法中的图像法解题.

四、有机结合原则

应用数学思想方法是为物理学习服务的，因此是否使用数学思想方法，使用到什么程度需要遵从有机结合原则. 使用数学思想方法的目的是为了更简洁、更灵巧地解答物理问题. 数学思想方法不足将导致学生在解决物理问题，特别是较复杂物理问题的时候遇到困难而受阻，学生无法将面临的物理问题转化为合适的数学问题，也就谈不上接下来用数学方法来解决这些问题，导致学生在面对困难时有心无力.

需要注意的是，数学思想方法只是解决物理问题的辅助手段，不能滥用，否则会冲淡对问题的物理本质的理解，且浪费时间. 在解决物理问题的时候，对物理过程的分析依然至关重要，只有在整体上分析清楚了物理过程和整个过程中的物理特征，形成了清晰的物理图景，建立起正确的物理模型，对条件和隐含的条件有了充分的认识以后，才能用相应的数学思想方法加以解决. 在日常教学中，教师要有目的地启发学生自觉地、充分地运用自己掌握的数学理论研究物理问题和分析物理现象，使学生一开始就做到数理有机结合，逐渐养成良好的数学习惯. 例如，在解题教学中，可采用一题多解、多题一解的教学方法明确数学思想方法. 一题多解是运用不同的数学思想方法，寻求多种解法；多题一解是运用同一种数学思想方法于多种题目之中，将蕴含其中的数学思想方法明确化，有利于学生掌握其中规律，使学生的认识能力产生飞跃.

五、学生参与原则

建构主义认为学生学习活动的本质是：学习并非对于教师所授予的知识的被动接受，而是学习者以自身已有的知识和经验为基础的主动建构过程. 在高中物理教学中，教师不能仅仅满足于学生获得正确知识的结论，而应该着力于引导学生对知识形成过程的理解. 教师要站在数学思想方法的高度，充分发挥学生学习的主动性，启发学生以自己的思维用数学思想方法去探索物理的奥秘. 在概念课、规律课中充分发挥学生的主体作用，把隐蔽在知识内容背后的思想方法揭示出来，在实验探索中、习题课中让学生参与，体会其优越性，让学生主动理解和掌握有关的数学思想方法在物理中的应用.

六、适宜恰当原则

每个教师的教学对象是不一样的，在教学过程中要根据情况不断调整数学思想方法在物理教学中的渗透计划，以便获得最佳的教学效果. 同一物理知识内容可能会有多种与数学有关的方法求解，这个时候到底选用哪一种方法重点介绍给学生呢？教师不一定介绍最巧妙的一种，而要根据学生的实际情况选择适合学生的方法重点介绍，其它方法可以作为课后的拓展延伸让有能力的学生自己去体会.

实践表明，以上原则是一个密切联系的有机整体，它们之间相互影响，相互促进．教师在教学中应抓住契机，适时地挖掘和提炼，促使学生去体验、运用数学思想方法，建立良好的认知结构和完善的能力结构，从而最终提高物理教学的质量．

第 4 章

高中物理教学中渗透数学思想方法的策略

一、提高自身数学修养,关注数理相互渗透

数学和物理的关系一直是一个有趣的话题,在中学里,数学老师说,“数学是学习理科的基础,是最重要的学科”.而物理老师则说,“数学是为物理服务的工具”.这些说法难免有学科主观意识掺杂在里面,但不可否认,数学与物理这两门学科有着极为紧密的联系.比如,大家熟悉的最有趣的“泊松亮斑”.泊松根据菲涅耳的理论,应用数学知识计算出:圆板阴影的中央应当出现一个亮斑,在当时来说,认为这是不可能的,所以泊松宣称,他已驳倒了波动理论.但菲涅耳和阿拉果用实验检验了这个理论预言,非常精彩地证实了这个理论.恩格斯曾说:“纯数学的对象是现实世界的空间形式和数量关系,所以是非常现实的材料.”而现实世界的空间形式及数量关系则是物理规律的现实具体表现.因此,物理教师要更多地了解数学知识,适当地阅读数学方面的书籍,了解学生的数学知识水平,因材施教,这对在物理教学中加强数学思想方法的渗透很有帮助.

二、充分利用常规教学,渗透数学思想方法

在教学过程中,教师在讲授概念和规律时渗透数学思想方法、在处理实验数据时渗透数学思想方法、在解题时渗透数学思想方法.教师的言传身教总在有意无意中影响着学生,长此以往,学生自然也会养成良好的思维习惯,会更多地在数学思想方法的指引下运用数学思维去思考物理问题.

(一)创设问题情境,蕴涵数学思想方法

现代思维科学认为,问题是思维的起点,任何思维过程均指向某一具体问题.问题情境又是课堂教学的一种“气氛”,它能激发学生积极主动地、自由地去想象、思考、探索,去解决问题或发现规律,并可伴随积极的情感体验.教师通过教材中的新知识和所选习题创设一定的问题情境,其解决的方法需要用到数学思想方法,以构建适当的认知差,引起学生的认知冲突,激发学生用数学思想方法去探索物理问题的兴趣.

(二)探索解决问题,渗透数学思想方法

在研究物理现象的过程中引导学生把实验观测和数学推导这两种手段有机地结合起

来,以便获得关于某种现象的全面的、本质的认识.也就是说,以观察、实验的感性材料为依据,运用数学方法(包括公式和图像)来对其进行计算、分析、概括、推理,得出经验规律,并进一步抽象为物理定律.以高中物理“直线运动”这一章为例,用极限概念和图像研究速度、加速度和位移;用代数法和三角法研究运动规律和轨迹;用矢量运算法则研究位移与速度的合成和分解等.另外,物理学中常常运用数学知识来推导物理公式或从基本公式推导出其它关系式,这样既可以使学生获得新知识,又可以帮助他们领会物理知识间的内在联系,以加深对物理概念的理解.

在解决物理问题时,首先让学生构建物理模型,再去尝试寻找解决问题的途径,在这个过程中,特别要让学生自己去观察、归纳、类比、联想和论证,逐步通过试探或试验来提出各种解题策略,确定运用哪一种(或哪几种)数学思想方法去解决,久而久之,一定会提高学生运用数学知识解决物理问题的能力.

(三) 反思解题过程,评价数学思想方法

很多教师在物理教学过程中,不知不觉间都在渗透数学思想方法,这种润物细无声的教学经过长时间积累可取得一定的效果.对少部分学习主动性和自学能力强的学生,效果较为显著.他们通过对课堂上教学的反思和领悟,深入地研究,从而深刻地理解数学思想,并能熟练地运用数学方法.对大多数学生而言,教师要带领学生对解题过程中用到的数学思想方法进行反思、评价,让学生感受到它的优越性,然后再辅助相关练习,让学生着手实践一下,并从中获得成功的愉悦,那么教学效果将会大大提高.

(四) 适时改变讲授角色,临时充当数学老师

由于数学和物理是分科教学的,各自有不同的目标和体系.从高中数学和物理课程安排上看,一些物理上需要用到的数学知识在数学课程中的教学滞后于物理课程,在高一阶段,这样的矛盾显得更明显.此时,物理教师需要临时充当一次数学老师,将一些物理中用到的数学知识教授给学生,不能一带而过,否则会影响学生对相关物理概念的理解.

(五) 善于及时归纳总结,给予学生自学空间

在一个阶段的学习结束后,教师要引导学生单独完成对该部分知识中相关的数学思想方法与物理紧密联系的实例的整理和总结工作.在整理和总结的过程中,学生可以加深理解,也可能会碰撞出精彩的思维火花.教师要敢于放手,给予空间,发挥学生的能力,才能有更多的收获.

要能驾轻就熟运用数学思想方法来解决物理问题,绝非一朝一夕的事,也非讲几节专题课就能奏效,它需要有目的、有意识地培养,需要经历渗透、反复、逐级递进、螺旋上升、不断深化的过程.只要我们在教学中对数学思想方法的渗透足够重视,大胆实践,持之以恒,寓数学思想方法于平时的物理教学中,并有意识地运用一些数学思想方法去解决物理问题,学生对数学思想方法在物理中的应用一定会日趋熟练,当达到一个新的层次、新的高度时,学习物理的兴趣自然就提高了.